AF211116

Uwe Hartmann / Claus von Rosen (Hrsg.)

Jahrbuch Innere Führung 2015

Neue Denkwege angesichts der Gleichzeitigkeit unterschiedlicher Krisen, Konflikte und Kriege

Jahrbuch
Innere Führung 2015

Neue Denkwege angesichts der Gleichzeitigkeit unterschiedlicher Krisen, Konflikte und Kriege

Uwe Hartmann / Claus von Rosen (Hrsg.)

2015

Carola Hartmann Miles-Verlag

CIP-Kurztitelaufnahme der Deutschen Nationalbibliothek

Uwe Hartmann, Claus von Rosen (Hrsg.): Jahrbuch Innere Führung 2015 –
Neue Denkwege angesichts der Gleichzeitigkeit unterschiedlicher Krisen,
Konflikte und Kriege, Carola Hartmann Miles-Verlag, Berlin 2015

© Carola Hartmann Miles-Verlag,
George-Caylay-Str. 38, 14089 Berlin
(email: miles-verlag@t-online.de; www.miles-verlag.jimdo.com)

Titelbild: Scheiblich (Rückseite: von Rosen)
Herstellung: Books on Demand, Norderstedt

Printed in Germany

ISBN 978- 3-945861-17-2

Inhaltsverzeichnis

III Zur Diskussion gestellt

Reinhold Janke

Feindbilder

IV Rezensionen

I Einleitung

Uwe Hartmann / Claus von Rosen

Einleitung

Die Gleichzeitigkeit unterschiedlichster Krisen, Konflikte und Kriege stellt die Politik vor größte Herausforderungen. Bereits die Analyse dessen, was nah und fern passiert, bereitet Schwierigkeiten. Selbst wenn diese klar zu sein scheint, wird sie in der Weltöffentlichkeit durch zahlreiche Alternativinterpretationen in Frage gestellt. Bei Politikern stellt sich der Eindruck ein, die Welt gerate aus den Fugen. Die Bürger und Bürgerinnen reagieren darauf mit einem gesteigerten Sicherheitsbewusstsein. Politik scheint im permanenten Ausnahmezustand zu sein.

So überrascht es nicht, dass der Begriff der Komplexität Konjunktur hat. Komplexität meint, dass alles irgendwie mit allem zusammenhängt. Der Psychologe Dietrich Dörner bietet für das Verständnis von Komplexität eine sehr eingängige Analogie an. Er schreibt, "... dass ein Akteur in einer komplexen Handlungssituation einem Schachspieler gleicht, der mit einem Schachspiel spielen muss, welches sehr viele (etwa: einige Dutzend) Figuren aufweist, die mit Gummifäden aneinanderhängen, so dass es ihm unmöglich ist, nur eine Figur zu bewegen. Außerdem bewegen sich seine und des Gegners Figuren auch von allein, nach Regeln, die er nicht genau kennt oder über die er falsche Annahmen hat. Und obendrein befindet sich ein Teil der eigenen und der fremden Figuren im Nebel und ist nicht oder nur ungenau zu erkennen."[1] Verstehen und Handeln in komplexen sicherheitspolitischen Situationen ist also alles andere als trivial.

Wer sich heute mit einer Krise beschäftigt, muss immer auch die anderen, gleichzeitig stattfindenden Krisen, Konflikte und Kriege und sogar die zukünftig möglichen mit bedenken. Dabei sollte man ihre tiefer liegenden Ursachen genauso im Blick haben wie ihre innewohnenden Eskalationspotentiale. Krisen, Konflikte und Kriege sind nicht nur in ihrer Gewaltsamkeit, sondern auch in ihrer Relevanz 'entgrenzt'. Sie finden heute inmitten von Bevölkerungen sowie innerhalb einer digital vernetzten Weltöffentlichkeit statt. Sie sind, wie der britische General Sir Rupert Smith schreibt, *war among the people*. Angesichts der Globalisierung und des darauf beruhenden neuen Kommunikationsverhaltens der Menschen sind sie in gewisser Weise 'Weltkriege der neuen Art'.

---

[1] Dietrich Dörner, Die Logik des Misslingens, Reinbek bei Hamburg 1996, S. 66.

Auch die deutsche Politik stellt sich auf die zunehmende Komplexität sicherheitspolitischer Herausforderungen ein. Der inklusiv angelegte Prozess der Erstellung des neuen Weißbuches ist ein gutes Beispiel dafür, dass alternatives Denken aktiv in den Erarbeitungsprozess eingeholt wird, um die berüchtigte Pfadabhängigkeit, also das Verharren in traditionellen Denkwegen, zu vermeiden. Auch die allgegenwärtige Forderung nach einem Paradigmenwechsel weist darauf hin, dass das normale Denken durch ein neues, revolutionäres ersetzt werden muss. Dies ist allerdings gar nicht so leicht. Denkgewohnheiten sind wirkungsmächtig und nur schwer zu überkommen.

Die Autoren des Jahrbuchs Innere Führung 2015 gehen in ihren Beiträgen auf neue Denkwege ein, die uns helfen könnten, mit der Gleichzeitigkeit unterschiedlichster Krisen, Konflikte und Kriege umzugehen. Nachdenken über neues Denken ist sicherlich nur ein kleiner Beitrag, um das Gefühl von Unsicherheit und einer aus den Fugen geratenen Welt zu beheben. Es könnte allerdings Hinweise liefern, welche Voraussetzungen geschaffen werden müssten, damit wir einen besseren Zugang zu komplexen sicherheitspolitischen Problemen finden können.

Die hier vorgestellten Denk- und Handlungswege haben ihren Ursprung in der Inneren Führung. Kenner der Debatte über die Innere Führung mögen sich darüber wundern. Die offizielle Führungskultur der Bundeswehr steht gegenwärtig massiv in der Kritik – sei es durch junge Offiziere, die das Konzept des Staatsbürgers in Uniform und ihr Integrationsgebot in Frage stellen; oder sei es durch Wissenschaftler, die aufgrund der Bindung des Soldaten an Demokratie und Freiheit seine Funktionalisierung befürchten oder die ganz einfach einen blinden Fleck der Inneren Führung feststellen, wenn es um Kampf und Gefechte, um Töten und Getötetwerden geht. Zudem besteht offensichtlich ein Zusammenhang zwischen der Unterfinanzierung der Bundeswehr, ihrer zunehmenden Bürokratisierung und dem Niedergang der Inneren Führung.

Die Innere Führung wird sich ihren Kritikern stellen und Defizite abstellen. Sie sollte dabei ihren strategischen Kern stärker zum Vorschein bringen und mit ihren Argumenten in die Offensive gehen. Ihre wesentlichen Stärken liegen in ihrer gedanklichen Komplexität sowie im generationen- und dienstgradübergreifenden, mit Politik und Gesellschaft vernetzten Diskurs. Sie ist zudem eine schlagkräftige Abrissbirne, wenn es um wertlos gewordene Denkgebäude geht. Sie setzt auf Innovation, um tradierte Denkschablonen aufzubrechen und neue Wege des Handelns zu beschreiten.

Die Beiträge des diesjährigen Jahrbuchs unterstreichen eindrücklich diese Bereitschaft, neue Wege zu gehen. Sie bestätigen damit die Aktualität und Relevanz dieser mittlerweile über 60 Jahre alten Führungsphilosophie für die Handlungsfähigkeit in einer Welt, die aus den Fugen gerät oder die, wie Wolf Graf von Baudissin es erstmals Anfang der 50er Jahre des letzten Jahrhunderts formulierte, in einem „permanenten Bürgerkrieg" steht.

Claus von Rosen zeigt in seinem Beitrag "Die Entwicklung des Kriegsbildes im Zeichen neuer und hybrider Kriege" auf, welche Rolle das Denken in Konflikt- oder Kriegsbildern spielt. Was Krieg ist und bedeutet, scheint selbstverständlich zu sein. Dennoch erstaunt, dass der Begriff 'Kriegsbild', in dem dies alles zu fassen wäre, in der politisch-strategischen Welt – beispielsweise in den Weißbüchern zur Sicherheitspolitik, in den Führungsvorschriften der Bundeswehr wie auch in den kritischen Betrachtungen der wissenschaftlichen Experten in den vergangenen 60 Jahren – in Deutschland weitestgehend unbekannt ist oder gemieden wird. Stattdessen wird immer nur ein arg verengter Blick auf die 'Gesamt-Lage' zur operativen Handlungsanleitung in Politik und Streitkräften geworfen. Dabei scheint es als mögliche Kriegsform nur den klassisch-konventionellen Krieg unter einer kaum dazu zu zählenden atomaren Dunstglocke gegeben zu haben. Und d.h. unter operativ-taktischen Gesichtspunkten, dass auch in den Streitkräften Kriegführen sehr begrenzt gedacht, geplant und ausgebildet wurde. Diese begriffliche Unklarheit hat nun nach dem Ende des Kalten Krieges zum Erschrecken vor der augenscheinlichen „Diffusität" der „neuen" bis hybriden Kriege unserer Tage geführt.

Einzig Baudissin scheint ein realistisches Kriegsbild seiner Tage gehabt zu haben. Ausgehend vom permanenten Bürgerkrieg im Zeitalter des absoluten Krieges, gründete er seine Gedanken zur Inneren Führung, zur Sicherheits- und Friedenspolitik sowie zur NATO-Strategie der *flexible response* auf ein Kriegsbild, das aus vier Komponenten besteht: dem Kalten Krieg, dem subversiven Krieg, dem konventionellen nichtatomaren Krieg sowie dem atomaren Krieg. Dies lässt ihn feststellen: "So bleiben auch die Streitkräfte ein Mittel der Politik, aber eben nur noch eines im politischen Krieg neben Wirtschaft, Recht, Gesellschaft, Technik und Wissenschaft; sie entwickeln ihren höchsten politischen Wert, wenn sie abschrecken, ohne eingesetzt zu werden." – Darin sind, wie nun festzustellen ist, auch die Formen der asymmetrischen Kriege, des terroristischen Krieges sowie der hybriden Kriege unserer Tage enthalten.

Diese Jahrzehnte lange Abstinenz im Denken von Kriegsbild als politisch-praktische wie wissenschaftliche Kategorie muss nun Konsequenzen haben – für die Klärung des Begriffs, für das Verständnis von politisch strategischen wie auch operativen Überlegungen zur Kriegführung wie auch für die Innere Führung. Als Grundlage dafür bietet Claus von Rosen, dabei Gedanken von Clausewitz aufgreifend, das schlichte Modell des Rubik-Würfels an, um überhaupt eine Vorstellung davon zu haben, wie und woraus das Kriegsbild im politisch-praktischen und im wissenschaftlichen Sinn zusammengesetzt ist.

Angesichts der Opfer und der enormen Kosten von Krisen, Konflikten und Kriegen, aber auch aufgrund der drohenden Überforderung der Handlungsfähigkeit von Staaten und Bündnissen nimmt deren Prävention eine herausragende Rolle ein. In dem Positionspapier der Autorengruppe um *Rudolf Hamann* und *Hendrik Hoffmann*, das in einem Strategieseminar des Generalstabslehrgangs der Führungsakademie der Bundeswehr entstand und den Titel "Die Schutzverantwortung R2P und das Problem militärischer Gewalt in der Krisenprävention (Die Umkehrung des klassischen Peacekeepings)" trägt, geht es um Krisenprävention mit Einmischung militärischer Gewalt. In der 70-jährigen Geschichte der UNO habe es dazu unterschiedliche Formen mit unterschiedlichem Erfolg gegeben. Das klassische *peacekeeping* wurde in den Balkankrisen, in Somalia und in Ruanda in den Jahren 1993 bis 1999 auf eine harte Probe gestellt. Die eingeübten Fähigkeiten von Blauhelm-Einsätzen hatten versagt. Den Autoren geht es darum, wie die Staatengemeinschaft mit der neu entwickelten Doktrin *responsible to protect* (R2P) auch mit Hilfe militärischer Macht eingreifen kann, wenn Staaten ihrer generellen Aufgabe zum Schutz der Menschenrechte nicht mehr gerecht werden. Dazu definieren sie ultima ratio als Äußerstes und nicht zeitlich als Letztes für militärische Maßnahmen, so dass frühzeitig im Zeichen von Krisenmanagement zur Krisenprävention militärische Mittel eingesetzt werden können, "um Schlimmeres zu verhindern." Angesichts veränderter Konfliktszenarien und der Entwicklung hin zur Schutzverantwortung als Auslöser zukünftiger militärischer UN-Missionen solle sich der Einsatz militärischer Fähigkeiten über alle Phasen des Krisenmanagements erstrecken. Damit wird der Gedanke des klassischen *peacekeeping*, nämlich Blauhelme erst *nach* Ende eines Konfliktes einzusetzen, umgekehrt: Sie sollten als glaubhafte Mittel zur Krisenprävention bereits *vor* Ausbruch von Gewalt eingesetzt werden können.

Dieses Positionspapier fordert daher den Einsatz militärischer Fähigkeiten schon in der Phase der Prävention. Es zeigt dazu Rahmenbedingungen aus militärischer Sicht und Lösungsansätze auf. Dabei wird sowohl ein vermeintliches Denkverbot aufgehoben, das Beteiligung und Einsatz von Militär in der

Prävention ausschließt, als auch ein ressortübergreifendes ganzheitliches Krisenmanagement im Sinne des *comprehensive approach* gefordert. Exemplarisch für den militärischen Beitrag werden die Möglichkeiten der *European Battle Group* (EU BG) aufgezeigt, die bereits heute einen substanziellen Beitrag in bestimmten Rahmenbedingungen leisten könnte.

Es werden jedoch auch Denk-Grenzen deutlich, wie sie zu Zeiten des Kalten Krieges im Rahmen von Abschreckung galten und nun auf das politische Terrain der Krisenprävention zu übertragen wären. Denn eine „reinmilitärische" Fähigkeit würde dem Gedanken der Präventions-Politik widersprechen. Wie aber die "eigene Grammatik" (Clausewitz) des kriegerischen Handelns im Kontext von Prävention im Sinne eines *comprehensive approach* in die politische Logik einzubringen ist, dazu wird die angestoßene Diskussion nun fortzusetzen sein.

Eine Voraussetzung für erfolgreiche Prävention ist eine strategische Vorausschau von Krisen, Konflikten und Kriegen. Diese ist jedoch alles andere als einfach. Selbst die USA mit ihren gewaltigen Aufklärungs- und Analysefähigkeiten mussten sich eingestehen, dass sie häufig von Krisen und Konflikten überrascht wurden und in den letzten Jahrzehnten zahlreiche Kriege führten, mit denen sie nicht gerechnet hatten.

In seinem Beitrag "Angebot an die Entscheider: Strategische Vorausschau als Instrument der Politikberatung" diskutiert *Olaf Theiler* die neuesten Entwicklungen in Deutschland auf dem Gebiet der Prävention. Im Herbst 2013 war im Koalitionsvertrag der derzeitigen Bundesregierung die politische Absicht festgeschrieben worden, „die Kompetenzen und Kapazitäten der strategischen Vorausschau in den Ministerien [zu stärken], um Chancen, Risiken und Gefahren mittel- und langfristiger Entwicklungen besser erkennen zu können." Dass dies notwendig war, zeigten spätestens die außen- und sicherheitspolitischen Großereignisse des Jahres 2014: die Krim- und Ukraine-Krise, die IS-Eroberungen in Syrien und Irak sowie die Ebola-Epidemie in Afrika. Inzwischen hat die Bundesakademie für Sicherheitspolitik (BAKS) das Konzept der „Strategischen Vorausschau" als einen neuen Schwerpunkt ihrer Themenfelder mit aufgenommen. Damit tut sich neben den bisher bekannten und klassisch zu bezeichnenden Ansätzen der Politikberatung ein neues Mittel auf, ein neues „Angebot an die Entscheider".

Strategische Vorausschau ist in erster Linie ein Prozess zur systematischen und langfristigen Beschäftigung mit möglichen zukünftigen Entwicklungen. Damit soll eine wirklich zukunftsfähige und vorausschauende Politik ermöglicht werden. Zentrales Element der Strategischen Vorausschau sind die an wissenschaftlichen Standards ausgerichteten interdisziplinären Methoden der Zukunftsanalyse. Sie nähert sich dem politisch Ungewissen mit Hilfe von „gedanklichem Probehandeln" anhand von drei Kernfragen: „Was kann passieren?", „Wo wollen wir hin?" und „Was können wir bzw. wie können wir es tun?". In diesen methodisch fundierten Prozess werden die Fachexpertise des Auftraggebers eingebracht und zukünftige Entwicklungen mit ihren Chancen und Herausforderungen gedanklich vorbereitet. Damit kann sie bei den aktuell drängenden *unknown-unknowns* in den verschiedenen Politikfeldern Zukunftspotentiale sichtbar machen und Zukunftsorientierung leisten. Als leitendes Prinzip und erklärtes Ziel der Strategischen Vorausschau gilt die „Zukunftsrobustheit" politischer Entscheidungen. Olaf Theiler diskutiert die Stärken des Ansatzes sowie seine Grenzen, ohne gleich in Prognosewahn oder wohlfeilen Skeptizismus zu verfallen.

Auf die zunehmende Komplexität der sicherheitspolitischen Herausforderungen haben viele Staaten mit dem *whole-of-government* Ansatz reagiert. Die deutsche Politik spricht von Vernetzter Sicherheit. In Bündnissen oder sonstigen Formen multinationaler Kooperation wird der Begriff des *comprehensive approach* genutzt. In seinem Beitrag „Die Quadratur des Kreises: Zivilmilitärische Zusammenarbeit als strategische, operative und taktische Herausforderung oder: Warum sich dennoch der Versuch lohnt, das Unmögliche möglich zu machen" geht *Uwe Hartmann* auf die Schwierigkeiten in der Umsetzung der Vernetzten Sicherheit ein. Friktion sei unvermeidlich, da die Grenzlinien zwischen den beiden Domänen des Zivilen und des Militärischen sehr durchlässig sind. Bezug nehmend auf Carl von Clausewitz argumentiert er, dass die Erarbeitung eines militärstrategischen Plans ohne politischen Zweck ebenso unmöglich sei wie eine militärische Beratung, die nicht das Feld der Politik betrete. Problematisch seien eher Frustrationen, die bei den Akteuren der zivilmilitärischen Zusammenarbeit auf den verschiedenen Ebenen entstehen könnten. Soldaten seien davon besonders betroffen. Nicht selten interpretierten sie das Handeln der Politik oder ihrer zivilen Partner als fehlende Unterstützungsbereitschaft. Dass Frustrationen bei Soldaten die zivil-militärischen Beziehungen enorm belasten können, erläutert der Autor am Beispiel der Entlassung von General Stanley McChrystal durch US-Präsident Barack Obama im Jahre 2010. Er sucht jedoch die Schuld nicht einseitig bei der zivilen oder der militärischen Seite noch stellt er ein Scheitern der Vernetzten Sicherheit fest. Unterschiedliche Perspektiven und Handlungsweisen seien oftmals sachlich begründet. Auch wenn die Politik als "leitende Intelligenz" den Zweck sicherheitspolitischen Handelns vorgäbe, so hätten doch die verschiedenen Instrumente ihre eigene "Grammatik" (Clausewitz). Es käme darauf an, diese zu verstehen und das Gemeinsame zu suchen. Dabei könnten Soldaten wiederum mit Beispiel vorangehen. Vor dem Hintergrund seines Verständnisses von Strategie als Brücke zwischen Politik, Militär und Gesellschaft stellt Uwe Hartmann klare Forderungen auch an die Soldaten. Dazu gehört ein umfassendes Verständnis von dem zu erreichenden politischen Zweck, eine nicht durch Zuständigkeiten oder vorauseilenden Gehorsam verengte Beratung von Politik und zivilen Partnern sowie ein aktiver Beitrag zum sicherheitspolitischen Dialog in der Gesellschaft. Abschließend zeigt er auf, wie der Grundsatz des Denkens von der politischen Wirkung, also von der "leitenden Intelligenz" her, eine gemeinsame Mitte der zivil-militärischen Zusammenarbeit begründet.

Peter Buchner geht in seinem Beitrag "Algorithmus des Krieges. Zur Funktionslogik des militärischen Führungssystems" auf die tradierten Denkwege des Militärs ein, die sich heute als wenig hilfreich erweisen könnten. Der Autor verdeutlicht, welche Spezifika in dieser Funktionslogik bestehen und welche Konsequenzen daraus entstehen können. Diese sollte man im Hinterkopf haben, wenn man sich für den Einsatz von Soldaten entscheidet. Er fragt speziell nach einer militärischen Handlungslogik und extrahiert diese anhand von vier Algorithmen der militärischen Führung, wie sie heute in der Bundeswehr gelehrt und praktiziert werden. Diese Militärlogik ist für die Denkfabrik Streitkräfte vermutlich entlarvend. Und für andere Ressorts wie z.B. das BMZ und das Auswärtige Amt sowie den Bereich der Wirtschaft und erst recht für NGOs oder die Goetheinstitute ist eine derartige Logik kaum nachvollziehbar. Militärisches Handeln erscheint ihnen dann unzweckmäßig. Buchners Frage nach dem "Algorithmus des Krieges" ist daher mehr als spannend, ja entscheidend dafür, ob und wie der politisch gewollte *comprehensive approach* wirklich gelingen kann.

Das Führungssystem des Militärs, so Buchners Analyse, antizipiert Ungewissheiten, denen die Soldaten durch konsequente Komplexitätsreduktion begegnen. Zweifel, Störungen, Friktion und lähmendes Wägen werden von der Funktionslogik konsequent und systemisch beseitigt. Weil qua dieser Logik in Form einer *self fullfilling prophecy* nicht sein kann, was nicht sein darf, würden schnell Grenzen der militärischen Steuerungslogik erreicht, nämlich Aufgaben, Krisen und Gefahren auch *other than by war* erfolgreich zu begegnen. Dabei wandelten sich solche "Grenzen leicht zu Sollbruchstellen", und der hybride

Soldat als "Helfer, Diplomat und Kämpfer zugleich" würde zum Scheitern verurteilt; wenigstens werde sein Selbstverständnis, sei es traditionalistisch der Krieger oder der im Bild des Staatsbürgers in Uniform einsatzbereite Soldat, irritiert.

Da melden sich beim Lesen fast nebenbei Zweifel und das heißt auch Hoffnungen: Ungewissheiten liegen in der Sache des Krieges. Die radikal reduzierte Komplexität gebiert sofort erhöhte Entscheidungsfähigkeit. Das begegnet den Zweifeln. Sie sind sowieso im militärischen Alltag "immanent". Ressorts müssen deshalb unter anderen als ihren Routinebedingungen umlernen. In der deutschen Militärgeschichte standen einstmals die Verantwortungskultur und das Führen mit Auftrag in hohem Kurs. Gibt es damit vielleicht doch Chancen, die Unterschiede der vielen eigenständigen Ressortlogiken in einem "umfassenden" Ansatz auszutarieren, ohne dass dadurch deren notwendige Spezialisierung im Einzelfall negiert werden muss?

Klaus Naumann offenbart sich erneut als ein Meister des Aufzeigens von Schwächen im politischen und militärischen Denken und Handeln. In seinem Beitrag "Auch heilige Kühe müssen über den Zaun grasen. Die Einheit des militärischen Denkens und Handelns: Politik, Strategie und militärische Professionalisierung" setzt er sich kritisch mit dem Verständnis von Strategie, Operation und Taktik als klar voneinander abgrenzbare Verantwortungsbereiche auseinander. Er sieht vielmehr Entwicklungstendenzen wie beispielsweise das Phänomen des strategischen Gefreiten, welche die Trennschärfe aufheben und die Trias komprimieren. Die Wirklichkeit sei anders als die Reinheit der Begriffe aus dem 19. Jahrhundert. Dies sei durchaus gefährlich, insbesondere dann, wenn mit der tradierten militärischen Begrifflichkeit Zuständigkeiten geregelt würden, die das Schnittstellenmanagement innerhalb des Militärs sowie zu den zivilen Akteuren erschwerten und sich von dem umgreifenden politischen Zweck des Ganzen entfernten. Statt einer Organisationslogik der Hierarchien und Zuständigkeiten fordert Klaus Naumann eine Zwecklogik von Auftrag und Aufgabe, von Zielen und Mitteln. Dies sei bereits in der Inneren Führung angelegt, wie er erläutert: "... indem Sinnerfüllung in den Mittelpunkt gerückt wird, appelliert das Konzept, die übergeordneten Zweckbindungen des Militärischen nicht nur nicht aus dem Auge zu verlieren, sondern sie zur Richtschnur der eigenen Urteilsbildung zu machen." Diese permanente Präsenz des Politischen ist einem traditionellem Denken verhafteten Militär wesensfremd und stößt auf Ablehnung. Es fände keinen Eingang in die militärische Professionalität, obwohl es in deren Mitte gehörte. Das von der Komplexität von Krisen,

Konflikten und Kriegen gebotene über-den-Zaun-grasen scheitere an "Scheuklappen", die durch Organisationsdenken und Autonomiestolz gebildet würden. Das Militär sei so kaum strategiefähig, zumindest dann nicht, wenn man Strategie als eine Brücke zwischen Politik und Militär versteht. Resümierend stellt Klaus Naumann fest: "Hier und nicht in der Erweiterung des soldatischen Rollenspektrums oder im Job Enlargement liegt die zentrale professionelle Problematik des heutigen Militärs." Es geht fundamental um den Nutzen des militärischen Instruments. Dieser müsse sich immer an der Nützlichkeit für den politischen Zweck messen lassen. Gleichzeitig fordert Naumann damit die Einbeziehung des Militärs in den strategischen Prozess. Soldaten seien kein Instrument, sondern strategisches Subjekt. Um seinen Nutzen im strategischen Dialog zu manifestieren, müsse es diesen in der Sprache der Strategie und das ist nun einmal die Sprache des Politischen formulieren. Komplexität der sicherheitspolitischen Herausforderungen führe zu einem hohen Bedarf an Erklärung, Bedeutung und Vermittlung. Presseabteilungen allein wären damit überfordert. Dem Leser seien an dieser Stelle besonders die Beiträge von Erik Rattat, Angelika Dörfler-Dierken mit Philipp Heinrich und Frank Pieper empfohlen, die sich ebenfalls mit den von Klaus Naumann aufgerissenen Problemhorizonten beschäftigen.

Die zunehmende Komplexität sicherheitspolitischer Herausforderungen und die Unangemessenheit einiger tradierter Denkwege werfen die Frage auf, wie Soldaten künftig ausgebildet werden müssten. Unter den NATO-Mitgliedstaaten besteht weithin Einigkeit, dass die *human dimension* künftig stärker an Bedeutung gewinnen wird. Technologie kann unterstützen, aber die Urteilskraft des Menschen nicht ersetzen. *Erik Rattat* geht in seinem Beitrag „Der militärische Führer im komplexen Operationsumfeld" der Frage nach den Kompetenzen und dem Charakter von verantwortlichen Kommandeuren sowie ihren Stabsoffizieren nach. In seiner Analyse der Komplexität aktueller Einsätze stellt er fest, dass strategische Zielsetzungen und Erwägungen zunehmend das Handeln bis auf die unterste taktische Ebene beeinflussen. Das früher primär durch bewaffnete Gewalt, also durch "Feuer" gekennzeichnete Verständnis von Wirkung muss heute deutlich erweitert werden. "Im ganzheitlichen Verständnis von Wirkung", so argumentiert Rattat, "hat jeglicher Einsatz von militärischen Kräften eine Wirkung auf der taktischen, der operativen und der strategischen Ebene." Daraufhin fragt er, welche Anforderungen daraus an die militärischen Führungskräfte erwachsen. Insgesamt seien diese deutlich gestiegen. Multinationale Zusammenarbeit, die Ambivalenzen und Grenzen der Technologie, *war among the people*, zivil-militärische Zusammenarbeit, die Rolle des Informationsraums, hybride Bedrohungen – dies sind vor allem intellektuelle Herausforderungen, denen das militärische Ausbildungssystem sowie die Führungskräfte in der Bundeswehr sich stellen müssten. In den Mittelpunkt seiner Betrachtung rückt der Autor ein neues Verständnis von Wirkung. Militärische Führer müssten von dem politischen Zweck ausgehen und ihr Handeln ganzheitlich mit den Wirkungen des Handelns anderer Akteure synchronisieren. Das tradierte Denken würde so auf den Kopf gestellt: Nicht das Denken *zur* Wirkung, sondern das Denken *von der* Wirkung *her*, also eine rückwärtsgewandte Synchronisierung – darum sollte es verstärkt gehen. Für dieses neue Denken seien eine breitere Ausbildung und Bildung erforderlich. Operationen hoher Intensität gehörten genauso dazu wie die Aufstandsbekämpfung oder die Aufrechterhaltung der öffentlichen Ordnung. Entscheidend sei allerdings die Befähigung, den politischen Zweck umfassend zu analysieren, militärisches Handeln von der gewollten politischen Wirkung her zu bestimmen und in seiner Wirkung mit anderen Akteuren zu synchronisieren. Mit seinem Beitrag unterstreicht Erik Rattat, dass die traditionellen Begriffe der Trias von Strategie, Operation und Taktik zwar weiterhin einen Orientierungsrahmen bilden; dieser dient aber nicht zur Abgrenzung von Zuständigkeiten, sondern ganz im Gegenteil zu einer Zusammenschau. Diese Begriffstrias steht vielmehr für die Durchlässigkeit der nur gedanklich gezogenen Grenzen, damit das Politische durch alle hindurch dringen kann.

Angelika Dörfler-Dierken und *Philipp Heinrich* beschäftigen sich in ihrem Beitrag "Der 'strategische Gefreite' – Mannschaften und die Herausforderungen der Inneren Führung" nicht mit den höheren Führungskräften, sondern mit den Soldaten "ganz unten". Der Clou an ihrem Beitrag ist, dass sie den Begriff des 'strategischen Gefreiten' nicht negativ interpretieren. Sie verstehen ihn nicht nur als einen Soldaten, dessen Fehler verhängnisvolle Wirkungen bis nach ganz oben in die Politik hinein haben können, sondern fragen, was der 'einfache Soldat' denn eigentlich alles leisten könnte, wenn man ihn denn ließe und dazu weiter befähigte. In ihrer auf aktuellen empirischen Untersuchungen beruhenden Analyse stellen die Autoren fest, dass die Mannschaften der Bundeswehr mehr könnten und mehr wollten, als ihnen offensichtlich von ihren Vorgesetzten zugetraut würde. Das überraschend hohe formale Bildungsniveau widerlegt die Befürchtung, dass die Bundeswehr als eine Freiwilligenarmee zu einer Unterschichtenarmee degeneriere. Hoffnungsvoll sind die positiven Einstellungen der Mannschaften zu ihrer Eigenverantwortung. Sie wollen mehr

Verantwortung übertragen bekommen und wahrnehmen als es gegenwärtig der Fall ist. Hier sehen die Autoren ein großes Potential, das noch brach zu liegen scheint. Interessant ist auch, dass vor allem Mannschaften mit Kampferfahrung aus dem Einsatz in Afghanistan sich nicht nur als Kämpfer, sondern auch und oftmals auch vorrangig als Helfer sehen. Zeigt sich hier nicht, dass Mannschaften ihr Handeln nicht nur auf die taktische Ebene begrenzt sehen, sondern weiter denken und selbstverantwortlich im Wissen um mögliche strategisch relevante Folgen handeln wollen? Ernüchternd seien die Kenntnisse der Mannschaften über die Innere Führung als ihre Führungskultur und ihr Selbstverständnis. Innere Führung könne dabei helfen, die Einstellungen der Mannschaften zu nutzen und diese zu verantwortungsbewussten strategischen Gefreiten zu bilden, welche die volle Verantwortung ihres Tuns einschließlich der politischen Zwecksetzung erkennen. Dazu müsse die Innere Führung besser vermittelt und von Vorgesetzten glaubwürdiger vorgelebt werden. Dörfler-Dierkens und Heinrichs Appell an die Vorgesetzten lautet: "Wer seine Mannschaftssoldatinnen und -soldaten nach den Grundsätzen und Vorschriften zur Inneren Führung behandelt und fördert, der wird die Freude haben, dass sie auch Verständnis für ihre strategische Bedeutung und Verantwortung gewinnen und aus Einsicht verantwortlich handeln. Solche 'strategischen Gefreiten' braucht die Bundeswehr!"

Der Haushalt der Bundeswehr und ihre Rüstungsprozesse sind in den letzten Monaten in den Fokus auch der öffentlichen Wahrnehmung geraten. In seinem Beitrag "'You get what you pay for!' – Die Folgen haushaltsorientierter Streitkräfte-Finanzierung: eine deutsche Retrospektive (1807-2015)" geht *Dieter H. Kollmer* auf die historischen Entwicklungslinien von Rüstung in deutschen Streitkräften ein und stellt fest: "Knappe Ressourcen für die Ausstattung der eigenen Streitkräfte sind in Preußen und in Deutschland kein neues Problem. Vielmehr ist dies eine Konstante der deutschen Rüstungsgeschichte der vergangenen 200 Jahre." Anhand der preußischen Heeresreform zwischen 1807 und 1814, der Roon'schen Heeresreorganisation von 1858/60, der Wiederaufrüstung der Reichswehr zur Wehrmacht ab 1935 und des Aufbaus der Bundeswehr nach 1955 skizziert er die Zusammenhänge der Militärfinanzierung zwischen Auftrags- und Kassenlage. Haushaltsorientierung sei immer dann leitend gewesen, wenn die sicherheitspolitische Analyse keine existentielle Bedrohung feststellte. Für die Bundeswehr nach 1990 resultierten daraus dramatische Folgen. Anspruch und Wirklichkeit klafften weit auseinander. Ihre Unterfinanzierung befinde sich zudem in einer unheiligen Allianz mit langen Beschaffungsprozessen. Auch wenn es in jüngster Zeit gelungen sei, diese zu verkürzen, so herrschten doch weiterhin alte Denkstrukturen vor, die mit dem Argument, die Gründlichkeit dürfe nicht auf dem Altar der Schnelligkeit geopfert werden, legitimiert würden.

Die Führung von Streitkräften ist eine verantwortungsvolle Aufgabe. *Hartwig von Schubert* veranschaulicht in seinem Beitrag "Militärisches Handeln in Dilemma-Situationen am konkreten Beispiel: Gewissensbildung, Entscheidungsfindung und Umgang mit Schuld" die ausgeprägte moralische Urteilskraft, die ein militärischer Führer heute benötigt. In den Mittelpunkt seiner Überlegungen stellt er das Handeln in Dilemma-Situationen, wie sie in Einsätzen häufig auftreten. Neben einer Klärung ethischer Begriffe entwickelt er einen praxisnahen Kriterienkatalog, der als Checkliste dienen könnte. Anhand von mehreren praktischen Fällen weist er nach, wie diese Kriterien in Entscheidungssituationen helfen könnten. Im Mittelpunkt seines neuen Denkansatzes steht nicht nur ein allgemeines ethisches Bewusstsein, sondern konkrete ethische Kriterien, die zur Vorbereitung einer Entscheidung dienen und nicht nur zur nachträglichen Rationalisierung von bereits befohlenen Maßnahmen.

Gleich drei Beiträge beschäftigen sich mit dem Thema der Information. *Frank Pieper* geht in seinem Beitrag "Kommunikation – Schlachtfeld der Entgrenzung" auf die Allgegenwärtigkeit von Information auch im militärischen Handeln ein. Mit den Stichworten Boulevard, Viralität, *Hastag Power*, *Only bad news are good news* zeigt er auf, wie Skandale gemacht werden bzw. welche Voraussetzungen in den Medien erforderlich sind, damit Meldungen zu Skandalen aufwachsen. Strategische Kommunikation sei unverzichtbar, aber alles andere als trivial in der Umsetzung. So weist der Autor darauf hin, wie Strategische Kommunikation, die auf einheimische Zielgruppen ausgerichtet ist, in den Einsatzgebieten konfliktverschärfend wirken kann. Zudem hätten sich Gegner gerade auch in diesem Bereich professionalisiert und könnten mit klaren Botschaften oder gestellten Bildern die westliche Meinungsvielfalt ausmanövrieren. Dies führe schließlich zum Verlust der Deutungshoheit. Frank Pieper zieht aus seiner Analyse Folgerungen für die militärische Operationsführung und, so könnte man wohl ergänzen, auch für die Arbeit ziviler Akteure: Kenntnis der Dynamiken sei wichtig, reiche aber nicht aus. Erfolge könnten nur erzielt werden, wenn Wahrnehmung und Handlung synchronisiert seien. Auch hier zeige sich, wie Handlungen auf der taktischen Ebene mit Wirkungen auf der strategischen Ebene in direktem Zusammenhang gesehen und geplant werden müssten. Daraus resultierten konkrete Anforderungen an die Bildung der militärischen Führer und ihrer Berater in den Stäben, aber auch für die Organisation von Einsatzstäben.

Hans-Joachim Reeb beschäftigt sich mit der Relevanz von Informationen in Führungsprozessen. In seinem Beitrag "Bedeutung der Truppeninformation für die taktische Führung" gibt er zunächst einen historischen Abriss über die Entwicklung der Truppeninformation als einem wesentlichen Gestaltungsfeld der Inneren Führung. Neuerdings sei der Begriff der Truppeninformation durch den der "Mitarbeiterkommunikation" ersetzt worden. Die koordinierende und kontrollierende Rolle für diese Kommunikation käme dem Presse- und Informationsstab im BMVg zu. Zahlreiche Medien stünden dafür zur Verfügung, die von Zeitschriften bis zu den Sozialen Medien reichten. Mit ihren Angeboten sei die Truppeninformation oder neuerdings Mitarbeiterkommunikation gut aufgestellt, so resümiert Hans-Joachim Reeb. Wichtig bleibe, dass Hintergrundinformationen bereitgestellt und diese vor allem im Gespräch zwischen Vorgesetzten und ihren unterstellten Soldaten und Soldatinnen vermittelt und diskutiert würden. Die Relevanz der Truppeninformation bzw. Mitarbeiterkommunikation für den Truppenführer ebenso wie für den strategischen Gefreiten kommt klar zum Vorschein. Sie sind ein wesentliches Medium und ein wichtiger Katalysator für die Wirkung der Politik als "leitender Intelligenz".

Axel Weißhaupt stellt in seinem Beitrag "Ein Neuansatz im Informationsmanagement" die Herausforderungen dar, mit denen sich eine militärische Führungskraft im Einsatz konfrontiert sieht, um die unterstellten Soldaten und Soldatinnen umfassend zu informieren. Hier geht es um Hintergrundinformationen, die diese haben sollten, um den Sinn und Zweck ihres Einsatzes zu verstehen, aber auch um so ganz banale Dinge wie "Chef, wann gibt es endlich wieder Cola?" Der Autor entwickelt einen Vorschlag, der sich zunächst einfach anhört: Jeder Soldat sollte ein dienstlich geliefertes Smartphone erhalten. Es wäre gewissermaßen der Versuch, die vormoderne Informationsvermittlung der Bundeswehr ins 21. Jahrhundert zu katapultieren. Allerdings zeigt der Autor auf, dass eine erfolgreiche Umsetzung dieser auf den ersten Blick so einfachen und eingängigen Idee an einige Voraussetzungen gebunden ist.

Jochen Bohns Beitrag "Armee ohne Aufbruch. Randnotiz zur Selbstfunktionalisierung des deutschen Offizierkorps" analysiert die "Entgrenzungsprozesse", die militärische Führer vor ein Dilemma stellten: Während sich die militärischen Herausforderungen rasant veränderten sowie unabsehbar und unüberschaubar würden, entwickelten sich die "Entgründungsprozesse" immer verwirrender. Staat und Zivilgesellschaft drifteten auseinander; der alte Staatsbürger in Uniform verlöre damit Grenze und Grund und könnte in einer totalen Staatsdienerschaft aufgehen. Die Soldatinnen und Soldaten der Bundeswehr seien nicht in der Lage, sich gegen diese politische Vereinnahmung zu verwahren. Beleg dafür sei u.a. das Buch "Armee im Aufbruch", das aus Sicht des Autors die "... gegenwärtige Neigung des deutschen Offizierkorps zu totaler Selbstfunktionalisierung noch einmal drastisch vor Augen..." führe. Seine Analyse mündet in einen Vorschlag, der tatsächlich einen Aufbruch markieren könnte: die Reform der Offizierausbildung an den Universitäten der Bundeswehr. Diese müsse ein Gegenstück bilden zu den bestehenden Bildungseinrichtungen der Streitkräfte, die auf Funktionalität und Systemkonformität der militärischen Führer abzielten.

Das von Marcel Bohnert und Lukas J. Reitstetter herausgegebene Buch "Armee im Aufbruch. Zur Gedankenwelt junger Offiziere in den Kampftruppen der Bundeswehr" hat in den letzten Monaten Furore gemacht. Es zählt zu den wenigen Büchern von Soldaten, die es geschafft haben, in so unterschiedlichen Zeitungen und Zeitschriften wie der Frankfurter Allgemeinen Zeitung, der Frankfurter Rundschau, Konkret, Junge Freiheit und zahlreichen militärischen Publikationen besprochen zu werden. Sie haben damit nachgewiesen, dass Soldaten die sicherheitspolitische Debatte beleben können, wenn sie etwas zu sagen haben und sich trauen. Andererseits müssen sie sich einer massiven Kritik stellen. *Marcel Bohnert* hat diese in seinem Beitrag "Armee im Aufbruch. Hintergründe des Projektes und Replik zu vorgebrachter Kritik" kategorisiert. Sie reicht von der Fokussierung auf Kampftruppen bis zu dem Vorwurf einer traditionalistischen oder sogar nationalistischen politischen Ausrichtung. Marcel Bohnert geht auf die kritischen Stimmen im Einzelnen ein und legt die Motive der Herausgeber und Autoren dar. Das Ziel der jungen Autoren, eine Debatte in Gang zu bringen, sei erreicht worden. Es zeichne sich aber noch nicht ab, ob es tatsächlich eine nachhaltige Debatte innerhalb der Bundeswehr sowie zwischen Staatsbürgern mit und ohne Uniform über das soldatische Selbstverständnis, die Führungskultur in der Bundeswehr und die Nützlichkeit des militärischen Instruments für die Politik geben wird. Kritisch hebt er hervor, dass immer noch mehr über die Autoren als mit ihnen gesprochen werde. Dies ist sicherlich kein gutes Zeichen für eine gelebte Innere Führung. In dem Buch werden neue, manchmal vielleicht auch neue alte Denkwege aufgezeigt. Die Reaktionen auf dieses Buch verdeutlichen, dass Neues nicht immer gewünscht ist und dass Soldaten mit innovativen Ideen Mut und Durchhaltevermögen benötigen.

In die Rubrik "Zur Diskussion gestellt" haben die Herausgeber den Beitrag von *Reinhold Janke* zu "Feindbildern" eingestellt. Dieser Beitrag wird Diskussionen auslösen und sei zur Lektüre besonders empfohlen. Denn seine literaturhistorischen und philosophischen Analysen der Begriffe 'Feind' und 'Feindbild' führen den Autor zu pointierten Positionen für den Umgang mit totalitären Akteuren ebenso wie mit pazifistischen Bewegungen. Überraschend ist seine Enttabuisierung der Frage, ob es berechtigte Feindbilder gäbe und wer heute in einer Welt der Gleichzeitigkeit von Krisen, Konflikten und Kriegen berechtigt als "Feind" gesehen werden dürfe. Dabei setzt er sich kritisch mit dem Islam und den in seinem Namen begangenen Gewalttaten auseinander, erarbeitet jedoch auch zahlreiche Vorschläge, wie das Feindbild Islam abgebaut werden könnte. Reinhold Janke richtet den Blick auch auf uns selbst, wie es die Innere Führung verlangt. Besonders hilfreich ist sein Hinweis, dass Feindbilder dort "... unnötig sind, wo die eigene Position gefestigt ist: durch Tradition, Reflexion, Vertrauen oder Wehrhaftigkeit mit einer daraus gewonnenen Selbstsicherheit."

Hier zeigt sich einmal mehr, dass die Innere Führung von einem politischen Geist durchdrungen ist. Sie stellt eine dynamische Konzeption dar, welche die wunderliche Dreifaltigkeit von Politik, Gesellschaft und Militär ebenso wie die militärische Trias von Strategie, Operation und Taktik in ganzheitlichen Zusammenhängen reflektiert. Indem sie Begriffe klärt und Inhalte abgrenzt, trägt sie zur Orientierung angesichts komplexer sicherheitspolitischer Herausforderungen bei. Es widerspräche allerdings ihrem Wesen, daraus eine an Strukturen und Zuständigkeiten gebundene Selbstbeschränkung des Denkens abzuleiten. Sie legitimiert weder Denkgrenzen noch versperrt sie Denkwege. Sie setzt auf partnerschaftliche Verständigung statt auf Herrschaftswissen und Expertenkult. Damit macht sie den Weg frei für ein Selbstverständnis aller Bürger als freie und kritisch-kreative strategische Subjekte, die Mitverantwortung tragen für eine Politik, die mit einer Gleichzeitigkeit unterschiedlicher und dabei vernetzter Krisen, Konflikte und Kriege konfrontiert ist.

Berlin/Hamburg, im Oktober 2015

II Neue Denkwege

Claus von Rosen

Die Entwicklung des Kriegsbildes im Zeichen neuer und hybrider Kriege

Es war von jeher die Sorge verantwortlicher Staatsmänner, Politiker und Soldaten, durch ein wirklichkeitsnahes Kriegsbild einen möglicherweise entscheidenden Vorsprung vor den potentiellen Gegnern zu gewinnen. Ein solcher Vorsprung ist – wie ich meine – für den umso wichtiger, der den Krieg zu verhindern wünscht.

Wolf Graf v. Baudissin, 1964

Einleitung

Man hört immer wieder mal die Auffassung: Jeder neue Krieg beginnt so, wie der letzte beendet wurde. Das mag vielleicht in früheren Zeiten eine gewisse Berechtigung gehabt haben – in den heute deutlich schnelllebigen Zeiten wird man sich damit jedoch nicht mehr begnügen dürfen. Ohne vorausschauenden Blick anhand der ständigen Veränderungen um das kriegerischen Umfeld wird das Erstaunen und Leiden zu Anfang eines neuen Kriegs vermutlich erheblich sein, wie bereits die Kriegsgeschichte des 20. Jahrhunderts uns lehrt: Die ersten Schlachten im Ersten Weltkrieg zwischen regulären (staatlichen) militärischen Streitkräften z.B. an der Ost- wie an der Westfront glichen Bildern von einst, von 1870 bei St. Privat und Gravelotte. Die deutschen Anfangsverluste 1914 bei Gumbinnen sowie an der Marne und in Flandern sollten nachdenklich machen. Dieser Art „regulären Krieges" steht nämlich die Zahl von 464 Kriegen zwischen 1816 und Ende des 20. Jahrhunderts gegenüber, von denen 83% Guerilakriege waren. Aus Sicht des Verteidigungsministeriums und der Bundeswehr müsste daher das Thema Kriegsbild ein Selbstläufer sein.

Was ist aber eigentlich mit dem Begriff „Kriegsbild" gemeint?

Es handelt sich dabei im Grunde um einen politisch-militärischen Insider-Begriff. Er wird nur selten auch außerhalb dieses Kreises benutzt. Eine strenge Definition von „Kriegsbild" gibt es nicht. An dessen Stelle wird gelegentlich vom Szenario oder Szenarien gesprochen; damit sind aber meist eher spezielle, sehr konkrete kriegerische Konflikte und deren Erscheinungsformen gemeint. Insofern ist es angebracht, sich die Frage zu stellen, was denn mit Kriegsbild gemeint sein soll und wie es zu konstruieren ist. Dazu soll im ersten Ansatz der Blick in die kriegstheoretische Literatur der letzten Jahrzehnte die-

nen, bei der politisch-strategisch verantwortlichen Community, bei den Streitkräften als taktisch-operative Organisation sowie bei den mit Militär befassten
Wissenschaften und entsprechenden militärischen Kreisen.

Das Kriegsbild in der bundesrepublikanischen Diskussion seit 1950

Das Kriegsbild der politisch-strategisch verantwortlichen Community

Einen Überblick und Einblick in die militärpolitisch-strategischen Fragen in
den frühen Zeiten der Bundeswehr bietet Axel F. Gabliks Buch „Strategische
Planungen in der Bundesrepublik Deutschland 1955 – 1967". Darin wird, fest-
gemacht an der Nuklear-Strategie, die sachliche Unklarheit und damit Zerris-
senheit in der deutschen strategischen Community zum Thema Kriegsbild
deutlich. Die Nuklearwaffe, so Gablik, habe die bisherigen Erfahrungen auf
den Kopf gestellt. Die offizielle Auffassung des Heeres zu Beginn der 60er
Jahre hielt sich aber „an Grundsätzen fest ..., die sich mit der neuen Waffen-
technik nicht vereinbaren ließ" – die Atomwaffe sei nur eine verstärkte Artillerie herkömmlicher Art. (S. 300) Ein offizielles Kriegsbild, das mehr als 15 Jahre
nach Hiroshima die Herausforderungen eines atomaren Krieg begriff oder das
Bild eines „begrenzten Krieges" (S. 382) aufnahm, gab es für die Fachleute
nicht.

Seitdem wurde die offizielle Sicht des Verteidigungsbereichs auf die zu
erwartende Aufgabe in unregelmäßigen Abständen in Weißbüchern veröffentlicht. Deren Titel lauten fast gleichlautend: „Zur Sicherheitspolitik und zur
Entwicklung bzw. Zukunft der Bundeswehr".

Das erste Weißbuch „zur Verteidigungspolitik der Bundesregierung"
stammt von 1969. Es stellt in gewisser Weise eine Art politische Antwort auf
die Veränderungen in der NATO-Strategie durch den Harmel-Bericht (flexible
response) sowie auf die Erfahrungen von der Intervention des Warschauer
Paktes in die Tschechoslowakei dar. Im Vorwort von Minister Schröder wird
deutlich, dass das Weißbuch sich nur mit der politisch-militärischen Seite der
„Sicherheits- und Verteidigungspolitik" befasst. Da die Bundesregierung bereits kurz vorher einen eigenen Bericht zur Zivilen Verteidigung vorgelegt hatte, wurde nun nur noch die Notwendigkeit einer Zusammenarbeit von militärischer und ziviler Verteidigung betont, da die Bundesrepublik „in ihrer ganzen
Ausdehnung vom Kriegsgeschehen betroffen" sein werde. (S. 21)

Das zweite Weißbuch wurde bereits 15 Monate später, 1970, unter Minister Schmidt veröffentlicht. Es leitete in deutlich diskursivem Ansatz das Thema „Sicherheit in den siebziger Jahren" ein. Dabei ging es um Kriegsverhinderung, Rüstungskontrolle, Gleichgewicht und Friedenssicherung. Dem folgten – unabhängig vom Spezialfall der permanenten Bedrohung von West-Berlin damals – vier „Gefahren". Dies seien die großangelegte, auch kontrollierte Steigerung der Aggression gegen Westeuropa, die begrenzte Aggression gegen Teile des NATO-Gebietes, die Wahrscheinlichkeit einer militärischen oder paramilitärischen Auseinandersetzung in Europa sowie die Schmälerung der politischen Entscheidungsfreiheit der Bundesrepublik und ihrer Bündnispartner durch Druck oder Drohungen. (S. 20f.) – Der Unterschied zu ähnlichen Aussagen im Weißbuch 1969 lag in der Fragestellung und diskursiven Offenheit: 1969 wurden „Ziele und Möglichkeiten des Warschauer Paktes" abgehandelt – 1970 heißt es: auf welche Gefahren muss Deutschland sich angesichts der militärischen Lage einstellen? – Dem folgte ein gesondertes Kapitel „Zivile Verteidigung" als Teil der Gesamtverteidigung. (S. 45) Dazu gehörten sowohl umfangreiche Gebiete des Zivilschutzes (als Aufgabe des Innenministeriums), als auch die Einsatzfähigkeit und Operationsfreiheit der Streitkräfte im Verteidigungsfall. – Auch hier gab es Übereinstimmungen im wording mit dem Vorgängerbuch von 1969; in den beiden letzten Aussagen deuten sich jedoch eine Erweiterung im Sinne eines Kriegsbildes durch die neue Regierung an.

Das Weißbuch 1979 befasste sich unter den Aspekten Sicherheitspolitik, Rüstungskontrolle und Kooperation mit der Dritten Welt sehr ausführlich mit dem Thema Frieden in Freiheit. Der eigentliche Schwerpunkt lag jedoch im Teil „Verteidigung im Bündnis" mit den drei möglichen „Reaktionsarten" im Rahmen der flexible-response-Strategie der NATO. Wie ein kaum beachtenswertes Nebenbei erschien dann im Kapitel „Kooperation" der Hinweis auf Gefahren, „dass der Ost-West-Gegensatz in die Dritte Welt hineingetragen wird." (S. 85) Und dieser Hinweis erfuhr eine Ergänzung (S. 92), dass es in jenen Ländern seit Ende des II. Weltkrieges bereits mehr als 100 kriegerische Auseinandersetzungen gegeben habe, die mit peace-keeping-operations durch die Vereinten Nationen eingedämmt würden. Die Bundeswehr habe sich daran mit der Bereitstellung von Transportraum beteiligt. Wie ein weiteres Kuriosum wurde im letzten Teil von „Hilfs- und Rettungsdiensten" im In- wie Ausland berichtet (S. 200ff), dabei ab 1978 als „friedenssichernde Aufgaben und humanitäre Hilfe im Libanon". – Der Verteidigungsauftrag war so selbstverständlich der Schwerpunkt für dieses Weißbuch und das dafür bereitgestellte Waffenmixt schien im „Kräftevergleich" allen „Bedrohungen" gerecht zu werden, dass andersgeartete Einsatzmöglichkeiten, die bereits Realität für die Bundeswehr darstellten, im Sinne eines Kriegsbildes kaum der Rede wert waren.

Die Weißbücher von 1983 und 1985 sind als Einheit zu lesen: Zunächst, so der damalige Minister Wörner, wurde die „Sicherheit der Bundesrepublik" erläutert und die Lage sowie die Entwicklung der Bundeswehr dargestellt. Zwei Jahre später folgten die daraus sich ergebenden „verbindlichen Aussagen und Entscheidungen" „zur Lage und Entwicklung der Bundeswehr". Diese nicht nur redaktionelle Trennung in zwei Jahrgangsbände konnte auch Bedeutung für die besondere Betrachtung des Kriegsbildes haben.

Im Vorwort 1983 stellte Minister Wörner fest, dass eine Diskussion in der Gesellschaft darüber aufgebrochen sei, wie den Bedrohungen von außen zu begegnen sei. Und zur Gefahr eines Krieges hieß es: „Das Denken in Kriegsszenarien in der militärstrategischen Fachdiskussion" trage zur Frage nach der Wahrscheinlichkeit eines Krieges bei. Dies habe dadurch „eine andere politische und militärische Dimension erhalten". (S. 115) Zudem ging es unter dem Aspekt „Bedrohung" auch um die „Vielfalt wichtiger Einflussgrößen", die den Kräftevergleich zu einem „schwierigen Vorhaben" machten. (S. 50f.) Das Weißbuch kam daher im Zusammenhang mit der Kritik an der Vorneverteidigung auch zu der Einsicht, dass gewisse Schwächen und Lücken nicht zu übersehen seien. (S. 165) Und unter „Alternative zur militärischen Verteidigung" wurde die damals viel zitierte „Soziale Verteidigung" betrachtet; sie sei jedoch „realitätsfremd". (S. 165f) Schließlich wurde in einem längeren Abschnitt auch „Die Konzeption der Gesamtverteidigung" behandelt, worunter „zivile Verteidigung" und „Zivilschutz" als ergänzende Maßnahmen zur militärischen Verteidigung zu verstehen seien. – In diesen z.T. selbst-kritischen Bemerkungen deutet sich im Unterschied zu den Vorgänger-Weißbüchern im Ansatz ein etwas weniger starr-verengtes Bild vom künftigen Krieg an. Dennoch dominierte unhinterfragbar das überkommene Kriegsszenario des Kalten Krieges entlang der innerdeutschen Grenze.

Im Folgeband von 1985 wurde dies dann auf die „Lage sowie die Entwicklung der Bundeswehr" „heruntergebrochen". Dabei wurde nun auch zum ersten Mal von „verdecktem Kampf" von Spezialeinheiten der Warschauer-Pakt-Staaten gesprochen, die sich sowohl gegen die Streitkräfte als auch gegen die Zivilbevölkerung richten könnten. (S. 64) Und im letzten Teil „Weichenstellung für die neunziger Jahre" ging man von einer langzeitigen „planerischen

Gesamtkonzeption" aus. Grundlage dafür sei die „voraussichtliche Entwicklung der Bedrohung", für die sich aber keine Veränderung abzeichnete. (S. 385) – Hierin lassen sich Tendenzen zu dem bereits 1983 erweiterten Kriegsbild beobachten.

Es erstaunt dann jedoch der abschließende Abschnitt „Diskussion über die Grundlagen der militärischen Verteidigung" in der Öffentlichkeit. Dort hieß es: „Die Diskussion – oft als Strategie-Diskussion bezeichnet – beschäftigt sich nicht nur mit politischen und strategischen Fragen, sondern darüber hinaus mit einer Fülle taktischer und operativer Themen." Der Verteidigungsausschuss habe sich deshalb auch vorgenommen, in einer Experten-Runde sich mit „Fragen der gültigen Bündnisstrategie wie zu alternativen Konzepten und Strategien" zu befassen. (S. 80) Die Vorab-Antwort des Ministeriums dazu war aber sicher ein harter militärischer Deckel auf diesen brodelnden Topf. – Damit wird jedoch deutlich, dass die politisch-strategische Community in ihrem bisher eher engen militärischen u./o. starren Denken über Krieg von der interessierten Öffentlich überrascht worden war. Zumindest war zur Kenntnis genommen worden, dass auch unter den Bedingungen des Kalten Krieges nicht nur ein alternativloses Szenario für künftige kriegerische Auseinandersetzungen denkbar sein musste.

Dem Weißbuch 1994, nach der politischen Zeitenwende, wurde ein deutlich weiterer, umfassender Sicherheitsbegriff im Sinne von „Gesamtverteidigung" zugrunde gelegt. Die Bundeswehr müsse sich auf neue Aufgaben ausrichten, so Minister Rühe im Vorwort. „Militärische Konflikte, die Deutschlands Existenz gefährden können, sind unwahrscheinlich geworden", hieß es später (S. 39). Als künftige „Hauptfunktionen" der Streitkräfte wurden daher der Beitrag zur Bewältigung internationaler Krisen und Konflikte sowie die Verteidigung Deutschlands und des Bündnisses betont. (S. 89) Der Einsatz von Nuklear-Streitkräften in Mitteleuropa schien ohne Bedeutung zu sein, die entsprechenden Planungen wurden daher außer Kraft gesetzt. Aus Zeiten des Kalten Krieges sei nur die politische Rolle der restlichen Potentiale übrig geblieben. Sie seien „nicht auf eine konkrete Bedrohung ausgerichtet". (S. 52)

Es ging also im Wesentlichen um „ein flexibles und effektives Instrumentarium der politischen und militärischen Krisen und Konfliktbewältigung". (S. 36) Und an anderer Stelle: „Deutsche Streitkräfte tragen dazu bei, dass Risiken für die äußere Sicherheit gemindert, Konflikte verhindert oder auf Distanz gehalten, eingedämmt und beendet werden." (S. 87) Das führte zum hybride zu bezeichnenden Aufgabenmix und „Selbstverständnis des Soldaten": „Schutz,

Hilfe und Aufbau bei humanitären Einsätzen und in Friedensmissionen ergänzen die Verteidigung des eigenen Landes und der Bündnispartner Deutschlands." (S. 137) – An dieser Stelle wären Aussagen zum Kriegsbild zu erwarten gewesen. Dies schien aber doch eher im „Denken in den alten Kategorien rein militärisch geprägter Sicherheit" der Konfliktparteien zu liegen, wofür „heute Bosnien und Somalia bedrückende Beispiele" wären (S. 34). Zumindest waffentechnische und operative Überlegungen (S. 91f.) ließen weiterreichende Gedanken anklingen. Und im Zusammenhang mit den Aufgaben der weltweiten Friedenssicherung im Rahmen der Vereinten Nationen sollte geprüft werden, „ob der Einsatz militärischer Mittel geeignet" und „ob Möglichkeiten der friedlichen Konfliktlösung ausgeschöpft" seien. (S.45)

Zwölf Jahre später spricht das Weißbuch 2006 angesichts der Einsätze der Bundeswehr besonders in Afghanistan von internationalem Terrorismus, von der Weiterverbreitung von Massenvernichtungswaffen und ihrer Trägermittel, von den Folgen innerstaatlicher und regionaler Konflikte, von Destabilisierung und Zerfall von Staaten sowie von Entstaatlichung von Gewalt als Herausforderungen und Bedrohungen für Freiheit und Sicherheit. Dies führe zu einem „umfassenden Sicherheitsbegriff". „Die Bewältigung dieser neuen Herausforderungen erfordert den Einsatz eines breiten außen-, sicherheits-, verteidigungs- und entwicklungspolitischen Instrumentariums zur frühzeitigen Konflikterkennung, Prävention und Konfliktlösung." (S. 9) Dazu seien „internationale Konfliktverhütung und Krisenbewältigung einschließlich des Kampfes gegen den internationalen Terrorismus … auf absehbare Zeit die wahrscheinlichste Aufgaben." Und zum Schluss der Zusammenfassung heißt es: „Staatliches Handeln bei der Sicherheitsvorsorge wird künftig eine noch engere Integration politischer, militärischer, entwicklungspolitischer, wirtschaftlicher, humanitärer, polizeilicher und nachrichtendienstlicher Instrumente der Konfliktverhütung und Krisenbewältigung voraussetzen." Mit dem Prozess der Globalisierung entwickelten sich auch neue Risiken für die Sicherheit wie illegale Aneignung und Missbrauch von sensiblem Wissen, Technologien und Fähigkeiten sowie durch Terrorismus und Angriffe gegen den Cyber-Raum. Aber „konventionell" erscheinende Gefahren bekämen dadurch neue Qualität. Derartige Bedrohungen auch des deutschen Hoheitsgebietes überschreiten zudem den klassischen Ressort-Rahmen zur Gefahrenabwehr und fordern den Staat, dies zum Schutz der Bevölkerung und kritischer Infrastruktur im Inland in die sicherheitspolitischen Betrachtungen mit einzubeziehen. (S. 76) – In diesem Weißbuch ist zum ersten Mal ein breit ausgefächertes Kriegsbild zu erkennen, auch wenn der Begriff selber „noch immer" gemieden wird. Und ansonsten war die Welt für deutsche Militärstrategen noch fast in Ordnung.

Wie aus den zitierten Weißbüchern abzulesen ist, hat man sich zumindest bis zum Ende des Kalten Krieges jahrzehntelang dahinter versteckt, dass für politisch-strategische Fragen nicht die Bundeswehrführung und der Bund zuständig seien, sondern die NATO. Und die Frage nach dem bestimmenden Kriegsbild galt wohl als ein „weißer Schimmel": dafür sei die Bundeswehr ja schließlich professionell zuständig. Insgesamt erscheinen die Aussagen zum künftigen Krieg eher schlicht oder auch geglättet und vor allem kurz-sichtig. Krieg erhält dadurch ein rein militärisch-„normales" Gesicht, „wie bisher", wie bereits der Titel des Weißbuches 1969 „zur Verteidigungspolitik" andeutete. Dass es im Denken von Sicherheitspolitik um ein umfassenderes Kriegsbild gehen muss, klang zwar in den Weißbüchern 1969 und 1970 sowie 1985 an, konnte aber nicht wirklich vor den Überraschungen schützen, die ab 1990 sich lawinenartig über die Bundeswehr ergossen haben.

Das Kriegsbild in den Streitkräften als taktisch-operative Organisation
Die Vorstellungen der Streitkräfte von der künftigen Aufgabe als taktisch-operative Organisation finden sich in den militärischen Führungsvorschriften, besonders in denen zur sogenannten „Truppenführung" der Teilstreitkräfte (für das Heer heute: HDv 100/100: Truppenführung von Landstreitkräften. TF).

In keiner dieser Vorschriften, vom Anfang der Bundeswehr 1956 bis zum Beginn des 21. Jahrhunderts, wird der Begriff „Kriegsbild" oder „Bild des Krieges" als „Führungsbegriff" beschrieben oder gar definiert. Nur in der Vorschrift von 1962 heißt es, dass es schwer sei, sich klare Vorstellungen vom „Bild der künftigen Kriege" zu machen, weil es ständigem Wandel unterworfen sei. Verhängnisvoll sei es aber, die Erfahrungen früherer Kriege ungeprüft zu übernehmen, und daher wichtig, sich rechtzeitig auf einen künftigen Krieg einzustellen. Wie dies aber im Rahmen des Führungsprozesses zu geschehen habe, wird nicht weiter behandelt. – Es ist erstaunlich, dass der Begriff Kriegsbild 1962 plötzlich und zum einzigen Mal Aufnahme in einer Vorschrift findet.

Fragen wir weiter nach speziellen Ausprägungen von verschiedenen Formen des „neuen" Kriegsbildes, z.B. nach „asymmetrischen Bedrohungen und Konflikten" bzw. nach „Operationen gegen irreguläre und verdeckt kämpfende Kräfte", wie dies in der Vorschrift von 2007 genannt wird. Auch dazu findet man in den ersten 50 Jahren Bundeswehr so gut wie nichts – und das, obwohl sich hier eigentlich die Erfahrungen vom Zweiten Weltkrieg mit ausgedehntem Partisanenkrieg z.B. in Russland und auf dem Balkan sowie mit zivil-bewaffnetem Widerstand in Italien und in Frankreich hätten niederschlagen können. In der Fassung der Vorschrift von 1959 stößt man zwar gelegentlich auf die Begriffe Spionage, Sabotage und Zersetzung, und in der Vorschrift von 1962 gibt es immerhin zwei kurze Unterabschnitte zur „Sicherung gegen Banden" sowie zur „Sicherung gegen Spionage, Sabotage und Zersetzung". In den Fassungen aus den 70er und 90er Jahren werden diese Ausdrücke auch noch als „Führungsbegriffe" geführt; zur Bezeichnung und Erklärung für andere als die klassisch zu bezeichnenden Formen der kriegerischen Auseinandersetzung werden sie aber trotz der Andeutungen in den Weißbüchern vermieden. Und der Kampf gegen Banden (von 1973) sowie eine spezielle Form des (eigenen) Jagdkampfes hinter den feindlichen Linien bleiben auf das Operationsgebiet bzw. die „rückwärtigen Räume" beschränkt. Dass aber spätestens seit dem Terroranschlag auf die Münchner Olympiade 1972 diese Kampfformen auch die Bundesrepublik Deutschland zum „Gefechtsfeld" machen könnten, bleibt ausgeblendet. Erst seit der Vorschrift von 2007 gehören die „symmetrischen und asymmetrischen Bedrohungen und Konflikte" zu den Merkmalen von Operationen; damit wird die Operationsführung gegen irregulär und verdeckt kämpfende Kräfte zu einem speziellen Führungs-„Bild". – Insgesamt wird deutlich, dass in Zeiten des Kalten Krieges nur in Formen eines klassisch-konventionellen Krieges unter einer kaum dazu zu zählenden atomaren Dunstglocke, d.h. in einem sehr begrenzten Kriegsbild unter operativ-taktischen Gesichtspunkten in den Streitkräften gedacht, ausgebildet und geführt wurde.

Das Kriegsbild der mit Militär befassten Wissenschaften und entsprechenden militärischen Kreise

Damit stellt sich die Frage, was denn nun neu an den sogenannten neuen Kriegen sei und – um zum einleitenden Bild von den Erfahrungen zu Beginn des ersten Weltkrieges zurückzukehren – was hätte man vielleicht seit 1950, seit Anfang der Vorarbeiten für den Aufbau der Bundeswehr, wissen können? Immerhin hatte sich gegenüber den verschiedenen Bildern aus dem zweiten Weltkrieg ein Quantensprung der zu erwartenden Kriegsformen insgesamt deutlich abgezeichnet, ganz besonders durch den Eintritt des Nuklearzeitalters in den Bereich des Krieges. Daraufhin entwickelte Wolf Graf v. Baudissin systematisch das künftige Kriegsbild und vertrat dies öffentlich. Auch wenn Baudissin in den 50er und 60er Jahren zweifelsohne zur taktisch-operativen Organisation der Bundeswehr gezählt und in seinem letzten Lebensabschnitt ab Anfang der 70er Jahre der politisch-militärischen Community zugeordnet werden kann, ist er in jenen beiden Bereichen für viele immer ein Außenseiter gewesen, so dass seine Denkansätze und hier speziell zum Kriegsbild nicht als Aussagen dieser beiden Bereichen gelten können.

Das Baudissinsche Kriegsbild

Baudissin hatte ein klares, konkretes und differenziertes Kriegsbild aus politischer Sicht. Dies war aber wegen seines Aufgabengebietes Innere Führung in der Öffentlichkeit nicht so deutlich gewesen und im Amt Blank auch nicht weiter aufgenommen worden: Nach Gablik „formulierte [er] klarer als irgendeiner seiner Offizierskameraden, dass die Nuklearwaffe die bisherigen Erfahrungen auf den Kopf stellte". Bereits in seiner ersten öffentlichen Äußerung als Mitarbeiter des Amtes Blank im Dezember 1951 in der Evangelischen Akademie in Hermannsburg deutete Baudissin die neuen Dimensionen eines künftigen Krieges in zwei entscheidende Richtungen an. Es sprach vom „Zeitalter des absoluten Krieges mit seinen alles vernichtenden Kräften" und von „Permanenten Bürgerkriegen". Er stellte daher die Forderung in den Raum: „Wir haben ernsthaft und redlich umzudenken und uns bewusst zu machen, dass der Soldat in aller erster Linie für die Erhaltung des Friedens eintreten soll; [so häufig verkürzt zitiert, wird Baudissins Aussage als Beginn für das neue Soldatenbild der Inneren Führung verstanden; der Satz geht aber weiter:] denn im Zeitalter des absoluten Krieges mit seinen eigengesetzlichen, alles vernichtenden Kräften gibt es kein politisches Ziel, welches mit kriegerischen Mitteln angestrebt werden darf und kann, außer der Verteidigung gegen einen das Leben und die Freiheit zerstörenden Angriff."

Zum „permanenter Bürgerkrieg" führte er 1953 weiter aus: „Allgemeine Friedlosigkeit ist das Kennzeichen dieser Auseinandersetzung, die auf allen Lebensgebieten ausgetragen wird." Der Mensch sei „der eigentliche Kriegsschauplatz, auf dem sich die Auseinandersetzung abspielt, er ist zugleich Ziel und Träger des Kampfes." Und zusammenfassend: „Der permanente Bürgerkrieg ohne räumliche und zeitliche Grenzen und ohne Beschränkung der Kampfmittel stellt uns vor schwerwiegende Probleme, die wir gerade im soldatischen Raum als etwas wirklich Neues nicht übersehen dürfen. Denn die Grenze zwischen den Lagern, die Grenze zwischen den beiden Lebensordnungen läuft tatsächlich in den Herzen des Einzelnen, also auch durch die Herzen der Soldaten." 1956 ging es ihm für den „Soldaten im permanenten Bürgerkrieg" um (hier nur schlagwortartig wiedergegeben) Krieg weit hinter der Front, Psychologische Kriegsführung, Kalter Krieg, Revolutionärer Krieg, Klassenkampf, Unterwanderung von Staaten und Gewissen der Menschen, Allgemeine Friedlosigkeit, Kampf der Lebensordnungen. Zusammengefasst bedeute das für den Soldaten: „Dieses Dasein inmitten einer geistigen, politischen und sozialen Auseinandersetzung von schicksalhaften Ausmaßen stellt Forderungen an die Standhaftigkeit, Überzeugungstreue, Urteilskraft und Tatsachenkenntnis des einzelnen, die erschrecken können."

Ebenso nahm er nun zusätzlich den „Soldat im heißen Gefecht" auf. Dazu entwickelte er anhand von „Technisierung von Truppe und Gefecht", „dynamisch-technischem Gefecht", Automation und Roboter, der Entwicklungen des Krieges im Laufe der beiden Weltkriege hin zu dessen Industrialisierung und schließlich der Atomwaffe das Szenario des „absoluten" bzw. „autonomen" Krieges einschließlich des Atomkrieges. Das aber bedeute für die Menschenführung, „dass die Technik durch ihre eigenen Grenzen ethische Forderungen stellt: je technischer die Truppe in der Ausrüstung, desto mehr Freiheit muss der Menschenführer in Ausbildung und Einsatz geben können, damit sich Verantwortlichkeit entwickelt." Und als drittes führte er auch den Partisanenkrieg als eigene Form ein, dessen nachhaltigste Auswirkung es wohl sei, dass der andere gezwungen werde oder meine, zu einer Kampfweise gezwungen zu sein, die im Grunde genommen nicht die Seine sei.

Im Sommer 1957 entwickelte Baudissin dieses Bild noch einmal in einer Denkschrift über die Psychologische Kriegsführung fort: „Der moderne Krieg geht nicht mehr um territoriale Ziele. Der blutige Konflikt entspringt ideologischen Spannungen und kennt daher weder klare Unterscheidungen noch lineare Grenzziehungen zwischen den Staaten. Desgleichen gibt es keinen Unterschied zwischen Soldaten und Nichtkombattanten. Die Kriegführung beschränkt sich nicht mehr auf militärische Kampfmittel, auf bestimmte Kampfräume oder Kampfzeiten. Es handelt sich vielmehr um eine totale Auseinandersetzung zweier Lebensanschauungen, die mit allen Mitteln, auf allen Lebensgebieten und jenseits aller gewohnten Unterscheidungen und Grenzen ausgetragen wird. Vielmehr spielt sich ein heutiger Krieg inmitten der Zivilbevölkerung ab, Fernkampfmittel, Flugzeuge und Partisanen machen den Schutz von Heimat, Heim und Familie illusorisch; die eigene Gefechtsführung gefährdet und vernichtet nicht nur den Gegner. Hinzu kommen die geistig-politischen Momente der Auseinandersetzung. In einer solchen Lage kann die

Verteidigungsbereitschaft des einzelnen nicht mehr mit der Sicherheit vorausgesetzt werden, wie dies im nationalstaatlichen Zeitalter noch selbstverständlich war." Dies habe Auswirkungen für die Führung im „'Frieden', d.h. im Kalten Krieg" wie im „heißen Gefecht", da eine Bürgerkriegssituation „einen
möglichen Krieg der Zukunft bestimmen" werde.

Baudissin fügte damit nicht nur einige neue Aspekte aus Sicht der Psychologischen Kampfführung in das offizielle Lagebild ein. Vielmehr zeigte er
auf, dass das Kriegsbild sich komplett verändert hatte: Kalter Krieg, Partisanenkrieg, Bürgerkrieg sind die neuen Schlagworte, die nicht – mehr – nur parallel oder gar nebenbei zum Militärtechnisch-Strategischen gedacht werden
können, sondern generell das Bild vom Krieg bestimmen.

Im April 1962 trat Baudissin zum ersten Mal mit einem Vortrag speziell
über das Kriegsbild an die Öffentlichkeit. Dieser Vortrag wurde anschließend
in verschiedenen Zeitschriften abgedruckt, u.a. auch als Beilage zur „Information für die Truppe", der offiziellen Zeitschrift aus der Unterabteilung Innere
Führung, nicht jedoch in einem „streng-militärischen" Organ sozusagen zur
äußeren Führung. – Es ist davon auszugehen, dass dieser Vortrag auch Anlass
für die einmalige und kurze Erwähnung des Begriffes Kriegsbild in der Einleitung zur Führungs-Vorschrift HDv 100/1 von Ende Oktober 1962 war.

Baudissin sah sich als „verantwortlicher Politiker und Soldat" und damit
in der Pflicht, sich mit dem Wesen eines zu erwartenden Krieges auseinander
zu setzen. Es gehe darum, systematisch Antworten auf die Fragen „nach Er-
scheinungsform, Intensität, Ausdehnung und damit nach den Möglichkeiten,
Mitteln und Zwecken" zu suchen. Denn – so seine politische Begründung:
„Erst aus einem wirklichkeitsnahen Kriegsbild lassen sich die Probleme ableiten, vor die Staat, Volk, Wirtschaft, militärische Führung und der einzelne im
Kriegsfall gestellt werden."

In diesem Vortrag trug Baudissin alle seine bisherigen Gedanken über
das Kriegsbild zu einem Gesamtbild zusammen: „Technik, Weltanschaulichkeit
und Weltweite zusammen haben dem heutigen Kriege eine Totalität verliehen,
die ihn aller früheren Sinngebungen entkleidet." Schon die herkömmlichen
Kriege des 20. Jahrhunderts zwischen hochentwickelten Industriestaaten haben
weder in Sieg noch im Frieden geendet. Sobald Krieg „sein Eigengewicht"
entwickele, bedrohe er die Existenz ganzer Völker, ja der Menschheit überhaupt. Krieg sei – so Baudissin –„nur noch ein Mittel zur gemeinsamen Vernichtung". Deshalb müsse es das Bestreben verantwortlicher Politik sein, die
Spannungen in Bereichen wie politischer, wirtschaftlicher und kultureller Zu-

sammenarbeit auszutragen, „in denen für die Freie Welt echte Siegeschancen bestehen". Das militärpolitische Ziel sei die Verhinderung eines Krieges, und Abschreckungsstreitkräfte seien dabei das Mittel. Einsatz von Streitkräften dürfe aber nur so viel Gewalt bedeuten, dass sie „nicht ohne zwingenden Grund in die Teufelsspirale unaufhaltsamer Zuspitzung des Konfliktes geraten." Stattdessen müssen Abrüstungsbemühungen als Teil und Folge des heutigen Kriegsbildes verstanden werden. Das könne helfen, Konflikte „mit gewiss nicht ‚friedlichen', aber – im bisherigen Verständnis – nicht ‚kriegerischen' Mitteln auszutragen". Die Gefahr derartiger Selbstbeschränkung von Machtanwendung sei nicht zu leugnen; angesichts einer potentiellen „Weltkatastrophe" sei sie aber „nicht nur angemessen, sondern gewinnt als Zeichen sittlich begründeten Verantwortungsbewusstseins besonderen Wert."

Aus diesen „Faktoren" entwickelte Baudissin vier mögliche Formen von Krieg:

1. Der *Kalte Krieg* als „‚Nicht mehr Frieden' und zugleich ‚Noch nicht heißer Krieg'" mit Verzicht auf Gewaltanwendung und der Anerkennung eines Minimums verbindlicher Gemeinsamkeit. Alle darin eingesetzten Mittel „von der Theatergruppe bis hin zum Aeronauten", ja selbst die „vorzeitige Bekanntgabe" der Entwicklung eines neuen, vielleicht entscheidenden neuen Kampfmittels würden dabei als politisches Druck- oder Beruhigungsmittel benutzt.

2. Der *subversive* oder auch *subkonventionell* genannte *Krieg* sei bereits „ein Schritt weiter in Richtung auf die wesentlich militärisch bestimmten Formen der Auseinandersetzung". Auch wenn derartige Konflikte kaum jemals nur mit militärischen Mitteln zu lösen seien, werde der Kampf jedoch nicht nur ‚kalt' und im Untergrund, sondern auch mit paramilitärischen und rein-militärischen Kräften bis zur offenen Intervention geführt. Ziel sei, Chaos zu schaffen, um dann die Macht zu ergreifen. Baudissin weist darauf hin, dass nach 1945 derartige Kämpfe oder Kriege mit großer Rücksichtslosigkeit geführt und mehr oder weniger zum Regelfall militärischer Gewaltanwendung worden seien. „In Ausrüstung und Ausbildung weit überlegene Truppen standen häufig hilflos ihren primitiven, aber ‚klassen'- und sendungsbewussten Gegnern gegenüber." Der Versuch, derartig unkonventionellen Kriegen mit unkonventionellen Mitteln begegnen zu wollen, scheint Baudissin skeptisch gegenüber gewesen zu sein.

3. Über dem *konventionellen*, sprich: dem nicht-atomaren *Krieg* mit herkömmlichen Waffen drohe immer das „Damokles-Schwert atomarer Sprengkörper", sobald eine Seite die Entscheidung **oder** sie zu verhindern suche.

4. Der *atomare Krieg* schließlich werde von beiden Seiten „sowohl mit Atomwaffen als auch mit Bewegung und konventionellem Feuer geführt". Er sei als begrenzt-atomarer Krieg denkbar, bei dem in erster Linie taktische Atomwaffen eingesetzt würden und dadurch der Politik noch ein gewisser Spielraum bliebe; die Unmöglichkeit, taktische Ziele von strategischen oder operativen klar zu trennen, setze dieser Art jedoch Grenzen. Der total-atomare Krieg mit Sprengkörpern höchster Detonationswerte, von Luftwaffe und Marine eingesetzt, breite sich ungehemmt über Kontinente aus. Dabei „kommt der Augenblick, wo jede Kriegführung aufhört; von da an herrscht Kirchhofsruhe."

1964 fasste Baudissin noch einmal seine Gedanken zum Kriegsbild zusammen. Die bestimmenden Faktoren dafür waren nun zum einen der Gegensatz von freiheitlicher und totalitärer Ordnung und dabei besonders der Willen zur Weltrevolution; zum anderen das gesellschaftliche Gefälle zwischen Industriestaaten und den „primitiven" Strukturen unterentwickelter Staaten; und als drittes nannte er Wissenschaft und Technik. Anders als 1962 sprach er nun von fünf Erscheinungsformen, indem er zusätzlich zwischen einem

- begrenzt-atomaren Krieg mit zusätzlichen atomaren Gefechtsfeldwaffen sowie
- dem total-atomaren Krieg unterschied.

Diese vier bzw. fünf Formen von Krieg können alle „nach- und nebeneinander auftreten – je nach den Absichten und Mitteln der Kriegführenden bzw. der Bedeutung einzelner Kriegsschauplätze." Dabei gebe es keinen vorher bestimmbaren Ablauf des Krieges. Und zusätzlich formulierte er – ganz im ductus von Clausewitz' und Gedanken des comprehensiv approach vorwegnehmend: „Zweck des Krieges ist heute wie ehedem: den Gegner zur Erfüllung des eigenen Willens zu zwingen. Daran ändert auch die Verlagerung der Auseinandersetzung auf die geistig-politische Ebene nichts. ‚Kriegsziel' der freien Welt ist es, zumindest militärisch, den Frieden zu erhalten und jedes Antasten der freiheitlichen Ordnung zu verhindern. So bleiben auch die Streitkräfte ein Mittel der Politik, aber eben nur noch eines im politischen Krieg neben Wirtschaft, Recht, Gesellschaft, Technik und Wissenschaft; sie entwickeln ihren höchsten politischen Wert, wenn sie abschrecken, ohne eingesetzt zu werden."

Dieses Baudissinsche Gesamtbild ist das Kriegsbild seit Mitte des 20. Jahrhunderts. Statt von wie auch immer gearteten Konstanten Krieg oder Militär in militaristisch archaischer, atavistischer oder sozialdarwinistischer Form mit axiomatischem Anspruch gegenüber allen (anderen) Denkmöglichkeiten geht Baudissin bei seinen Überlegungen funktional von den sachlichen Gegebenheiten in Politik, Gesellschaft, Technologie und Wissenschaft sowie von den realen Aufgabe der Streitkräfte im Gefecht aus. Der moderne Krieg ließ sich demnach aufgrund der Veränderungen in Ethik, Politik, Wissenschaft, Gesellschaft, Wirtschaft und Technologie sowie der Tendenzen zur Globalisierung – wie man heute sagen würde – und des Totalen bzw. Totalitären nicht mehr mit den in der Geschichte entwickelten und überkommenen Kategorien fassen. Daher hatte Baudissin mit dem Begriff vom „absoluten Krieg" bewusst einen Terminus aufgenommen, der – so Clausewitz – nur als „reiner" Begriff, als Idealtypus, abstrahiert von allen raum-zeitlichen Bedingungen, zu denken ist, der aber stets als Richtpunkt aller Überlegungen zu berücksichtigen sei, da die Natur des Krieges die Tendenz der Eskalation und zum Absoluten in sich trage. Mit diesem absolutum verband Baudissin, dass Kriege heute alle Existenz bedrohen und daher der Feind aller seien. Und auf diesen Erkenntnissen gründete er die Konzeption Innere Führung für die Bundeswehr mit dem Leitbild vom Staatsbürger in Uniform. Hartmann ist daher zuzustimmen, wenn er einleitend in seiner Schrift über Hybride Kriege schreibt: „Innere Führung ist …eine umfassende Theorie über das Kriegsbild, aus der Folgerungen für Politik, Gesellschaft, Streitkräfte, ja letztlich für jeden Staatsbürger mit und ohne Uniform abgeleitet werden können."

Obwohl Baudissins Ausführungen zum Kriegsbild bereits über 50 Jahren alt sind, haben sie mit dem, was wir heute als Kriege neu beobachten, erstaunlich viel zu tun. Sie bieten sich daher immer noch und vielleicht erst recht für die notwendige Neuorientierung zum Kriegsbild im Zeichen der neuen Kriege an.

Das Kriegsbild in der Diskussion der letzten fünfzehn Jahre

Seit 2002, als Herfried Münkler mit seinem Buch über „die neuen Kriege" Aufsehen erregte, erwachte die am Militär wissenschaftlich-kritisch arbeitende Öffentlichkeit und nahm sich – wenn auch in Kleinst-Schritten – dem Thema Kriegsbild an. Dazu einige Beispiele:

Die Veröffentlichung von Tagungsbeiträgen des Arbeitskreises Militär und Sozialwissenschaften von 2000 mit dem Titel „Die Bundeswehr an der Schwelle zum 21. Jahrhundert" enthält vieles, was auf Veränderungen nach dem Ende des Kalten Krieges hinweist. Die Befragung von Soldaten zum „erweiterten Aufgabenspektrum der Bundeswehr" als Hinweis auf den multitasking soldier und besonders auch die Betrachtung der ersten Einsätze der Bundeswehr auf dem Balkan deuten Veränderungen im Sinne unseres Themas an. Dass es sich dabei für die Bundeswehr überhaupt erstmalig um ein „Einsatz" von Kampftruppen handelte, ließ jedoch nicht so deutlich werden, dass sich nun überhaupt manches ganz anders zeigte, als man in den 40 Jahren zuvor eingeübt hatte und von dem man nun wohl Abschied nehmen müsste. Dabei kann nicht übersehen werden, dass es in diesem Band immer noch mehr um die personelle Stärke der Streitkräfte, deren Ausrüstung und Ausstattung und die Dauer von Einsätzen ging, als zu fragen, wohin denn „die Reise" im Rahmen derartiger neuer militärischer Aufgaben gehen werde.

Mit dem Sammelband von Siegfried Frech von 2005 zum Thema „Neue Kriege" öffnete sich dann der Diskurs. Die Stichworte aus den verschiedenen Beiträgen geben den weiteren Weg für die Diskussion vor. Matthies umreißt mit seinem Beitrag „Eine Welt voller neuer Kriege" förmlich das Thema Kriegsbild.

Wiesendahl meinte in einem weiteren Sammelband von Vorträgen eines Symposiums an der Führungsakademie der Bundeswehr 2007, das Kriegsbild müsse sich ändern, weil das alte nicht mehr gelte, denn die sicherheitspolitischen und gesellschaftlichen Zeitumstände hätten sich seit den 50er Jahren radikal gewandelt. Er setzt damit einen wichtigen Akzent. Es wäre aber richtiger gewesen zu formulieren: Das Kriegsbild hatte sich (radikal) gegenüber dem aus der Mitte des 20. Jahrhunderts verändert, nur Gesellschaft, Politik und Militär hatten sich bis 2007 darauf noch nicht eingestellt. – Brzoska verbindet dann in demselben Sammelband, bezogen auf die „Kriege der Zukunft", Kriegsbild und Konservativismus in Gesellschaft und Streitkräften. Er spricht von der Diffusität des Kriegsbildes. Und Bredow wagte sogar den Blick vom

„Erweiterten Einsatzspektrum der Bundeswehr" hin zu „Konsequenzen für die Innere Führung".

2008 befasste Volker Matthies sich in einem weiteren Sammelband zur „Anthropologie in sozialwissenschaftlichen Perspektiven" mit dem Menschen in den „neuen Kriegen" als Gewaltakteur, als Opfer sowie als politisches Wesen.

2009 problematisierte Erhardt in der Beilage zum Parlament das Verhältnis von Innerer Führung – nach Baudissin – und gewandeltem Kriegsbild. Dabei ließ er bewusst offen – d.h. es müsse sich erst noch zeigen –, ob das Konzept der Inneren Führung für den „Ernstfall" tauge.

Aufschlussreich ist der Artikel von Wolfram im Hardthöhenkurier 5/2010. Er entwickelt dort mangels „verlässlicher Prognosen" zum künftigen Kriegsbild drei Konfliktszenarien, aus denen weitere mögliche konkretere Szenarien abgeleitet werden könnten.

2010 befasste sich ein Autorenteam aus dem Sozialwissenschaftlichen Institut der Bundeswehr unter Dörfler-Dierken und Portugall mit dem Thema „Friedensethik und Sicherheitspolitik". Ausgehend von den erlebten Auslandseinsätzen befände die Bundeswehr sich in einem umfassenden Transformationsprozess zur Anpassung an die Einsatzrealitäten, so der Direktor des Instituts in seinem Vorwort. Es sei notwendig, sich Klarheit darüber zu verschaffen, mit welchen Gefährdungen und Bedrohungen Deutschland und seine Bürgerinnen und Bürger im 21. Jahrhundert konfrontiert werden". An dieser Aufgabe und weiterer Grundfragen zur Außen- und Sicherheitspolitik könne „keine Regierung, keine Kirche, keine gesellschaftliche Gruppe und kein Dokument" vorbeigehen. – Deutlicher kann der Mangel an Wissen über die künftigen Bedrohungen, d.h. das Kriegsbild nicht angemahnt werden. In der einführenden Reflexion der beiden Herausgeber wird deutlich, dass dieser Mangel mit dem gedanklichen Mainstream in Wissenschaft und Gesellschaft zu tun haben könne; dass nämlich eine Tendenz des Wegdiskutierens als" wichtiges Strukturmuster der internationalen Beziehungen" bestehe. „Bei allem Verständnis für die wachsende Bedeutung nicht-staatlicher Akteure in der internationalen Sicherheitspolitik darf die Rolle wie Verantwortung der Staaten nicht wegdiskutiert werden." Denn die Staaten-Welt sei zwar – wie Hartmann feststellt – nicht das einzige, aber auf absehbare Zeit weiterhin das wichtigste Strukturmuster der internationalen Beziehungen.

2011 griffen Mitglieder des Freundeskreises Innere Führung e.V. unter Leitung von Hans-Christian Beck in einem Sammelband das Thema „Entscheiden – Führen – Verantworten" auf. Anlass für dieses Buch waren die Veränderungen der Inneren Führung aufgrund der Einsätze der Bundeswehr „unter Kriegsbedingungen oder kriegsähnlichen Verhältnissen". Trotz der herben Kritik der Herausgeber in ihrer Einführung wird das Thema Kriegsbild nur im Beitrag von Angelika Dörfler-Dierken zur Vorschriftenlage der Inneren Führung Anfang der 90er Jahre behandelt. Sie stellte fest, wie schon manche Kritiker 1993 nach Erscheinen der damaligen Fassung der ZDv10/1 angemahnt hatten, dass diese „die Identitätsprobleme soldatischer Existenz nach Ende des Kalten Krieges nur unzureichend in den Blick genommen hat." Im vierten Teil des Sammelbandes zur „militärischen Praxis im Einsatz" stößt man dann auf einen bunten Strauß von Erfahrungen „aus der Praxis für die Praxis", die erkennen lassen, dass das Bild durch die Einsätze sich geändert hat.

Staack brachte 2014 im Rahmen der Baudissin-Memorial-Lecture einen kleinen inhaltsreichen Sammelband „Zur Aktualität der Inneren Führung" heraus, in dem es um die Frage der Zeitgemäßheit der Inneren Führung mit Blick auf die Herausforderungen der „neuen Kriege" ging. Dabei stellt Biehl zu Recht den sozialwissenschaftlichen Befund heraus, dass SoldatInnen nur zu motivieren seien, wenn sie sich mit ihrem Auftrag und Einsatz identifizieren können. (S. 38) In einem weiteren Artikel, zusammen mit seinem Kollegen Kümmel, zum Thema Rituale bleibt dann aber die Bedeutung und Funktion von sogenannten inoffiziellen Ritualen im Zusammenhang mit Kriegshandlungen und damit auch von „neuen Kriegen" vollkommen ausgeblendet.

Kurz zusammengefasst heißt das: Der Begriff Kriegsbild wurde bisher zumindest von der politisch-strategisch verantwortlichen Community wie von den Streitkräften als taktisch-operative Organisation weitgehend gemieden. Damit haben sich die offiziellen Sachwalter für die Themen Sicherheit, Frieden und Krieg der Möglichkeit begeben, Kriegsbild als hermeneutische Kategorie für ihre suchende, planerische, erklärende und bewertende Arbeit an sicherheitspolitischen Fragen zu nutzen. Und auch aus den Kreisen wissenschaftlicher und militärischer Experten sind nach Baudissin erst wieder in den letzten knapp fünfzehnzehn Jahren Arbeiten zum Kriegsbild zu verzeichnen. Das Thema der neuen asymmetrischen Kriege steht dabei im Mittelpunkt. Brzoskas Feststellung, dass das Kriegsbild inzwischen diffus geworden sei, hat der Debatte eine generelle neue Dimension verliehen. Die scheinbare Eindeutigkeit, Überschaubarkeit und damit auch Führung von Krieg und kriegerischen Handlungen ist verloren gegangen. Neuerdings stößt man nun auch in den öffentlichen Medien, in politischen Foren wie der Münchner Sicherheitskonferenz sowie in der Wissenschaft verschiedentlich auf Beiträge zu Fragen des „heutigen" Kriegsbildes. Dies wird ergänzt durch eine große Anzahl von Erfahrungsberichten aus den Auslandseinsätzen. Sie enthalten zusätzliche und nicht unwesentliche Aspekte und Kategorien zur Beschreibung und Charakterisierung dieser „neuen", sprich: asymmetrischen Kriege.

Hybrider Krieg/ Hybride Kriegsführung als Ausdruck für ein neues Kriegsbild

Nun sind in den letzten Jahren Begriffe wie hybride Konflikte, hybride Kriege bzw. hybride Kriegsführung in den Vordergrund getreten. Dies soll der Erklärung oder Bezeichnung dessen dienen, was als Kombination von „regulären" und „neuen" asymmetrischen Kriegen und Kampfformen seit knapp zehn Jahren sich auftut. Ein systematischer Ansatz lässt sich dabei noch nicht feststellen, auch wenn gerade in diesen Tagen mit Hartmann, Prange und Zolfragharieh drei Autoren sich mit bemerkenswerten Arbeiten zu diesem Thema zu Wort gemeldet haben.

Die Begriff hybrider Krieg bzw. hybride Kriegsführung wurde 2006 von US-Strategen zur Beurteilung des Israel-Libanon-Konflikts eingeführt. Er wurde sehr schnell in der Fachwelt aufgegriffen, um „Hintergrund und Herausforderungen einer aktuellen Konfliktform" – so der Titel der Arbeit von Dennis Prange – begreifen zu können. Der Begriff hybrid als lateinisches Lehnwort aus dem Griechischen bedeutet eigentlich das häufig eher zufällige – gegebenenfalls auch abartige – Produkt von biologischen Kreuzungen wie Mischling, Zwitter, Bastard. Erst durch Übernahme in die Welt der Technik besonders im englischsprachigen Raum bekam der Begriff eine Bedeutung des Praktisch-Handhabbaren wie z.B. in der Autoindustrie beim Hybrid-Motor. Damit wird der Begriff auch für das Feld des Militärischen interessant, weil er eine Handhabbarkeit im sogenannten Nebel des Krieges (Clausewitz, Vom Kriege, Buch VI. Kap 26) suggeriert, wo Diffusität nur Angst machen kann. Man spricht inzwischen auch von „hybriden Bedrohungen" und „Verwundbarkeiten". Das würde auf eine Tendenz zur begrifflichen Ausuferung hindeuten, die manchen in Politik und Militär, Öffentlichkeit und Wissenschaft aus der Ruhe der bequemen Bilder vergangener Tage wieder aufschrecken könnte. Zunächst scheint der Begriff jedoch politisch „salonfähig" geworden zu sein; denn er hat durch Ministerin von der Leyen in der Haushaltsdebatte 2015 Eingang in den Deutschen Bundestag gefunden; er soll sogar ins Weißbuch 2016 aufgenommen werden. Damit könnte zum ersten Mal das künftige Kriegsbild vom Begriff her im Weißbuch seinen Platz finden.

Eine Bemerkung nebenbei: Parallel dazu spricht man auch vom hybriden Soldaten/hybrid warrior. Das Leitbild vom „Künftigen Deutschen Soldaten" von 1953 entsprach bereits dem Bild des heute so zu bezeichnenden hybriden Soldaten. Damals wurde der Staatsbürger in Uniform verbindlich definiert als einer, „der freier Mensch, guter Staatsbürger und vollwertiger Kämpfer *zugleich*" ist. Das beschreibt mit damaligen Worten exakt das Bild vom Soldaten, der Kämpfer, Helfer, Schützer und Vermittler zugleich sein muss. Dies findet sich im Weißbuch 1994 im Kapitel „Selbstbild des Soldaten" (S. 137): „Schutz, Hilfe und Aufbau bei humanitären Einsätzen und bei Friedensmissionen ergänzen die Verteidigung". Dieser einprägsam formulierte „Vierklang ist also älter als die Erfahrungen aus den Auslands-Einsätzen der Bundeswehr und die oben nachgezeichnete militärisch-wissenschaftliche Debatte zu den asymmetrischen und „neuen" Kriegen.

Was wird mit dem Begriff Hybrider Krieg verbunden?

Das neue Weißbuch soll auf Veränderungen und Bedrohungsszenarien eingehen, die bei der Fassung des letzten Weißbuches vor zehn Jahren noch nicht oder nicht so existierten. Der Leiter der Arbeitsgruppe Weißbuch, Géza Andreas von Geyr, sagte kürzlich dazu in einem Interview: „Hybride Kriegsführung zu begreifen und ihr vorherzukommen, ist bestimmt eine der zentralen sicherheitspolitischen Zukunftsfragen, auch, aber bei Weitem nicht nur, in der Terrorabwehr … Hybride Kriegsführung, die so neu nicht ist, wird unsere Sicherheitspolitik gewiss noch lange fordern und ein zentrales Thema des Weißbuchs sein." Und Ministerin von der Leyen sprach über Hybride Kriege von "verdeckten Operationen und offenem Einsatz von Mitteln, Einsickern von Geheimdienstpersonal, Militärpersonal ohne Hoheitsabzeichen, Desinformationen, sehr gezielter Propaganda, Schüren von sozialen Disparitäten oder Spannungen in einer bestimmten Region, massivem Aufwuchs von Truppen in Grenzregionen, auch als psychologisches Druckmittel – und das Ganze zum Teil kombiniert mit wirtschaftlichem Druck." Das neue daran sei "die Kombination und die Orchestrierung dieses unerklärten Krieges, bei dem erst die Gesamtbetrachtung der einzelnen Mosaikstücke den aggressiven Charakter des Plans entlarvt."

Es geht um außenstaatliches politisches Vorgehen wie das Russlands in der Ukraine oder des Islamischen Staates. Es kann aber auch binnenstaatliche politische Bedrohungen bezeichnen. In beiden Fällen geht es um Einsätze militärischer Macht jedweder Art, die oft mit den überkommenen Grundregeln des Völkerrechts unvereinbar sind. Münkler formulierte bei einer Expertendiskussion am 8. Juli 2015 entsprechend, dass bei hybrider Kriegsführung Entscheidungen durch Interpretationen abgelöst seien: „Ist das nun ein Angriff oder nicht?" Und General Weigt, der Kommandeur des Zentrums Innere Führung, sagte bei derselben Diskussion: „Wir haben akzeptiert, dass Kriege und Konflikte sich nicht an Regeln halten." Derartige Kriege produzierten neue Regeln, ob sie einem passen oder nicht. Sie seien aber sehr erfolgreich. Das kommt Prange sehr nahe, der die Wirksamkeit hybrider Kriege „genau aus jener Erweiterung ihres operativen Handlungsraumes [erklärt], welche aus der Verbindung der Fähigkeiten regulärer und der Hinzugewinnung asymmetrischer Kriegsführungspotentiale erwächst, die zentralisierten und regelgeleiteten konventionellen Armeen nicht (mehr) zugänglich sind." Prange spricht daher von Hybrider Kriegsführung auch als Negation der [konventionellen] Differenzierung, funktionalen Spezialisierung und Verrechtlichung hochentwickelter regulärer Streitkräfte. Und Hartmann sieht das besondere hybrider Kriegführung in einer doppelten Fähigkeit zur Komplexitätserhöhung. Es gehe heute darum, den Führungsprozess des Gegners durch Erhöhung eigener Komplexität zu überfordern und dabei zugleich die eigene Seite zum Umgang mit dessen Komplexität zu befähigen.

Konkret bedeutet das,

- dass reguläre staatlich-militärische Macht gar nicht mehr die einzigen Akteure in den heutigen Kriegsregionen sind. Warlords mit Privattruppen, Terroristen in kleinen überschaubaren Gruppen (Schläfer a la Gladio) bis hin zu staatsübergreifenden Verbänden wie ISIS oder in Netzwerken wie al Qaida agieren weltweit.

- dass private Sicherheitsfirmen wie Blackwater (heute: Academi) mit Söldnern militärische Aufgaben für Staaten lösen, ohne dass der Auftraggeber direkt damit in Verbindung gebracht werden kann. Und ebenso werden aus mit-tanzenden „Touristen" über Nacht – wie auf der Krim – gut und einheitlich ausgerüstete Kombattanten ohne Hoheitsabzeichen und ohne eindeutig politisch verantwortlichen Führer, die eine ganze Region zu destabilisieren vermögen.

- dass für die militärisch-taktischen Formen und Regeln keinerlei Grenzen bestehen, irreguläre Taktiken treten an die Stelle von konventionellen; die Regeln des humanen Völkerrechts, z.B. ganz allgemein: Kriegserklärung, Waffenstillstand und Friedensschluss oder der Schutz des Zivilen, sind außer Kraft gesetzt; und Gewaltakte aller Art und gegen jeder Mann und jedes Gut bestimmen das kriegerische Geschehen.

- dass aber dennoch die Politiker der einander bekämpfenden Parteien gleichzeitig und parallel dazu in – diplomatischen – Gesprächen miteinander nach anderen erfolgversprechenden Wegen suchen.
- dass der aus dem Terrorismus bekannte Schritt in die Medien und sozialen Netzwerke durch besondere Medienstrategien als Bestandteil einer Konfliktstrategie gegen die Gesellschaft und die Funktionen des Staates gerichtet sind und militärische Siege zu Niederlagen werden lässt.

Das klingt danach, dass „die bösen Anderen" einen neuen, abweichenden und daher hybrid zu bezeichnenden Krieg nach eigenen Regeln erfunden hätten, während „wir" uns an die überkommenen Formen mit den alten Spielregeln hielten.

Wir sehen aber auch, dass „wir", der Westen, bereits hybrid zu bezeichnende Kriege führen: Wir sehen

- dass in den Krisen- und Kriegsregionen im sogenannten comprehensive approach als Ansatz zur vernetzten Sicherheit versucht wird, der Komplexität und Dynamik in den heutigen Einsätzen dadurch besser gerecht zu werden, dass Kräfte aller Art, als Beobachter, zur humanitären Hilfe, als Polizeiliche Kräfte oder auch als (reguläre) militärische Kräfte, in Operationsformen eingesetzt werden, die nur z.T. noch als militärisch zu bezeichnen sind.
- solche Maßnahmen, die im Krieg allgemein oder regional den politisch wichtigeren, nämlich den friedensorientierten Aspekt und damit die Rückkehr aus dem Blutvergießen, die Entwicklung militärischer Sicherheit und Befriedung betonen.
- dass eine Vielzahl verschieden organisierter Nichtkombattanten-Organisationen wie z.B. die NGO's in mehr oder weniger gelenkter Form engagiert sind, um humanitäre und andere Hilfe für die Sicherheit, den Wiederaufbau bzw. die wirtschaftliche und innenpolitische Entwicklung in das Gebiet zu bringen.
- wie durch andere eher zivile Maßnahmen Krieg begleitet, eingedämmt oder ihm das Wasser abgegraben wird, z.B. durch neue und andere Perspektiven für die betroffene Bevölkerung (s. das Mc Chrystal-Programm für Afghanistan).

Der Bezug von Zolfragharieh auf Clausewitz macht deutlich, dass bereits früher derartige Umstände – von den Entwicklungen der technischen Möglichkeiten abgesehen – im Zusammenhang von Krieg bekannt waren und in die politisch-strategischen wie militärisch-strategischen Überlegungen immer schon Eingang gefunden hatten. Dabei ist hybride Kriegsführung besonders durch die unzähligen Möglichkeiten einer kreativen Kombination von Zielen und Mitteln gekennzeichnet, was die konkreten Erscheinungen in einem hybriden Krieg stets sich ändern lässt. Die Analyse eines hybriden Krieges ist daher alles andere als trivial.

Abgesehen davon, dass dieser Begriff relativ neu und in einem strengeren Sinne noch nicht definiert ist, muss er den politisch- und militärisch-strategischen Lackmustest erst noch bestehen. Damit wird deutlich, dass es sich in der weiteren Debatte nicht darum handeln kann, ob und was am künftigen Kriegsbild neu sei, sondern nur darum, was man bei der Betrachtung von Krieg und Kriegführung bisher – mangels Kriegsbild – sträflich vernachlässigt hatte und worauf man daher nun als Teil des Kriegsbildes gewärtig sein muss. „Nichts ist unmöglich" könnte man als Überschrift wählen, wenn es darum geht zu ergründen, wo der Aggressor mit militärischer Macht Antworten herausfordert/erwartet oder sich abschrecken lässt. Damit ist angedeutet, dass bei der Betrachtung und Analyse von hybridem Krieg wie Krieg allgemein um eine ganzheitliche Sicht gehen muss. Hartmann betont zu Recht die „unzähligen Möglichkeiten einer kreativen Kombination von Zwecken, Mitteln und Wegen", von Dynamik und Variabilität sowie, dass hybride Kriegführung sich „durch die kreative, den Gegner überraschende Kombinationen unterschiedlichster Mittel und Wege" auszeichnet. Sein Versuch einer kurzen Begriffsbestimmung lautet: „Hybride Kriegführung ist also der Versuch, politische Ziele zu erreichen, indem eine Vielzahl von unterschiedlichen, aber synchronisierten legalen wie auch illegalen Mitteln und Wegen oftmals verdeckt und überraschend eingesetzt werden, um einen Gegner den eigenen Willen aufzuzwingen. Streitkräfte bzw. bewaffnete Gruppierungen sind ein wichtiges Mittel, stehen aber nicht notwendigerweise im Vordergrund. Sie bleiben dennoch unverzichtbar, zumindest als Drohkulisse …" Das aber bedeutet, dass bei hybrider Kriegführung das schöpferische Handeln im Krieg im Mittelpunkt allen Denkens und Planens steht, wie dies auch von Clausewitz in seinen Hinweisen auf Kriegführung als Kunst durch „hervorbringendes Können" und die Bedeutung des „kriegerischen Genius'" sowie des „Takts des Urteils" betont hat.

Auf die Übernahme eines entsprechenden Verständnisses von hybriden Kriegen als Kriegsbild der Zukunft in das Weißbuch 2016 sowie in die darauf aufbauenden Vorschriften der Bundeswehr wird man gespannt sein dürfen. Zumindest bietet der Begriff hybride Kriege eine Chance zum Begreifen, was denn Krieg sein kann, die nicht leichtfertig durch einen Ruf nach Vereinfachung vertan werden darf.

Entwicklung des Kriegsbildes

Theoretischer Überbau zum Kriegsbild

Das Kriegsbild gehört ins Gebiet der Kriegstheorie und hat dort vor allem im Bereich der Prognose von künftigen kriegerischen Auseinandersetzungen seine Bedeutung.

- Es dient der Friedens-, Entspannungs- und Sicherheitspolitik als Grundlage für alle politischen und dabei u.a. auch die militärischen Planungen. Als Grundfragen können dabei gelten: Wo und wie entwickelt sich aus Konflikten und Bedrohungen aller Art politischer Handlungsbedarf, um zu verhindern, dass diese sich nicht unter der Hand zu einem Krieg entwickeln? D.h. wo werden im Wechsel von Aggression und Abschreckung mit militärischer Macht entsprechende Antworten herausfordert, erwartet oder abgeschreckt, die letztlich nur noch mit Hilfe von Streitkräften zu regeln bzw. zu lösen sein könnten?

- Es ist in seinen Perspektiven notwendig plural und ergebnisoffen und nimmt daher auch Aspekte auf, die unter Umständen nur sehr vage oder gar als Vision und daher noch gar nicht in der gewünschten Klarheit zu beschreiben sind.

- Es fasst den gesamten Aktionsradius für die zivilen und militärischen Kräfte mit all ihrem Handeln und Erfahren sowie mit all ihren Mitteln, die politisch wirksam sein können.

- Es ist einem ständigen Wandel unterworfen. Das Überprüfen und Überarbeiten des Kriegsbildes ist daher <u>Aufgabe</u> der politisch-militärischen <u>Führung</u>, wobei sie von Fachleuten besonders aus anderen Regierungsressorts und denen nachgeordneten <u>Verwaltung</u>sbehörden, aus der <u>Wissenschaft</u>, aus der <u>Wirtschaft</u> sowie aus der <u>Technik</u> <u>unterstützt</u> werden kann und sollte, wenn nicht gar muss.

- Es erfasst die Erscheinungsformen, d.h. die relativ konstanten wie auch dynamisch veränderlichen Elemente, die einen Krieg als komplexes Ganzes mit all seinen Auswirkungen von Zerstörung, Vernichtung und Tod bestimmen.

- Es enthält Aussagen über den politischen-militärischen Vorlauf eines Krieges, seine Ziele und Begrenzungen. Es definiert oder beschreibt die Form dessen, was als Kriegsbeginn und -ende zu verstehen ist, sowie den eigentlichen Kriegsverlauf, d.h. besonders die Dauer, die Entwicklungen und die <u>Intensität</u> der verschiedenen Kriegsformen, Kampfweisen und Kampfhandlungen.
- Es bietet, so könnte man sagen, den theoretischen Denk-Rahmen für den notwendig geschlossenen konstruktiven Handlungs- und Strategie-Prozess.
- Es stellt den Handlungsrahmen dar für die langfristigen wie die akuten Entscheidungen in Form von politischer und politisch-militärischer Strategie. Ebenso fußen darauf die Vorbereitungen in der Ausrüstung, Organisation und Ausbildung für die zivilen und militärischen Operationen sowie militärisch auch für die Taktik bis hin zu den entsprechenden Vorschriften u.ä. zu Einsatzgrundsätzen und Führung und möglicherweise Vergleichbares für zivile Organisationen und Kräfte.
- Schließlich bestimmt es auch die Grundlagen für die Führung und Ausbildung sowie für das Handeln, Erleben und Leiden jedes Soldaten im Einsatz und Kampf und Bürgers, der durch Kampf u.ä. Aktionen betroffen sein kann.

Statt anhand einer derartigen Beschreibung von Kriegsbild zu arbeiten, wird im allgemeinen – wie wir z.B. in militärpolitischen Dokumenten gesehen haben – eher von den konkreten politischen Gefahren und Herausforderungen mit entsprechenden Bedrohungs-, Krisen- und Konfliktszenarien sowie deren Entwicklung gesprochen. Ebenso werden die politischen Verantwortlichkeiten und Interessenlagen bzw. Ziele und die sich dafür anbietenden politischen sowie militärpolitischen Optionen und Strategien beschrieben und mit dem bestehenden militärischen Kräfteverhältnis sowie dem Auftrag bzw. dem Aufgabenspektrum für die Streitkräfte verknüpft. So ein im top-down einer strategisch-operativen Lagebeurteilung gewonnenes „Gesamt-Lagebild", verbunden mit hierarchisch gestuften und „heruntergebrochenen" Handlungsszenarien o.ä., hat jedoch nur zum Teil etwas mit dem Kriegsbild zu tun. Entscheidend ist, dass die politisch-militärische „Gesamt-Lage" immer auf die z.Z. am wahrscheinlichsten erscheinende alternative Lösungs- oder Handlungsmöglichkeit begrenzt und entsprechend zugeschnitten ist. Nachdenklich macht dabei besonders, dass im „Gesamt-Lagebild", wie in den Dokumenten zu sehen war, die Frage nach dem Wohl und Wehe von Gesellschaft und Staat, den Wirkungen und Auswirkungen von Krieg auf den Soldaten, die Bewohner der Gefechtsfeldzone sowie im Hinterland, aber auch auf Kultur, Wirtschaft und Politik so gut wie nie gestellt wird, gleich ob die Schäden gezielt, begrenzt oder als unbeabsichtigte Kollateralschäden entstanden sein mögen.

Dieser Unterschied zwischen einem Kriegsbild und der Gesamt-Lage wird weithin übersehen. Beides wird miteinander vermengt, ja verwechselt. Entsprechend kritisierte der ehemalige General und Kommandeur des Zentrum Innere Führung sowie der Führungsakademie Hans-Christian Beck, dass die Vorschrift ZDv 10/1 „Innere Führung" von 2008 einen blinden Fleck habe: „Auch zum aktuellen Kriegsbild, wie asymmetrische Kriegführung, Aufstandsbekämpfung, Kampf gegen einen Gegner in Krisenprävention- und Stabilisierungseinsätzen, ist wenig zu lesen. Die Armee im Einsatz kommt nur rudimentär vor. Innere Führung als Führungskultur klingt zwar sehr elegant, nur der Soldat in seiner Einsatzrealität findet sich nicht wieder." Dieses Versäumnis aus der Vergangenheit wird auch in der Ankündigung zum Weißbuch 2016 im Bundeswehrpresseorgan bw-aktuell v. 8. Juni 2014 (S. 4) sehr deutlich:

„Deutsche und internationale Experten haben darüber diskutiert, auf welche Krisen sich Deutschland in Zukunft vorbereiten sollte – und wie es seine Instrumente zur Krisenfrüherkennung weiter verbessern kann. … Im Workshop wurde deutlich herausgestellt, dass Deutschland wiederholt die ‚bittere Erfahrung' gemacht habe, eine Krise nicht frühzeitig erkannt zu haben. In der Regel fehle es nicht an Informationen, sondern an der Aufbereitung der Indikatoren zu einem Gesamtbild."

Das heißt, dass das Kriegsbild trotz offensichtlicher Veränderungen bis hin zu den besagten „bitteren Erfahrungen" zumindest in der Bundesrepublik in den letzten Jahrzehnten nur selten ausführlicher diskutiert und an die Gegebenheiten angepasst wurde. „Die Gemengelage der Bedrohungen sei noch diffuser geworden. Neue und schon bekannte Herausforderungen träten jetzt parallel auf und stellten klassische Bündnissysteme vor große Probleme." Dieser Vorhalt gilt sowohl der politisch-strategisch verantwortlichen Community, wie dem Militär als taktisch-operative Organisation, wie auch dem Teil der sich mit Militär eher kritisch befassenden Wissenschaften und entsprechenden militärischen Kreise. Das bestimmt nun die Notwendigkeit und den Auftrag für das neue Weißbuch. (bw-aktuell v. 4.5.2015, S. 4)

Bereits Clausewitz unterschied drei Kriegsarten: die überkommenen friderizianischen Kabinetts-Kriege, den von ihm sogenannten „heutigen" napoleonischen großen Krieg und den kleinen Krieg, besonders in Form des Insurrektionskriegs.

Diese drei Arten fasste er in dem einen Bild vom Kriege zusammen. Zunächst ging es ihm im umfangreichen ersten Kapitel seines Buches „Vom Kriege" um eine, wie er sagte, „Feststellung des Begriffs vom Kriege". Das „Resultat für die Theorie" fasste er in eine doppelte Metapher (Kapitel 1, Nr. 28):

- „Der Krieg ist also nicht nur ein wahres Chamäleon, weil er in jedem konkreten Falle seine Natur etwas ändert,

- sondern er ist auch seinen Gesamterscheinungen nach, in Beziehung auf die in ihm herrschenden Tendenzen eine wunderliche Dreifaltigkeit, zusammengesetzt

- aus der ursprünglichen Gewaltsamkeit seines Elementes, dem Hass und der Feindschaft, die wie ein *blinder Naturtrieb* anzusehen sind,

- aus dem Spiel der Wahrscheinlichkeiten und des Zufalls, die ihn zu einer *freien Seelentätigkeit* machen, und

- aus der untergeordneten Natur eines politischen Werkzeuges, wodurch er *dem bloßen Verstande* anheimfällt."

Und etwas weiter erklärt er noch:

„Diese drei Tendenzen, die als ebenso viele verschiedene Gesetzgebungen erscheinen, sind tief in der Natur des Gegenstandes gegründet und zugleich von veränderlicher Größe."(S. 212f)

Die hier von mir vorgenommene Formatierung des Absatzes macht deutlich, dass Clausewitz Krieg zum einen als etwas unablässig dynamisch sich Veränderndes versteht. Wenn er heute eine geeignete Metapher dafür suchen würde, käme ihm vermutlich Schwarm und Schwarmintelligenz in den Sinn. Und zum anderen ist „Strukturhaftes" für ihn in seiner Vielheit und Zuordnung sowie als Tendenzen in deren Vernetztheit immer komplex und kontingent, d.h. es kann immer auch anders gedacht sein und muss daher auch anders gedacht werden. Ob z.B. etwas als Ziel oder als Mittel oder als Weg/Methode/Taktik gilt, hängt immer vom Standpunkt des Betrachters ab, wie die Paraden oder die Morde oder die Zerstörungen von Kulturgut durch den IS deutlich machen.

Diese Doppelmetapher ist also kein handlungsanleitendes strenges technisches oder mathematisches Konstrukt für Kriegsführung oder Strategie – wie so mancher meinen mag –, aber als theoretisches Bild bzw. Rahmen oder Modell zum verstehenden Betrachten folgen wir ihm insofern, als es unsere weiteren Gedanken zur Entwicklung eines Kriegsbildes ordnen, bündeln und leiten kann.

Seit dem Westfälischen Frieden gibt es eine Ordnung von Staatlichkeit, die mit Krieg unmittelbar verknüpft ist. Der heute übliche Begriff lautet daher „Staatenkriege". Auf diesem Grund-Verständnis entwickelte auch Clausewitz sein Werk über den Krieg. Im 20. Jhdt. wurde nun deutlich, dass Krieg und Staat nicht (mehr) wie siamesische Zwillinge zusammenhängen, deutlich z.B. daran, dass Kriege auch ohne förmliche Kriegserklärung beginnen und entsprechend enden können, Staatsoberhäupter und Kriegsherren dem internationalen Recht unterstellt werden (Nürnberger Prozess sowie Internationaler Gerichtshof Den Haag), Staaten und deren Ordnungen aus Kriegen entstehen (VR China, Israel, Palästina, Koloniale Befreiungskriege, ISIS), und Kriege durch Kriegsökonomien von Warlords und Seepiraten unabhängig von jeder Staatlichkeit eine Lebensgrundlage sind. – Es ist jedoch zu bemerken, dass derartige Kriegsökonomien bereits das Zeitalter des Dreißigjährigen Krieges mit geprägt hatten. – Damit ist Staat als ein oder gar der wesentliche ordnende Faktor für das Verständnis von Krieg und Kriegsbild zumindest relativiert, wenn nicht gar bewusst außer Kraft gesetzt.

Clausewitz behandelte in seinem „Bild" vom Kriege mindestens 20 Kategorien von wesentlicher Bedeutung: Politik, Strategie, kriegerischer Genius, kriegerische Tugend des Heeres, Volksgeist des Heeres, Zweck, Ziel, Mittel, Friktion, Ungewissheit, Nachrichten im Krieg, Gegenhandeln, Dynamik, Kriegsplan, Zentrum von Kraft und Bewegung, Raum, Zeit, Gefecht, Hauptschlacht, Kulminationspunkt.

Daneben finden sich noch weitere Kategorien, denen er aber nicht die gleichgroße Bedeutung zugemessen hatte. Dazu gehören z.B. unterschiedliche Streitkräfte-Formationen und -funktionen wie z.B. stehende, reguläre Heere, die „schimmernde Wehr" (von Kaiser Wilhelm II), Bürgerwehr oder Miliz der Schweiz sowie Landsturm z.B. in Ostpreußen 1813 oder Volkssturm als „letztes Aufgebot" vom 4.10.1944; ebenso die physischen Kategorien wie körperliche Anstrengungen, Kühnheit, Beharrlichkeit, Überraschung und List; oder auch die Art von Waffen und ihre besonderen Wirkungen; aber auch Taktik/taktische Intelligenz im Rahmen des Kampfes, Logistik sowie Ökonomie der Kräfte gehören dazu.

Zu denken ist besonders auch an den „Volksgeist im Volk" – und nicht nur „im Heer", wo er für Clausewitz eine der moralischen Hauptpotenzen im Krieg ist. „Im Volk" selber hat dieser Geist für Clausewitz scheinbar gar keine Bedeutung, obwohl er auf diesen Volksgeist sehr wohl im Zusammenhang mit seinen strategischen Überlegungen zur Insurrektion sowie konkret bei der Erhebung in Ostpreußen Anfang 1813 setzte. Noch 1806 nach Jena und Auerstedt z.B. hatte der Preußenkönig in Berlin ausrufen lassen: „Der König hat eine Bataille verloren. Jetzt ist Ruhe die erste Bürgerpflicht!" Im Gegensatz dazu steht der Volksgeist heute deutlich im Zentrum des Geschehens und ist als Centre of Gravity sogar Ziel des Kampfes – wie in Maos Lehre und Praxis des Volkskrieges sowie allgemein bei der Bedeutung von Öffentlichkeit für den Terrorismus zu sehen ist. Zwei Beispiele für die Bedeutung des Volksgeistes sind der Rückzug der USA aus Vietnam aufgrund der Fernsehberichterstattungen sowie, dass am 31. März 1993 die USA ihren Einsatz in Somalia abrupt abbrachen, nachdem die Leiche eines Staffsergeant fernsehgerecht durch die Straßen von Mogadishu geschleift worden war.

Angesichts dieser großen Zahl von Kategorien und Kriterien, von Komplexität und Vernetzung sowie Dynamik und Variabilität im Bild vom Kriege bei Clausewitz erstaunt die Schlichtheit des Kriegsbildes oder dessen Ersatzes in Form von „Gesamt-Lagen" aus den Zeiten des Kalten Krieges, auch wenn oder gerade weil dies im Rahmen von Abschreckung wegen der erschreckenden Konsequenzen eines atomaren Schlagabtausches letztlich doch auf ein kalkuliert untragbares Risiko hinauslief. Jene Schlichtheit wird nun daran offensichtlich, dass nach dem Ende im Block-Denken und dem Taumel in Friedensdividenden vor unserer Haustür heiße asymmetrische „neue" Kriege ausbrachen, für die es (zunächst) keine Erklärungen, Strategien, Taktiken und Vorschriften gab – weder für den Politiker noch für den einzelnen Soldaten. Diese Versäumnisse sind besonders auch darin begründet, dass man mangels Grundlagen für ein Kriegsbild 50 Jahre lang sich kein Bild vom Krieg hatte machen können. Dieser Vorhalt richtet sich zunächst an die Adresse der mit Militär befassten Wissenschaften, besonders an die militärgeschichtliche Forschung. Da die Phänomene der „neuen" und der hybriden Kriegführung gar nicht so neu sind, muss gefragt werden, warum dies von der Wissenschaft weder als empirischer Befund noch als Theorieentwicklung aufgenommen worden ist.

Ein Modell zum Kriegsbild

Auf dem Hintergrund von Clausewitz und dessen Verständnis von Krieg einerseits und einer unabgeschlossenen Liste von „neuen" Aspekten/Gedanken/Begriffen zu den „neuen" Kriegen stellt sich die Frage, ob damit überhaupt ein „Modell" zu entwickeln ist, mit dem in Politik, Strategie und bis zum einzelnen Soldaten sowie auch in der Wissenschaft ernsthaft gearbeitet werden kann. Da erklingt schon das Verdikt aus früheren Führungsvorschriften: „Im Krieg hat nur das Einfache Erfolg." Mag dies auch für das Handeln in einer speziellen Duellsituation unter Zeitdruck zutreffen – das Kriegsbild ist nicht diese Duellsituation, es bereitet aber auf sie vor und hilft, sie zu verstehen und erfolgreich durchzustehen.

Das Modell zum Kriegsbild muss daher dieser Kategorien-Ausweitung, ihrer Komplexität und Dynamik Rechnung tragen; das lehrt uns die Schockstarre vor den „neuen" Kriegen seit den 90er Jahren. Einzelne neu anmutende Begriffe können von zentraler oder zumindest gravierender Bedeutung für das aktuelle Kriegsbild sein und andere – bisher liebgewesene – können dabei auch in den Hintergrund geraten. Selbst von Clausewitz' Kategorien wird die eine oder andere z.Z. weniger Bedeutung haben als vor 200 Jahren. Generell wäre es jedoch verhängnisvoll, wenn dadurch auch nur eine der vielen Kategorien im Kriegsbild z.B. im politisch-militärisch-strategischen Sinne außer Acht gelassen würde – absichtlich oder zufällig: Die Zerstörung von Jahrtausende altem Kulturgut durch den IS, als Waffe auf unsere Herzen gerichtet, lässt grüßen. Man sähe sich vermutlich sehr schnell in der Situation, „wieder" von „neuen" Kriegen überrascht zu werden.

Zum Grundverständnis für ein Modell mit derartig vielen Kategorien nehme ich den Faden bei Clausewitz' Metapher oder Bild von der wunderlichen Dreifaltigkeit wieder auf. Er sagt an der Stelle weiter:

„Diese drei Tendenzen, die als ebenso viele verschiedene Gesetzgebungen erscheinen, sind tief in der Natur des Gegenstandes gegründet und zugleich von veränderlicher Größe.

Eine Theorie, welche eine derselben unberücksichtigt lasse oder zwischen ihnen ein willkürliches Verhältnis feststellen wollte, würde augenblicklich mit der Wirklichkeit in solchen Widerspruch geraten, dass sie dadurch allein schon wie vernichtet betrachtet werden müsste.

Die Aufgabe ist also, dass sich die Theorie zwischen diesen drei Tendenzen wie zwischen drei Anziehungspunkten schwebend erhalte."

(Auch hier habe ich zum besseren Verständnis den zweiten der drei Teile als eigenen formatiert.)

Dies alles bedenkend, bietet sich an, das Modell zum Krieg bzw. Kriegsbild nach funktional-systemtheoretischen Gesichtspunkten zu entwickeln. Ohne dies hier weiter auszubreiten, nehme ich Anleihe beim Rubik-Würfel, um das ganze doch in vereinfachte und damit leichter begreifbare Form zu bringen. Die Oberfläche der Rubik-Würfels wird (scheinbar) aus 26 kleinen Würfeln gebildet, die alle miteinander netzartig in Verbindung stehen. Jeder kleine Würfel kann (scheinbar) an jeder Stelle erscheinen. Was, wo gerade, mit welchen anderen kleinen Würfeln unmittelbar in Verbindung steht und welche Teile weiter ab liegen, macht das zu lösende „Problem" aus. Im übertragenen Sinn bedeutet das: die jeweilige Außenansicht macht den speziellen Fall des aktuellen Kriegsbildes aus. Dabei geht es – mit Clausewitz gesprochen – darum, dass zwischen den Einzelwürfeln kein „willkürliches Verhältnis" angenommen werden kann, sondern zwischen ihnen ein netzartiges Geflecht von „Tendenzen" im Sinne von „Anziehungspunkten" anzunehmen ist. Das absichtliche oder auch zufällige Weglassen von Kategorien wäre demnach – mit Clausewitz – ein „willkürliches Verhältnis", das „dadurch allein schon wie vernichtet betrachtet werden müsste."

Bezogen auf das Bild der „neuen" und der heute so genannten hybriden Kriege wird man daher überhaupt nichts ausschließen können und dürfen. Die eigene beschränkte Wahrnehmung soll einem nur bewusst machen, dass man angesichts der jeweiligen Vorderansicht des Würfels und dabei gelegentlich mit aufscheinenden Seitenansichten trotzdem nicht vergessen darf, dass man den Würfel als Ganzen in der Hand wenden kann und dabei dann auch andere „Würfelchen" und weitere Seitenansichten mit ins Blickfeld kommen. Erst dadurch kann das scheinbar „Neue" des Kriegsbildes für die weitere Betrachtung, Analyse, Bewertung und Planungen von Krieg bedeutsam werden.

Statt einer Zusammenfassung

In dem wichtigen Kapitel 6.B des achten Buches Vom Kriege: „Der Krieg ist ein Instrument der Politik" schreibt Clausewitz: „Nur durch diese Vorstellungsart [von Krieg als Instrument der Politik] wird der Krieg wieder zur Einheit, nur mit ihr kann man alle Kriege als *eine* Art betrachten, und nur durch sie wird dem Urteil der rechte und genaue Stand und Gesichtspunkt gegeben, aus welchem die großen Entwürfe gemacht und beurteilt werden sollen." Und weiter, rhetorisch gefragt: „Die Frage bleibt also nur, ob bei Kriegsentwürfen der politische Standpunkt dem **rein** [Hervorhebung durch v.R.] militärischen (wenn ein solcher überhaupt denkbar wäre) weichen, d.h. ganz verschwinden oder sich ihm unterordnen, oder ob er der herrschende bleiben und der militärische ihm untergeordnet werden müsse." Und er beantwortet schließlich diese Frage mit dem Phänomen der damals neuen Kriege, der französischen Revolutions- und der Napoleonischen Kriege, „jene merkwürdige Umwälzung der europäischen Kriegskunst …, wodurch die besten Heere einen Teil ihrer Kunst unwirksam werden sahen, und kriegerische Erfolge stattfanden, von deren Größe man bisher keinen Begriff gehabt hatte". – Der Vergleich mit den Bildern von „neuen" und hybriden Kriegen drängt sich förmlich auf. – *Rein* militärisches Beurteilen und Planen ist daher für Clausewitz „unzulässig", „schädlich", „ja widersinnig". Dies kann auf die Frage nach dem Kriegsbild und dessen Entwicklung direkt übertragen werden:

Baudissin hatte 1962 seinen Vortrag über das Kriegsbild vor der Deutschen Atlantischen Gesellschaft in Heidelberg begonnen: „Es gehört zur ständigen Sorge verantwortlicher Politiker und Soldaten, eine zutreffende Antwort auf Fragen nach dem Kriegsbild zu finden, d.h. nach Erscheinungsformen, Intensität, Ausdehnung und damit nach den Möglichkeiten, Mitteln und Zwecken – kurz, dem Wesen eines kommenden Krieges." Und er schloss seine Ausführungen mit dem unverhohlenen Appell: „Alle Staatsbürger und insbesondere die Politiker müssen bestrebt sein, etwas vom Wesen und den Möglichkeiten des Krieges zu begreifen – d.h.: das Kriegsbild zu kennen. Denn nur mit einer wirklichkeitsnahen Vorstellung vom Kriege kann kriegsverhindernde Politik betrieben werden."

Im Weißbuch 1985 – im Gegensatz zu allen anderen Weißbüchern davor und danach – hatte es geheißen, dass eine Diskussion in der Gesellschaft darüber aufgebrochen war, wie den Bedrohungen von außen zu begegnen sei. Sie beschäftigte sich „nicht nur mit politischen und strategischen Fragen, sondern darüber hinaus mit einer Fülle taktischer und operativer Themen". Der Verteidigungsausschuss wolle diesen gesellschaftlichen Gedankenanstoß aufnehmen. Und weiter hieß es: „Das Denken in Kriegsszenarien in der militärstrategischen Fachdiskussion" trage zur Frage nach der Wahrscheinlichkeit eines Krieges bei.

Dies habe dadurch „eine andere politische und militärische Dimension erhalten". Wie ist das gemeint?

Beide Äußerungen, im Abstand von 20 Jahren, belegen als gesellschaftspolitisches Petitum wie als Erkenntnis aus den gesellschaftlichen Entwicklungen, dass das Kriegsbild zu entwickeln, keine „Geheimwissenschaft" der Militärs sein darf und kann. Aber selbst 2005 wurde der Vorschlag verworfen, die Entwürfe des neuen Weißbuches einer öffentlichen Debatte zu unterziehen.

Daher ist es nun endlich an der Zeit, wenn sich die politisch-strategisch verantwortliche community für die Abfassung des nächsten Weißbuches 2016 erstmals dem Dialog in workshops mit Experten öffnet. Krieg ist nicht mehr länger nur Sache der Militärs. Dieser sogenannte Weißbuch-Prozess sei möglicherweise „fast genauso wichtig wie später das Weißbuch selbst", so Geyr zur „Organisation des großen Diskurses", der inzwischen angelaufen ist. Dieser Prozess muss (auch – und nicht nur nebenbei) das Kriegsbild von heute entwickeln. Dabei könnten die o.a. Grundfragen den Weg weisen: Wo und wie entwickelt sich aus Konflikten und Bedrohungen aller Art politischer Handlungsbedarf, um zu verhindern, dass diese sich nicht unter der Hand zu einem Krieg entwickeln? D.h. wo werden im Wechsel von Aggression und Abschreckung mit militärischer Macht entsprechende Antworten herausgefordert, erwartet oder abgeschreckt, die letztlich nur noch mit Hilfe von Streitkräften zu regeln bzw. zu lösen sein könnten?

Auf die Übernahme eines dem entsprechenden Verständnisses vom Kriegsbild der Zukunft in das Weißbuch 2016 wird man ebenso gespannt sein dürfen wie auf die darauf aufbauende Umsetzung in Strategie und Organisation der Bundeswehr und anderer Ressorts sowie in die Vorschriften und Ausbildung der Streitkräfte.

Literatur

Barbin, Jeronimo L. S.: Imperialkriegführung im 21. Jahrhundert. Von Algier nach Bagdad. Die kolonialen Ursprünge der COIN-Doktrin. Berlin, Miles-Verlag 2015.

Baudissin, Wolf Graf von: Das Kriegsbild. In: Beilage zu Heft 9/62 „Information für die Truppe. O.O. 1962.

Ders.: Wie müssen wir uns den modernen Krieg vorstellen? Sonderheft der Deutschen Gesellschaft für Auswärtige Politik e.V. Bonn 1964.

Ders.: Grundwert: Frieden in Politik – Strategie – Führung von Streitkräften. (Hersg. von Claus von Rosen. Berlin (MILES) 2014.

Beck, Hans-Christian u.a. (Hrsg.): Entscheiden. Führen. Verantwortung. Soldatsein im 21. Jahrhundert. Berlin Miles-Verlag 2012.

Bredow, Wilfried von: Erweitertes Einsatzspektrum der Bundeswehr- Konsequenzen für die Innere Führung. In: Elmar Wiesendahl (Hrsg.): Innere Führung für das 21. Jahrhundert. Die Bundeswehr und das Erbe Baudissins. Paderborn . München . Wien . Zürich (Schöningh) 2007, S. 129ff.

Brzoska, Michael: Konflikte und Kriege der Zukunft. In: Elmar Wiesendahl (Hrsg.): Innere Führung für das 21. Jahrhundert. Die Bundeswehr und das Erbe Baudissins. Paderborn/München/Wien/ Zürich (Schöningh) 2007, S. 43ff.

Bundesminister der Verteidigung (Hrsg.): Truppenführung. HDv 100/1. Bonn 1962.

Bundesminister der Verteidigung (Hrsg.): Innere Führung. ZDv 10/1. Bonn 1993.

Bundesminister der Verteidigung (Hrsg.): ZDv 10/1. Innere Führung. Selbstverständnis und Führungskultur der Bundeswehr. Bonn 2008.

Bundesministerium für Verteidigung, Fü S I 6 (Hrsg.): Handbuch Innere Führung. Hilfen zur Klärung der Begriffe. Bonn 1957, 2. Auflage 1962.

Clausewitz, Carl von: Hinterlassenes Werk. Vom Kriege. Bonn 1989, 20. Auflage.

Dörfler-Dierken, Angelika und Gerd Portugall (Hrsg.): Friedensethik und Sicherheitspolitik. Weißbuch 2006 und EKD-Friedensdenkschrift 2007 in der Diskussion. Wiesbaden 2010.

Ehrhart, Hans-Georg: Innere Führung und der Wandel des Kriegsbildes. In: Aus Politik und Zeitgeschichte, hrsg. von der Zentrale für Politische Bildung, Nr. 59/2009.

Ders.: Russlands unkonventioneller Krieg in der Ukraine: was tun? Hamburg MS v. 25.8.2014.

Frech, Siegfried u.a. (Hrsg.): Neue Kriege. Akteure, Gewaltmärkte, Ökonomie.

Schwalbach/Ts. 2005.

Hartmann, Uwe: Hybrider Krieg als neue Bedrohung von Freiheit und Frieden. Zur Relevanz der Inneren Führung in Politik, Gesellschaft und Streitkräfte. Berlin (MILES Verlag) 2015.

Hoffman, Bruce: Terrorismus. Der unerklärte Krieg. Neue Gefahren politischer Gewalt. Frankfurt M. 2001.

Klein, Paul und Dieter Walz (Hrsg.): Die Bundeswehr an der Schwelle zum 21. Jahrhundert. Baden-Baden 2000.

Kuster, Matthias: Militärstrategisches und operatives Denken. In: Allgemeine schweizerische Militärzeitschrift Nr. 177, Heft 5, S. 27, 2011.

Macho, Thomas: Still ruht die Atombombe. In: DIE ZEIT Nr. 32 v. 4. August 2005, S. 43.

Mao Tsetung: Theorie des Guerillakrieges oder Strategie der Dritten Welt. Einleitung von Sebastian Haffner. Reinbek 1966.

Ders.: Vom Kriege. Gütersloh 1969.

Matthies, Volker: Der Mensch in den „neuen Kriegen". In: Stefan Bayer (Hrsg.): Anthropologie in sozialwissenschaftlichen Perspektiven. Hamburg 2008.

Münkler, Herfried: Die neuen Kriege. Reinbek 2002.

Ders.: Vom Krieg zum Terror. Das Ende des klassischen Krieges. Zürich 2006.

Ders.: Der Wandel des Krieges. Von der Symmetrie zur Asymmetrie. Weilerswist 2006.

Nägler, Frank: Der gewollte Soldat und sein Wandel. Personelle Rüstung und Innere Führung in den Aufbaujahren der Bundeswehr 1956 – 1964/65. München 2010.

Prange, Dennis: Hybride Kriege. Hintergründe und Herausforderungen einer aktuellen Konfliktform. Politische Studien der Hanns-Seidel-Stiftung Nr. 66. München 2015, S. 73–82.

Richardson, Louise: Was Terroristen wollen. Die Ursachen der Gewalt und wie wir sie bekämpfen können. Frankfurt, New York 2007.

Rosen, Claus v.: Baudissin und die Praxis der Inneren Führung. Vorwort zu: Uwe Hartmann/ Meike Strittmatter: Reform und Beteiligung. Ideen und innovative Konzepte der Inneren Führung in der Bundeswehr. Frankfurt 1993, S. 9ff.

Ders.: Die „heutigen Kriege" – nach Clausewitz. Zum Verständnis der neuen Kriege heute. In: Helmut R. Hammerich u.a. (Hrsg.): Jahrbuch Innere Führung 2012. Berlin (MILES), S. 201ff.

Spreen, Dierk; Trotha, Trutz von (Hrsg.): Krieg und Zivilgesellschaft. Berlin 2012.

Staack, Michael (Hrsg.): Im Ziel? Zur Aktualität der Inneren Führung. Baudissin Memorial Lecture. Opladen Berlin/Toronto 2014.

Steinke, Ronen: Mit der Taktik von Parasiten. Wie es den Dschihadisten immer wieder gelingt, sich die Loyalität vor allem der armen Bevölkerung zu erkaufen. In: Süddeutsche Zeitung Nr. 250 v. 30. Oktober 2014, S. 2.

Wiesendahl, Elmar (Hrsg.): Innere Führung für das 21. Jahrhundert. Die Bundeswehr und das Erbe Baudissins. Paderborn/München/Wien/Zürich (Schöningh) 2007.

Will, Thomas: Ausblick auf 2035. Trends und Entwicklungen. Sicherheitspolitische Zukunftsanalyse. Zentrum für Transformation der Bundeswehr. Strausberg 2007.

Wolfram, Matthias: Kriege der Zukunft – drei Trendszenarien. Wie sehen die Kriege der Zukunft aus? In: Hardthöhenkurier, hersg. Unteroffizierkameradschaft im Bundesministerium der Verteidigung e.V., Heft Nr. 5, Bonn 2010.

Zolfragharieh, Mehran: Carl von Clausewitz und Hybride Kriege im 21. Jahrhundert. Das Beispiel der Iranischen Revolutionsgarden. Marburg 2015.

Rudolf Hamann / Hendrik Hoffmann [1]
Die Schutzverantwortung R2P und das Problem militärischer Gewalt in der Krisenprävention (Die Umkehrung des klassischen Peacekeepings)[2]

Einordnung und Zielsetzung des Papiers

„… Die Koalition macht es sich zur Aufgabe, die Wirksamkeit des Regierungshandelns gezielt zu erhöhen und erarbeitet dazu eine ressortübergreifende Strategie >Wirksam und vorausschauend regieren< … Wir stärken die Kompetenzen und Kapazitäten der strategischen Vorausschau in den Ministerien, um Chancen, Risiken und Gefahren mittel- und langfristiger Entwicklungen besser erkennen zu können. Wir nutzen vermehrt Wirkungsanalysen in der Phase der Entwicklung von politischen Maßnahmen …" (Deutschlands Zukunft gestalten, Koalitionsvertrag zwischen CDU, CSU und SPD, S. S 14, 2-letzter Abs: 105)

Das vorliegende Papier soll einen Beitrag zur Umsetzung des im aktuellen Koalitionsvertrag angestrebten Zieles zur besseren und wirkungsvolleren Reaktion der Regierung auf bevorstehende Krisen und Konflikte leisten. Im Mittelpunkt steht dabei die Frage, ob Militär in einer präventiven Phase des Krisenmanagements eingesetzt werden kann, um drohenden Völkermord oder Verbrechen gegen die Menschlichkeit zu verhindern. Das Positionspapier versteht sich einmal als direkter Beitrag zu der im Koalitionsvertrag angestrebten nationalen, ressortübergreifenden Strategie „Wirksam und vorausschauend handeln". Zum anderen wird es einen Ausweg aus dem Dilemma zeigen, dass einerseits, speziell aus dem Ausland, ein stärkeres Engagement Deutschlands

---

[1] Die weiteren Autoren sind: Korvettenkapitän Norman Bronsch, Major Holger Deckenbach, Major Stefan Dormeier, Major Tobias Führer, Major Fabian Jarrar, Major Marco Kmitta, Major Daniel Kokonowski, Major Dennis Pohl, Korvettenkapitän Philipp Vögtle, Major Christian Zerau.

[2] Diese Arbeit ist als Positionspapier aus dem Seminar: Chancen und Risiken militärischer Gewalt in der Krisenprävention, unter dem Leitung von Prof. Dr. Rudolf Hamann im LGAN 2013 entstanden.

bei der Bewältigung internationaler Krisen erwartet wird, andererseits die deutsche Bevölkerung neuen Einsätzen der Bundeswehr eher skeptisch bis ablehnend gegenübersteht.

Im Kern geht es im Rahmen einer ressortübergreifenden Strategie um die Bereitstellung einer schnell verfügbaren, weltweit einsetzbaren „Truppe". Die Rolle des Militärs wird dabei von der Intervention deutlich in die Phase vor einem Ausbruch der Gewalt (Präventionsphase) verlagert. Absicht ist es, die Fähigkeit einer präventiven Interventionskompetenz zu entwickeln, um im Rahmen der VN rasch und effektiv auf direkt bevorstehende bzw. sich bereits ereignende massive Menschrechtsverletzungen regieren zu können.

Rolle militärischer Gewalt im Krisenmanagement

Bereits seit 1948 wurden Friedenssicherungstruppen und Beobachtermissionen der VN in Konfliktregionen eingesetzt. Von den Anfangsjahren bis zum Ende des Ost-West-Konfliktes geschah dies vor allem in zwischenstaatlichen Konflikten, als es darum ging, nach Beendigung der Kampfhandlungen, mit Zustimmung der betroffenen Konfliktparteien durch „Blauhelmtruppen" unter strikter Beachtung der Neutralität die Konfliktparteien vor erneuter Eskalation abzuschrecken und die beschlossenen Waffenstillstandsabkommen zu überwachen. Ein direktes Eingreifen bei etwaigen Verstößen war nicht vorgesehen.

Nach Ende des Ost-West-Konfliktes änderten sich die Rahmenbedingungen und Aufgabenstellungen. Innerstaatliche Konflikte mit mehreren, teils nicht-staatlichen Akteuren, die sich über lange Zeiträume erstreckten und oftmals grenzüberschreitend verliefen, wurden die Regel und stellten die VN vor Herausforderungen, denen sie letztlich nicht gewachsen war.

Diese Einsätze waren zwischen multidimensionalem Peacekeeping und „robuster Friedenssicherung" angesiedelt. In diesen Missionen fanden sich immer häufiger Elemente militärischen Zwangs nicht nur zur reinen Selbstverteidigung, sondern auch zur Durchsetzung des Mandates. Allerdings blieb der Einsatz militärischer Gewalt weiterhin ultima-ratio als zeitlich letztes Mittel, das nur im Rahmen der Krisenbewältigung und Krisennachsorge eingesetzt wurde. Dagegen oblagen sämtliche Maßnahmen der Krisenprävention ausschließlich der Diplomatie und zivilen Akteuren.

Zwar haben sich im Laufe der Zeit die Mandate der „Blauhelmtruppen" durch die Aufgabenpakete vom Schutz der Zivilbevölkerung, über DDR (*disarmament, demobilization and reintegration*) bis hin zur Unterstützung des Aufbaus staatlicher Strukturen stark erweitert, aber der Einsatz militärischer Kräfte konzentriert sich weiterhin auf den Bereich der Krisenbewältigung und Krisennachsorge.

Der beschriebene Wandel der Konfliktszenarien und die damit einhergehende Aufgabenerweiterung lassen eine Aufrechterhaltung des klassischen Peacekeepings kaum mehr zu. Friedenssicherungseinsätze sind multidimensional, langwierig und nur als ganzheitlicher Ansatz erfolgversprechend. Der im Stichwort „comprehensive approach" angelegte erweiterte Sicherheitsbegriff ist aber in der Realität durchaus janusköpfig. Er droht einerseits den Staat mit der Ausdehnung auf immer weitere Sicherheitsbedürfnisse zu überfordern und andererseits andere Politikbereiche zu militarisieren. So stehen die dramatisch gescheiterten Blauhelmmissionen der VN in Somalia, Ruanda und Srebrenica als Menetekel für verfehlte oder gescheiterte militärische Gewalt im Krisenmanagement.

Grenzen des Militärs in vergangenen Missionen

Am Beispiel der Somalia-Mission von 1993 lässt sich aufzeigen, dass ein robustes Mandat und umfangreiche Truppenkontingente allein keine Garanten dafür sind, den Ausbruch von Gewalt zu verhindern oder frühzeitig zu stoppen. Zwar wurden verschiedenste Resolutionen des Sicherheitsrates verabschiedet, die zur Aufstellung von drei VN Missionen (UNOSOM I, UNITAF, UNOSOM II) führten und einem VN Kontingent, das in der Hochphase den Einsatz von bis zu 40.000 Mann autorisierte, aber eine nachhaltige Verbesserung der humanitären Situation bzw. Sicherheitslage gelang nicht. Insbesondere das Fehlen flankierender Maßnahmen zur Herausbildung zivilgesellschaftlicher Strukturen bei weitgehender Unkenntnis der lokalen Begebenheiten verhinderte eine auf Dauer angelegte positive Entwicklung. Demzufolge scheiterte der Ansatz „viel hilft viel" in Somalia, da weder ein einheitliches Verständnis des Auftrages (ZIEL), noch die Art und Weise diese zu erfüllen (WEGE) vorlagen. Das führte letztendlich dazu, dass die von den bereitgestellten Truppenkontingenten (MITTEL) durchgeführten Aktionen erfolglos blieben.

Ein weiteres Beispiel bietet der Völkermord 1994 in Ruanda. Die dort eingesetzten Blauhelmtruppen unter Führung des kanadischen Generals Roméo Dallaire hatten ein klassisches Mandat zur Überwachung des Friedensabkommens von Arusha. Trotz vorliegender glaubwürdiger Hinweise auf einen bevorstehenden Völkermord scheiterten alle Versuche, auf die sich abzeichnende Gewalteskalation durch ein flexibleres Mandat zu reagieren am Veto der USA, die ein zweites Somalia-Debakel verhindern wollten. Gerade weil die Frühwarnung funktionierte, ist davon auszugehen, dass ein robustes Mandat mit ausreichender Truppenstärke den Völkermord vielleicht nicht gänzlich verhindert, aber auf jeden Fall frühzeitig gestoppt hätte.

Als drittes Beispiel für das Scheitern des Einsatzes militärischer Gewalt der VN dient das Massaker von Srebrenica 1995. Als im Juli 1995 die bosnisch-serbische Armee und Paramilitärs in die von der VN errichtete Schutzzone um die Stadt Srebrenica eindrang, forderte der Kommandant des in der Zone eingesetzten, nur leicht bewaffneten niederländischen Bataillons wiederholt Luftunterstützung an. Den nur zögerlichen Reaktionen folgte die Festsetzung und Bedrohung der Blauhelmsoldaten und schließlich die gänzliche Aufgabe der Versuche, den Vormarsch der bosnisch-serbischen Truppen zu stoppen. Das anschließende, systematisch geplante Massaker, das zum Tod tausender Bosniaken führte, war somit unausweichlich.

Im Brahimi-Report aus dem Jahr 2000 sind die Erkenntnisse der gescheiterten Missionen aufgearbeitet und in konkrete Handlungsempfehlungen umgesetzt worden. Als zentrale Ursachen gescheiterter Missionen wurden die unklaren Mandate, verspätete Bereitstellung von Truppenkontingenten sowie deren Ausrüstung, Verlegung und Führung identifiziert. Zur Lösung dieser Problematik empfiehlt der Bericht die Aufstellung einer Standby Force, um den Problemen Ausrüstung, Verlegung und Führung zu begegnen. Indes bleibt der konzeptionelle Rahmen für den Einsatz des Militärs in der Präventionsphase unklar. Die Verbindung von militärischer Gewalt und ultima ratio bewirkt automatisch, dass militärische Maßnahmen in der logischen und zeitlichen Folge hinter alle anderen denkbaren Maßnahmen zurückzutreten haben[3]: Erst wenn sich zivile Maßnahmen als wirkungslos gezeigt haben, darf Militär in das Kalkül der Instrumente einbezogen werden. Warum sich die internationale Gemeinschaft dieses „Denkverbot" auferlegt ist nicht nachvollziehbar. Militär wird richtigerweise mit letaler Gewalt, mit Tod und Verwundung und der zweifellos immer bestehenden Gefährdung für Leib und Leben von Nicht-Kombattanten assoziiert. Die Reduzierung von Militär auf die Anwendung letaler Gewalt, greift jedoch zu kurz. Vielmehr ist Militär geeignet, in allen Phasen des Krisenmanagements, ausdrücklich auch in der Prävention, eingesetzt zu werden. Ultima ratio soll folgerichtig künftig nicht mehr als zeitlich letztes

---

[3] Vgl. auch die Ausführungen von Hoppe (2012), S. 13 f.

Mittel verstanden werden. Vielmehr wird vorgeschlagen, Militär künftig unter die Begrifflichkeit ultima ratio derart zu subsumieren, dass es die äußerste, nicht aber die letzte Maßnahme im Rahmen des Krisenmanagements entfaltet.

Die Negativbeispiele der Vergangenheit zeigen aber deutlich, dass auch der Einsatz des Militärs als äußerstes Mittel nur dann erfolgversprechend ist, wenn einige wichtige Faktoren erfüllt sind. Erstens ist ein klar formuliertes Mandat notwendig, das robust und flexibel genug ist, um die priorisierten und operationalisierten Aufgaben der Friedenstruppen erfüllen zu können. Eine Mission, so der Brahimi-Report, die der Lage vor Ort nicht gerecht wird oder bei der die festgeschriebene Truppenstärke und deren Aufgaben zu einer Überforderung führen, sollte erst gar nicht mandatiert werden. Der zweite Faktor betrifft den notwendigen politischen Willen der Mitgliedstaaten, eine Mission mit den erforderlichen Ressourcen zu unterstützen. Ein langwieriger Truppenaufwuchs oder fehlende militärische Fähigkeiten stellen den Erfolg der Mission von vornherein in Frage.

Menschenrechtsschutz als Legitimation zur Einmischung in innerstaatliche Angelegenheiten

Die Charta der Vereinten Nationen zielt hinsichtlich des Umgangs mit Streitigkeiten auf zwischenstaatliche Konflikte ab, schützt staatliche Souveränität und das Gewaltverbot[4] sowie die Nichteinmischung in innere Angelegenheiten[5], wie es in Art. 2 kodifiziert ist. Allerdings eröffnet der letzte Halbsatz die Anwendung von Zwangsmaßnahmen nach Kapitel VII als Ausnahme. Der Sicherheitsrat ist hiernach ermächtigt, Gewalt auch gegen einen Staat zu legitimieren, wenn Streitigkeiten geeignet sind, den Weltfrieden und die internationale Sicherheit zu bedrohen. Dabei ist jedoch zu berücksichtigen, dass der Sicherheitsrat kein rechtliches, sondern ein politisches Organ ist und objektive Tatbestände zur Bedrohung des Weltfriedens und der internationalen Sicherheit nicht normiert sind. Inwieweit eine Streitigkeit tatsächlich eine überregionale Bedrohung darstellt, unterliegt somit einzig der subjektiven Bewertung der Mitglieder des Sicherheitsrates[6] und damit letztlich deren nationalstaatlichen

---

[4] Vgl. Art. 2 Ziffer 4 Charta der Vereinten Nationen.

[5] Vgl. Art. 2 Ziffer 7 Charta der Vereinten Nationen.

[6] Vgl. Heintze (2011), S. 81.

Interessen.[7] Als Beispiele, in denen Menschenrechtsverletzungen und nicht die Souveränität erste Priorität hatten, sind die Schutz der Kurden im Irak (VNSR 688) und der Einsatz in Somalia (VNSR 794) aufzuführen. Trotz der jeweiligen Besonderheiten der Missionen[8], wurde durch beide Resolutionen erstmals das Souveränitätsgebot relativiert.

Die Debatte um die Verantwortung der internationalen Staatengemeinschaft für den Schutz der Menschenrechte kulminierte im Kosovo Konflikt 1999.[9] Die NATO entschloss sich damals angesichts der offenbarten Handlungsunfähigkeit des Sicherheitsrates militärische Gewalt einzusetzen. Auch wenn dieser Einsatz gegen das Völkerrecht verstieß,[10] befeuerte es die Diskussion zum Umgang mit Menschenrechtsverletzungen.[11] Wesentliche Empfehlungen gab die „Internationale Kommission zur Intervention und Staatensouveränität" (ICISS), die sog. „Axworthy-Kommission". Dort wird postuliert, dass die staatliche Souveränität verpflichtet sei, die Menschenrechte zu achten und erforderlichenfalls zu schützen. Sollte ein Staat diese Pflicht nicht wahrnehmen können oder wollen, geht diese Schutzverantwortung auf die internationale Gemeinschaft über. Diese ist dann berechtigt die erforderlichen Mittel einzusetzen, um den Zustand der Menschenrechtsverletzungen zu beenden. Der Einsatz militärischer Gewalt ist dabei an fünf Kriterien gebunden: Waffengewalt als letztes Mittel, ein gerechter Grund für die Intervention, eine aufrechte Absicht der intervenierenden Staaten, Verhältnismäßigkeit bei der Anwendung und vernünftige Erfolgsabsichten. Militärische Gewalt ist somit ultima ratio. Sobald die staatliche Gewalt sich wieder Willens zeigt oder in der Lage ist, die Verantwortung zum Menschenrechtsschutz wahrzunehmen, en-

---

[7] Vgl. Molt (2012), S. 84. Beispielhaft sei nur die Weigerung der US-amerikanischen Außenministerin, trotz der massenhaften Ermordung von Angehörigen der Tutsi in Ruanda 1994, von Völkermord zu sprechen. Zur Bedeutung des Begriffs „Völkermord" im völkerrechtlichen Sinne, vgl. Brock/Deitelhoff (2012), S. 84 f.

[8] So konzentrierte sich die Mission hinter der Resolution 688 primär auf die Ermöglichung humanitärer Hilfe für die kurdische Bevölkerung im Nordirak. Zwar wurde die Souveränität des Irak im Norden dadurch drastisch beschränkt, ein militärischer Einsatz gegen die ohnehin vernichtend geschlagene irakische Armee blieb jedoch aus. In Bezug auf Somalia kann die eigentliche Existenz des Staates an sich kritisch bewertet werden, wodurch die die Frage gestellt werden kann, ob eine Souveränität überhaupt somit verletzt werden konnte.

[9] Vgl. die Ausführungen bei Hoppe (2012), S. 12 f.

[10] Vgl. Heintze (2011), S. 82 f.

[11] Vgl. zu einer umfassenden Darstellung der Entwicklung zur R2P Fröhlich (2011), S. 136 ff.

den die Maßnahmen der internationalen Gemeinschaft. Dieses hier verkürzt dargestellte Instrument der *Responsibility to Protect* (R2P) soll nicht erst bei begonnenen Menschenrechtsverletzungen greifen. Das Konzept sieht einen Dreiklang aus Prävention (*Resonsibility to Protect*), Reaktion (*Responsibility to React*) und Wiederaufbau (*Responsibility to Rebuild*) vor. Ziel ist es, durch Prävention Menschenrechtsverletzungen schon frühzeitig weitgehend zu unterbinden und somit eine Intervention obsolet zu machen.[12]

In der politischen Praxis ist R2P ein weiterhin umstrittenes Konzept. Einige Staaten, so auch Deutschland, formulieren in nationalen Dokumenten eine vorsichtige Zustimmung zu dem Konzept. Im Ergebnis kann R2P als ein Konzept bezeichnet werden, welches Völkergewohnheitsrecht werden könnte. In keinem Fall ist es Völkerrecht.[13]

Chancen militärischer Mittel in der Krisenprävention

Der Einsatz von militärischen Mitteln in Verbindung mit den Möglichkeiten ziviler Akteure der Ressorts der Bundesregierung wird als vernetzter Ansatz bezeichnet und vom Weißbuch der Bundesregierung 2006 hervorgehoben. Der deutsche Beitrag zur internationalen Krisenprävention wurde als Gesamtkonzept im Aktionsplan „Zivile Krisenprävention, Konfliktlösung und Friedenskonsolidierung" durch die damalige Bundesregierung im Jahr 2004 ressort-

---

[12] Vgl. zu einer umfassenderen Darstellung Heintze (2011), S. 83 ff. Hierbei ist anzumerken, dass die ICISS in ihren Empfehlungen deutlich weiter ging und bei einem massiven Verstoß gegen das Menschenrecht die Möglichkeit einer militärischen Intervention auch ohne Mandat für gerechtfertigt sahen. Diesem folgte die spätere, durch die Generalversammlung verabschiedete Resolution nicht:

„139. Die internationale Gemeinschaft hat durch die Vereinten Nationen auch die Pflicht, geeignete diplomatische, humanitäre und andere friedliche Mittel nach den Kapiteln VI und VIII der Charta einzusetzen, um beim Schutz der Bevölkerung vor Völkermord, Kriegsverbrechen, ethnischer Säuberung und Verbrechen gegen die Menschlichkeit behilflich zu sein. In diesem Zusammenhang sind wir bereit, im Einzelfall und in Zusammenarbeit mit den zuständigen Regionalorganisationen rechtzeitig und entschieden kollektive Maßnahmen über den Sicherheitsrat im Einklang mit der Charta, namentlich Kapitel VII, zu ergreifen, falls friedliche Mittel sich als unzureichend erweisen und die nationalen Behörden offenkundig dabei versagen, ihre Bevölkerung vor Völkermord, Kriegsverbrechen, ethnischer Säuberung und Verbrechen gegen die Menschlichkeit zu schützen [...]" (Resolution der Generalversammlung A/RES/60/1, 2005).

[13] Vgl. Rudolf (2013), S. 13.

übergreifend definiert.[14] Er enthält Grundsätze und Strategien deutscher Politik zur Krisenprävention und hat das Ziel, Krisenprävention als politische und gesellschaftliche Aufgabe zu etablieren. Seine Umsetzung wurde bis heute mehrfach evaluiert sowie fortentwickelt. Schon der Titel des Aktionsplans zeigt die Beschränkung auf *zivile Krisenprävention*. Die Notwendigkeit zur Vernetzung von politischen und militärischen Mitteln wird hervorgehoben, jedoch nicht konzeptionell hinterlegt oder konkretisiert. Dadurch wird versäumt Sinn, Notwendigkeit, sowie Chancen und Risiken militärischer Prävention zu thematisieren und konzeptionelle Schnittmengen sowie Wechselwirkungen und daraus resultierenden Handlungsbedarf in der Entwicklung der Krisenprävention zu definieren und die präventiven Möglichkeiten militärischer Mittel stärker zu betrachten und nicht erst einzusetzen, wenn ein Konflikt bereits eskaliert ist.

Idee der Prävention und Frühwarnung

Prävention unterliegt bis heute unterschiedlichen Vorstellungen, die sich nicht nur im Ziel (Strukturprävention vs. Prozessprävention), sondern auch in der Art der Mittel (z.B. Zwangsmaßnahmen vs. zwangsfreie Maßnahmen), im Zeitpunkt bzw. Zeithorizont (z.B. frühe, späte und kontinuierliche Prävention) der möglichen Maßnahmen voneinander abgrenzen. Einigkeit herrscht hingegen darin, dass Instrumente der Krisenprävention nicht zur ultimativen Vermeidung von Konflikten dienen. Vielmehr geht es um die Vermeidung des gewaltsamen Ausbruchs eines Konfliktes.[15] Dass militärische Fähigkeiten einen Beitrag zur Verhinderung von Gewaltausbrüchen leisten können, zeigt das Beispiel des Konflikts in Mazedonien. Neben der abschreckenden Wirkung der Truppen im Rahmen des „show of force" insbesondere als starkes Signal gegenüber der serbischen Regierung, wurden hier Grenzüberwachung und Grenzschließung als Mittel der Prävention eingesetzt. Durch das Patrouillieren von UN-Blauhelmsoldaten entlang der noch jungen Grenze zu Serbien wurde darüber hinaus der Souveränität des Staatsgebietes Ausdruck verliehen. Die Entsendung von Truppen galt als starkes Signal der Anerkennung des Staates und fokussierte das Medieninteresse dauerhaft auf den südlichen Balkan, was wiederum die diplomatischen Bemühungen intensivierte. Gleichwohl offenbart

---

[14] Aktionsplan „Zivile Krisenprävention, Konfliktlösung und Friedenskonsolidierung", Bundesregierung, Berlin 2004

[15] Eine ausführliche Darstellung des Verständnisses der Prävention findet sich u.a. bei Matthies, Volker (2000)

sich hier auch eine Schwäche präventiver Maßnahmen, deren Erfolg prinzipiell nicht nachweisbar ist. Einerseits kann argumentiert werden, dass nur durch den Einsatz von präventiven Mitteln der Ausbruch von Gewalt verhindert wurde, und andererseits lässt sich die ausbleibende Eskalation als Argument dafür aufführen, dass es richtig war, abzuwarten und keine präventiven Maßnahmen zu ergreifen. Im Zweifelsfall wird dieser Zwiespalt eher eine abwartende Haltung der betreffenden Politiker begünstigen.

Um präventiv wirksam werden zu können, sind wirksame Instrumente zur Krisenfrüherkennung (Early Warning Systems) notwendig. Der Aktionsplan zivile Krisenprävention hat dazu beigetragen, die bereits existierenden Instrumente einzelner Ressorts besser miteinander abzugleichen. Neben Lösungen einzelner Staaten wird es künftig jedoch auch darauf ankommen, Frühwarnsysteme bei EU und VN zu installieren und vorhandene Systeme weiterzuentwickeln, um der Staatengemeinschaft eine unabhängige und verlässliche Bewertung von entstehenden Krisen zu ermöglichen. Auf europäischer Ebene wurde dies erkannt und die Bundesregierung hat sich dazu entschlossen den Aufbau eines Frühwarnsystems beim Europäischen Auswärtigen Dienst aktiv zu unterstützen.[16]

Frühwarnung unterliegt in der Praxis Schwierigkeiten, die als Lücke zwischen „early warning" und „early action" bekannt geworden sind. Entgegen vieler Vermutungen besteht das Problem nicht in der Beschaffung der notwendigen Informationen über eine aufkeimende Krise, sondern in deren Bewertung. Die Motive für ein zögerliches Handeln sind vor allem politischer und psychologischer Natur. Zu den politischen Motiven der Zurückhaltung gehört im Zusammenhang mit innerstaatlichen Konflikten zerfallener Staaten besonders die Achtung des Nichteinmischungsgebotes der VN-Charta. Außerdem wird frühzeitiges Handeln ohne sichtbare Ereignisse oftmals auch deshalb nicht für notwendig erachtet, weil ohne diese das mediale Interesse fehlt und damit auch der Druck der Öffentlichkeit, Augenmerk auf eine potenzielle Eskalation zu legen. Zuweilen ist die Frühwarnung zu diffus oder vorgeschlagene Handlungsorientierungen sind nicht realistisch formuliert und Entscheider werden nicht erreicht. Psychologische Faktoren mangelnder Handlungsbereitschaft werden gewöhnlich unter dem Begriff der „kognitiven Dissonanz" subsummiert. Darunter versteht man das menschliche Bedürfnis, widersprüchliche

---

[16] Vierter Bericht der Bundesregierung über die Umsetzung des Aktionsplans „Zivile Krisenprävention, Konfliktlösung und Friedenskonsolidierung", Berlin 2014.

Informationen einseitig aufzulösen, umzuinterpretieren oder insgesamt zu ignorieren, bis sie in das eigene kognitive Grundmuster passen.

Ein gutes Beispiel für kognitive Dissonanz und der daraus folgenden gescheiterten Frühwarnung ist der Yom Kippur-Krieg von 1973. Trotz zuletzt eindeutiger Anzeichen und richtiger Bewertungen der Informationen durch die eigene Aufklärung, wurde Israel vom Angriff Syriens und Ägyptens überrascht, weil es bereits früher mehrfach Warnungen und Alarmierungen gegeben hatte, die sich im Nachhinein als falscher Alarm herausstellten. Dadurch wurde die Toleranzschwelle gegenüber neuen Warnungen stetig erhöht. Als im Oktober 1973 der Angriff unmittelbar bevorstand, wurde zu spät reagiert.[17] Bedenkt man, dass bei einem Staat wie Israel frühzeitiges Handeln, d.h. die Initiative auf dem Schlachtfeld zu gewinnen, im wahrsten Sinne des Wortes überlebenswichtig ist, dann wird, „wenn fern in der Türkei die Völker aufeinanderschlagen" (Faust) und eigene nationale Interessen bei potentiell intervenierenden Staaten nicht auf dem Spiel stehen, die Bereitschaft zum präventiven Krisenmanagement eher gering ausfallen.

Die Lücke zwischen Early Warning und Early Action

Ein Schließen, zumindest aber ein Verringern der Lücke zwischen „early warning" und „early action", lässt sich neben der bereits angesprochenen Verbesserung der Frühwarnsysteme vor allem durch eine Steigerung adressatengerechter Kommunikation der Frühwarnsignale erreichen. Sicherlich werden sich die beschriebenen psychologischen Faktoren nie so beeinflussen lassen, dass die Gefahr kognitiver Dissonanzen vollständig gebannt wird. Jedoch können die Rahmenbedingungen der Frühwarnung dazu beitragen, dass diese unwahrscheinlicher werden. Eine stehende, schnell einsatzbereite Truppe kann dazu einen wichtigen Beitrag leisten, denn bei schweren Menschenrechtsverletzungen ist nicht eine Intervention begründungspflichtig, sondern die Weigerung, aktiv einzugreifen. Eine Erweiterung des Aktionsplans zivile Krisenprävention um konkrete militärische Mittel könnte die Bereitschaft zur frühzeigen Krisenprävention deshalb stärken. Dafür steht der Fall Mazedonien (vgl. 5.1).

Werden Truppen zur Prävention in einem Krisengebiet eingesetzt, muss die Dauer des Mandats zunächst strikt begrenzt werden. Auch wenn dies ein langfristiges Planen der Militärs erschwert, muss vermieden werden, dass dieses

---

[17] Vgl. Shlaim, Avi (1976), pp. 348-380.

Engagement selbstverständlich wird und eine zeitlich limitierte Mission in eine dauerhafte Truppenpräsenz übergeht. Darüber hinaus müssen robuste Mandate den Soldaten erlauben, über das Recht zur Selbstverteidigung hinaus eskalationsfähig zu bleiben, um glaubhaft eine abschreckende Wirkung zu projizieren. Ist die Entscheidung für ein militärisches Engagement getroffen, müssen die Truppen unverzüglich verlegt werden, um in einer ersten Phase durch „show of force" deeskalierend zu wirken. Genau das scheitert aber derzeit fast regelmäßig, weil die VN nicht nur von der Bereitschaft ihrer Mitglieder, Truppen zu entsenden, abhängt. Vielmehr sind diese häufig unzureichend ausgerüstet und damit für den Einsatz nur bedingt geeignet. Diesem Problem kann nur mit einer „Standby-Truppe" entgegen getreten werden, die aufgrund eines vorgegebenen Fähigkeitsprofils aufgestellt werden muss.

Derzeit vergeht von der Mandatierung eines militärischen Einsatzes durch die VN bis zum Erscheinen der Truppe im Schnitt ein halbes Jahr. Aber nur der schnelle Einsatz von Militär zur Krisenprävention unterstreicht die Glaubwürdigkeit und Ernsthaftigkeit der internationalen Gemeinschaft, sich aktiv für den Schutz von drangsalierten Bevölkerungsgruppen im Sinn von R2P einzusetzen. Einsatzbereite und eskalationsfähige Truppen vor Ort können gleichzeitig diplomatischen und politischen Vermittlungsbemühungen Nachdruck verleihen und damit der Schutzverantwortung frühzeitig gerecht werden.

Die ‚conditio sine qua non' zur Verhinderung von Gewaltkonflikten bleibt indes der Wille der internationalen Gemeinschaft, sich engagieren zu wollen. Im Rahmen eines verantwortungsbewussten und verantwortungswilligen präventiven Handelns darf jedenfalls der mögliche Beitrag militärischer Mittel zur frühzeitigen und kurzfristigen Prävention nicht aus Reflex verworfen werden. Eine Aufnahme militärischer Mittel in Konzepten und Strategien, wie dem Aktionsplan, würde die Abstimmung ziviler und militärischer Mittel bereits vor Ausbruch einer Krise deutlich vereinfachen. Um die militärischen Mittel effektiv einsetzen zu können, müssen die Fähigkeiten der Truppe bestimmt werden.

Das Fähigkeitsprofil einer schnellen Eingreiftruppe der VN

Ein grundsätzliches Problem bei der Aufstellung von Blauhelmsoldaten besteht derzeit darin, dass die Nationen nur Kopfzahlen für ein mögliches Engagement anmelden. Theoretisch stehen den VN zwar eine Vielzahl an Soldaten zur Verfügung, bei genauerer Betrachtung verbirgt sich dahinter jedoch nur eine häufig unzureichend ausgerüstete und schlecht vorbereitete Anzahl von Soldaten, die in einer solchen Konstellation keinem Konflikt gewachsen sind. Deshalb müssen durch die VN Fähigkeitsforderungen definiert werden, die dann von den Ländern personell und materiell umgesetzt werden müssen, um eine einsetzbare und durchsetzungsfähige Einsatzgruppe zu garantieren.

Die derzeit wahrscheinlichsten Einsätze im Rahmen der R2P – das zeigt der Blick zurück – verlangen dabei nach schnell verlegbaren und durchsetzungsfähigen Kräften. Diese müssen, wie bereits dargestellt, in der Lage sein, bedrohte Bevölkerungsgruppen effektiv zu schützen, bevor diese ihre Feindseligkeiten gewaltsam austragen. Sie müssen ferner auch überdehnte Räume überwachen können, was den Einsatz von Hubschraubern und die Einbindung von technischen Überwachungsmitteln wie ferngesteuerten Luftfahrzeugen (z.B. HERON oder PREDATOR) voraussetzt. Zusätzlich müssen sie fähig sein, örtlich begrenzte, gewaltsam ausgetragene Konflikte entschlossen zu beenden und bis zum Eintreffen von externen Polizeikräften die öffentliche Sicherheit wieder herzustellen (*Faktor Durchsetzungsfähigkeit*).

Wichtig ist, dass die Truppe schnell an den Einsatzort verlegt werden kann, um z.B. den Zeitraum zwischen einer VNSR Mandatsentscheidung und der Entsendung von VN – Kräften abzudecken oder die Aufnahme dieser Hauptkräfte über einen gesicherten Hafen oder Flugplatz in der Krisenregion sicherzustellen. (*Faktor Geschwindigkeit*).

Die Verhinderung einer Krise im Rahmen eines präventiven Einsatzes von militärischen Kräften bedeutet auch den engen Schulterschluss mit nichtmilitärischen Akteuren. Dazu muss eine Führungsorganisation vorgehalten werden, die diese Akteure einbindet und die daraus gewonnenen Informationen in den militärischen Planungszyklus einfließen lässt (*Faktor Führungsfähigkeit*).

Der Einsatz militärischer Gewalt im Rahmen von präventivem Eingreifen folgt grundsätzlich folgenden Stufen: Zuerst Aufbau einer Droh- oder Abschreckungskulisse im Rahmen einer Stationierung. Sollte dies nicht den gewünschten Effekt bei den Konfliktparteien erreichen, muss in einem zweiten Schritt zwingend eingegriffen werden, um beispielsweise eine Schutzzone zu errichten. Dieser aufeinander aufbauende Einsatz von Streitkräften ist in zweistufigen Mandaten schon vor Beginn der Operation festzuhalten (*Faktor Anwendbarkeit des Mandates*).

Möglichkeiten und Grenzen der EU Battlegroup (EU BG) als „Eingreiftruppe der VN"

Im Rahmen der Ukraine - Krise hat die NATO beschlossen, ihre bereits vorhandene Eingreiftruppe NRF noch schneller einsatzbereit zu machen. Daneben hat die Europäische Union bereits seit 2004 die EU Battlegroup für eine schnelle Krisenreaktion aufgestellt, die zwar zertifiziert und einsatzbereit ist, jedoch noch nie eingesetzt wurde. Chancen dafür hätte es dabei bereits genug gegeben. In diesem Zusammenhang stellt sich die Frage, ob es bei dem Blick auf sinkende Verteidigungshaushalte und dem Grundsatz von „Single Set of Forces" sinnvoll und möglich erscheint, eine weitere Eingreiftruppe aufzustellen, auszurüsten, zu trainieren und über einen bestimmten Zeitraum einsatzbereit zu halten. Wenn man diese Überlegung zu Recht als utopisch bezeichnet, muss man die verfügbaren Kräfte in Hinblick auf ihre Einsetzbarkeit bei R2P Szenarien betrachten. Dabei rückt die EU BG aufgrund ihrer Struktur und Ausrichtung schnell in den Fokus.

Im Selbstverständnis der EU wird die EU BG als eine Einheit bezeichnet, die glaubwürdig ein Mindestmaß an militärischer Effektivität aufweist, schnell verlegbar ist und autonom über einen begrenzten Zeitraum hinweg im Umkreis von 6000 km um Brüssel entschlossen im Hinblick auf eine sich abzeichnende Krise operieren kann.

Kern der EU BG ist das Infanteriebataillon, welches schnell in einer Krisenregion Präsenz zeigen und auch wirkungsvoll Gewalt anwenden kann. Ergänzend kann es dabei auch als Vorauskraft für größere Operationen verwendet werden.

Die EU ist in der Lage, innerhalb von zehn Tagen die ersten Truppen in den Krisenbereich zu verlegen. Der Rest der zwischen 1.500 und 2.500 starken EU BG folgt wenig später. Die EU BG ist für 30 Tage autark einsetzbar und kann mit entsprechender Unterstützung sogar 120 Tage ohne Ablösung eingesetzt werden. Somit kann innerhalb kürzester Zeit eine glaubwürdige Drohkulisse gegenüber den Konfliktparteien aufgebaut werden.

Auch wenn die EU BG im Prinzip multinational aufgestellt ist, bleibt die Anzahl der entsendenden Nationen (im Schnitt sind dies 5-6), die ein Kontingent gemeinsam aufstellen, doch übersichtlich. Somit entfallen komplizierte und langwierige Abstimmungsprozesse, da diese Kräfte im Rahmen ihrer Zertifizierung bereits gemeinsam geübt haben und Einsatzverfahren auf- und miteinander abgestimmt wurden.

Ein OHQ stellt die Führung der EU BG sicher. Das bietet nicht nur Anknüpfungspunkte für andere in der Krisenreaktion operierende Institutionen im Sinne eines ganzheitlichen Ansatzes, sondern auch Potential zum Aufwuchs für die Führung von Land-, Luft- und Seestreitkräften und könnte in Operationen hoher Intensität oder bei einer massiven Lageänderung, wie z.B. in Ruanda, schnell aufwachsen.

Ein Problem ist der u.U. langwierige politische Entscheidungsprozess, der laut vorgegebenem Zeitplan eigentlich schnell von statten gehen muss. Erklären sich die EU-Staaten grundsätzlich bereit, in einer Krise aktiv zu werden, wird ein Krisenmanagementkonzept erstellt. Nach Billigung des Konzepts auf EU-Ebene muss jedes einzelne Land innerhalb von fünf Tagen zustimmen, um der Operation eine rechtliche Grundlage zu geben. Von Staat zu Staat variieren die Entscheidungsprozesse: In manchen Ländern ist ein Parlamentsbeschluss erforderlich, in anderen reicht hingegen ein Regierungsentscheid.

Bewertung

Die Europäische Union verfügt mit der EU BG über eine schnell verlegbare Truppe, die den wahrscheinlichsten Einsätzen der Vereinten Nationen im Rahmen der R2P Idee gewachsen ist. Es bedarf jedoch einer Überarbeitung der politischen Entscheidungswege. Um den Entscheidungsprozess zum Einsatz der EU BG zu beschleunigen, ist ein Vorratsbeschluss der Länder, die für die EU BG Kräfte stellen, unverzichtbar. Dieses ist bei im Schnitt fünf Entsendeländern grundsätzlich als machbar zu bewerten. Der derzeitig durchgeführte Prozess, dass alle EU-Staaten gem. ihrer nationalen Vorgaben (vgl. Parlamentsbeteiligungsgesetz in Deutschland) einem Einsatz zustimmen müssen, ist somit grundlegend zu überdenken. Auch wenn die betroffenen Staaten z.B. mit einem Vorratsbeschluss im Zusammenhang mit der Übernahme der EU BG einen Teil ihrer Souveränität aufgeben, bedeutet dies doch einerseits eine Stärkung der außenpolitischen Handlungsfähigkeit der Europäischen Union (des Europäischen Auswärtigen Dienstes) und andererseits eine Steigerung der Effektivität der Vereinten Nationen.

Die strategische Verlegefähigkeit ist mit der Strategic Air Lift Solution (SALIS) bzw. dem deutsch – dänischen Kooperationsprogramm „Gesicherter Gewerblichen Strategischer Seetransport (GGSS)" und den vorhandenen Kapazitäten anderer EU – Mitglieder sichergestellt. Diese Fähigkeiten müssen bereits im Rahmen der regelmäßigen Battlegroup Coordination Konferenzen beigestellt werden. Es bleibt dabei zu beachten, dass ein Einsatz der EU BG konzeptionell auf den europäischen und den afrikanischen Kontinent begrenzt sein wird.

Offene Fragen und zukünftige Handlungsfelder

Im Rahmen des hier vorgestellten Präventionsansatzes gibt es noch offene Fragen. Die wichtigste betrifft das Mandat, nachdem der VN-Sicherheitsrat eine Resolution verabschiedet hat.

Dieses Mandat muss im Rahmen der Gewaltprävention so weit gefasst sein, dass der Truppe vor Ort die Möglichkeit gegeben wird, flexibel auf Lageänderungen und Eskalation reagieren zu können. Derartige optionale Handlungsalternativen sind erforderlich, um R2P in einer Krisenregion zu garantieren.

Ein Beispiel für ein zu eng gefasstes Mandat zeigte der Völkermord in Ruanda. Die Vorzeichen für eine Eskalation waren im Vorfeld gegeben und klar erkennbar. Dennoch erlaubte das Mandat der Friedenstruppe kein Eingreifen. Aus dieser Erfahrung resultiert die Forderung, dass Mandate über eine Eventualfallplanung verfügen sollten, um die Handlungsunfähigkeit der eingesetzten Truppe zu vermeiden. Außerdem sollte die Möglichkeit eines geteilten Mandates in Betracht gezogen werden, um insbesondere dem Befehlshaber vor Ort im Falle einer Eskalation schnell Entscheidungsgewalt zu übertragen und so zugleich seine Handlungsfähigkeit und -sicherheit zu stärken. Dabei muss den Blauhelmen die Möglichkeit eingeräumt werden, im Rahmen der Schutzverantwortung notfalls auch zu intervenieren. Im Kontext der optionalen Mandatierung ist es von besonderer Bedeutung, dass der Übergang vom klassischen Blauhelmeinsatz hin zu einem robusten Mandat durch die Dynamik und Komplexität der zu erwartenden Einsatzszenaren verschwimmt und nur schwer zu erkennen sein wird. Die Berechtigung und Befähigung zu diesem Wechsel sind daher Grundaspekte eines derartigen Mandates.

Neben der Frage des Mandates, ist die Ausrüstung und fähigkeitsbasierte Ausstattung der eingesetzten Friedenstruppe von zentraler Bedeutung. Bisher wird eine Mandatsobergrenze bestimmt. Seitens der Mitgliedsländer werden der VN Zusagen bezüglich der Anzahl der zu stellenden Soldaten gemacht. Es sollte darüber nachgedacht werden, diese Vorgehensweise zu überarbeiten und einen neuen Ansatz der Truppenstellung zu implementieren. Der Ansatz der Fähigkeitsorientierung wäre ein denkbarer: hierzu tritt die VN für die jeweiligen Missionen mit einer Liste benötigter Fähigkeiten an ihre Mitglieder heran. Die Mitgliedsstaaten melden nun nicht mehr wie vorher eine Kopfzahl an Soldaten, die sie bereit sind zu stellen, sondern melden Fähigkeiten, die sie für die Mission zur Verfügung stellen können und werden. So wird sichergestellt, dass nicht nur ausreichend Soldaten vorhanden sind, sondern diese auch über eine adäquate Ausrüstung und Ausbildung für den Einsatz verfügen.

Die Abstützung auf bestehende Organisationen wie die NATO oder die Afrikanische Union bieten für die VN viele Vorteile. Neben der Abstützung auf bereits bestehende Strukturen und Führungsorganisationen der jeweiligen Organisation, wird dadurch eine Truppengestellung wesentlich erleichtert. Ebenfalls bietet es Synergieeffekte durch eine vergleichbare Ausbildung und etwaige Standards im Bezug auf Ausrüstung. Auf der anderen Seite besteht hierbei die Gefahr, dass die VN ihren Schein der Unparteilichkeit verliert und ihre Führungsrolle abtritt. Aufgrund einer regionalen Zugehörigkeit besteht die Möglichkeit, dass die einzelnen Vertreter der Regionalorganisationen eigene Partikularinteressen verfolgen. Hierzu sollten im Vorfeld einer Mission potentielle Vorteile von Regionalorganisationen und die Gefahren von Partikularinteressen gegeneinander abgewogen werden. Insbesondere das Entsenden von Truppen fremder Kulturkreise oder anderer Religionen kann in bestimmten Regionen als Katalysator für innerstaatliche Konflikte dienen. Hierfür kann es notwendig sein, regionale Sicherheitsorganisationen zu beauftragen sich einer Krise anzunehmen, falls das Aufstellen einer permanenten Krisenpräventionstruppe nicht umgesetzt werden kann.

Fazit

Abschließend bleibt festzuhalten: Voraussetzung für eine erfolgreiche Politik der Gewaltprävention und Konfliktdeeskalation ist ein politisches Konzept für eine gesellschaftliche Ordnung nach dem akuten Konflikt. Dazu bedarf es aber auch gesellschaftlicher Akteure vor Ort, wenn Prävention nicht von vornherein zum Scheitern verurteilt sein soll.

Gerade deshalb aber ist es wichtig und notwendig, die Rolle militärischer Gewalt im Rahmen der Krisenprävention in den Fokus zu rücken, und das aus dreierlei Gründen: Militär ist die einzige Organisation, die den Ausbruch gewaltsamer Konflikte entweder verhindern oder frühzeitig stoppen kann. Allein die Existenz einer schnell verlegbaren, robust ausgestatteten Truppe verkürzt die Lücke zwischen „early warning" und „early action" und verschafft den potentiell intervenierenden Staaten ein Zeitpolster, um über den „endstate" im Rahmen von Intervention und Friedenskonsolidierung nachzudenken.

Literatur

Bundesregierung, Aktionsplan „Zivile Krisenprävention, Konfliktlösung und Friedenskonsolidierung", Berlin 2004.

Bundesregierung, Vierter Bericht der Bundesregierung über die Umsetzung des Aktionsplans „Zivile Krisenprävention, Konfliktlösung und Friedenskonsolidierung", Berlin 2014.

Bundesregierung, Deutschlands Zukunft gestalten, Koalitionsvertrag zwischen CDU, CSU und SPD, Berlin 2013.

Brock, Lothar; Deitelhoff, Nicole (2012): Schutzverantwortung und Friedenspflicht, in: Blätter für deutsche und internationale Politik: Monatszeitschrift, 79-88.

Fröhlich, Manuel (2011): Der Fall Libyen und die Norm der Schutzverantwortung, in Zeitschrift für Politikwissenschaft, 2011, S. 135-151.

Heintze, Hans-Joachim (2011): Müssen die UN Menschenrechte mit militärischen Mitteln durchsetzen? Zur Reichweite der Responsibility to Protect (R2P), in: Vorgänge, Heft 1, 2011, S. 79-87.

Hoppe, Thomas (2012): Die Schutzverantwortung der Staatengemeinschaft: Basisprinzip einer Ethik internationaler Beziehungen?, in: Auftrag 286, S. 11-17.

Lund, Michael S. (1996): Preventing Violent Conflicts. A Strategy for Preventive Diplomacy, United States Institute of Peace, Washington, D.C.

Matthies, Volker (2000): Krisenprävention – Vorbeugen ist besser als Heilen, Opladen.

Molt, Peter (2012): Libyen, Ruanda und die deutsche „Sonderrolle": Zur Schutzverantwortung der Vereinten Nationen und ihrer Umsetzung, in: Die politische Meinung: Monatsschrift zu Fragen der Zeit, 2012, S. 79-84.

Rudolf, Peter (2013): Schutzverantwortung und humanitäre Intervention, in: Politik und Zeitgeschichte, 2013, S. 12-17.

Shlaim, Avi (1976): Failures in National Intelligence Estimates: The Case of the Yom Kippur War, in: War Politics, Vol 28, No. 3, Apr. 1976, pp. 348-380.

Tull, Denis M. (2010): Die Peacekeeping-Krise der Vereinten Nationen – ein Überblick über die Debatte, Stiftung Wissenschaft und Politik, Deutsches Institut für Internationale Politik und Sicherheit, SWP-Studie, Januar 2010.

Olaf Theiler

Angebot an die Entscheider: Strategische Vorausschau als Instrument der Politikberatung

Presseerklärung der Europäischen Kommission, Brüssel, 03.06.2042; 11:54 Uhr.
Wechsel an der Spitze des Europäischen Verteidigungsamtes

Der neue EU-Verteidigungskommissar, Mathis DeJong, ist heute Morgen vom Vorsitzenden des Verteidigungsrates der Europäischen Streitkräfte, General Henri Richard, mit militärischen Ehren am Hauptsitz des Europäischen Verteidigungsamtes im belgischen Tervueren empfangen worden. Gemeinsam mit seinem Amtsvorgänger Alejandro Fernandez schritt DeJong die Ehrenformation des 1. Garderegiments der EU-Streitkräfte ab. Kommissionspräsident Peter Moser dankte dem scheidenden Fernandez für seinen Dienst. Fernandez sei „ein überzeugter Architekt Europas" und habe sich mit aller Kraft für die Sache der europäischen Sicherheit engagiert. Moser begrüßte die Ernennung von Mathis DeJong, diese sei „ein echter Glücksfall für die Sicherheit Europas", u.a. weil es das erste Mal sei, dass ein „gelernter Verteidigungsminister" das Amt des EU-Verteidigungskommissars übernehme.

Kommentar des Blogs „EU Defense Observatory" Brüssel, 03.06.2042; 13:06 Uhr.
Neu im Amt: DeJong fordert „aggressiven Integrationskurs der EU-Streitkräfte"

 Im Anschluss an seine Ernennung am heutigen Dienstag kündigte der ehemalige niederländische Verteidigungsminister Mathis DeJong an, sein Ziel eines „aggressiven Integrationskurses der EU-Streitkräfte" auch im neuen Amt nicht aus den Augen zu verlieren. Damit reagiert der frisch gebackene Verteidigungskommissar auf die Kritik des EU-Verteidigungsausschusses in Bezug auf das schleppende Tempo der Integration der EU-Streitkräfte. Auf den neuen Ressortchef kommen in der Tat herausfordernde Aufgaben zu. Da ist zunächst das Problem der Ausrüstung: noch immer verfügen die EU-Landstreitkräfte allein im Bereich der gepanzerten Gefechtsfahrzeuge über sechs unterschiedliche, national konzipierte und dezentral beschaffte Systeme. Diese weisen nur begrenzt kompatible HMIs (Human-Machine-Interfaces) sowie WAV-C2-Systeme (Warfighting Air Vehicles – Command & Control-Systems) auf. Eine zweite Baustelle ist die rasche Erweiterung der EU-Streitkräfte: bis 2045 werden mit Mazedonien, Serbien und Griechenland auch die letzten drei Länder des westlichen Balkans den EU-Sicherheitskräften beitreten. Und dann ist da noch das dritte Problem, das DeJong von seinem oft glücklos agierenden Vorgänger übernommen hat: nach der Beinahe-Niederlage der Dritten EU-Maritime Com-

bat Group gegen eine hochgerüstete Flotte der Koxinga-Piraten vor zwei Jahren in der Cele-
bes-See gilt die Umrüstung der europäischen Marinestreitkräfte auf die neuen über- wie unter
Wasser einsatzfähigen UMMS Kampfeinheiten (Unmanned Multidimensional Maritime
Systems) als eine der größten Herausforderungen, die die noch vergleichsweise junge Europäi-
sche Militärmacht zu bewältigen hat.

In Brüssel hofft man nun, dass DeJong die von zahlreichen Konflikten und Abstim-
mungsproblemen zwischen den ehemals national befehligten Streitkräften erschütterte Amts-
zeit von Alejandro Fernandez endlich hinter sich lassen wird. Denn ohne ein ausreichendes
Maß an militärischer Stärke wird es auch für die europäische Diplomatie schwierig werden,
ihre jüngsten Vermittlungserfolge zwischen den rivalisierenden Regionalmächten Ostasiens
glaubwürdig abzusichern.

Was hat die fiktive Pressemitteilung der europäischen Kommission sowie der Blogkommentar dazu vom weit in der Zukunft liegenden 03.06.2042 mit Politikberatung oder Strategieentwicklung zu tun? Nun, sie illustrieren den kreativen Ansatz, mit dem das in der deutschen Außen- und Sicherheitspolitik noch recht junge Instrument der „Strategischen Vorausschau" neue Wege in der Politikberatung gehen kann. Doch bevor auf diese „neuen Wege" eingegangen werden kann, soll hier erst einmal das Instrument selber etwas näher vorgestellt werden.

„Strategische Vorausschau" als Konzept und Methode in der Politikberatung

Strategische Vorausschau ist in erster Linie ein Prozess zur systematischen und langfristigen Beschäftigung mit möglichen zukünftigen Entwicklungen. Zentrales Element dieses Prozesses sind die an wissenschaftlichen Standards ausgerichteten Methoden der Zukunftsanalyse – insbesondere die Ansätze der Trend- und Szenarioanalyse. Diese bilden das Instrument, mit dem „fundierte Grundlagen für langfristige politische Entscheidungen" erarbeitet werden[1], die eine wirklich zukunftsfähige und vorausschauende Politik erst ermöglichen. Im Gegensatz zur reinen Zukunftsforschung[2] ist die Strategische Vorausschau

---

[1] Government Foresight in Deutschland: Ansätze, Herausforderungen und Chancen. Stiftung Neue Verantwortung, Impulse 7/13 vom April 2013, S. 1.

[2] Zukunftsforschung wird nach Rolf Kraibich allgemein definiert als "die wissenschaftliche Befassung mit wahrscheinlichen, möglichen und wünschbaren Zukunftsentwicklungen (Zu-

strikt handlungsorientiert, d.h. unmittelbar an den konkreten langfristigen Entscheidungsbedürfnissen der Politik ausgerichtet. Häufig geht es dabei auch um das "Unwissenheitsmanagement" – also den Umgang mit dem, was der damalige US-Verteidigungsminister Rumsfeld 2002 als „known unkowns" und „unknown unkowns" bezeichnete[3]. Für ersteres, die „bekannten Unbekannten", bietet die Strategische Vorausschau einen Ansatz zur Erarbeitung bisher nicht berücksichtigter Perspektiven im Sinne einer strategischen Vorbereitung auf die Frage „was wäre wenn…?". Im Fall der „unbekannten Unbekannten" geht es hingegen oftmals um den Umgang mit dem Fehlen von eindeutigen und validen Antworten auf strategische Fragen, deren Formulierung an sich schon wichtiges Ergebnis der Strategischen Vorausschau sein kann. Dies erklärt vielleicht auch die aktuell große Nachfrage nach diesem oder vergleichbaren Instrumenten zum Umgang mit sogenannten strategischen Überraschungen in unterschiedlichsten Bereichen der Politik, die mehr als je zuvor seit dem Ende des Kalten Krieges mit dem Phänomen der Dynaxität[4] zu kämpfen haben.

Strategische Vorausschau nähert sich diesen politischen Ungewissheiten mit Hilfe von „gedanklichem Probehandeln" hinsichtlich dreier Kernfragen: „Was kann passieren?", „Wo wollen wir hin?" und natürlich „Was können wir bzw. wie können wir es tun?". In dieser ausdrücklichen Abkehr von Prognosen, Vorhersagen (engl. „Forecast") oder simplen „Wenn-Dann"-Implikationseinschätzungen unterscheidet sich der Ansatz sowohl von älteren Konzepten der Zukunftsforschung als auch von klassischen Methoden der Politikberatung. Stattdessen wird hier auf Basis der vom Auftraggeber mit einzubringenden Fachexpertise ein methodisch fundierter Prozess angeboten, sich auf zukünftige Entwicklungen mit ihren Chancen und Herausforderungen ge-

---

künften) und Gestaltungsoptionen sowie deren Voraussetzungen in Vergangenheit und Gegenwart".

[3] "… as we know, there are known knowns; there are things that we know that we know. We also know there are known unknowns; that is to say we know there are some things we do not know. But there are also unknown unknowns, the ones we don't know we don't know". United States Secretary of Defense Donald Rumsfeld Pentagon news briefing, February 2002

[4] Die von Prof. Dr. Kastner vom Institut für ArbeitsPsychologie und ArbeitsMedizin eingeführte Kombination der Begriffe Dynamik und Komplexität. Gemeint ist eine zu beobachtende Steigerung der Anzahl, Vielfalt und Vernetzung von Entwicklungen sowie deren Geschwindigkeit der Zustandsveränderung, die das menschliche intellektuelle Potential tendenziell zu überfordern drohe.

danklich vorzubereiten (engl. „Foresight"). Das erklärte Ziel ist es, „negativ formuliert – [zu] verhindern, dass Menschen und Gesellschaften von Veränderungen überrumpelt werden und – positiv formuliert – [zu] helfen, dass Menschen und Gesellschaften selbst zum Motor von Veränderungen werden" können[5].

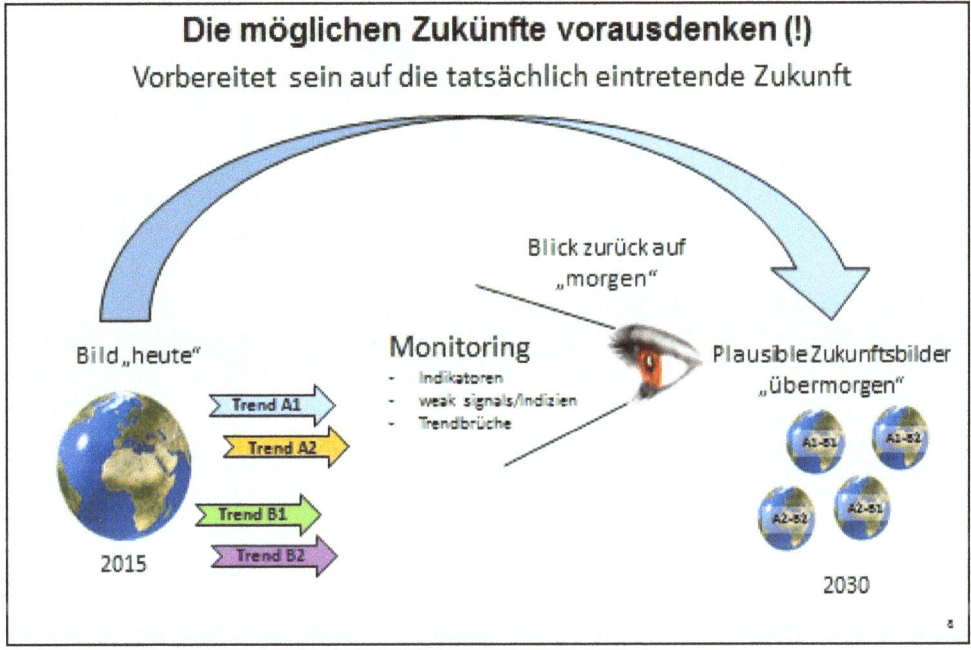

In der strategischen Vorausschau werden zunächst Trends im Sinne begründeter Richtungsaussagen identifiziert und in die Zukunft fortgeschrieben. Neben möglichen Trendentwicklungen und ihren Folgen geht es dabei vor allem darum, sogenannte Trendbrüche zu berücksichtigen und aus dem Gesamtbild einen schlüssigen Zukunftsraum zu entwickeln. Dieser wird zudem durch Szenarioanalysen methodisch erschlossen, aus denen multiple alternative Vorstellungen von Zukunft, sogenannte „Zukunftsbilder" entstehen. Diese werden als Narrative entwickelt und gewinnen mit durchaus plastischen und zuspitzenden Formulierungen wie den eingangs zitierten fiktiven Pressetexten

---

[5] Horst W. Opachowski: Mode, Hype, Megatrend? Vom Nutzen wissenschaftlicher Zukunftsforschung. In: APuZg, Nr. 31-31/2015, Juli 2015, S.40-45 (44).

an Profil. Sie sollen die „Zukunftsbilder" vom „Übermorgen" dem Leser möglichst plastisch und greifbar machen, denn von den so entstehenden „Zukunftsbildern" ausgehend, kann dann der Blick zurück aufs „Morgen" gelenkt werden. Auf diese Weise können aus den erkennbaren Entwicklungspfaden (*Backcasting*) oder identifizierbaren Indikatoren (*Monitoring*) Erkenntnisse für strategisches und langfristiges Handeln von „Heute" abgeleitet werden[6].

Inzwischen hat sich der Begriff des strategischen und langfristigen Handelns zu einem hochaktuellen Schlagwort der Politik entwickelt. Bereits 2012 stellten Markus Kaim und Volker Perthes von der Stiftung Wissenschaft und Politik (SWP) fest, dass in „einer durch zunehmende Komplexität, Geschwindigkeit und `Grenzenlosigkeit` bestimmten globalen Umwelt … ein intelligenter Umgang mit Unsicherheiten und ungeplanten Entwicklungen immer mehr zur Erfolgsvoraussetzung gerade außen- und sicherheitspolitischen Handelns" werde[7]. Das Ergebnis dieser Entwicklung nennt der Trierer Politikwissenschaftler Hanns W. Maull das „Angebots-Nachfrage-Dilemma der Politik": „Immer kompliziertere Wirkungsketten und immer mehr relevante Akteure, zunehmende Interdependenzen und Machtdiffusion erschweren also die Steuerung der Weltpolitik, … Interessenausgleich wird schwieriger, Problemlösungen werden komplexer und politische Steuerung wird aufwendiger"[8].

In der Konsequenz droht die Politik im Tagesgeschäft gefangen zu werden und auf unvorhergesehene Entwicklungen nur noch reagieren zu können. Im Krisenjahr 2014 wurde die Außen- und Sicherheitspolitik geradezu beispielhaft gleich von drei „unbekannten Unbekannten" strategisch überrascht: Krim- und Ukraine-Krise, IS-Eroberungen in Syrien und Irak sowie Ebola-Epidemie in Afrika. Dabei wurde die Notwendigkeit zum langfristigen Vorausdenken komplexer politischer und sicherheitspolitischer Herausforderungen

---

[6] Das Verfahren, bei dem Entwicklungspfade zurückverfolgt werden wird in Fachkreisen als „backtracking" oder „backcasting" bezeichnet, während die Beobachtung identifizierbarer Indikatoren „monitoring" genannt wird.

[7] Markus Kaim u. Volker Perthes: Herausforderungen der deutschen Außen- und Sicherheitspolitik bis 2030: Gestaltung in einer turbulenten Welt. Zeitschrift für Außen- und Sicherheitspolitik, 16.10.2012. letzter Zugriff 14.07.2015:
http://www.swp-berlin.org/fileadmin/contents/products/fachpublikationen/121016_ZfAS_Deutschland2030_prt_kim.pdf

[8] Hanns W. Maull, Von den Schwierigkeiten des Regierens in Zeiten der Globalisierung. In: APuZg, Nr. 31-32/2015, Juli 2015, S.34-39 (Zitate siehe S. 34 und S. 37).

noch einmal verstärkt deutlich. Diese Lücke schließen zu helfen ist ausdrücklicher Anspruch der Strategischen Vorausschau.

Die Bundesregierung hat bereits im Koalitionsvertrag von 2013 das Ziel formuliert, „die Kompetenzen und Kapazitäten der strategischen Vorausschau in den Ministerien [zu stärken], um Chancen, Risiken und Gefahren mittel- und langfristiger Entwicklungen besser erkennen zu können"[9]. Dies verlieh den zuvor eher vereinzelten Ansätzen zur Zukunftsanalyse bzw. Strategischen Vorausschau innerhalb der Ministerialstrukturen frischen Schwung. Bis dahin hatten die nur wenigen der strategischen Vorausschau gewidmeten Dienstposten ein eher marginalisiertes Dasein im Regierungsapparat.

Neben der verstärkten Aufmerksamkeit für diese Ansätze innerhalb der Ministerien war die zunehmende Vernetzung zwischen den unterschiedlichen Zukunftsanalysten in den einzelnen Ressorts ein zweiter wichtiger Bereich, in dem es seit 2013 deutliche Fortschritte zu verzeichnen gab. Von besonderer Bedeutung ist hier inzwischen die Bundesakademie für Sicherheitspolitik (BAKS), die seit 2015 auf ausdrücklichen Wunsch des Bundeskanzleramtes das Konzept der Strategischen Vorausschau als eines ihrer Kernthemen ins Aufgabenportfolio mit aufgenommen hat. Mit der BAKS als Plattform hat der wichtige Austausch über Methoden und Inhalte der Strategischen Vorausschau zwischen den Ministerien zunehmend institutionalisierte Struktur erhalten. Damit soll allgemein dem Ansatz an sich mehr Gewicht und Format innerhalb der ministeriellen Strukturen verliehen werden und gleichzeitig der bisher noch unzureichende Kenntnisstand über Methoden und Möglichkeiten der Strategischen Vorausschau in den Ministerien verbessert als auch die Zusammenarbeit zwischen den Akteuren in allen Ressorts weiter vertieft werden.

„Strategische Vorausschau" in der Praxis: Herausforderungen und Perspektiven

Das mit dem Koalitionsvertrag von 2013 geschaffene Momentum wurde in vielen Ministerien sowie in der BAKS genutzt, um die Strategische Vorausschau weiter voranzubringen und allgemein bekannter zu machen. Während einige Bereiche wie das Bundesministerium für Bildung und Forschung, das Umweltbundesamt, das Bundeskriminalamt oder auch das Planungsamt der Bundeswehr hier schon zahlreiche erfolgreiche Projekte durchführen konnten,

---

[9] Koalitionsvertrag 2013 - S. 150f., Einfügung durch den Autor.

betreten andere Ministerien gerade erst Neuland. Damit die damit verknüpften Erwartungshaltungen nicht enttäuscht werden, muss man sich neben der Stärken des Ansatzes auch seiner Grenzen bewusst werden. Aus den im Referat Zukunftsanalyse des Planungsamtes der Bundeswehr gemachten praktischen Erfahrungen kann man in dieser Hinsicht eine Reihe von Hinweisen und Schlussfolgerungen ziehen.

Nähe zur Politik

Die ressortinternen Strukturen und Ansätze zur Strategischen Vorausschau haben den Vor- und Nachteil zugleich, näher an der Politik zu sein, als viele klassische Instrumente der Politikberatung in Universitäten, Verbänden oder Stiftungen. Als Forschungs- oder Analyseeinheiten innerhalb der Ministerien bzw. der untergeordneten Bereiche kennt man die Prozesse und Themen, die die politische Leitung gerade umtreiben, kann sich also methodisch wie inhaltlich unmittelbar und ohne Zeitverluste darauf einstellen und die Ergebnisse auch sprachlich „anschlussfähig" an aktuelle Diskurse gestalten. Gleichzeitig ist man jedoch auch den politischen Notwendigkeiten dieser Prozesse stärker unterworfen als jede externe Politikberatung. Während letztere von der Politik zumeist entweder argumentativ aufgegriffen oder einfach ignoriert wird, steht die ressortinterne Forschung und Analyse unter unmittelbaren Einfluss der politischen und administrativen Leitung. Politische Rücksichtnahmen (oder Ängste) ebenso wie hausinterne Befindlichkeiten können daher jedes Projekt der Strategischen Vorausschau in jeder Phase (von der Ideenfindung bis hin zur Ergebnisverwertung) jederzeit maßgeblich beeinflussen.

Abhängigkeit von Moderation und Expertise

Im Vergleich zu anderen Arten der Politikberatung bietet Strategische Vorausschau nicht von vornherein fertige Ergebnisse an, sondern liefert vielmehr einen prozessualen Ansatz, um die benötigten Ergebnisse auf Basis des Fachwissens in den jeweiligen Ministerien (oder bei den dazu eingebundenen Experten aus Wissenschaft und Praxis) unter Anwendung wissenschaftlich fundierter Methoden gemeinsam zu erarbeiten. Das heißt im Umkehrschluss jedoch auch, dass die Ergebnisse nur so gut sind, wie die Organisations- und Moderationsleistung der Methodenexperten einerseits und die Fachkenntnisse sowie das Engagement der Projektteilnehmer andererseits es zulassen. Dieser doppelte Qualitätsvorbehalt ist in seinen Auswirkungen nicht zu unterschätzen, stellt er doch besonders hohe Anforderungen sowohl an eine Projektleitung als auch an alle Teilnehmer. Außerdem erfordern solche Projekte bei vergleichbarem Zeitbedarf in der Regel mehr organisatorischen Aufwand (Experteneinbindung, Workshop-Durchführung und Auswertung) als klassische, oft externe wissenschaftliche Studien.

Kreativität und institutionelle Kultur

Kreativität ist eine Grundvoraussetzung für die Anwendung der Methoden der Zukunftsanalyse. Herkunft und Einbindung des Personals in die administrativen Rahmenbedingungen moderner Verwaltung wird diesem Anspruch nicht immer gerecht. D.h. die Leistungsfähigkeit der Mitarbeiter ist letztendlich abhängig von einer geschickten Personalpolitik einerseits und dem gezielten Schaffen und Verteidigen von Freiräumen für „out-of-the-box"-Denken andererseits. Ohne die Freiheit zum kreativen Denken verkümmert auch die Strategische Vorausschau allzu schnell zur klassischen Stabsarbeit, also zum Abarbeiten von Aufträgen und zu routinemäßiger Abwicklung von Projekten, ohne jemals das wirkliche Potential dieser Methode ausreizen zu können.

Interdisziplinarität

Eine weitere wichtige Grundlage für die erfolgreiche Umsetzung der Strategischen Vorausschau ist das interdisziplinäre Arbeiten. Dies ist jedoch erfahrungsgemäß innerhalb staatlicher Strukturen noch schwieriger als außerhalb. So ist es selten genug, dass, wie im Referat Zukunftsanalyse des Planungsamtes der Bundeswehr, der 'Luxus' einer von Beginn an interdisziplinären Zusammensetzung der Mitarbeiter gegeben ist. Hier vertreten fünf zivile Wissenschaftler die Disziplinen des STEEP-Ansatzes[10], ergänzt durch die militärische Fachexpertise zweier Stabsoffiziere. Häufig genug jedoch bestehen die mit der strategischen Vorausschau befassten Strukturen in den Ressorts nur aus kleinen oder gar Kleinstteams von einem bis drei Mitarbeitern, die dann interdisziplinäres Arbeiten organisieren, anleiten oder qualitativ beurteilen sollen. Keine leichte Aufgabe also.

---

[10] STEEP steht für „**S**oziology" (Sozialwissenschaft), „**T**echnology" (Technologie- bzw. Ingenieurswissenschaft), „**E**nvironment" (Umwelt- bzw. Naturwissenschaften), „**E**conomics" (Wirtschaftswissenschaft) und „**P**olitics" (Politik- bzw. Geisteswissenschaft).

Natürlich kann man die dafür notwendigen Fachleute extern hinzuziehen oder durch die relevanten Fachreferate mit einbinden, was jedoch beim ersteren Ansatz finanziell und organisatorisch nicht unproblematisch und beim letzteren angesichts der hohen Auslastung moderner Bürokratie in der Regel nur schwer praktisch umzusetzen ist. Insgesamt darf der Aufwand also nicht unterschätzt werden, den Interdisziplinarität mit sich bringt. Darüber muss man berücksichtigen, dass es hier gilt, eine Gruppe von sehr unterschiedlichen Fachleuten gemeinsam an einen Tisch zu bringen und in ein gemeinsames Projekt einzubinden. Dies kann nur erfolgreich sein, wenn alle Beteiligten bereit und in der Lage sind, ihre persönlichen „Eitelkeiten" sowie das jeweilige „Fachchinesisch" hinter sich zu lassen und konstruktiv zusammenzuarbeiten[11]. Um das zu bewerkstelligen bedarf es viel guten Willens und einer exzellenten Moderation.

Zusammenarbeit über Ressortsgrenzen hinweg
Noch schwieriger wird es bei der für umfassende Interdisziplinarität unverzichtbaren Zusammenarbeit über Ressortgrenzen hinweg, die beim Regierungshandeln immer dann gefordert ist, wenn die Komplexität der Aufgabe die Kooperation mehrerer Ministerien notwendig macht. Oft genug stehen dann Ressortegoismen bzw. Zuständigkeits- und Budgetfragen oder einfach nur praktische Probleme wie die teilweise doch sehr unterschiedlichen Arbeitsweisen und Denkkulturen in den verschiedenen Ministerien einer reibungslosen Kooperation entgegen. Dabei wären gerade bei diesen immer häufiger auftretenden Fällen auch die größten Zugewinne im Sinne eines umfassenden sicherheitspolitischen Ansatzes zu erhoffen. Schon deswegen ist der integrierte Ansatz der BAKS als gemeinsame ressortübergreifende Plattform für die Strategische Vorausschau geradezu unverzichtbar.

Grenzen der Strategischen Vorausschau
Darüber hinaus darf man nicht vergessen, dass die Strategische Vorausschau selbst im besten und erfolgreichsten Falle keinen Ersatz für strategisches Handeln liefert, sondern nur eines von vielen Hilfsmitteln für die Entscheidungsfindung auf dem Weg dahin darstellt. Das Wechselspiel von Wissenschaft und

---

[11] Siehe Government Foresight in Deutschland: Ansätze, Herausforderungen und Chancen. Stiftung Neue Verantwortung, Impulse 7/13 vom April 2013, S. 11.

Politik ist und bleibt selbst hochkomplex, keine der beiden Seiten darf sich und ihre Rolle dabei unterschätzen. So stellt einerseits Wolfgang Schäuble aus politischer Sicht grundsätzlich fest: „Wissenschaft ist wichtig, weil man sich immer bemühen muss zu begreifen", andererseits muss auch die Wissenschaft einschließlich der Ressortforschung akzeptieren, dass sie zumeist nur „ein Mittel zum Zweck" und kein „Navigationssystem" für die Politik darstellt: „Es mag die Eitelkeit mancher Experten kränken, aber ihre Expertise wird in der Politik zwar als Argumentationshilfe gebraucht, aber nie umgesetzt, schon gar nicht eins zu eins". Denn, so das Resümee des Finanzministers, man könne schließlich „politische Entscheidungen nicht an die Wissenschaft abtreten"[12].

Herausforderung der (Ergebnis-)Kommunikation

Neben dem prinzipiellen Aufruf zur Bescheidenheit sowohl in Bezug auf die eigene Erkenntnisfähigkeit als auch auf die Wirkungsmacht wissenschaftlicher und analytischer Arbeit bedeutet das für die Praxis der Politikberatung, dass die eigentliche Arbeit mit dem Erstellen einer Studie oder eines Projektberichtes in der Regel noch nicht getan ist. Vielmehr gehört die Kommunikation der Studie sowie ihrer Ergebnisse entscheidend mit zum Prozess. Dabei ist es ein wichtiger Vorteil der methodenorientierten Strategischen Vorausschau, schon auf dem Weg der Projektumsetzung viele Entscheidungsträger (zumindest auf der Arbeits- und mittleren Managementebene) mit einzubinden. Deren Engagement kann und sollte dazu beitragen, die Erkenntnis auch in den jeweiligen Hierarchien zu verankern, dass es sich lohnt, die Ergebnisse bei der Entscheidungsfindung mit einzubeziehen – möglichst schon vor einer strategischen Entscheidung und nicht erst zu ihrer nachträglichen Begründung.

Gleichzeitig sind jedoch gerade bei dieser unverzichtbaren Einbindung auch die Hürden am höchsten. So sind zum einen die dauerhaft knappen Zeitressourcen gerade in den politischen Leitungen der Ministerien ein kritischer Engpass. Zum anderen ist hier auch noch die größte Überzeugungsarbeit zu leisten, wenn man Entscheidungsträger dazu bringen will, bei diesem in der deutschen Politik noch jungen und wenig bekannten Instrument die ohnehin knappe Arbeitszeit und Aufmerksamkeit zu investieren, was jedoch für ein erfolgreiches Projekt unabdingbar ist.

---

[12] Alle Zitate hier siehe: Ullrich Fichtner und Alexander Smoltczyk, „Mein Gott, liegen wir richtig?". In: Der Spiegel, Nr. 39/2013, S. 64-68 (S. 65 und S. 68).

Zukunftsrobustheit als Kriterium

Strategische Vorausschau kann also idealerweise wertvolle Anhalte für mögliche Zukunftsentwicklungen liefern, die wichtigsten Indizien, An- und Vorzeichen für das rechtzeitige Erkennen der Entscheidungspunkte auf dem Weg zu diesen Entwicklungen identifizieren und konkrete Handlungsoptionen anbieten, um schon vorab so gut wie möglich auf die unterschiedlichen Zukunftsentwicklungen vorbereitet zu sein. Diese Fähigkeit, sich in der Gegenwart bereits so flexibel aufzustellen, dass man für mehrere mögliche Zukunftsoptionen vorbereitet ist, wird in Fachkreisen „Zukunftsrobustheit" genannt. Dieses Kriterium zu erfüllen oder zumindest Wege dorthin aufzuzeigen, ist eines der erklärten Ziele der Strategischen Vorausschau.

Das genaue Gegenteil davon ist das noch immer weit verbreitete System der „kurzfristigen Durchwurstelstrategie (muddling through)"[13], eine häufige Reaktion auf die dauerhafte Überforderung der Politik durch die gestiegene Komplexität. Dies führt tendenziell zu zeitlich wie örtlich sehr begrenzter Wirksamkeit politischen Handelns, während langfristige Entwicklungen und Notwendigkeiten unter dem Druck der Tagespolitik immer wieder aus dem Blickfeld der Akteure verdrängt werden[14]. Schließlich ist die Fähigkeit, „sich mögliche Zukünfte auszumalen und dabei konsequent mitzudenken, was sein wird, wenn die Dinge schief- oder zumindest nicht linear laufen" nur selten vorhanden, denn „dafür bleibt im politischen Alltag nur wenig Zeit und auch für die Bürokratie ist das noch keine Routineübung"[15]. Die moderne Kommunikation trägt ein weiteres zur aktuellen Unübersichtlichkeit bei, indem sie ein „Zukunftsgewissheitsschwund" genanntes Phänomen verursacht: „Weil die Menge der Ereignisse pro Zeiteinheit mit der Menge des verfügbaren Wissens wächst, entsteht der subjektive Eindruck, dass die Zukunft immer weniger vorhersagbar sei"[16]. Als Ergebnis fühlen sich Entscheider häufig noch in ihrer Kurzsichtigkeit bestätigt und am Ende wird nur noch reagiert, wird die Politik

---

[13] Rolf Kreibich zitiert nach Arik Platzek: Gespräch mit dem Zukunftsforscher Rolf Kreibich. In: BLICKPUNKT ZUKUNFT, Jg. 35, Nr. 62 vom August 2015, S. 11.

[14] Vgl. John Naisbitt, „Der Horizont reicht meist nur bis zum nächsten Wahltag." Interview mit John Naisbitt in: APuZg, Nr. 31-32/2015, Juli 2015, S. 3-6 (4).

[15] Volker Perthes u. Barbara Lippert (Hg.): Ungeplant bleibt der Normalfall. Acht Situationen, die politische Aufmerksamkeit verdienen. SWP-Studie 16, September 2013, S. 5.

[16] Horst W. Opachowski: Mode, Hype, Megatrend? Vom Nutzen wissenschaftlicher Zukunftsforschung. In: APuZg, Nr. 31-31/2015, Juli 2015, S. 40-45 (43).

wie der Politiker zum Getriebenen der Ereignisse[17]. Doch der Eindruck der Unplanbarkeit von politischem Handeln täuscht, denn Strategische Vorausschau, richtig und systematisch betrieben, kann einen wertvollen Beitrag zur langfristigen und nachhaltigen Strategiebildung leisten, „kann Wegweiserin und Weichenstellerin zugleich" sein[18].

Die eingangs zitierte fiktiven Pressemeldungen illustrieren das Beispiel eines möglichen „Zukunftsbildes", wie es im Rahmen eines Projektes der Strategischen Vorausschau neben verschiedenen anderen Bildern möglicher Zukünfte stehen würde. Diese werden systematisch und wissenschaftlich nachvollziehbar aus klar zu definierenden Schlüsselfaktoren entwickelt. Vielleicht wäre eine dieser Welten ein zersplittertes und schwaches Europa, eine andere eine zwar wirtschaftlich erfolgreiche, jedoch politisch und militärisch praktisch unbedeutende Europäische Gemeinschaft. Um der Grundidee der „Zukunftsrobustheit" gerecht werden zu können, müssten daher Politikansätze von diesen Zukunftsbildern abgeleitet werden, die dem handelnden Akteur erlauben, in jeder der hier umrissenen Zukünfte weiterhin erfolgreich agieren zu können. Wenn wir bei den aufgeführten Beispielen bleiben wollen und der Auftraggeber der Studie ein nationales Verteidigungsministerium wäre, wahrscheinlich wäre dann eine zentrale Empfehlung der Studie, zukünftig im Schwerpunkt mit anderen europäischen Staaten kompatible Rüstungstechnik zu erwerben. Diese könnten die eigenen Streitkräfte in die Lage versetzen, je nach zukünftiger Entwicklung entweder:

1. eigenständig national handlungsfähig zu bleiben – was in den beiden eben nur kurz erwähnten Zukunftsbildern die logische Konsequenz wäre;

2. sich problemlos in eine verstärkte Kooperation mit europäischen Partnern in kurzfristigen ad-hoc-Koalitionen einzulassen – wie es im zweiten Kurzbeispiel zumindest vorstellbar wäre; oder aber

3. sich ohne größere technische Umrüstung in eine größere und einheitlichere Europäische Armee einzufügen – wie es sich aus dem einleitend ausführlich illustrierten Zukunftsbild einer Europäischen Armee mit europäischen Verteidigungsminister ableiten würde.

---

[17] Siehe u.a. Volker Perthes u. Barbara Lippert (Hg.): Ungeplant ist der Normalfall. Zehn Situationen, die politische Aufmerksamkeit verdienen. SWP-Studien 2011/S 32, November 2011.

[18] Horst W. Opachowski: Mode, Hype, Megatrend? Vom Nutzen wissenschaftlicher Zukunftsforschung. In: APuZg, Nr. 31-31/2015, Juli 2015, S. 40-45 (43).

Könnte die Empfehlung dann in der nationalen Rüstungsplanung des erwähnten Ministeriums erfolgreich umgesetzt werden, hätte die ebenso fiktive Studie zur Bildung einer „zukunftsrobusten" Streitkraft beigetragen, also den Kernanspruch der Strategischen Vorausschau angemessen erfüllt.

Natürlich sind die sich aus derartigen Studien ergebenden Schlussfolgerungen abhängig von der Fragestellung, den einzubeziehenden Parametern und den sich daraus ergebenen Schlüsselfaktoren. Es sollte jedoch bereits bei dieser zwangsläufig sehr kursorischen Beschreibung klar geworden sein, dass Strategische Vorausschau der Politik helfen kann, „die heute anstehenden Entscheidungen auf eine rationalere Basis zu stellen und dergestalt abzusichern, dass sie zu einem späteren Zeitpunkt nicht zu bereuen sein werden"[19]. Sie kann Zukunftspotentiale sichtbar machen und Zukunftsorientierung leisten, „ohne deswegen gleich in Prognosewahn oder modischen Skeptizismus zu verfallen"[20]. Eine so flexibel aufgestellte und dennoch verlässliche, langfristig orientierte Politik verdient dann wahrlich das Prädikat „zukunftsrobust".

Alles in allem stellt Strategische Vorausschau keine Konkurrenz zu den klassischen Ansätzen der Politikberatung dar, denn schließlich löst sie keine aktuellen Probleme oder Krisen im Jetzt. Stattdessen sollte man das Konzept als Ergänzung betrachten, als das Angebot eines zusätzlichen Hilfsmittels, dessen besondere Stärken im Prinzip der Zukunftsrobustheit sowie beim Umgang mit den gerade aktuell so drängenden „unknown-unknowns" in der Außen- und Sicherheitspolitik liegen. Albert Einstein soll einmal gesagt haben: „Mehr als die Vergangenheit interessiert mich die Zukunft, denn in ihr gedenke ich zu leben". Die Strategische Vorausschau als Konzept und Methode will Entscheidungsträgern dabei helfen, diese selbst aktiv mitzugestalten, nicht mehr, aber auch nicht weniger.

---

[19] Alfred Voß, Systematische Zukunftsanalyse als Entscheidungshilfe. In: Proceedings der Jahrestagung GEE: "Ölkrise: 10 Jahre danach". TÜV Rheinland; 1983; S. 286-291 (289).
[20] Horst W. Opachowski: Mode, Hype, Megatrend? Vom Nutzen wissenschaftlicher Zukunftsforschung. In: APuZg, Nr. 31-31/2015, Juli 2015, S. 40-45 (45).

Die Quadratur des Kreises: Zivil-militärische Zusammenarbeit als strategische, operative und taktische Herausforderung oder: Warum sich dennoch der Versuch lohnt, das Unmögliche möglich zu machen

Uwe Hartmann

Wo endet das Zivile, wo beginnt das Militärische? Eine klare Grenzziehung zwischen den beiden Domänen scheint nicht möglich zu sein. Spannungen bleiben. Paradoxerweise fordert dieses konfliktträchtige Verhältnis zu vertrauensvoller Zusammenarbeit heraus. Erforderlich ist der ehrliche Versuch aller Akteure, ihre Partner zu verstehen, eigene Annahmen, Vorurteile und Kulturen zu reflektieren, mutig auch jenseits eigener fachlicher Zuständigkeiten mitzuwirken sowie Partikularinteressen gegenüber dem übergeordneten politischen Zweck, der alles Handeln umgreifen und durchziehen sollte, zurückzustellen.

Politik und Militär

Krieg als Ausnahmezustand galt oftmals als Berechtigung für das Militär, sich von der Politik abzugrenzen, Autonomie zu wahren und spätestens dann das Kommando zu übernehmen, wenn der erste Schuss fällt. So sah es etwa der Chef des Großen Generalstabs der preußisch-deutschen Armee, General Helmuth von Moltke. Am Ende des Ersten Weltkrieges errichtete General von Ludendorff sogar eine Militärdiktatur, die Staat und Gesellschaft den Bedürfnissen einer totalen Kriegführung unterordnete.[1]

Carl von Clausewitz dagegen hatte den nicht aufhebbaren politischen Charakter des Krieges betont. Seine fundamentale Einsicht in den Krieg als „Fortsetzung der Politik unter Einmischung anderer Mittel" erwuchs aus seinen mehrjährigen praktischen Erfahrungen mit der strategischen, operativen und taktischen Führung in den Befreiungskriegen zur Niederringung Napoleons. Klar stellte er heraus, dass die Erarbeitung eines militärstrategischen Plans

---

[1] Die Forderungen nach einer Autonomie des Militärischen im Krieg ist allerdings schon so alt wie das Nachdenken über Strategie und ist auch Demokratien nicht fremd. Beispiele dafür sind der chinesische Stratege Sun Tzu oder der US-amerikanische General MacArthur.

ohne politischen Zweck ebenso unmöglich sei wie eine militärische Beratung, die nicht das Feld der Politik betrete.

Die Einsicht in das wenig trennscharfe, dabei osmotische Verhältnis von Politik und Militär hielt den preußischen General nicht davon ab, die Verantwortung klar zu benennen: Für die Erarbeitung und Umsetzung von Strategien läge sie eindeutig bei der Politik. Clausewitz' umfangreiches, auf intensiver Denkarbeit beruhendes Buch 'Vom Krieg' ist ironischerweise eine Aufwertung des Politischen in der Ausnahmesituation des Krieges. Politik gäbe nicht nur die Zwecke vor, die das Militär zu respektieren und zu erfüllen habe; sie sei auch verantwortlich für die Balance von Zielen, Mitteln und Wegen sowie für die Kontrolle der Umsetzung von Strategien, d.h. für ihre kontinuierliche Überprüfung und ggf. Anpassung an veränderte Rahmenbedingungen. Krieg sei daher immer und in all seinen Erscheinungen und Verästelungen Politik.

Die zahlreichen Kriege und Konflikte der letzten 25 Jahre rückten die Bedeutung von Politik für die Einsatz- und Kriegführung stärker ins Bewusstsein. Beispielsweise unternahmen alle westlichen Staaten große Anstrengungen, um einen ressortübergreifenden Ansatz (*whole-of-government bzw. vernetzte Sicherheit*)[2] zu implementieren. Dieser Ansatz reflektiert nicht nur die enorme Komplexität sicherheitspolitischer Herausforderungen, mit denen sich Politik und Militär konfrontiert sehen. Vor allem steht er für die Rolle von Politik als permanente Leit- und Koordinierungsinstanz.

Ganz neu ist dieser Lösungsweg eigentlich nicht. Schon im Zeitalter des Imperialismus standen die europäischen Großmächte vor dem Problem, Aufständische in den Kolonien mit militärischen Mitteln zu bekämpfen und dort gleichzeitig politische Strukturen aufzubauen sowie die wirtschaftliche Entwicklung voranzubringen. Dazu musste das Militär eng mit zivilen Akteuren zusammenarbeiten und oftmals selbst zivile Aufgaben übernehmen. Es ist daher kaum verwunderlich, dass die Ideen zu einer *Grand Strategy*, die alle Instrumente staatlicher Macht umfasst, in Großbritannien entstanden sind.[3]

Der Ruf nach einer *Grand Strategy* oder nach *whole-of-government* und Vernetzter Sicherheit beruht auf der Annahme, dass sich komplexe sicherheitspoli-

---

[2] In Bündnissen bzw. in der multinationalen Zusammenarbeit spricht man in diesem Zusammenhang vom *comprehensive approach*. In Deutschland findet dafür der Begriff der vernetzten Sicherheit Verwendung.

[3] B.H. Liddell Hart, Strategy, New York 1991. In den USA wird der Begriff *National Strategy* genutzt.

tische Herausforderungen am besten durch intensive Kooperation aller beteiligten Akteure lösen ließen. Ihr liegt die unausgesprochene Voraussetzung zugrunde, dass die Akteure dieselben Ziele verfolgten und ihre Bereitschaft zur Zusammenarbeit nicht nur durch Rhetorik, sondern durch Koordination und Synchronisation auch in der Praxis unter Beweis stellten. Hier hatte schon Clausewitz vor fast 200 Jahren Skepsis angemeldet. Friktion in der zivil-militärischen Zusammenarbeit könnte allein schon dadurch hervorgerufen werden, dass militärische Berater mit ihren Ratschlägen immer auch die Interessen und Zuständigkeiten anderer tangierten. Auch wenn sie sich noch so sehr bemühten, bei ihren Leisten zu bleiben – sie grasen immer auf der Wiese von anderen. Dies liegt nicht daran, dass dort das Gras grüner ist, sondern ist in der Natur der Sache begründet: Jegliches militärisches Tun beruht auf politisch-zivilen Voraussetzungen und hat immer auch politisch-zivile Wirkungen.

Um die Ursachen von Friktion in der zivil-militärischen Zusammenarbeit besser zu verstehen, ist auch eine organisationspsychologische Erkenntnis hilfreich. *Where you stand is where you sit* – Jeder Kooperationspartner dürfte geneigt sein, die Interessen seiner Institution über die von anderen oder sogar über das politische Gesamtinteresse zu stellen. Gerade in Zeiten knapper finanzieller Ressourcen und strategischer Kommunikationskonkurrenz können Egoismen von Institutionen besonders stark auftreten. Der Versuch, mögliche Interessenkonflikte von staatlichen oder auch nicht-staatlichen Organisationen durch die Formulierung gemeinsamer strategischer Ziele zu überwinden, scheint ebenfalls wenig erfolgreich zu sein. Im Gegenteil, häufig sind die gemeinsamen Ziele so allgemein formuliert, dass jeder Akteur ohne größere Probleme seine eigenen Interessen daraus ableiten und damit rechtfertigen kann. Die *unity of effort* ist oftmals nur eine rhetorische Meisterleistung, die einer Überprüfung an der Wirklichkeit kaum standhält. *Grand* oder *National Strategies*, *whole-of-government*, *vernetzte Sicherheit* oder *comprehensive approach* – die Schönheit der Begriffe sollte nicht dazu verführen, eine gesunde Skepsis an den Tag zu legen, wenn man damit zu tun hat.[4]

---

[4] Siehe auch Fouzieh Melanie Alamir, Vernetzte Sicherheit – Quo Vadis?, Berlin 2015.

Frustrationen bei den Soldaten

So ist es nicht verwunderlich, dass die rhetorisch verschleierten Interessen auf der taktisch-operativen Ebene ungebremst aufeinander prallen und dadurch auch strategische Relevanz erhalten. Selbst beste Absichten und vertrauensvolle Arbeitsbeziehungen von Angehörigen verschiedener Ressorts bzw. Organisationen, die ja oftmals täglich eng kooperieren, können Bruchstellen in der Strategie kaum reparieren. Daraus entstehen Friktion, und, in der Folge, nicht selten Frustration der Akteure, besonders der oftmals hoch motivierten Mitarbeiter in den Einsatzgebieten. Vielleicht sind Soldaten davon sogar noch stärker betroffen als ihre zivilen Partner. Dafür könnte es zahlreiche Gründe geben:

1) Im soldatischen Selbstverständnis spielen die Niederringung des Gegners und der militärische Sieg oftmals eine wichtige Rolle. Politiker dagegen haben ein breiteres Verständnis von den zu erreichenden Zielen. Dies muss auch so sein, da sie als „leitende Intelligenz" (Clausewitz) die militärischen Handlungen in einen politischen Gesamtkontext einordnen müssen. Sie wissen auch, dass das Streben nach einem möglichst entscheidenden Sieg zu einem endlosen Krieg führen könnte, was wiederum Zweifel an ihrem Primat weckte. Berücksichtigten Politiker nicht das Ziel eines militärischen Sieges in ihren Legitimationsbemühungen oder artikulierten sie nicht überzeugend, welche Rolle der militärische Beitrag im Gesamtkonzert aller Instrumente spielt, könnten Soldaten dies als Vertrauensbruch und fehlende Unterstützungsbereitschaft oder sogar als Angriff auf ihre Moral und Professionalität verstehen.

2) Politiker erwarten von ihren Kommandeuren auf den strategischen, operativen und taktischen Ebenen, dass sie die ihnen vorgegebenen Ziele schnellstens erreichen, damit sie die Streitkräfte möglichst früh aus den Einsatzgebieten nach Hause zurück beordern können. Kommandeure und ihre Truppen stehen daher unter Zeit- und Erfolgsdruck. Sie müssen schnell nachweisbare Resultate liefern. Anders ist dies bei ihren zivilen Partnern wie beispielsweise den Diplomaten und Mitarbeitern in der Entwicklungszusammenarbeit. Diese bleiben auch nach dem Ende des militärischen Engagements in den Einsatzgebieten. Für sie sind langfristige Planungsprozesse, in deren Mittelpunkt die Nachhaltigkeit des eigenen Handelns steht, möglich und sinnvoll. Das Streben nach schnellen signifikanten Entscheidungen auf der einen sowie das Primat der Nachhaltigkeit auf der anderen Seite behindern gemeinsame Planungsprozesse

und damit eine Koordination und Synchronisation des Handelns. Soldaten könnten diese von der Sache her gegebenen unterschiedlichen Perspektiven leicht als fehlende Unterstützung durch zivile Partner verstehen.

3) Militärische Führer haben häufig eine sehr pragmatische Einstellung (can-do-mentality). Sie wollen etwas ändern und sind bereit, auch bei Ungewissheit der Lage schnell und selbständig zu handeln. Risikobereitschaft gehört zu ihrem Selbstbild und Führungsverständnis. Ihre zivilen Partner agieren dagegen oftmals sehr viel verhaltener. Sie sind bestrebt, Risiken vor allem für ihre langjährigen Großprojekte zu minimieren. Wo immer möglich, ziehen sie auch wissenschaftliche Expertise hinzu. Oftmals sind sie in ihrem Tun stark an Vorgaben und Entscheidungen der jeweiligen Zentralen gebunden. Selbst wenn die Partner sich dieser fundamentalen Einstellungsunterschiede bewusst wären – für Soldaten kommen die zivilen Partner häufig zu spät.

4) Die Natur des Krieges führte im Militär zur Etablierung von Entscheidungsprozessen, die auf Schnelligkeit angelegt sind. Führungsüberlegenheit ist ein wesentlicher Wettbewerbsvorteil. Daher hält das Militär enorme personelle und technologische Kapazitäten für die Lagefeststellung und die Planungsprozesse bereit. Aufgrund zunehmender Komplexität vor allem in den Einsätzen zur Krisenbewältigung und Konfliktverhütung sind die Stäbe enorm gewachsen. Gleichzeitig wurde die Selbständigkeit militärischer Führer auf allen Führungsebenen, also die Befähigung zum Führen mit Auftrag (Auftragstaktik bzw. mission command), in ihrer Bedeutung noch stärker herausgestellt. Zivile Partner haben in der Regel nicht ausreichend Personal, um in diesen Planungsprozessen mitzuwirken. Sie sind auch häufig nicht befugt, selbständig Entscheidungen zu treffen; vielmehr müssen diese zeitaufwendig durch die Zentralen gebilligt oder dort sogar erarbeitet werden. Angesichts der daraus im täglichen Handeln erwachsenen Dominanz des Militärischen neigen zivile Mitarbeiter in den Einsatzstäben dazu, sich von den Planungsprozessen fernzuhalten. Sie wollen und dürfen nicht den militärischen Entscheidungsträgern untergeordnet und permanent in deren Planungsprozesse eingebunden werden. Sonst verlören sie nicht nur individuelle Arbeitszeit, sondern auch Ressourcen bzw. die Verfügungsmacht darüber. Soldaten reagieren darauf nicht selten mit Kritik und Resignation. Irgendwann sehen sie keinen Sinn mehr in der Zusammenarbeit.

5) Militärische Operationen dauern oftmals mehrere Wochen oder Monate. Nicht selten werden sie nach relativ kurzer Vorbereitungszeit durchgeführt. Im Gegensatz dazu sind die Projekte von zivilen Partnern oftmals mehrjährige Vorhaben mit einer langen Planungsphase. Selbst wenn zivile Partner die Zweckmäßigkeit von militärischen Operationen einsähen, wären sie dennoch kaum in der Lage, dafür kurzfristig Ressourcen bereit zu stellen. Auch der militärische Grundsatz, jederzeit Reserven für eine schnelle Reaktion auf unerwartete Lageänderungen verfügbar zu haben, ist im zivilen Bereich nicht so stark ausgeprägt. Soldaten, die nicht nur gewohnt sind, auf Notlagen schnell zu reagieren, sondern auch sich bietende Chancen tatkräftig zu nutzen, sehen darin eine Behinderung ihres eigenen Erfolgs.

6) In den Einsatzgebieten ist die Personalrotation bei militärischen Führungskräften oftmals weitaus höher als bei ihren zivilen Partnern. Wenn Generale und Admirale in ein Einsatzgebiet kommandiert werden, haben sie häufig schon neue Vorschläge, Ideen und Projekte im Hinterkopf. Neue Besen kehren gut, sagt der Volksmund. Dies mag allerdings den zivilen Partnern, die oftmals deutlich länger in einem Einsatzgebiet verbleiben, nicht immer gefallen. Sie erleben vielmehr einen permanenten Wechsel von Militärs, die sich in ihrem Denken und Handeln unterscheiden und so die Nachhaltigkeit ihres Tuns untergraben. Soldaten spüren die daraus erwachsene Skepsis und Zurückhaltung bei zivilen Partnern.

7) Bei sicherheitspolitischen Entscheidungen müssen die verantwortlichen Politiker auch innenpolitische Rahmenbedingungen (wie beispielsweise Wahlen und Einstellungen der Bevölkerung) beachten. Bisweilen argwöhnen Soldaten, dass die politischen Entscheidungsträger nicht voll hinter ihrem militärischen Handeln stehen. Wenn die Unterstützung an der Heimatfront bröckelt, mag es militärischen Führern sinnvoll erscheinen, die Meinungsbildung dort vom Einsatzgebiet aus zu beeinflussen. Die globalisierte digitale Welt bietet dazu vielfältige Möglichkeiten. Damit griffen sie in eine stark umkämpfte (partei-) politische Domäne ein, was in der Regel zu Konflikten führt. Besonders Generale und Admirale mit einem hohen persönlichen Prestige in ihren Heimatländern könnten dazu neigen. Manche Politiker reagieren darauf mit Verdächtigungen. Sie vermuten eine politische *hidden agenda* hinter dem Handeln des jeweiligen Generals bzw. Admirals. Eine Kultur des Vertrauens kann so kaum entstehen.

8) Politiker mögen sich nicht zuletzt aus wahlstrategischen Überlegungen nur zurückhaltend über den übergeordneten politischen Zweck und die daraus abgeleiteten Ziele in den Einsatzgebieten äußern. Sie greifen nicht selten auf ethische Rechtfertigungen zurück, aus denen kaum realistische politische Ziele für die Einsätze abgeleitet werden können. Politiker könnten auch davor zurückschrecken, persönlich mit Misserfolgen in Zusammenhang gebracht zu werden. Sie erwecken so den Eindruck, dass sie selbst nicht verantwortlich sind, sondern die Probleme vor allem durch die Kommandeure im Einsatzgebiet und ihre Truppe zu verantworten seien. Das Militär sieht sich dann einem Erfolgsdruck ohne die geringste Fehlertoleranz ausgesetzt.

9) Angesichts der zunehmenden Komplexität militärischer Einsätze wird der Ruf nach „politischen Generalen" lauter. Diese sollen zwar nicht parteipolitisch denken und agieren, jedoch den politisch vorgegebenen Zweck ihres militärischen Handelns jederzeit berücksichtigen und, wenn erforderlich, Lücken in der Zweck- und Zielsetzung selbständig füllen und Freiräume initiativreich nutzen. Allerdings könnte dies zu Konflikten führen – mit den Politikern zuhause, aber auch mit den Politikern im Einsatzgebiet (sofern diese wie beispielsweise in Afghanistan oder in den Szenaren einer Bündnisverteidigung das eigentliche Sagen haben sollten). Friktion entsteht also nicht nur mit den Politikern und zivilen Partnern aus den eigenen Staaten und Bündnissen, sondern auch mit dem Staat, in dem ein militärischer Einsatz durchgeführt wird. Hier existiert eine doppelte Front der Frustrationen gerade auch für die militärische Seite.

Es gibt also zahlreiche Ursachen für enttäuschte Erwartungen, und das Militär scheint davon besonders betroffen zu sein. Dass diese wiederum hohe politische Wellen schlagen können, zeigt beispielsweise die Entlassung von US-General *Stanley McChrystal* aus seinem Amt als Kommandeur der Internationalen Schutztruppe ISAF in Afghanistan. Die tiefer liegenden Gründe für seine Entlassung durch US-Präsident *Barack Obama* liegen nicht so sehr darin, dass er das Primat der Politik nicht akzeptierte oder er sogar eine Verschwörung beabsichtigte, sondern ganz einfach in der tiefen Enttäuschung bei ihm und seinem engstem Stab über ihre zivilen Partner, mit denen sie die neue Strategie für Afghanistan ab 2010 umsetzen sollten. Angesichts der engen Involvierung des US-Präsidenten im Strategiebildungsprozess und der vom Militär als unklar und widersprüchlich empfundenen Weisungslage war, wie der britische Militärstratege *Hew Strachan* erläutert, General *Stanley McChrystal* persönlich von seinem *Commander-in-Chief* enttäuscht.[5]

Hauptstädte und Einsatzgebiete als Quellen von Friktion

Wenn die strategischen Entscheidungsprozesse in den Hauptstädten unterschiedliche Sichtweisen der beteiligten Akteure nicht widerspruchsfrei integrieren und die verantwortlichen Politiker die Umsetzung von Strategien nicht überwachen und eingreifen, wenn unterschiedliche Interpretationen der Weisungslage offensichtlich werden, dann entsteht Friktion, die schnell bis auf die taktisch-operativen Ebenen in den Einsatzgebieten durch- und dort aus wieder auf die strategische Ebene zurückschlagen kann. Dies verdeutlicht auch, dass die Trias von Strategie, Operation und Taktik in komplexen Szenarien nur einen groben Orientierungsrahmen bietet, der angesichts der Durchlässigkeit der drei Ebenen kaum mehr praktische Relevanz besitzt.[6] Daran ausgerichtete Zuständigkeiten und Denkwege werden der Komplexität des Geschehens nicht mehr gerecht und sind wirklichkeitsfremd. Es existiert vielmehr eine Gemengelage, in der Politiker taktische Dinge genauso beachten müssen wie Truppenführer und ihre Stäbe den ihnen vorgegebenen politischen Zweck.[7]

Die US-amerikanische Kriegführung in Afghanistan ist ein anschauliches Beispiel dafür, dass die Hauptstädte und die dort stattfindenden Strategiebildungsprozesse oftmals der Ursprung für Friktion und Frustration sind. Der ehemalige US-Verteidigungsminister *Robert Gates* spricht in seiner Biographie *Duty* von *angst and hostility* unter dem Präsidenten, dem Vize-Präsidenten, dem Sicherheitsberater und diversen persönlichen Assistenten sowie den beteiligten Generalen und Admiralen.[8] Eine Ursache dafür könnte darin bestehen, dass trotz intensiver Besprechungen grundlegende, indessen nicht reflektierte und behobene Verständigungsprobleme existierten. Schon Clausewitz hatte darauf hingewiesen, dass die gemeinsame Logik des politischen Zwecks mit der

---

[5] Hew Strachan, The Direction of War, Cambridge University Press 2013, S. 225-228; Bob Woodward, Obama's Wars, New York 2010. Auch die Wahrung seines hohen Prestiges und historischen Erbes als Kriegsheld im Kampf gegen den Internationalen Terrorismus mag angesichts der schwierigen Lage in Afghanistan bei General McChrystal eine Rolle gespielt haben.

[6] Siehe den Beitrag von Klaus Naumann in diesem Jahrbuch.

[7] Das Prozessmanagement kann vor diesem Hintergrund als ein Versuch verstanden werden, Entscheidungen jenseits formaler Hierarchien vorzubereiten.

[8] Robert Gates, Duty. Memoirs of a Secretary at War, New York 2014.

Grammatik der unterschiedlichen Instrumente in Widerspruch geraten könn-te.[9] Der britische General Sir Rupert Smith warnte, dass Politiker von den Militärs etwas erwarteten, ohne ausreichend Kenntnisse über die Nützlichkeit des militärischen Instruments zu haben. Vielleicht haben Militärs auch nicht immer das Fingerspitzengefühl, um politischen Entscheidungsträgern zu erklären, was das Militär leisten kann und was nicht. Manchmal mag auch der Mut dazu fehlen. Die von hochrangigen Offizieren und Generalen bzw. Admiralen immer wieder zu hörende Auffassung „Das ist militärisch zweckmäßig, aber politisch nicht durchsetzbar" ist eine selbstverordnete Unmündigkeit in der Artikulation dessen, was das Militär leisten kann und was eben nicht geht. Die Aufforderung Hew Strachans, Offiziere müssten die Politiker ausbilden (*educate*), ist angesichts der zunehmenden Komplexität von Kriegen, Konflikten und Krisen sachlich angemessen, dürfte aber in der notwendigerweise ungleichen Partnerschaft (*unequal partnership)* nur bei vertrauensvollen Kommunikationsbeziehungen funktionieren. Vielleicht hindert militärische Führer auch ihre *can-do-mentalty* daran, deutlicher zu sagen, dass etwas nicht geht oder was das Preisschild dafür ist. Auch der Wunsch nach weiteren Beförderungen dürfte hierbei eine Rolle spielen.

Friktion und Frustration können auch durch Entwicklungen in den Einsatzgebieten angeheizt werden. Erneut sei hier Afghanistan als Beispiel angeführt. Im Jahre 2010 unterstützte der damalige US-Botschafter in Kabul, *General Karl Eikenberry*, die COIN-Strategie von *General McChrystal* nicht, weil er glaubte, dass dieser Ansatz angesichts der schlechten afghanischen Regierungsführung unter Präsident *Karsai* scheitern müsste. Statt schnelle Hilfe bei der Umsetzung für Kleinprojekte zu leisten, die *General McChrystal* dringend für seine Operationsführung benötigte[10], unterstützte er weiterhin langfristige Großprojekte.

Zusammenfassend ließe sich sagen: Wenn die politischen Entscheidungsträger und deren unmittelbare zivile Berater sich weder mit der Natur des Krieges und seinen variablen Erscheinungsbildern noch mit der militärischen Führungskultur auskennen, wenn sie selbst nur zögerlich Verantwortung übernehmen, wenn sie Generale und Admirale verdächtigen, selbst politische Ambitionen zu verfolgen, wenn sie weder ihren eigenen Strategien noch den Fä-

---

[9] Carl von Clausewitz, Vom Krieg, Bonn 1991, S. 991.

[10] Zu dem operativen Konzept von *government in a box* siehe Fred Kaplan, The Insurgents. David Petraeus and the Plot to change the American Way of War, New York 2013, S. 330.

higkeiten der Kommandeure vertrauen und, folgerichtig, Operationen mikromanagen statt Strategien angesichts taktisch-operativer Erfolge oder Misserfolge anzupassen, dann sinkt die Qualität der zivil-militärischen Beziehungen schnell ins Bodenlose. Wenn Militärs ihre spezifische Führungskultur nicht reflektieren und diese ihren zivilen Partnern nicht verständlich machen, wenn sie darauf verzichten, jenseits ihrer Zuständigkeit auch im politisch-zivilen Bereich beratend mitzuwirken, oder wenn sie sogar im vorauseilenden Gehorsam gegenüber der Politik ihre militärische Expertise opfern, dann tragen auch sie Mitverantwortung an einer unzureichenden zivil-militärischen Zusammenarbeit und suboptimalen Strategie. Die Konzeption der Vernetzten Sicherheit würde sich dann irgendwann tot laufen.

Wer die Beteiligung von Militärs immer noch mit der Gefahr eines Staatsstreiches verbindet und das Militär daher ausschließt oder zumindest nur eine Randrolle zubilligt, weil er darin eine Gefahr für die Demokratie sieht, wird den künftigen Herausforderungen an Strategie nicht gerecht. Wichtig ist eine Analyse der strategischen Kultur und eine Debatte mit allen beteiligten Akteuren über die weitere Ausgestaltung dieser Kultur. Diese Debatte sollte vor dem Hintergrund erfolgen, dass Gegner immer auch versuchen werden, die Handlungsfähigkeit von Politik zu untergraben, bevor sie selbst militärische Mittel einsetzen. Bruchstellen in der strategischen Kultur böten ein weit offenstehendes Einfallstor vor allem für hybrid agierende Gegner.[11]

Ist die Vernetzte Sicherheit gescheitert?

Trotz der aufgezeigten konzeptionellen und praktischen Schwierigkeiten der Vernetzten Sicherheit gibt es dazu keine Alternative. Ein Rückfall etwa des Militärs in eine ausschließlich von Kampf, Gefecht und Operationsführung bestimmte Professionalität würde den künftigen sicherheitspolitischen Herausforderungen nicht gerecht werden. Es gibt eine Vielzahl von Einsatzoptionen, die eine enge Zusammenarbeit mit zivilen Partnern erfordern. Russlands hybride Kriegführung in der Ukraine ist Beleg dafür, dass selbst konventionell hoch gerüstete Staaten kreativ auf einen Mix an zivilen und militärischen Mitteln und Wegen zurückgreifen, die unterhalb der Schwelle einer offenen konventionellen Kriegführung liegen.[12] Daher sollten alle an der konzeptionellen

---

[11] Uwe Hartmann, Hybrider Krieg als neue Bedrohung von Freiheit und Frieden, Berlin 2015, S. 65-107.

[12] Ebd., S. 9-27.

Weiterentwicklung und praktischen Umsetzung der Vernetzten Sicherheit beteiligten Akteure die sprichwörtliche Quadratur des Kreises versuchen. Dies ist eine mühevolle, von Friktion und Frustration begleitete Sisyphus-Arbeit, die von allen Partnern ein gerütteltes Maß an Klugheit und Zivilcourage sowie Ambiguitätstoleranz erfordert.

Das Militär war bisher Treiber der Vernetzten Sicherheit bzw. des *whole-of-government* Ansatzes. Trotz gewisser Enttäuschungen über das bisher Erreichte sollte das Militär weiterhin vorangehen. Dieses liegt in seinem und, was noch wichtiger ist, im übergeordneten gesamtpolitischen Interesse. Der Beitrag, den das Militär dazu leisten kann, soll abschließend skizziert werden:

1) Strategie ist eine Brücke zwischen Politik und Militär. Die Politik trägt die Verantwortung dafür, dass die an den strategischen Prozessen beteiligten Akteure diese Brücke permanent begehen und – trotz Hierarchien und Zuständigkeiten – vertrauensvoll und partnerschaftlich miteinander kommunizieren können. Dies ist keine ganz leichte Aufgabe, weil der Dialog aufgrund des Primats der Politik immer asymmetrisch bzw. ungleich sein wird. Statements von Politikern wie *I do the thinking, you do the fighting* werden dieser Funktion von Strategie genauso wenig gerecht wie die intellektuelle Selbstbeschränkung von Militärs, die vorauseilend feststellen, dass bestimmte Handlungsoptionen politisch nicht durchsetzbar bzw. gewünscht sind. Auch der Versuch, den Erfolg oder Misserfolg eines Einsatzes an dem zivilen oder dem militärischen Instrument festzumachen, beschädigt die strategische Klammer, die Akteure und Instrumente zusammenhalten soll. Er trennt etwas, was zusammen gehört. Zur Brückenfunktion von Strategie gehört auch, dass Militärs sich aktiv in die Diskussions- und Entscheidungsprozesse einbringen. Sie dürfen nicht am Ende der Brücke darauf warten, dass die Politik eine Strategie beschließt, die sie dann nur noch auszuführen haben. Sie müssen bereit und befähigt sein, mit dem entsprechenden Fingerspitzengefühl ganzheitlich zu beraten, d.h. beispielsweise, vom übergeordneten politischen Zweck her denkend auch auf anderen Politikfeldern zu „grasen".

2) Für die Strategiebildung sind nicht nur die beiden Domänen Politik und Militär und ihr Verhältnis zueinander relevant, sondern auch deren Trinität mit der Gesellschaft. Clausewitz bezeichnete dies als die „wunderliche Dreifaltigkeit".[13] In Demokratien ist der gesamtgesellschaftliche Diskurs

---

[13] Clausewitz, a.a.O., S. 213.

über Sicherheitspolitik ein wesentlicher strategischer Faktor. Wenn insbesondere die Einsätze im Rahmen der Krisenbewältigung und Konfliktverhütung sowie der Bündnisverteidigung in hohem Maße legitimationsbedürftig sind, kommt es nicht nur auf die Artikulationsfähigkeit der Politik an, sondern auch auf die konstruktiv-kritische Rezeptionsfähigkeit der Gesellschaft. *Hew Strachans* Forderung sollte daher ergänzt werden: Es geht nicht nur darum, die Nützlichkeit des Militärs den Politikern, sondern auch den Staatsbürgern zu erklären. Generale und Admirale, Offiziere, Unteroffiziere und Mannschaften sowie Reservisten sollten am sicherheitspolitischen Diskurs teilnehmen und diesen wo immer möglich befördern. Dies liegt in ihrem ureigenen Interesse; es ist aber auch unverzichtbarer Teil der Vorbereitung der Verteidigung des eigenen Staatswesens oder des Bündnisgebietes vor allem gegen hybrid agierende Gegner.

3) Wichtig ist, dass Soldaten aller Dienstgrade Verständnis für die Schwierigkeiten in der umfassenden Wahrnehmung von Verantwortung durch die Politik entwickeln. Das nur gering ausgeprägte Vertrauen deutscher Soldaten in ihren Auftraggeber ist empirisch untermauerter Beleg, dass es hier Handlungsbedarf gibt. Politik ist heute ähnlich wie Führung im Krieg ein „Handeln im erschwerenden Mittel" (Clausewitz). Man sollte von der Politik nicht etwas fordern, was sie einfach nicht leisten kann. Sicherlich sollte man erwarten, dass die Politik den letzten Schritt bedenkt, bevor sie den ersten tut. Die zeitgerechte Erarbeitung eines detaillierten Plans, der von einem übergeordneten politischen Zweck ausgehend klar die Ziele und die zu erreichenden Zwischenschritte für die diversen Akteure formuliert und schließlich in eine *exit strategy* zusammenfügt, das sollte man lieber nicht erhoffen. Weder Soldaten noch Staatsbürger dürfen die Erwartungen an die Politik und ihre Rolle in der Strategie überfrachten; Enttäuschungen wären dann die notwendige Folge. Daher sollte auch das Verständnis von strategischen Plänen überdacht werden. Sie sind keine allumfassenden Konzepte, die 1:1 umgesetzt werden können. Sie sind vielmehr Orientierungspunkte, die für den weiteren Weg ständig an wechselnde Lagen und Rahmenbedingungen angepasst werden müssen. Sie leiten daher nur die ersten Schritte auf dem Weg zum Ziel. Diese Anpassungen stellten auch kein Scheitern dar, sondern sind normale Handlungsweisen im strategischen Geschäft. Das Hineintasten und stän-

dige Überprüfen und Korrigieren unterstreicht einmal mehr die Brücken-funktion von Strategie.

4) Das Militär kann der Politik ihre schwierige Aufgabe dadurch erleichtern, indem es dazu beiträgt, das Spektrum von Handlungsoptionen zu erwei-tern. Zunehmend werden Politiker nicht nur nach Möglichkeiten des Handelns für das Erreichen eines bestimmten Ziels (*courses of action*) fra-gen, sondern nach Optionen mit verschiedenen Zwecken und Zielen (*strategic options*). Militärs müssen daher politisch mitdenken; sie müssen sich in die Situation der politischen Entscheidungsträger hineinversetzen und aktiv ihre Expertise und Urteilskraft jenseits von Ressortzuständig-keiten in den Beratungsprozess einbringen. Dies gilt auch für den Um-gang mit Entscheidungsträgern in den jeweiligen Einsatzgebieten. Daraus folgt aber auch, dass die verantwortlichen militärischen Führer weder durch öffentliche Statements noch durch militärstrategische Entschei-dungen mögliche Optionen der Politik einschränken dürfen.[14]

5) Angesichts dieser komplizierten zivil-militärischen Beziehungen ist eine umfassende, über *leadership* hinausgehende Führungsphilosophie wie die Innere Führung wichtiger denn je. Indem Innere Führung den „Sinn" in den Mittelpunkt rückt, fordert sie eine Selbstvergewisserung und damit eine permanente Interaktion von Politik, Militär und Gesellschaft. Heute ist damit nicht nur die Sinnhaftigkeit des militärischen Dienens zur Ver-teidigung von Recht und Freiheit (Motivation) im Rahmen der Landes-verteidigung, sondern vor allem der Sinn bzw. der politische Zweck des jeweiligen Einsatzes in der Bündnisverteidigung bzw. der Krisenbewälti-gung und Konfliktverhütung gemeint. Systematisch in die Ausbildungs-gänge und den Truppenalltag integrierte Politische Bildung erleichtert den Soldaten, den politischen Zweck und die zu erreichenden Ziele zu verstehen und in ihrem Tun, wenn erforderlich, zu berücksichtigen. In-nere Führung erweitert damit das Verständnis der Auftragstaktik. Tra-diert ist die Selbständigkeit von Soldaten auf der taktischen, ggf. auch noch auf der operativen Ebene. Durch die Bindung des Handelns an den Sinn bzw. den Zweck wird Auftragstaktik auf die strategische Ebene ge-

---

14 Andererseits gilt: Wenn Offiziere in den Prozess der Strategiebearbeitung als gleichberechtig-te Partner eingebunden sind, dürfte die Gefahr von einschränkenden öffentlichen Statements (*boxed in*), Durchstechen von Informationen oder Instrumentalisierung von Kriegsbildern beispielsweise für Rüstungszwecke geringer sein.

hoben. Soldatisches Handeln ist damit durch und durch politisches Handeln, auch auf den unteren Führungsebenen. Daher muss das Bild vom strategischen Gefreiten auch auf den Kopf gestellt werden. Dieser Begriff symbolisiert den „Soldaten ganz unten", dessen falsches Handeln Folgen ganz oben auf der politischen Ebene hat. Die Schädelbild-Affäre im Jahre 2006 gilt hierfür als ein Beispiel. Künftig muss es aber darum gehen, die positiven Wirkungsmöglichkeiten auch des „einfachen Soldaten" im Sinne des übergeordneten politischen Zwecks in den Vordergrund zu rücken.[15] Führen mit Auftrag bzw. Auftragstaktik in diesem erweiterten Verständnis als „Auftragsstrategie" unterstreicht, dass die Trias von Strategie, Operation und Taktik höchst durchlässig ist und auch sein muss, um der Komplexität von Einsätzen gerecht zu werden.

6) Der Einsatz des Militärs wird weithin als *ultima ratio* bewertet. Bewaffnete Gewalt soll das *äußerste* Mittel sein. Dass damit keine zeitliche Reihenfolge gemeint ist, ist weithin bekannt. Diese ethisch begründete Bewertung darf aber nicht zu einer Stigmatisierung des militärischen Instruments führen. Es hat zwar eine eigene Grammatik, die man kennen sollte; für die Politik als leitende Intelligenz ist sie zunächst aber ein Instrument unter anderen im Arsenal staatlicher Zwangsmittel. Militärische Einsätze verfolgen oftmals politische Zwecke, die nicht notwendigerweise den Einsatz bewaffneter Gewalt erfordern, sondern auch darin bestehen kann, einen Gegner abzuschrecken oder polizeiähnliche Aufgaben zu übernehmen. Angesichts der Unvorhersehbarkeit von Krisen und Konflikten kommt es darauf an, die Befähigung eines Staates zur schnellen Reaktion nicht durch eine Abseitsstellung des Militärs zu mindern. Es macht vielmehr Sinn, Krisenprävention auch unter Beimischung militärischer Mittel zu denken. Es ist zudem ein Zeichen der politischen Klugheit, im Prozess der Strategieerarbeitung nicht zu früh das militärische Instrument auszuschließen.[16] Dies „auf der Brücke" der Strategie zu kommunizieren, ist eine wesentliche Aufgabe auch des Militärs.

---

[15] Siehe den Beitrag von Dörfler-Dierken in diesem Jahrbuch.

[16] Siehe den Beitrag von Rudolf Hamann / Hendrik Hoffmann in diesem Jahrbuch.

Schluss

Zivil-militärische Zusammenarbeit ist keine triviale Aufgabe. Fortschritte können nur erreicht werden, wenn alle Akteure versuchen, es besser zu machen. Es kommt künftig darauf an, (noch) mehr gemeinsam zu üben und auszubilden, Personal auszutauschen, Erfahrungen auszuwerten[17] und strategische Kommunikation abzustimmen. Dazu gehört auch die gemeinsame Übernahme der Verantwortung für Erfolge und Misserfolge. Eine Aufteilung und damit Trennung der zivilen und militärischen Aufgaben (z.B. 80:20) würde der vernetzten Sicherheit nicht gerecht. Sie zeigte stattdessen, dass Strategie ihre Funktion als Brücke nicht wahrnehmen konnte. Die Aufteilung von Verantwortung böte den Akteuren zudem die Möglichkeit, bei weniger erfolgreichen Einsätzen die Verantwortung der anderen Seite in die Schuhe zu schieben. Vernetzte Sicherheit ohne die Brückenfunktion von Strategie böte zahlreiche Möglichkeiten für „Dolchstoß-Legenden".

Hilfreich sind auch gemeinsame Führungsgrundsätze wie beispielsweise das Denken von der politischen Wirkung her.[18] Wenn der politische Zweck das Handeln aller Partner als leitende Intelligenz durchziehen soll, kommt es darauf an, diesen Grundsatz als oberstes Prinzip der vernetzten Sicherheit zu begründen und Führungsprozesse daraufhin auszurichten. Voraussetzung dafür ist ein intensiver Dialog aller Partner über die Nützlichkeit der jeweiligen Instrumente und deren Wechselwirkungen untereinander. Diese professionelle Debatte hätte zudem den Vorteil, dass es den jeweiligen Akteuren der vernetzten Sicherheit im öffentlichen Diskurs leichter fiele, ihren Beitrag zu Frieden und Sicherheit im Einklang mit anderen Partnern zu kommunizieren.

Die Soldaten der Bundeswehr haben den Vorteil, dass sie mit der Inneren Führung über eine Führungsphilosophie verfügen, welche die soldatische Existenz ebenso wie das militärische Handeln in einem Einsatz in ein umfassendes und umgreifendes Verständnis von Politik integriert. Sie muss sicherlich in einigen Bereichen weiterentwickelt werden; ihr strategischer Kern ist jedoch weiterhin gültig. Mit der Forderung nach Sinn- bzw. Zweckhaftigkeit des mili-

---

[17] Der ehemalige Bundestagsabgeordnete Winfried Nachtwei betont zu Recht die Notwendigkeit einer ressortübergreifenden Auswertung von Einsatzerfahrungen beispielsweise in Afghanistan. Hier besteht nicht nur enormes Potential für eine effizientere Auswertung sowie für Lernen mit- und voneinander, sondern auch zur Reduzierung von Frustrationen auf allen Seiten.

[18] Siehe den Beitrag von Erik Rattat in diesem Jahrbuch.

tärischen Tuns sowie ihrem Kooperationsangebot an zivile Partnern[19] bietet sie den deutschen Soldaten etwas, was andere Armeen als Notwendigkeit erkannt haben und was diese vor einen enormen Anpassungsdruck stellt. Es kommt darauf an, das Wissen über und die Bindung an die Innere Führung innerhalb der Bundeswehr stärker zu verankern. Auch dies wäre ein wichtiger Beitrag der Streitkräfte, das Unmögliche möglich zu machen.

---

[19] Uwe Hartmann, Innere Führung als Garant vernetzter Sicherheit. In: Reader Sicherheitspolitik, 11/2008; ders., Innere Führung in der Krise? Thesen zur Weiterentwicklung der Führungsphilosophie für die Bundeswehr. In: Jahrbuch Innere Führung 2011. Ethik als geistige Rüstung für Soldaten, herausg. von Uwe Hartmann, Claus von Rosen, Christian Walther, Berlin 2011, S. 306, 318.

Peter Buchner

Algorithmus des Krieges[1]. Zur Funktionslogik des militärischen Führungssystems

"Marine-Helden retten 3963 Flüchtlinge", titelt die Bild-Zeitung am 20.06.2015 zum Einlaufen der Fregatte Hessen. Bei Google weitergesucht findet man Meldungen mit 200, 500, 1411 oder 3500 aus Seenot geretteten Menschen. Ein Großteil konnte dank der Marinesoldaten überleben.

Szenenwechsel: Zu Jahresbeginn kämpften Bundeswehrsoldaten mit beachtlichem Erfolg gegen die Ebola-Epidemie in Westafrika. Ein Bild, das dem gleicht, als Bundeswehrsoldaten bei katastrophenträchtigen Hochwassern an Oder und Elbe gegen die Fluten kämpften, um das Zuhause der Bürgerinnen und Bürger zu retten. Damals, 1997, wurde der Divisionskommandeur General von Kirchbach als Deichgraf ausgelobt[2].

Zurück auf See: Dort schützt die Operation ATALANTA Schiffe des World Food Programms zur Sicherstellung der humanitären Hilfe für die somalische Bevölkerung und bekämpft dabei Piraterie vor der somalischen Küste. Verbrecher, so scheint es, die auf das Leid der Menschen in der Region keine Rücksicht nehmen wollen. Den Nachrichtenkonsumenten beschleicht das Gefühl, dass manches nach deutschem Verständnis eher Aufgabe der Polizei wäre. Beispielsweise der Einsatz UNIFIL vor der libanesischen Küste. Schutz der Grenzen ist hier in Deutschland Aufgabe der Bundespolizei.

Glaubt man dem neugewählten Wehrbeauftragten, dann geht es bei all den Bundeswehreinsätzen darum, "einen deutschen Beitrag zur Sicherheit in der Welt zu leisten – einer Welt, die zunehmend aus den Fugen gerät", zitierte die Tageszeitung Welt am 4. August.

Wäre da nicht noch das Engagement in Afghanistan, könnte leicht der Eindruck entstehen, dass es bei der Bundeswehr gar nicht um Militär geht. Während Rettung und Hilfe nicht nur große Erfolge zeitigen, sondern auch breite Zustimmung finden, steht das Afghanistan-Engagement unter Dauer-

---

[1] Bewertungen spiegeln die Meinung des Verfassers wider.

[2] Gemeint ist die Elbe-Flut im August 2002. Anzumerken ist, dass der Deichgraf von 1997, General a.D. v. Kirchbach, zum Vorsitzenden der Unabhängigen Kommission der Sächsischen Staatsregierung Flutkatastrophe 2002 berufen wurde und 16. Dezember einen für den deutschen Katastrophenschutz wegweisenden Bericht vorlegte.

feuer. Politisch war lange Zeit klar: Der Einsatz geht 2014 zu Ende. "Es ist doch so, dass der eine oder andere diesen Einsatz mit der Jahreszahl 2014 schon fast ein wenig abgehakt hat, nach dem Motto Afghanistan 2014: ISAF endet – Endlich sind wir dieses Problem los", kommentierte der Bundestagsabgeordnete Niels Annen (SPD). Der Erfolg der Mission schien dabei seit jeher zweifelhaft. Was bleibt, beschreibt Klaus Naumann, sind normative Unstimmigkeiten, legitimatorische Engpässe, institutionelle Fehlsteuerungen und organisatorische Grenzprobleme (2013: 164). Aber hat deshalb die Bundeswehr im Einsatz versagt?

Probleme waren über die Diskrepanz zwischen politischer Willensbildung und militärischer Planung hinaus die Koordinationsschwäche zwischen militärischen und zivilen Komponenten sowie ein militärstrategischer Dualismus zwischen Aufstandsbekämpfung und Stabilisierung (Naumann 2013: 136). Konnte der Einsatz vielleicht angesichts immanenter Systeminkompatibilitäten gar nicht erfolgreich zum Ende kommen?

Während der Erfolg solcher Einsätze erklärtermaßen nicht vom Militär abhängt, stellt die Bundeswehr den Hauptteil des deutschen Kontingents und drückt mit ihrem Gewaltpotential dem Gesamtverlauf des Konfliktes ihren Stempel auf (Naumann 2013: 129). Aber reicht das für die Schuld am Misserfolg?

Kurzum, das sicherheitspolitische Gebäude hat Risse bekommen, die nicht übersehen (nach Naumann 2013: 151) oder totgeschwiegen werden können. Stehen doch neue Aufgaben vor der Tür, besser gesagt, sie sind schon auf der Tagesordnung. Da sind wir gut beraten, mit der Restaurierung zu beginnen. Schließlich geht es um unsere Sicherheit!

Funktionslogik Militär

Ginge es um Gebäudesicherheit, wäre es logisch, dass man alle tragenden Teile genau betrachtet. Folglich müsste die Leistungsfähigkeit der zivilen Komponenten auf den Prüfstand, genauso wie sich Streitkräfte anhand von Misserfolgen und Defiziten hinterfragen lassen sollten. Moralische Anwürfe allein oder ideologischer Sichtschutz wie ein beobachtbarer Antimilitarismus sind da schlechte Ratgeber. Überhaupt irritiert die apodiktisch gezogene Demarkationslinie zivil-militärisch, wenn vermutlich eher in Zusammenarbeit gewinnträchtige Zukunftsaussichten in sicherheitspolitischer Perspektive verborgen sind. Dies setzt jedoch voraus, dass beide Bereiche überhaupt miteinander kompatibel sind. Inwieweit dies gilt, soll im Folgenden geprüft werden. Wenn der Afghanistan-Einsatz als Belastungs-EKG der deutschen Sicherheitspolitik (Naumann) verstanden wird, dann geht es hier darüber hinaus um die Beschreibung der Herzfunktion des Patienten Militär.

Dazu wird die Grenzlinie zwischen Zivil und Militär als Schnittstelle unterschiedlicher Funktionslogiken interpretiert. Dies wird anhand der Indikatoren charakterisiert, die Naumann in seiner politikbasierten Analyse des Afghanistan-Einsatzes anführt. Danach werden diese Aspekte in der militäreigentümlichen Führung verortet, indem das Führungssystem der vielzitierten HDv 100/200 bestehend aus dem Führungsvorgang als kybernetischer Regelkreis, der Ein-Linien-Stabsorganisation als Aufbauorganisation und den dazu erforderlichen Führungsmitteln charakterisiert wird, ergänzt um das Verfahren 'Beurteilung der Lage', den militärischen Dreiklang Strategie – Operation – Taktik und das Prinzip „Führen mit Auftrag". Deutlich wird in der hier eingenommenen Informationsperspektive (künftig InfoPerspektive) die komplexitätsreduzierende Wirkung beim Blick in den soldatischen InfoRaum. Was das bedeuten kann, macht schließlich der Unterschied zwischen europäischem (DIN) und amerikanischem Werkzeug (ISO) bildlich klar. Der 17-er-Schlüssel jedenfalls wächst über seine Bieröffner-Symbolik hinaus.

Die so extrahierte Funktionslogik wird dann anderen Handlungslogiken gegenübergestellt und ein Blick in andere Bereiche deckt auf, dass dort derartige Grenzziehungen zwar zu finden sind, jedoch nicht weiter thematisiert werden. Es fällt sogar auf, dass es zu Grenzüberschreitungen kommt und dass die Militärlogik mit zivillogischen Elementen irritiert wird. Folgerungen für das staatliche Funktionssystem Militär sowie eine Anfrage bezüglich der Folgen für Bundeswehreinsätze schließen die Studie ab. Mit Blick auf das vernetzte Handeln, d.h. auf den Comprehensive Approach, liegt die Bedeutung der hier vorgestellten Überlegungen bei der Frage, inwieweit es überhaupt möglich ist, Hand in Hand zusammenzuarbeiten oder anders gewendet, aus Perspektive Innere Führung, wie das Selbstverständnis von Soldaten durch ressortübergreifende Zusammenarbeit beeinflusst wird.

Wenn man Soldaten beobachtet …

In seiner Studie über den deutschen Afghanistan-Einsatzes spricht Klaus Naumann an mehreren Stellen von militärischer Funktionslogik. "Die veränderte Auftragslage sowie die veränderten Kontextbedingungen", stellt er fest, "erfordern eine neue Handlungs- und Organisationslogik im militärischen Umgang mit Ungewissheit und Unsicherheit" (Naumann 2013: 163). An anderer Stelle spricht er von militärischer Grammatik (90) oder militärischer Operationslogik (84). Begriffe wie Handlungsstil, Handlungsordnung, aber auch militärische Denkungsart (89) oder Militärpraktiken machen deutlich, dass über die strukturelle Verankerung hinaus organisationskulturelle Prämissen dahinter stehen. All dies soll in der hier bemühten militärhandwerklichen Analyse unter den Begriff Funktionslogik (wie Naumann, s.o.; genauso Daase 2013: 24) gefasst werden. Sie ist es, die die Entscheidungsfindung der Soldaten bestimmt. Es geht also um den spezifischen Problemlösemechanismus im Militär.

Als Komponenten der militäreigentümlichen Funktionslogik nennt Naumann das Hierarchieprinzip, verknüpft mit dem Anspruch militärischer Autonomie und Alleinverantwortung für das Gefechtsfeld. Eine weitreichende militärische Handlungsfreiheit ist eingeschlossen. Entspricht dem nicht zuletzt die zentralisierte und koordinierte Politik im Verteidigungsfall, um dem Zweck der Führung, nämlich Kooperation, Koordination, Kohärenz bestens gerecht zu werden? Es entsteht eine Bündelung des Willens. Dazu wirkt Militär konzentriert, organisiert und homogen in seiner Entscheidungsstruktur. Störgrößen werden exkludiert; dies prägt auch das Selbstverständnis militärischer Führungskräfte. Damit tauchen Soldaten in eine fallbezogene und konkrete Denkwelt ein (so bereits Kutz 1980: 232); bereits Graf von Baudissin, der Begründer der Inneren Führung, war seinem Wesen nach Praktiker der so angelegten Generalstabsarbeit (Kutz 2006: 162).

Die Kernelemente der militärischen Operationsführung als Planungsinstrumente – treffender Denkgewohnheiten – sind:

- Initiative
- Schwerpunktbildung
- Entscheidungspunkte
- Operationslinien
- Abläufe und
- Effizienzkriterien.

Die Soldaten bedienen sich als Werkzeug eines sequentiellen Planungsdenkens, fügen sich Verregelungen ihrer Einsatzwelt, akzeptieren starre Dienstvorschriften und ordnen sich hierarchischen Selbstzwängen – oft klaglos

– unter. Dafür bekommen sie ein Repertoire reproduzierbarer Handlungsroutinen an die Hand.

Diese Handlungslogik hat aber auch – eher unausgesprochene – Hintergrundannahmen wie die Prämisse schrankenloser Vereinbarkeit aller Mittel untereinander. Erfolgsrezept ist ein "Mehr vom Gleichen" – militärisch gesprochen eine Frage der Reserven als Steuerungsmodus, wenn sich alles mit allem vereinbaren lässt. Aufgaben werden durch Nachsteuern und Optimieren gelöst. Es entstehen konsekutive Verlaufsmuster, d.h. in funktionaler Perspektive wird eine Linearisierung vorgenommen, vergleichbar, was der numerisch arbeitende Mathematiker beispielsweise als Potenzreihenentwicklung kennt.

Stets ist eine eindeutige strategische Gewichtung als Voraussetzung hoher Schlagkraft sprichwörtlich gesagt im Hinterkopf. Dies ermöglicht eindeutige Zielmargen und exakt fixierte Erfolgsparameter. Daraus leiten sich starre Zeitlimits ab, auf denen klar definierte und abgegrenzte Operationslinien in die Hierarchie gezeichnet werden können. Während also die Militärstrategie ein Ziel vorgibt[3], "end state", entwickelt die militärische Operationsführung quasi das korrespondierende "end date". Die Lösung – "end made" – ist taktische Aufgabe. Auftretende Störgrößen werden um der klaren Lage willen notfalls exkludiert.

Mit dieser Regelstruktur gelingt die verlässliche Steuerbarkeit militärischer Organisationen. Ungewissheit wird systemlogisch ausgeblendet. Dies ist der Preis für ein Gefühl von Sicherheit bei den Soldaten. Sie rufen dafür selbstverständliche Annahmen, Leitideen und Ordnungsvorstellungen als Entscheidungsgrundlagen ab und reduzieren sich die Komplexität ihrer Umwelt. Hieraus wird auch die in der deutschen Militärgeschichte immer weitertradierte Einsicht verständlich, die als grundlegende Überzeugung bis heute wach gehalten ist, es komme darauf an, dass etwas getan werde (Moltke), weniger darauf, was dies konkret sei.

Das so beschriebene Vorgehen, die Militärlogik, arbeitet also streng heuristisch, indem sie Erfahrungsregeln, Vorannahmen und Routinen zugrunde legt. Es ist die Handlungspraxis gewohnter Bahnen. Vetospieler, also Mahner

---

[3] Der Begriff Militärstrategie wird hier als Marker betrachtet, um der zugrunde gelegten Annahme gerecht zu werden, dass es sich bei der politischer Logik folgenden Zielbildung und der daran anknüpfenden strategischen Umsetzung um zwei funktionslogisch nicht identische Prozesse handelt. Ein Anspruch, dass Strategie von Soldaten gemacht werden müsste, ist dies keineswegs!

wie der vielbeschworene Advocatus Diaboli, sind angesichts ihrer unerwünschten Irritation bis hin zur Destruktivität eher ausgeschlossen[4]. Auf diese Weise ist die Militärorganisation auf den konzentrierten, konsistenten und kontrollierten Einsatz von Gewalt als effektivierte und technisierte Makrogewalt zugeschnitten. Damit erklärt sich Hans Gesers Befund, dass es sich beim Militär in soziologischer Blickweise um einen Organisationstypus handelt, der in fast allen Ländern der Erde in durchaus ähnlicher Weise vorzufinden ist (1983: 140).

Neben das Militär stellte Geser die bürokratische Zivilorganisation. Dies impliziert auch die 80-20-Zauberformel als Mischungsprinzip zivil-militärisch und die 30-70-Welt als Mischung in der Realität (Naumann 2013: 28). Unzweifelhaft gibt es also neben der hier beschriebenen Militärlogik noch andere, davon abweichende Logiken.

Eine wäre die Verwaltungslogik. Sie fragt bei ihrer Entscheidungsgeneration nach Rechtmäßigkeit und Zweckmäßigkeit. Dies ist der Weg, den die Bundeswehrverwaltung beschreitet, aber auch andere Behörden. Interessant dürfte insofern ein Blick dahin sein, wo behördlich Sicherheit produziert wird, allen voran die Polizei[5], Feuerwehren und Katastrophenschutz.

Wissenschaft folgt der Forschungslogik. Sie fragt in der Modellierung ihrer Problemstellungen nach Elementen und Beziehungen in naturalistischen Denkrichtungen mit Ursache und Wirkungen oder nach Symbolen und ihren Deutungshintergründen in hermeneutischer Provenienz. Jedenfalls zerlegt sie ihre Fragestellungen und bastelt aus neuer Zusammenschau bisher nicht gegebene Antworten auf ihre Forschungsfragen.

Schließlich ist in der Bundeswehr derzeit die Prozesslogik in vieler Munde. Prozessmanagement ist ein in der freien Wirtschaft etabliertes und bewährtes betriebswirtschaftliches Führungssystem, das durch gezielte Gestaltung und Steuerung der Leistungserstellung dazu beiträgt, strategische und operative Ziele besser zu erreichen. Dabei werden "funktionale Königreiche" vom Management erobert. Prozessmanagement arbeitet mit Prozesslandkarte,

---

[4] Die Diskussionen um die Innere Führung, verkürzend verstanden als ethisch funktionalisierte "Stopp-Regel" (so Spreen (2014: 49) abgeleitet aus Hellmann 2014) sind in diesem Sinn Irritationen der militärischen Funktionslogik, weil die vorher ausgegrenzte Ungewissheit zurück kommt.

[5] Hier als Schutzpolizei, insgesamt jedoch als sog. "weiter Polizeibegriff", der Feuerwehr und KatS sowie ordnungsbehördliche Aufgaben einschließt.

-steckbriefen und Rollenkonzepten (Kern 2015: 2) – Begriffe, die dem Solda-tenmund normalerweise nicht entweichen.

Das Militär hält sich gewöhnlich an sein scheinbar über Jahrhunderte verinnerlichtes militärisches Führungssystem. Es wurde im Laufe der Zeit scheinbar zur Selbstverständlichkeit, so dass es mittlerweile auf die tiefste Kul-turebene der 'basic assumptions' aufgestiegen ist, die all die Dinge einer Orga-nisationkultur beinhaltet, die als selbstverständlich angenommen werden für die Art und Weise, wie man auf die Umwelt reagiert. Derartige Grundannah-men werden nicht mehr hinterfragt oder diskutiert. Ja, sie sind so tief im Den-ken verwurzelt, dass die Organisationsmitglieder sie nicht einmal mehr bewusst wahrnehmen. Insofern schüren Äußerungen zum Change-Management in der Bundeswehr durchaus Zweifel, ob die Funktionslogik des militärischen Füh-rungssystems überall präsent ist. Auf alle Fälle soll sie im Folgenden wieder in Erinnerung gerufen werden.

'Just in Time' oder 'Just in War'?

Mit Blick auf die vielfältigen Ausprägungen des militärischen Führungssystems in breit gefächerten konzeptionellen Dokumenten, ergänzt um Analyse- und Lehrunterlagen sowie Bücher und Fachzeitschriften und nicht zuletzt bedingt durch organisationskulturelle Eigenheiten in den verschiedenen Subkulturen, ist der hier gewählte Zugang als integrative Betrachtung konzipiert. Betrachtet durch eine derart informationelle Brille besteht das Führungssystem aus den Komponenten:

- Führungssystem der HDv 100/200[6],
- Verfahren Beurteilung der Lage (BdL),
- Militärdreiklang: Strategie-Operation-Taktik, sowie
- Auftragstaktik – korrekter: 'Führen mit Auftrag'.

Führungssystem der HDv 100/200

Das militärische Führungssystem besteht aus den Komponenten Einlinien-Stabs-Organisation als Führungs- bzw. Aufbauorganisation, dem Führungs-

---

[6] Obwohl die HDv 100/200 als VS-NfD eingestuft ist, können anhand umfangreicher Fachli-teratur die Kernelemente leicht nachvollzogen werden. Hilfreich ist auch ein Blick über den Zaun in den Bereich der Feuerwehren und des Bevölkerungsschutzes.

vorgang als kybernetischer Regelkreis aus Lagefeststellung, Planung, Befehlsgebung und Kontrolle sowie den hier nicht weiter betrachteten Führungsmitteln.

Die Einlinien-Stabs-Organisation sorgt für eindeutige Unterstellungsverhältnisse, die jedes Organisationselement (künftig OrgElement[7]) zweifelsfrei einem Vorgesetzten zuordnet. Befehle kommen immer über diese Linie von oben, Meldung laufen in die entgegengesetzte Richtung. Damit wird die reaktionsschnelle Entscheidungskompetenz in der Person des militärischen Führers fokussiert um den Preis seiner begrenzten Verarbeitungskapzität. Zweifel und Irritationen wie sie beispielsweise in Mitzeichnungsgängen ausgetauscht werden, sind von der kriegerischen Scene of Action verbannt. Schlagkraft der Wirkung erhält den Vorzug vor der Gründlichkeit des Wägens jeder Entscheidung. Der Landser kommentiert: "Nicht kleckern, sondern klotzen!" Als Aufbaulogik wird gewöhnlich die 3...5-er-Regel herangezogen, die aus der Beobachtung gewonnen wird, dass bezogen auf das erforderliche InfoAufkommen 3 unterstellte Elemente gut geführt werden können. Lange Zeit führten Divisionen drei Brigaden. Für weiteren Aufwuchs ist ein 4. Element zu bewältigen, ab dem 5. unterstellten Element müssten neue Führungsebenen eingerichtet werden. Aber, mit jeder weiteren Führungskraft fehlen zwei helfende Hände!

Mit dieser Aufbauorganisation ist eine strukturell bedingte Selbstähnlichkeit vorgegeben, so dass führungsstrukturell betrachtet ein OrgElement dem anderen gleicht. Insofern wird auch Naumanns Beobachtung der Arbeitsweise 'Mehr vom Gleichen' nachvollziehbar. Anders als in zivilen stets in drei Ebenen aufgebauten Behörden wachsen OrgElemente hinzu, während sie sonst dem Aufgabenumfang angepasst werden: Taylored to the Mission. Im Gegensatz dazu wird die Aufbauorganisation eines Unternehmens auf die zu bewältigenden Aufgaben hin optimiert mit Matrix, also Zwei- oder sogar Mehrlinienorganisationen, spezifizierten Verrichtungsorganen und zeitoptimalem Warenaustausch: Just in Time. Dagegen entsprach es lange Zeit grundlegender militärischer Weitsicht, Reserven auf allen Führungsebenen bereit zu stellen, die angesichts der Ungewissheiten, die der Krieg mit sich bringt, an entscheidender Stelle eingesetzt werden. Ungewissheit ist so ins Führungssystem eingebrannt.

---

[7] Dem Schema folgend wird in gleicher Weise mit dem Begriff Information verfahren. Informationsmanagement wird als InfoManagement abgekürzt und gleichlautend InfoPerspektive, InfoRaum, InfoPakete, InfoVerarbeitung, InfoFlüsse, InfoStruktur sowie DurchführungsInfos.

Was nützte das aufgefeilte InfoManagement, wenn man sich weder sicher sein kann, ob die Info richtig noch ob sie überhaupt vollständig bekannt ist.

Dem trägt auch der Regelkreis des Führungsvorganges Rechnung. Frei nach Moltke wird zunächst etwas entschieden und dann genau – und zwar dank Auftragstaktik auf allen Ebenen – geprüft, ob sich die Lage in die erwünschte Richtung verändert. Sonst muss im nächsten Regelschritt nachgebessert werden. Baugenehmigungen nach dem Regelkreismodell erteilt, würden Bauherrn dagegen zur Weißglut treiben.

Verfahren BdL

Während die "Auswertung des Auftrages" präsent ist, scheinen die weiteren Schritte des Verfahrens Beurteilung der Lage in den Hintergrund gedrängt. Eine alte Marinevorschrift bezeichnete den Folgeschritt als Lageauswertung, dann die Entwicklung der Handlungsmöglichkeiten und schließlich deren Bewertung, bevor der Commander entscheidet. Zur Generierung der Handlungsmöglichkeiten werden überwiegend erfahrungsbasierte Routinen herangezogen; für Analysen bleibt sowieso keine Zeit. Ein Denken in Modellen, ausgearbeitet in Elementen und Beziehungen, ist nicht vorgesehen. Das führt zu einer ungeheuren Komplexitätsreduktion in InfoPerspektive um den Preis der vollständigen Analyse.

Ins Auge sticht, dass im Führungssystem der Auftrag – formal betrachtet – unerwähnt scheint. Evident ist auch, dass das Verfahren BdL seinem Wesen nach nicht als Regelkreis, sondern als einmaliger Algorithmus konzipiert ist. Ursache ist die Differenzierung nach Kräfteeinsatz im Regelkreis, also den Effizienzfragen, wie funktional der optimale Erfolg erreicht wird, und den Effektivitätsfragen als BdL, d.h. dem Kräfteansatz verbunden mit der Entscheidung, welche Mittel auch in Konkurrenz untereinander für die sachgerechte Bewältigung der Gesamtaufgabe notwendig sind.

Militärtrias

Dies korrespondiert mit der Trias aus Strategie, Operation und Taktik. Während gewöhnlich feste Führungsebenen wie Armeekorps als operativ deklariert sind – die Kunst der Führung meint meistens Operationsführung –, erfolgt in funktionslogischer Sicht die Trennung nach Kräfteansatz und -einsatz. Operativ führt, wer Kräfte ansetzt, d.h. zuteilt oder wegnimmt. Taktisch führt, wer mit den zugewiesenen Kräften eine Aufgabe ausführt. Das Führungsdenken liefert dafür zwei nebeneinander anwendbare Verfahren. Beide folgen unterschiedlichen Logiken. Der InfoRaum wird auf die einschlägige Frage verengt. Das reduziert Komplexität erheblich.

Auftragstaktik – oder das Führen mit Auftrag

Während in philosophisch anmutenden Beschreibungen der Auftragstaktik Menschenbild oder Leistungsbereitschaft in den Mittelpunkt gerückt werden, bleibt in der hier aufgespannten InfoPerspektive allein die komplexitätsreduzierende Wirkung zu beschreiben, die sich aus der zugrunde liegenden Trennung von Ziel- und Durchführungsdaten ergibt. Den Einheiten eines Bataillons muss beispielsweise nur die Info übermittelt werden, die die Ziele unmissverständlich beschreibt. Die für die Durchführung relevanten InfoPakete hat die Einheit selbst bereitzustellen. Häufig ist dies durch Augenscheinnahme möglich, selten ist umfangreiche, organisatorisch aufwendige Aufklärung erforderlich. Geführt wird quasi vom Feldherrnhügel, taktische Zeichen sind die Soldaten. Außerdem erspart sich die Einheit die Meldung[8] der DurchführungsInfos ans Bataillon, das diese Infos gar nicht braucht. Nur zielrelevante InfoPakete müssen übermittelt werden. Dies spart korrekt angewendet nicht nur "Bandbreite", sondern verringert erheblich den Umfang der InfoVerarbeitung, allerdings um den Preis der Gründlichkeit und Genauigkeit des Handelns. Auf alle Fälle erhöht die flotte InfoVerarbeitung die Schlagkraft.

Schwenkt man mit dieser Erkenntnis den Blick auf den Drohnendiskurs und die dort diskutierte Ablehnung angesichts eines teil- oder sogar vollautonomen Waffeneinsatzes, dann scheint dies bei Licht betrachtet nicht viel mehr als die Komplexitätsreduzierung, die den Soldaten mit dem Prinzip `Führen mit Auftrag´ sowieso in der Seele eingebrannt ist.

Eigengesetzlichkeit des Militärs?

Aus der InfoPerspektive betrachtet ergibt sich damit eine Eigentümlichkeit militärischer Führung und angesichts der daraus erwachsenden Prägung der Soldaten darf man dies für Streitkräfte verallgemeinern. Es ist eine Programmierung, die von anderen, alltäglichen Funktionslogiken abweicht. Die Folgen zeigt der Afghanistan-Einsatz. Deutlich ist, dass das militärische Führungssys-

---

[8] Befehl wird hier für die Informationsrichtung eines Vorgesetzten an ein unterstelltes Organisationselement, Meldung als Info der Vorgesetzten durch Untergebene verstanden.

tem eigentlich ein Problemlöseverfahren ist, das streng auf die besonderen Umweltbedingungen der Soldaten zugeschnitten ist. Dies sind in geraffter Darstellung Zeitdruck, angesichts eines laufenden Angriffs, Handlungszwang, schließlich steht Einiges auf dem Spiel, und zumeist ein Mangel an Mitteln, also Personal und Material. Schlagkraft wird in solchen Situationen der Vorzug eingeräumt vor der Gründlichkeit des Wägens. Idealtypisch steht damit der Soldat dem Beamten gegenüber.

Der militärischen Funktionslogik liegen drei Prämissen zugrunde:

1. Mit der radikalen Komplexitätsreduktion werden die Handlungsmöglichkeiten zügig generiert und damit Schlagkraft nach Zeit und Wirkung ermöglicht.

2. Zweifel, aber auch Störungen werden systematisch beseitigt, angesichts der globalen Unsicherheit, die auf der Scene of Action sowieso nicht hintergangen werden kann.

3. Schließlich findet sich eine Minimierung der InfoFlüsse zur Verringerung des Steuerungsaufwandes zugunsten des Handlungserfolgs.

Andere Sicherheitsbehörden, so scheint es, haben die gleichen Probleme, an derselben Nahtstelle, nämlich dort, wo statt der staatspolitischen eine pragmatische Antwort erforderlich ist, wo schnell entschieden werden muss. Dies war beispielsweise im deutschen Katastrophenschutz der Fall. Als 1975 eine Waldbrandkatastrophe die Lüneburger Heide heimsuchte wurde die bis dahin geübte Praxis erschüttert. Was war geschehen? Landräte krönten sich zum Feldherrn und führten Feuerwehren und Katastrophenschutzeinheiten. Die Aufarbeitung zeigte: zum Misserfolg! Bemerkenswert war die politische Reaktion: Kurzerhand, ja geradezu handstreichartig wurde das militärische Führungssystem der HDv 100/200 in einer Katastrophenschutzdienstvorschrift 100 übernommen[9] (vgl. Buchner 2014).

Ähnliches ist bei der Polizei zu beobachten. Unter dem Begriff "Besondere Aufbauorganisation", kurz BAO, findet bei bestimmten Anlässen die Metamorphose einer Polizeibehörde in eine militärähnliche Struktur statt. Die

---

[9] Für den Bereich des Katastrophen- und Zivilschutzes existiert dazu reichhaltige Fachliteratur von Autoren aus dem Bereich des Feuerwehrwesens beispielsweise Heinrich Schläfer, Thomas Mitschke, Ulrich Cimolino, Hans-Peter Plattner und Hanno Peter.

BAO wurde als Lektion des Geiseldramas am 16. August 1988 in Gladbeck[10] in der Polizeidienstvorschrift 100 verankert. Polizei als Behörde unter der Leitung des Polizeipräsidenten verwandelt sich in ein schlagkräftiges Instrument in der Hand eines Polizeiführers. Gleichartige Schlagkraft-Symptome finden sich in mehreren Bundesministerien. Beispielsweise setzt das Auswärtige Amt Krisenstäbe ein, wenn deutsche Staatsbürger im Ausland entführt worden sind. Nach dem Unglück in Fukuschima wurde ein Krisenstab im Bundesumweltministerium installiert.[11]

Scheinbar folgt dies der Einsicht: Trennlinien der Arbeitsteilung dürfen sich in der Not nicht in Sollbruchstellen verwandeln. Gleichzeitig wird aber auch deutlich, dass Verwaltungslogik und Militärlogik für spezifische Problemlösungen unterschiedlich gut geeignet sind. Folglich wäre je nach Situation das richtige Werkzeug des Denkens auszuwählen. Schließlich käme wohl kaum ein Kfz-Bastler auf die Idee, sich europäisches Werkzeug nach DIN – der bekannte 17-er Schlüssel - zu kaufen, wenn er ein amerikanisches Auto fährt, das eben aus zölligen Maschinenelementen, also nach ISO-Norm – der 3/8-Zoll Schlüssel für den Wasserhahn – gebaut ist.

Für die schnelle Generierung von Handlungsmöglichkeiten bedient sich die Militärlogik vorgeformter, häufig aus Erfahrung gewonnener Routinen statt modellhafter Kategorisierung nach Elementen und Beziehungen. "Untiefen der Details" werden dabei umschifft. Es herrscht ein Primat der Aufbauorganisation. Alles andere ergibt sich quasi von selbst. Eine derart grob granulierte Info-Struktur legt nur Rechenschaft über die beste Lösung ab, gibt aber keine Antwort auf das Warum. Güte ist also kein Kriterium. Im Zusammenspiel von operativen und taktischen Funktionalitäten entstehen Tatsachen in der Hinsicht, als sich die Denkprozesse, die dahin führten, hinter einem Schleier von Intuition verbergen. Schließlich wird sequentiell geplant und linear gedacht. Zur Ausführung stehen weitgehend identische, recht universell funktionierende Instrumente, militärische Einheiten und Teileinheiten, zur Verfügung: Der Landser kommentiert: "Erfolg im Krieg hat nur das Einfache." Dies alles wird in einem Regelkreis bearbeitet, so dass es nicht erforderlich ist zu warten, bis

---

[10] Der Vorfall wurde in einem Untersuchungsausschuss ausführlich aufgeklärt und dokumentiert und hat Anlass zu umfangreicher Analyse geliefert.

[11] Über die Schadensabwehrphilosophie informiert der Web-Auftritt des BMI unter www.bmi.bund.de/SharedDocs/FAQs/DE/Themen/Sicherheit/Bevoelkerungsschutz/km_4.html

alle erforderlichen Infos vollumfänglich vorliegen. Vielmehr wird lieber gleich entschieden und anschließend regelmäßig nachgebessert.

Dieses Regelkreis-Instrument ist nicht zuletzt deshalb legitim, weil angesichts der Ungewissheit sowieso unklar bleiben muss, wie sicher man sich auf die vorliegenden Infos verlassen darf. Dazu kommt die existentielle Bedrohung des Verteidigungskrieges. Regelkreise beseitigen insofern Zweifel. Dies wird durch das top-down Vorgehen weiter unterstützt, das die Möglichkeitsräume nachgeordneter Truppen radikal eingrenzt. Hierarchie wirkt insofern als Filter für Information. Verstärkt durch die zentralisierte Entscheidungsbefugnis der Einlinien-Stabs-Organisation kann der Vorgesetzte allein entscheiden, ungestört, das geht schnell.

Dazu kennt der Militärjargon den Terminus "Wille der übergeordneten Führung". Dabei werden Störer – besser Bedenkenträger – mit der Alleinverantwortlichkeit ausgegrenzt. Es entsteht Kohärenz. Reserven fokussieren die Wirkungen. Außerdem geben sie dem Entscheider die Möglichkeit, Korrekturen vorzunehmen. Jedenfalls werden sie von Soldaten stets mitgedacht und nicht eingespart! Dies macht deutlich, dass Zweifel dem gesamten Führungssystem immanent sind. Ihre Allgegenwärtigkeit zeigt sich auch am Reflexionsverhalten. Vergangenheitsbewältigung hat im Militär keine Tradition. Selten werden nachträglich Nachforschungen angestellt über die Qualität von Lösungen. Wo sie jedoch trotzdem stattfinden, wie beispielsweise bei einigen Check-Point-Vorfällen, sorgt die Staatsanwaltschaft für Irritationen bei den Soldaten. Irritationen lassen sich auch in anderen Grenzbereichen beobachten. So kennt das heutzutage etablierte Führungssystem des Katastrophenschutzes den Begriff des Verwaltungsstabes. Nicht genug, dass die für Afghanistan erkannten Fehler fehlender Zusammenwirkungsebenen des zivil-militärischen Krisenmanagements mit der Behördentrennung zwischen Polizei und nichtpolizeilicher Gefahrenabwehr nachgemacht werden, sondern mit der gründlichkeitsfundierten Verwaltungsarbeit werden gleich noch die Lerneffekte der Waldbrände in der Lüneburger Heide absorbiert. Die Schlagkraft der Schadensabwehr wird wieder in der Verwaltungslogik eingezwängt. "Falsche Taktik – große Schäden" (Pulm) klingt zwar gut und ist es wert, bedacht zu werden, nur bitte nicht, wenn mein Haus brennt! Genauso wenig ist es akzeptabel, dass militärische Strukturen mit Bürokratie irritiert werden. "Beim bisherigen Transformationsprozess fällt sofort ins Auge, dass die Reduzierung der militärischen Hierarchieebenen mit dem Abbau des Personalumfangs und der Anzahl der Verbände keineswegs Schritt hält. Das hat zur Folge, dass die so genannten Leitungsspannen, d.h. die Zahl der einer Kommandobehörde direkt unterstellten Truppenteile bzw. Dienststellen, vor allem auf den oberen Ebenen in einer auch nach der militärischen Logik unsinnigen Weise abnehmen. Fast könnte man den Eindruck gewinnen, die Strukturen der Streitkräfte leiten sich weniger aus ihrem Auftrag ab als aus dem Bestreben, möglichst viele gut dotierte Dienstposten zu erhalten" (Groß/Meyer 2005: 215). Die Gefahr besteht, dass nicht nur Bürokratie aufrechterhalten wird, die der Soldat nicht braucht, sondern dass höhere Führungsebenen sogar ein Eigenleben entwickeln, das 'in langen Fluren' die Schlagkraft schwächt.

Jedenfalls wird der Vorteil zunichte gemacht, dass mit Minimierung der InfoFlüsse die Verringerung des Steuerungs- zugunsten des Handlungsbedarfs erwirkt wird. In erster Linie Auftragstaktik bewerkstelligt dies getreu dem Motto "RestInfo durch Augenscheinnahme". Zugegebenermaßen geraten Nebenwirkungen dabei aus dem Blick. Kollateralschäden stehen nicht im Fadenkreuz des Interesses. Angesichts Autonomie- und Alleinverantwortungsanspruch auf dem Gefechtsfeld mag das auch gerechtfertigt sein. Dies markiert die Grenzen, die der militärischen Steuerungslogik gesetzt sind. Mag die existentielle Bedrohung zweit- oder drittbeste Lösungen rechtfertigen, Militär als Politikstil muss sich von anderen Ansprüchen leiten lassen. Muss sich doch Politik dort, wo die Ungewissheit zu groß ist, Zeit nehmen, Klarheit zu schaffen. Dies folgt dann aber einer ganz anderen Logik. Das militärische Führungssystem jedenfalls ist ein System antizipierter Ungewissheit. Der Krieg, so die Konsequenz, ist militärisch durchschaubar, der Frieden scheinbar nicht! Das militäreigentümliche Führungssystem ist so gesehen ein Algorithmus des Krieges, mehr nicht!

Zum Schluss …

Neu sind die hier zusammengestellten Fakten eigentlich nicht. Herbert Spencer, Vorvater der Soziologie (Edward Shils), lieferte als scheinbar Einziger ein dualistisches Konzept, das zwischen militärischem und industriellem Gesellschaftstypus unterscheidet. "Kriegsgesellschaft ist demnach als differenzierter Gesellschaftsmodus mit charakteristischen Strukturen, Institutionen und Handlungsorientierungen zu verstehen" (Kruse 2009: 199). Neben gemeinsamen Merkmalen gibt es eine Reihe von Charakteristika wie zentrale Steuerung und hierarchische Differenzierung, die beide trennen. Spencer selbst nannte Vergesellschaftung durch Zwang, individuelle Unfreiheit, einen starken, despotischen Staat, strikte Unterordnung des Individuums, ein militärisches Wertesystem mit Heldenkult, Disziplin, Gehorsam, Rache und Tapferkeit im Gegensatz zu einem industriegesellschaftlichen Nonkonformismus. Plakativ macht dies die Aussage deutlich: "Wer in der Zivilgesellschaft jemanden umbringt, der ist ein Verbrecher, in der Kriegsgesellschaft ist er ein Held" (Kruse 2009: 200).

Gleichzeitig zeigt sich bei der Mobilisierung, dass die Schraube nicht unendlich gedreht werden kann. "Mobilisierung droht auf Dauer die physische und psychische Basis der Kriegsführung zu untergraben. Je stärker die Mobilisierungsschraube gedreht wird, desto wahrscheinlicher sind Desertionen und Rebellionen." Dies nennt Kruse das kriegsgesellschaftliche Dilemma. Dem entgegengesetzt scheint die Bundeswehr als Einsatzarmee mit militärischem Führungssystem vor einem friedensgesellschaftlichen Dilemma zu stehen. Mit allabendlichen Greuel-Bildern vom Elend der Menschen wie derzeit im Mittelmeer scheint sie sich aus ihrem Interpretationsrahmen Staat (state made war: Charles Tilly) zu lösen und in Bezug zur Gesellschaft zu treten (Kuchler 2013: 503). An dieser Stelle scheint dann das Risiko, im Einsatz zu sterben als unzumutbare Belastung. Auch Kollateralschäden, die der militärischen Funktionslogik immanent sind, werden inakzeptabel. Insofern besteht die Gefahr, dass die Bundeswehr als zölliger Schlüssel metrische Muttern lösen soll. Die Erfolgsaussichten sind recht gering. Bleibt als Begründung des Einsatzes nur, dass die Bundeswehr eben sowieso da ist. Dann kann man sie auch einsetzen, obwohl die Probleme vielschichtiger sind als nur Nägel, die man mit dem Hammer Militär einschlagen könnte.

Literatur

Apelt, Maja (2012a): Das Gewaltdilemma moderner Streitkräfte. In: Spreen, Dierk; Trotha, Trutz von (Hg.): Krieg und Zivilgesellschaft, S. 219-238.

Buchner, Peter (2013): Wie Sicherheit die Schadensabwehr lenkt. In: Lange, Hans-Jürgen; Endreß, Christian; Wendekamm, Michaela (Hg.): Versicherheitlichung des Bevölkerungsschutzes. Studien zur Inneren Sicherheit, S. 173-188.

Buchner, Peter (2014): Ritterheer und Söldnertruppe. Eine Handlungslogik für die Schadensabwehr als Teil der Sicherheitskultur. In: Lange, Hans-Jürgen; Wendekamm, Michaela; Endreß, Christian (Hg.): Dimensionen der Sicherheitskultur. Studien zur Inneren Sicherheit, Band 17, S. 267-280.

Daase, Christopher (2013): Von der nationalen zur menschlichen Sicherheit: Politische und rechtliche Konsequenzen des erweiterten Sicherheitsbegriffs. In: Fischer-Lescano, Andreas; Mayer, Peter (Hg.): Recht und Politik globaler Sicherheit. Bestandsaufnahme und Erklärungsansätze, S. 11-42.

Geser, Hans (1983): Die Reduktion von Militärsoziologie auf Organisationstheorie. In: Wachtler, Günther (Hg.): Militär, Krieg, Gesellschaft. Texte zur Militärsoziologie, S. 139-165.

Groß, Jürgen; Meyer, Berthold (2005): Unter Ächzen und Stöhnen: Die Bundeswehr im Einsatz. In: Ratsch, Ulrich; Mutz, Reinhard; Schoch, Bruno; Hauswedell, Corinna; Weller, Christoph (Hg.): Friedensgutachten, S. 210-218.

Hellmann, Kai-Uwe (2015): Wenn der Nebel des Krieges aufzieht … Anmerkungen zur Transformation der Bundeswehr. In: Apelt, Maja; Senge, Konstanze (Hg.): Organisation und Unsicherheit, S. 195 -212.

Kern, Eva-Maria (2015): Bw-Prozessmanagement: Bürokratie versus Auftragserfüllung? In: Behördenspiegel, Newsletter Verteidigung, Streitkräfte, Wehrtechnik, Nr. 133 vom 2. Juli, S. 2.

Kruse, Volker (2009): Mobilisierung und kriegsgesellschaftliches Dilemma. Beobachtungen zur kriegsgesellschaftlichen Moderne. In: ZfSoz, 38, 3, S. 198-214.

Kuchler, Barbara (2013): Krieg und gesellschaftliche Differenzierung. In: ZfSoz 42, 6, S. 502-520.

Kutz, Martin (1980): Tradition und soldatische Erziehung. Zu den gegenwärtigen historischen Leitbildern der Offizierausbildung der Bundeswehr. In: Schulz (Hg): Streitkräfte im gesellschaftlichen Wandel, S. 219-234.

Kutz, Martin (2006): Deutsche Soldaten. Eine Kultur- und Mentalitätsgeschichte.

Naumann, Klaus, (2013): Der blinde Spiegel: Deutschland im afghanischen Transformationskrieg.

Pulm, Markus (2002): Falsche Taktik – große Schäden. Stuttgart: Kohlhammer.

Spreen, Dierk (2014): Digitalisierung und Innere Führung. In: Hartmann, Uwe; Rosen, Claus von (Hg.): Jahrbuch Innere Führung 2014, S. 46-59.

Klaus Naumann

Auch heilige Kühe müssen über den Zaun grasen. Die Einheit des militärischen Denkens und Handelns: Politik, Strategie und militärische Professionalisierung

> „Der Primat des Politischen gilt im Gesamtzusammenhang und damit auch für den Soldaten auf allen Ebenen seiner Tätigkeit."
>
> Martin Kutz[1]
>
> „In a social media era, with an open civil-military space, soldiers inevitably will be drawn into politics."
>
> Chiara Ruffa, Christopher Dandeker, Pascal Vennesson[2]

Die Begriffe und Praktiken strategischen, operativen und taktischen Handelns sind ins Gerede gekommen. Unter den veränderten Bedingungen postkonventioneller oder hybrider Konfliktszenarien scheint die Trennschärfe der traditionsreichen Konzepte verloren zu gehen, Unterschiede drohen zu verwischen und militärische Prozeduren werden in Frage gestellt, sowohl von „oben" (als Durchgriff bis auf das Gefechtsfeld) wie „von unten" (als Aufwertung des „strategic corporals"). Militärwissenschaftler sprechen davon, dass die „drei Ebenen", wie man das Begriffstrio Strategie, Operation, Taktik gern beschreibt, geradezu „komprimiert" werden und sich enger verzahnen als das in der konventionellen Vorstellungswelt denkbar gewesen war. Zerbröselt die militärische Organisationswelt unter dem Ansturm neuer Herausforderungen, werden bewährte Maximen und Konzepte leichtfertig preisgegeben – oder befindet sich das Militär im Um- und Aufbruch zu einstweilen unbekannten Ufern? Welche Schlussfolgerungen ergeben sich für die Führungsphilosophie der Streitkräfte und für die militärische Professionalisierung?[3] Offenbar ist es an der Zeit, sich des eigenen Instrumentariums zu versichern.

---

[1] Martin Kutz, Deutsche Soldaten. Eine Kultur- und Mentalitätsgeschichte. 2006, S. 254.

[2] Chiara Ruffa, Christopher Dandeker, Pascal Vennesson, Soldiers drawn into politics? The influence of tactics in civil-military relations, in: Small Wars & Insurgencies, 2/2013, S. 322-334, hier S. 331.

[3] Im Folgenden wird eine Verallgemeinerung der anhand der PRT-Erfahrungen formulierten Thesen versucht. Vgl. Klaus Naumann, Shaping a new soldier? Military professionalism in

Dieser Aufgabe hat sich Christoph Karich in der Zeitschrift „Innere Führung" gestellt.[4] Sein Beitrag widmet sich dem Anliegen, durch Justierung der Begriffe und „Verantwortungsebenen" wieder Ordnung ins Gefüge zu bringen und damit die Voraussetzungen zu verbessern, um „ebenengerecht und damit reibungsarm" arbeiten zu können (S. 10). Leider überzeugt sein Ansatz nicht. Ob Asymmetrien, moderne Kommunikationsmittel, Medienpräsenz oder Neuerungsvorstellungen – alles das firmiert beim Autor erst einmal als Störgrößen, von denen Abstand gewonnen werden müsse. Als sortierender Zugriff hat das eine gewisse Berechtigung, aber der Teufel bei Karich steckt nicht im Detail, sondern in der Methode, im Denkweg. Von Strategie, Operation und Taktik zu reden, hat nur Sinn im Hinblick auf ein Konflikt- bzw. Kriegsbild, die gegebenen Kontextbedingungen sowie die allgemeinen Zwecksetzungen staatlichen Handelns.[5] Die Klage, „leider sind diese klaren Begriffe in der heutigen Zeit nicht immer anwendbar" (S. 11), enthüllt hingegen eine intellektuelle Ratlosigkeit. Als Gegengift allein die „bewährten" Strukturen, Hierarchien und Konzepte zu beschwören, hat wenig Nutzen, wenn der stattfindende Wandel dabei als empirische Unregelmäßigkeit abgebucht wird. Hält sich also die Wirklichkeit nicht an das Schema – umso schlimmer für die Wirklichkeit!

Im Folgenden möchte ich einen anderen Weg gehen, um die aktuellen Probleme, die sich in strategischer, operativer und taktischer Hinsicht stellen, genauer in den Blick zu nehmen. Der leitende Gesichtspunkt ist dabei die Einheit des militärischen Handelns. Dem wird man, so die hier vertretene These, nur dann auf die Spur kommen, wenn man sich von den (Selbst-)Zwängen hierarchischen Ordnungsdenkens befreit und die hier zur Debatte stehenden Konzepte als das begreift, was sie sein sollten – als *Denkwege* und Zugriffe, um die Vielfalt der Erscheinungen und „Ebenen" zu durchdringen und in ihrem Zusammenwirken zu begreifen. Zugespitzt formuliert, das, was wir „Strategie", „Operation" und „Taktik" nennen, sind erst einmal nichts anderes als zweck- und zielgebundene Sonden oder Perspektiven, mit denen die unter-

---

complex missions, in: Bernhard Chiari (Hg.), From Venus to Mars? Provincial Reconstruction Teams and the European Military Experience in Afghanistan, 2001-2014. Freiburg i.Br. 2014, S. 301-316.

[4] Christoph Karich, Militärische Planung. Vom Verhältnis der drei militärischen Verantwortungsebenen zueinander, in: Innere Führung, 4/2014, S. 10-16. Die Seitenangaben im folgenden Text beziehen sich auf diesen Beitrag.

[5] Vgl. Kutz, Deutsche Soldaten, a.a.O., Kap. XVIII.

schiedlichen Planungs- und Handlungsanforderungen betrachtet und bearbeitet werden.[6] Zusammengehalten werden sie intellektuell wie handlungspraktisch, auch das ein wunder Punkt, von der *Zweckmäßigkeit* allein. Damit kommt *das Politische* ins Spiel, von dem sich das militärfachliche Selbstverständnis so gern freimachen möchte, um es dem – externen – „Primat der Politik" zu überantworten. Doch der Beruf des Soldaten, speziell des militärischen Führers, ist nicht nur ein „geistiger", sondern auch ein „politischer" Beruf. Erst in zweiter Linie haben wir es dann mit institutionalisierten „Ebenen" zu tun. Der Organisationsverstand hingegen denkt umgekehrt – erst kommt die „ebenengerechte" Zuständigkeit, dann die Kompetenz – und an der kann es, etwa auf operativer oder taktischer Ebene, auch schon mal fehlen, wenn keine „Experten" vorhanden sind, die „Schnittstellen" zu besetzen (S. 14). Solange dieses Denken dominiert, wird sich jede Militärorganisation mit veränderten Zwecksetzungen, Zielstellungen und Mittelkalkulationen sehr schwer tun.

Nicht zufällig berichten die Auswertungen der zurückliegenden Auslandseinsätze und diskutiert die Militärliteratur über einen ganzen Kranz von Herausforderungen, die sich dem militärischen Denken und Handeln stellen. Ich werde nur einige Zeugnisse herausgreifen, um damit zu unterstreichen, dass keines der drei Schlüsselkonzepte davon unberührt geblieben ist.

Neuland

Oft genug ist inzwischen beklagt und beschrieben worden, dass die Einsatzführung der Afghanistan-Mission an empfindlichen Strategiedefiziten litt.[7] Es reicht indessen nicht aus, dabei stehen zu bleiben, dieses Manko zu konstatieren. Produktiver scheint mir, der Frage nachzugehen, mit welchen Anforde-

---

[6] Vgl. Emile Simpson. War from the Ground up. Twenty-first Century Combat as Politics. London ²2013, S. 177. Schon General Beaufre sprach von Strategie als einem „Denkgebäude". Vgl. Ders., Totale Kriegskunst im Frieden. Einführung in die Strategie. Frankfurt/Main – Berlin 1964, S. 179.

[7] Vgl. Philipp Münch, Strategielos in Afghanistan. Die Operationsführung der Bundeswehr im Rahmen der ISAF. SWP-Studie S 30, Berlin November 2011; Martin Zapfe, Sicherheitskultur und Strategiefähigkeit. Die ressortgemeinsame Kooperation der Bundesrepublik Deutschland in Afghanistan. Diss. Universität Konstanz 2011.
http://kops.ub.uni-konstanz.de/bitstream/handle/urn:nbn:de:bsz:352-168316/Diss_Zapfe.pdf?sequence=3; Hew Strachan Strategy or Alibi? McChrystal and the Operational Level of War, in: ebd., 5/2010, S. 157-182; Klaus Naumann, Der blinde Spiegel. Deutschland im afghanischen Transformationskrieg. Hamburg 2012, S.83ff.

rungen das strategische Denken und Handeln konfrontiert ist. Diese verweisen zum einen auf strukturelle Bedingungen, zum anderen auf zweckbedingte Komplikationen. In beiden Fällen spielen die politisch-militärischen Beziehungen eine zentrale Rolle. Aus dieser Perspektive zeigt sich die Relevanz der von Hew Strachan notierten These, dass es heute weniger darum gehe, einem Staatsstreich vorzubauen, als vielmehr darum, die Fähigkeit zu erlangen, eine kohärente Strategie zu entwickeln.[8] Dass dies nicht (oder doch zu wenig) geschieht, hat mit den nationalen und multilateralen Führungsstrukturen (etwa dem Ressortprinzip, Konsenszwängen u.a.m.) zu tun, aber zugleich auch mit der zunehmenden Komplexität strategischer Anforderungen. Lassen wir die erstgenannten Punkt einmal beiseite und konzentrieren uns auf das Komplexitätsproblem.[9]

Nicht allein die Zweck- und Zielsetzungen sicherheitspolitisch relevanter Vorhaben unterliegen einer Ausdifferenzierung in politische, militärische, humanitäre, wirtschaftliche und soziale Teil-, Zwischen- und Endziele; auch die Akteursvielfalt im strategischen Geschäft hat dramatisch zugenommen. Man mag den Zeiten nachtrauern, als Strategie eine Sache zwischen der politischen Spitze und dem Feldherren war, der Strategiebegriff also weitestgehend auf der politisch-militärischen Achse angesiedelt war, in der heutigen Zeit umfassender strategischer Probleme und entsprechend komplexer strategischer Entwürfe ist das nicht mehr der Fall.[10] Daraus ergeben sich einige Folgerungen. Die Anlage von Strategieprozessen wird multilateral (Ressorts; Agenturen; Bündnis bzw. Koalition) sein müssen; das Militär ist hier nur noch ein Akteur unter anderem. Der Ausgang von Konflikten wird häufig nicht in erster Linie vom militärischen Einsatz abhängen – und das auch in den absehbaren hybriden

---

[8] Hew Strachan, Making Strategy: Civil-Military Relations after Iraq, in: Survival, 3/2006, S. 59-82, hier S. 79; in gleichem Sinn vgl. Jan Angstrom, The changing norms of civil and military und civil-military relations theory, in. Small Wars & Insurgencies, 2/2013, S. 224-236.

[9] Zum erstgenannten Punkt vgl. Klaus Naumann, Monopolisierung der Gewalt und Praxen des Vertrauens. Eine historisch-politische Studie zum stillen Wandel der bundesdeutschen Sicherheitsinstitutionen, in: Heinz Bude u.a. (Hg.), Gesellschaft – Gewalt – Vertrauen. Jan Philipp Reemtsma zum 60. Geburtstag. Hamburg 2012, S. 610-631.

[10] Vgl. Hal Brands, What Good is Grand Strategy? Power and Purpose in American Statecraft. Ithaca – London 2014; Bastian Giegerich/Alexandra Jonas, Auf der Suche nach best practice? Die Entstehung nationaler Sicherheitsstrategien im internationalen Vergleich, in: Sicherheit und Frieden, 3/2012, S. 129-134; zum strategischen Renovierungsbedarf in der US-Politik vgl. auch Linda Robinson u.a., Improving Strategic Competence. Lessons from 13 Years of War. RAND-Studie Santa Monica 2014.

Konfrontationen der Zukunft.[11] Dementsprechend wird die strategische Feder-
führung nicht durchgängig im Verteidigungsressort verbleiben. – Wie kann
eine zweckgerechte militärische Ausplanung und Implementierung von strategischen Zielen unter diesen Bedingungen aussehen? Wie steht es um die militärische Befähigung, gesamte Strategiezyklen zu begleiten? Es ist kaum anzunehmen, dass dies isoliert von den übrigen Akteursgruppen geschehen kann,
aber es ist die Frage, ob das bisherige „Schnittstellenmanagement" dieser Sach-
lage bereits entspricht.[12]

Am Beispiel des Afghanistaneinsatzes ist deutlich zu sehen, wie sich die
veränderten Rahmenbedingungen im gesamten Transferprozess des politischen
Willens in taktisches Handeln niederschlagen. Dieser Transfer geriet oft genug
ins Stocken, und die Resultate glichen mitunter einer „stillen Post", d.h. Aus-
gangs- und Enddaten waren nur schwer miteinander in Einklang zu bringen.
Verantwortlich dafür waren vage politische Vorgaben, aber nicht weniger relevant war die aus der Entwicklungszusammenarbeit bereits bekannte „Drei-
Ebenen-Problematik".[13] Mit diesem Theorem wird darauf aufmerksam gemacht, wie sich im Übergang von den zwecksetzenden Metropolen über die
regionalen Hauptquartiere bis auf die Feldebene die Vorgaben und Praktiken
unter der Hand verändern, um dem organisations- und ortsspezifischen Handlungsrahmen angepasst zu werden. Dieses Phänomen dürfte dem militärischen
Denken in Handlungs- und Verantwortungsebenen durchaus bekannt vor-
kommen. Kann man dann aber davon ausgehen, wie Karich (S. 11) behauptet,
dass der „Comprehensive Approach" ein „Alleinstellungsmerkmal" der „strategischen Ebene" sei; im Gegenteil, die gravierenden Defizite dieses Ansatzes
lagen nicht zuletzt auch darin begründet, dass das vernetzte Handeln nicht auf
allen „Ebenen" und bei allen Akteursgruppen konzeptionell wie personell präsent war. Diese Defizite hatten viele Urheber – die unterschiedliche Beteiligung
der Ressorts, die voneinander abweichenden Organisationslogiken, die unterschiedliche Präsenz im Feld, die abweichenden Handlungsmuster, die nicht auf

---

[11] Vgl. Uwe Hartmann, Hybrider Krieg als neue Bedrohung von Freiheit und Frieden. Zur
Relevanz der Inneren Führung in Politik, Gesellschaft und Streitkräften. Berlin 2015.

[12] Vgl. dazu Klaus Naumann, Die Gewährleistung kohärenter Außenpolitik: Wie „vernetzt"
man „Sicherheit"?, in: Sonderheft 6, Zeitschrift für Außen- und Sicherheitspolitik, 2015,
S. 157-172.

[13] Vgl. Klaus Schlichte/Alex Veit, Drei Arenen. Warum Staatsbildung von außen so schwierig
ist, in: Thorsten Bonacker (Hg.), Interventionskultur. Zur Soziologie von Interventionsgesell-
schaften. Wiesbaden 2010, S. 261-268.

den Dreischritt Strategie, Operation, Taktik zugeschnitten werden können u.a.m. – Welche Auswirkungen hat das auf das militärische Selbstverständnis? Bleiben die militärischen Konzeptionen davon unberührt?

Die Militärliteratur spricht in der Auswertung der komplexen Einsätze im Akteursverbund von einer regelrechten „Crisis in Operational Art" (Alexander Mattelaer).[14] Die heilige Kuh Operationsführung, traditionsreicher Gral des professionellen Selbstverständnisses (nicht nur) des deutschen Militärs, wird zwar nicht geschlachtet, aber ihre Weidegründe sind gründlich verändert.[15] Die Anstrengungen der Bundeswehr, ein trag- und anschlussfähiges operatives Konzept der „Aufstandsbewältigung" zu entwickeln, geben Zeugnis von einigen Problemen. Im „Leitfaden Aufstandsbewältigung" des Inspekteurs des Heeres (2013), der nach verschiedenen Anläufen schließlich fertig gestellt wurde, war einleitend zwar von zivil-militärischer Kooperation die Rede, allerdings waren deren Schnittstellen, Schwerpunkte und Abläufe bereits vorformuliert, ohne dass es zu einem zivil-militärischen Austausch über die gegenseitigen Erfahrungen und Verträglichkeiten gekommen wäre. Alexander Mattelaer führt diese Kritik weiter. Er fragt, ob die tradierten Begriffe der Operationslehre (Operationslinien, Schwerpunktbildung usw.) überhaupt kooperationsfähig sind und ob sich in diesem begrifflichen und planerischen Instrumentenkasten das abbildet, was an Zwecken und Zielen komplexer Einsätze der Krisenbewältigung oder Stabilisierung vorgegeben ist.[16] Fazit: Er konstatiert ein konzeptionelles Vakuum. Bei vielen nicht-konventionellen Operationen könne das methodische Werkzeug der Operationsführung nicht unbesehen angewendet werden.

---

[14] Vgl. Alexander Mattelaer, The Crisis in Operational Art. European Security and Defence Forum. Workshop 2. Chatham House.
http://www.chathamhouse.org/sites/files/chathamhouse/public/Research/International%20Security/1109esdf_mattelaer.pdf

[15] Vgl. Gerhard P. Groß, Mythos und Wirklichkeit. Geschichte des operativen Denkens im deutschen Heer von Moltke d.Ä. bis Heusinger. Paderborn 2012; Hew Strachan, The Lost Meaning of Strategy, in: Survival, 3/2005, S. 33-54; Ders., Making Strategy, a.a.O.; Ders., Strategy or Alibi? A.a.O.; Justin Kelly/Mike Brennan, Alien: How Operational Art devoured Strategy. Strategic Studies Institute, US Army War College, Carlisle September 2009.

[16] Vgl. jetzt auch Philipp Rotmann/Lea Steinacker, Stabilisierung: Begriffe, Strukturen und Praxis im Vergleich. Studie im Auftrag des Planungsstab des Auswärtigen Amts. Global Public Policy Institute, Berlin März 2014.

Folgt man diesen Einwänden, so stellt sich die Frage, ob der „taktische Führer", wie Karich (S. 13) verspricht, tatsächlich und unbeschwert „den Luxus genießen (kann), dass er relativ klare Vorgaben ‚von oben' bekommt, – von Militärs für Militärs in militärischer Sprache"? Was die Militärsprache angeht, so mag das zutreffen. Die Probleme der Taktik zeigen sich in anderer Hinsicht. Auf dem afghanischen Gefechtsfeld, so hat Philipp Münch in empirischen Untersuchungen festgestellt, herrschte nicht allein ein empfindlicher Mangel an konkreten strategischen Vorgaben, der mittels operativer Ersatzstrategien und Mikromanagement überspielt wurde.[17] Die taktische Umsetzung bediente sich in Ermangelung auftragsgerechter Konzepte und Zielstellungen, Aufklärungsdefiziten und Ausrüstungsmängeln weitgehend aus dem Routinerepertoire des taktischen Denkens und Handelns – etwa „Präsenz" zu zeigen, „Kontakte" zu quantifizieren oder „Effekte" zu melden. Kurzum, die vorhandenen Instrumente und Fähigkeiten diktierten das Handeln, was nichts anderes bedeutet, als dass die Mittel die Zwecke bestimmten.

Dieses Bild wird, wohlgemerkt, dem Einsatz und dem Engagement vieler Soldaten nicht gerecht; aber man wird ihnen noch weniger gerecht, wenn die konzeptionellen und Führungsmängel unter den Teppich gekehrt werden. Zu zeigen ist allein, dass alle drei Schlüsselkonzepte des militärischen Denkens und Handelns im Wandel begriffen sind. Sie werden durch diesen Wandel nicht „verunreinigt", sondern unterliegen der Entwicklung. Und mit ihnen auch die militärische Professionalisierung.

Hürden und Scheuklappen

Zieht man eine Zwischenbilanz, so sind es zwei sensible Punkte, die den militärischen Lernprozess („lernende Organisation") und die militärische Professionalisierung behindern. Wechselt man nämlich von der *Organisations*logik der „Ebenen" zur, sagen wir, *Zweck*logik von Auftrag und Aufgabe, von Zielen und Mitteln (der „Denkweg", den Martin Kutz vor Augen hatte), so kollidiert man mit dem Military Mind der Zuständigkeiten und Hierarchien. Die „bounded rationality" des Organisationsdenkens kann Veränderung nur als Anpassung, Erweiterung oder Wiederherstellung der gegebenen Schemata denken. Innovation bindet sich im Regelfall an „Ausnahmegestalten". Gern wird übersehen, dass die Konzeption der Inneren Führung hierzu ganz bewusst einen

---

[17] Vgl. Münch, Strategielos in Afghanistan, a.a.O.

Gegenentwurf formuliert. Sie geht nicht auf in der Einstimmung auf den sozial- und hierarchieverträglichen Vollzug des immer schon Gegebenen, sie reduziert sich nicht auf die Zielgrößen Legitimation, Integration oder Motivation; indem Sinnerfüllung in den Mittelpunkt gerückt wird, appelliert das Konzept, die übergeordneten Zweckbindungen des Militärischen nicht nur nicht aus dem Auge zu verlieren, sondern sie zur Richtschnur der eigenen Urteilsbildung zu machen.[18]

Die zweite Hürde, auf die man stößt, ergibt sich aus der politischen Implikation des Zweckdenkens. Militärisches Handeln trägt seinen Zweck nicht in sich (so die normative Prämisse unserer Wehrverfassung); dieser Zweck ist eine politische Setzung, aber damit er seinen Weg bis auf das Gefechtsfeld findet und hier zu angemessenem und verhältnismäßigem Handeln führt, muss er das militärische Denken durchdringen – als Gradmesser, Kriterium und Maßstab. Hier liegt der eigentliche Kern der von Karich (S. 15) zitierten Formel, jeder Offizier müsse „zwei Führungsebenen höher denken können." Die Pointe besteht indessen darin, das scheint Karich nicht klar zu sein, dass es sich dabei um ein politisch-militärisches, man könnte auch sagen, um ein strategisches Reflexionsgebot handelt. Martin Kutz hat das einmal in wünschenswerter Klarheit beim Namen genannt: „Der Primat des Politischen gilt im Gesamtzusammenhang und damit auch für den Soldaten auf allen Ebenen seiner Tätigkeit. Wo politische Institutionen das Politische vernachlässigen, hat der Soldat es trotzdem zu berücksichtigen. Es gibt also auch für ihn kein Entrinnen vor der Politik, so gerne er diese Verantwortung auch abgeben würde."[19] Das aber, und darin macht sich der geistige Vorbehalt geltend, wird oft als Zumutung, als wesensfremd oder als Infragestellung der militärischen Autonomie wahrgenommen. Die Begründer der Inneren Führung waren schon mal weiter, als sie konstatierten, die Praxis des Soldaten sei angesichts der neuen gesellschaftlichen und Kriegsentwicklung („permanenter Bürgerkrieg") „eminent politisch geworden."[20]

---

[18] So verstehe ich Uwe Hartmann, Hybrider Krieg, a.a.O., S. 88f, 100.

[19] Kutz, Deutsche Soldaten, a.a.O., S. 254.

[20] Wolf Graf Baudissin, Probleme praktischer Menschenführung in den zukünftigen Streitkräften (1954), in: Ders., Grundwert: Frieden in Politik – Strategie – Führung von Streitkräften. Berlin, S. 126ff, hier S. 127; vgl. auch Vom künftigen deutschen Soldaten. Gedanken und Planungen der Dienststelle Blank. Bonn 1955, S. 26; zum Kontext vgl. Frank Nägler, „Innere Führung": Zum Entstehungszusammenhang einer Führungsphilosophie der Bundeswehr, in: Klaus-Jürgen Bremm u.a. (Hg.), Entschieden für Frieden. 50 Jahre Bundeswehr, 1955 bis 2005.

Die professionellen Folgerungen aus dieser Auffassung sind bisher nur wenig konkretisiert worden. Politik, vornehmlich verstanden als Politische Bildung, gilt vor allem als Ressource für Legitimation, Integration oder Motivation des Soldaten. Sie wird programmatisch eingefordert, gilt de facto aber nur als Beilage zur militärischen Profession. Weithin vernachlässigt wird, dass es sich um ein konstitutives Element des Militärischen und zugleich um ein aktuelles Erfordernis einer zeitgemäßen Berufsauffassung handelt.[21] Organisationsdenken und Autonomiestolz, das sind die beiden Scheuklappen, die das Militär zuverlässig davon abhalten „über den Zaum zu grasen", wie Adenauers Staatssekretär Ernst Wirmer seinerzeit die erwünschte unpolitische Ausrichtung des Soldatenbildes beschrieben hatte. Für die Vordenker der Inneren Führung war diese Auffassung schon damals unzeitgemäß. Umso mehr ist sie es heute.

Allgemeingültige Definitionen mögen nützlich sein, aber in der aktuellen Anwendung werfen sie mehr Fragen auf als Antworten zu geben. Karich bietet seinen Lesern die „Faustregel an, dass man mit einer geeigneten Strategie Kriege gewinnen kann, mit einer guten Operationsführung Schlachten und mit einer überlegenen Taktik Gefechte." (S. 11) Anschauung wie Forschung unterstreichen hingegen, dass es mit dem „Gewinnen" von Kriegen heute so eine Sache ist (Was ist „Sieg", was „Erfolg"?); das Operationsgeschehen der bewaffneten Konflikte in der Gegenwart zeichnet sich weitgehend dadurch aus, dass die „Schlacht" gar nicht erst stattfindet, sondern langwierige und vielschichtige Verläufe zu beobachten sind (Was ist „Entscheidung"?) oder dass zwar die Schlachten gewonnen werden, aber die Kriege verloren gehen; Gefechte mögen gewonnen werden, aber das Militär kann dadurch nur „Zeit kaufen", die andere nutzen müssen. – Läuft das ehrwürdige Dreigespann also „ebenengerecht" ins Leere? Erst wenn man die Handlungs- bzw. die Akteursperspektive einnimmt, zeigt sich, ob und wie die vielbeschworenen „Ebenen" ineinandergreifen. Dieses Ineinandergreifen ist freilich mehr als ein konsekutives, lineares Nacheinander. So bleibt es ein schaler Trost, wenn der Autor abschließend eine weitere Faustregel präsentiert „Schuster bleib' bei Deinen Leisten!" und fortfährt: „Das Militär hat aufgrund seiner Größe hohe Hierarchien. Jeder hat darin seinen Platz und seine Funktion. Nicht jeder arbeitet auf der

---

Freiburg i.Br. 2005, S. 321-340; zur Rückbesinnung auf die strategischen Ausgangsüberlegungen der Inneren Führung vgl. auch Hartmann, Hybrider Krieg, a.a.O., S. 71ff.

[21] Vgl. Klaus Naumann, Das politische Gefechtsfeld. Militärische Berufsbilder in den neuen Kriegen, in: Mittelweg 36, 6/2014, S. 28-48.

strategischen Ebene – und das ist auch gut so." (S. 16) – Sind die „hohen Hierarchien" und langen Wege in den asymmetrischen Konflikten der Gegenwart nicht gerade zum Problem geworden? Neue Medien und Kommunikationsmittel mögen vieles erleichtern (und manches verschlimmbessern), aber reicht das Auge des Feldherren tatsächlich bis auf das übervölkerte Gefechtsfeld des „war amongst the people" (Rupert Smith)?[22] Gewiss, nicht jeder arbeitet auf der strategischen Ebene und, um eine weitere Faustregel hinzuzufügen, „viele Köche verderben den Brei". Aber ohne ein Mindestmaß an strategischem, d.h. zweck-, auftrags- und kontextsensiblem Urteilsvermögen stehen der taktische Führer und der Operateur auf verlorenem Posten.[23]

Um den bisherigen Gedankengang zu resümieren – Strategie bzw. strategisches Denken ist hier als Brücke zwischen Politik und Militär beschrieben worden. Diese Brückenfunktion folgt aus der übergeordneten politischen Zweckbindung der Streitkräfte, und sie setzt sich fort im militärischen Handeln. Wenn die Brücke zwischen Politik und Militär tragen soll, dann hängt sehr viel von der Fähigkeit und Bereitschaft ab, das Politische in das militärische Leitbild und das professionelle Selbstverständnis zu integrieren. Hier und nicht in der Erweiterung des soldatischen Rollenspektrums oder im Job Enlargement liegt die zentrale professionelle Problematik des heutigen Militärs.

Unter diesem Gesichtspunkt sollen nun einige Erträge der neueren Militärliteratur vorgestellt und diskutiert werden: Was sagen sie aus über die Einheit des militärischen Handelns und die vorhandenen oder notwendigen Entwicklungen des militärischen Berufsbilds?

Ausblicke und Auswege

Wie immer, so belehrt uns die Literatur, hat alles schon viel früher angefangen.[24] Nicht erst die Einsätze der letzten zwanzig Jahre, schon der Kalte Krieg mit seinen Handlungsblockaden und indirekten strategischen Antworten hatte ein Umdenken nahegelegt. Ein Kronzeuge dafür ist der amerikanische Militär-

---

[22] Vgl. Rupert Smith, The Utility of Force. The Art of War in the Modern World. New York 2007.

[23] So der Tenor bei Ruffa u.a., Drawn into politics?, a.a.O.

[24] Vgl. Christopher Dandeker, From Victory to Success. The Changing Mission of Western Armed Forces, in: Jan Angstroem u.a. (Hg.), Modern War and the Utility of Force. London – New York 2010, S. 16-38, hier S. 17ff.

soziologe Morris Janowitz.[25] Unter dem Titel „political warfare" entwarf er das Modell der „constabulary force", die auf die postkonventionellen Bedingungen der atomaren Konfrontation antworten sollten. Ihm ging es um Streitkräfte, die abschrecken sollten, aber wenn denn sie zum Einsatz kommen mussten, dann mit dem Ziel der Deeskalation. Ähnlich wie Graf Baudissin erteilte Janowitz der Siegoption eine Absage. Im Konfliktfall könne es nur darum gehen, stabile, auskömmliche und für beide Seiten akzeptable Konfliktlösungen anzustreben. Der Militäreinsatz dürfe also nicht auf die Vernichtung des Gegners oder die Brechung seines Willens zielen, sondern darauf, die politische Willensbildung zu beeinflussen, um eine Deeskalation zu bewirken. Um die Streitkräfte darauf einzustellen, bedürfe es politischer Sensibilität der Operationsführung, einer nur begrenzten militärischen Handlungsfreiheit auf dem Gefechtsfeld, kompatibler zivil-militärischer Wertüberzeugungen und einer Einbeziehung des Militärs in die politisch-strategischen Entscheidungsprozesse. Janowitz hatte damit drei Reizthemen angesprochen, die weit über den damaligen Anlass hinausweisen und aus der aktuellen Diskussion geläufig sind. Er behauptete schlichtweg, das Gefechtsfeld sei kein Ort militärischer Autonomie, die militärische Urteilsbildung könne sich nicht unabhängig von politischen Überlegungen vollziehen und letztlich gäbe es sinnvollerweise keine isolierte „professionelle Sphäre" des Militärs.[26]

Interessant bleibt dieser Denkansatz von Janowitz, weil er die nukleare Provokation nicht mit konventionellen militärischen Mitteln aushebeln, sondern sie post-konventionell entschärfen wollte. Die implizite Grundüberlegung, die Janowitz leitete, ist für die gegenwärtige Militärliteratur richtungsweisend: Wenn sich die Rahmen- und Kontextbedingungen von Kriegen und Konflikten verändern, dann treten auch die politisch-strategischen Zwecksetzungen „des Krieges" und die taktischen Handlungen „im Krieg" – um die Unterscheidung von Clausewitz aufzunehmen[27] – in eine veränderte Beziehung zueinander. Ohne hier die einzelnen Erscheinungen und Merkmale der zeitgenössischen Kriege auszudifferenzieren, sollen im Folgenden nur einige Ten-

---

[25] Vgl. Morris Janowitz, The Professional Soldier. A Social and Political Portrait. New York 1971, Ch. 16.

[26] So die These von Janowitz' Antipoden Samuel P. Huntington, The Soldier and the State. The Theory and Politics of Civil-Military Relations. New York 1964.

[27] Vgl. dazu Raymond Aron, Clausewitz – Den Krieg denken. Frankfurt/Main u.a. 1970, S. 147ff.

denzen stichwortartig benannt werden, um daraus Aufschlüsse über die Veränderung in den Relationen von Politik, Strategie und Taktik zu gewinnen.[28]

Zeitgenössische Kriege finden überwiegend in fragilen Kontexten statt und zwar in Form fragmentierter, multipler Konflikte. Die konventionellen Umwelten militärischen Handelns, auf die die Militärinstitution strukturell, konzeptionell und mental ausgerichtet ist, sind dadurch in Frage gestellt: Streitkräfte bewegen sich nicht mehr in einem geschlossenen militärischen Raum („Schlachtfeld"); das militärische Handeln ist für Verlauf und Ergebnis der Konfrontation (Vielfalt der Mittel) nicht alleinbestimmend; das Konfliktgeschehen gleicht weniger denn je einem Nullsummenspiel zwischen „Sieg" und „Niederlage", denn die Konfliktstruktur folgt keiner militärischen Logik; daher können die an diese Konflikte herangetragenen politisch-strategischen Zwecksetzungen nicht nur-militärischer Natur und Zielstellung sein; Streitkräfte treten als eine Akteursgruppe unter anderen auf (besitzen aber nach wie vor das erdrückende Übergewicht!); Militär „entscheidet" nicht über Erfolg oder Misserfolg, sondern kann bestenfalls helfen, lokale Bedingungen zu beeinflussen, Grenzen zu setzen, Entwicklungen zu ermöglichen und, wie schon gesagt, „Zeit zu kaufen";[29] die Konfliktarenen sind nicht nur bipolar („Freund" – „Feind") strukturiert, da in ihr verschiedene Akteursgruppen um Macht und Deutungshoheit konkurrieren; die Identifizierung des Gegners, der „Spoiler" und anderer Zwischen- und Übergangsgruppen verlangt ein hohes Maß an nachrichtendienstlicher Informationen, vielleicht aber mehr noch an politischem Urteilsvermögen;[30] diese Kriege werden inmitten der Gesellschaft ausgetragen, als „war amongst the people", das heißt, militärisches Handeln ist durchgängig mit Zivilbevölkerungen konfrontiert; alle diese Kriege finden öffentlich statt, und die Öffentlichkeiten sind in ihren Loyalitäten ebenso multipolar wie die Konflikte; lokale Handlungen gewinnen oft unmittelbare politische Relevanz, weil ihnen – vermittelt und verbreitet durch Medien – umge-

---

[28] Neben den genannten Arbeiten von Strachan, Dandeker, Smith und Simpson vgl. auch Felix Wassermann, Asymmetrische Kriege. Eine politiktheoretische Untersuchung zur Kriegführung im 21. Jahrhundert. Frankfurt/Main – New York 2015, bes. Kap. IV.

[29] Zum Handlungsspektrum vgl. Christopher Dandeker, The End of War? The Use of Force in the 21th Century, in: Michael Kobi/David Kellen/Eyal Ben-Ari (Hg.), The Transformation oft he Word of War and Peace support. Santa Barbara 2009, S. 21-38.

[30] Vgl. Philipp Münch, Wahrnehmung und Analyse der Taliban durch die Bundeswehr, in: Conrad Schetter/Jürgen Klußmann (Hg.), Der Taliban-Komplex. Zwischen Aufstandsbewegung und Militäreinsatz. Frankfurt/Main – New York 2011, S. 229-244.

hend konkurrierende Bedeutungen verliehen werden; das militärische Mittel (Gewalt) ist eng in diese Deutungskämpfe eingebunden; die Verläufe der Gewaltkonflikte gleichen daher Legitimationswettbewerben, in denen sich diejenigen „durchsetzen" , die ein überzeugendes, sinn- und loyalitätstiftendes Narrativ vertreten; dieses Narrativ begleitet den gesamten Konflikt- und Post-Konfliktverlauf und entscheidet nicht zuletzt über Erfolg, Misserfolg und Perspektiven des Unternehmens.

Die anhaltenden Klagen aus den Streitkräften über Zweckentfremdung oder Überforderung, Lückenbüßerfunktionen oder mangelnde Anerkennung, unklare Vorgaben oder mangelnde Fähigkeiten haben hier ihre tiefere Ursache. Die Kontextveränderung der kriegerischen Konflikte, die Komplexität der Konfliktstrukturen und Lösungsperspektiven sowie der Wandel der interpretativen Umwelt – alles das hat gravierende Auswirkungen auf die Funktionsbedingungen jenes Gewaltgeschehens, das wir gewohnt sind als „Krieg" zu bezeichnen. Wie sollte da bei Strategie, Operation und Taktik alles beim Alten bleiben können? Gerade weil die strategischen Zwecksetzungen letztlich politischer Natur sind und weil die militärischen (und auch nicht-militärischen) Zielmargen diesen Zwecken durchgängig verpflichtet bleiben sollen, fällt dem politisch-strategischen Denken und Handeln die Schlüsselrolle zu. Das mag in normativer Hinsicht immer schon so gewesen sein (sollen), der aktuelle Springpunkt ist jedoch, dass ein Abweichen von dieser Einsicht heute unmittelbar negative Folgen hat. Strategie, schreibt Simpson, muss die unterschiedlichen Bedeutungen des militärischen Mittels harmonisieren, das heißt, sie muss die taktischen Manöver (Wirkung „im Krieg": „use of force") orchestrieren und ihnen eine interpretative Struktur (Wirksamkeit „für den Krieg": „use of war") zuweisen.[31]

Erst die strategische Perspektive (oder der strategische Aspekt) stiftet die Einheit des militärischen Handelns im Krieg und für den Krieg; sie führt die unterschiedlichen Akteursgruppen und ihre spezifischen Zwecke und Ziele zusammen (soweit das eben geht und sinnvoll ist); und erst die strategische Vision (die zweckbestimmende Idee) schließt die unterschiedlichen Wahrnehmungen, Bewertungen und Bedeutung zu einem konsistenten Entwurf zusammen, der nach innen wie außen handlungsleitend und legitimationsfähig sein kann. Um das genauer auszuleuchten, soll noch einmal das Komplexitäts-

---

[31] Vgl. Simpson, War from the Ground up, a.a.O., S. 28.

problem aufgenommen werden; es wird ergänzt durch einen Blick auf das Interpretationsproblem.[32]

Vereinfacht gesagt, im militärischen Handeln macht sich Komplexität dadurch bemerkbar, dass mit der Vielschichtigkeit der Konfliktlagen auch die Zwecksetzungen anspruchsvoller, die Koakteure wie die Antagonisten heterogener und die Öffentlichkeiten vielstimmiger werden. Das hat, wie schon angesprochen, Auswirkungen auf die Verknüpfung von Politik und Strategie, auf die Operationsführung und auf das taktische Handeln. Abstimmung, Koordination und Kooperation wird zum zwingenden Gebot. Das Denken in Kontexten, die Abschätzung der unterschiedlichen Zweck- und Handlungslogiken der Koakteure, die Sensibilität für Handlungs(neben)folgen und generell das Vermögen, den Nutzen des Mitteleinsatzes an der Nützlichkeit für den politisch-strategischen Zweck zu messen wird zur Voraussetzung für verantwortungsvolles militärisches Führen. Hier kommt es zum Schwur – kann der vielzitierte Clausewitz-Satz, Krieg sei eine „Fortsetzung der Politik", wenn auch mit anderen Mitteln, aktuelle Relevanz beanspruchen oder muss er auf dem Gefechtsfeld hinter die „militärische Notwendigkeit" zurücktreten, der vom Humanitären Völkerrecht ein immer noch (unverhältnismäßig) großes Gewicht eingeräumt wird?[33]

Damit soll nur so viel gesagt werden, die Auswirkungen zunehmender Komplexität greifen unmittelbar ins professionelle Handwerk über. Das kann freilich als Zumutung empfunden werden oder als eine Art schleichende Entprofessionalisierung (so kann man einige der Autoren des Bandes „Armee im Aufbruch" lesen).[34] Gleichwohl sollte man diese Entwicklungen im weiteren Rahmen der politisch-militärischen Beziehungen sehen. Folgt man den Überlegungen aus der jüngeren Militärliteratur, so drängt sich sogar ein Bedeutungswandel der militärischen Rolle auf. Er besteht nicht in Kontingenten, Waffen oder Organisationsmacht, sondern in der rückhaltlosen Einbeziehung des Militärs (wie anderer Koakteure) in den strategischen Prozess. Autoren wie Simp-

---

[32] Zum erstgenannten Problem vgl. Hartmann, Hybrider Krieg, a.a.O., S. 34ff; zum letztgenannten Problem vgl. v.a. Simpson, War from the Ground up, a.a.O., S. 179ff., 207ff.

[33] Zum traditionellen militärfachlichen Konzept „militärischer Notwendigkeit" vgl. Isabel Hull, Absolute Destruction. Military Culture and the Practices of War in imperial Germany. New York 2005, bes. S. 122ff.; zur aktuellen rechtlichen Problematik vgl. Gerd Hankel, Das Tötungsverbot im Krieg. Ein interventionsversuch. Hamburg 2011, bes. S. 91ff.

[34] Vgl. Marcel Bohnert/Lukas J. Reitstetter (Hg.), Armee im Aufbruch. Zur Gedankenwelt junger Offiziere in den Kampftruppen der Bundeswehr. Berlin 2014.

son, Dandeker oder Strachan haben dafür die Formel „strategischer Dialog" geprägt. Wenn es zutrifft, argumentieren sie, dass das Militär bis hinein ins taktische Handeln ein strategisches Subjekt ist (und nicht nur Instrument oder unbewegter Vorstrecker), dann sollten Strategieprozesse umfassend und inklusiv angelegt werden. Strategie wird von ihnen nicht allein als „Ort der Entscheidung" gedacht, sondern als relationale Kategorie des Verknüpfens und Verbindens der – hier ist das Wort am Platz – unterschiedlichen Ebenen zur Erarbeitung, Planung, Führung und Implementierung übergeordneter gemeinsamer Zwecke. Ausfüllen kann das Militär (wenn es denn will und wenn es denn darf) diese Rolle nur, wenn es versteht, seine eigenen Ziele und Mittel, seine Fachkompetenzen und Fähigkeiten, in der Sprache der Strategie zu formulieren – und das ist die Sprache des Politischen. Sie gehorcht letztlich einfachen Maximen: Wofür ist der eigene Beitrag gut? Worin liegt der gemeinsame Nutzen? Welche Grenzen haben die eigenen Möglichkeiten und Fähigkeiten? Wo sind andere Mittel besser als die eigenen?[35]

Die Bedeutung des Interpretationsproblems erschließt sich aus den vorangegangenen Bemerkungen. In Abgrenzung zu PR-Strategien oder partei- bzw. koalitionspolitischen Winkelzügen hat Dandeker darauf hingewiesen, dass jede strategische Positionierung sich davor zu hüten habe, Fragen der Plausibilität, der Evidenz oder des Common Sense auf die leichte Schulter zu nehmen oder den Eindruck taktischer Spiegelfechterei zu erwecken.[36] Die Entwicklung „strategischer Narrative" ist unverzichtbar, doch sollten sie alles andere sein als Manipulationsinstrumente.[37] Wieder ist die Ausgangsüberlegung einfach. In Kriegen ohne Sieg entscheidet sich alles (jedenfalls sehr viel) an der Legitimation, Glaubwürdigkeit und Vision der Handelnden. In diesen Kriegen wird kein Wille „gebrochen", sondern es findet ein bewaffneter und gewalttätiger politi-

---

[35] Vgl. dazu Klaus Naumann, „Where is the common sense"? Zur Inneren Führung der „Neuausrichtung" der Bundeswehr, in: Jahrbuch Innere Führung 2013. Berlin 2013, S. 318-333; zu den ethischen Aspekten vgl. Hartwig von Schubert, Frieden durch Recht. Die Ethik rechtserhaltender Gewalt und das Völkerrecht, in: Nina Leonhard/Jürgen Franke (Hg.), Militär und Gewalt. Sozialwissenschaftliche und ethische Perspektiven. Berlin 2015, S. 265-313, bes. S. 285ff.

[36] Vgl. Dandeker, From Victory to Success, a.a.O., S. 30f. Das ist nicht ganz voraussetzungslos. Vgl. Clifford Geertz, Common Sense als kulturelles System, in. Ders., Dichte Beschreibung. Beiträge zum Verstehen kultureller Systeme. Frankfurt/Main 1983, S. 261-288.

[37] Vgl. ebd., S. 24ff; Simpson, War from the Ground up, a.a.O., S. 179ff.

scher Wettbewerb um alternative Vorstellungen vom „guten Leben" statt.[38] Im überwiegenden Fall wird der Entsendestaat in diesen Kriegen nicht existenziell verteidigt, sondern seine Truppen und andere nicht-militärische Kräfte leisten vielfältige Beiträge zu den ausgesprochen interpretationsbedürftigen Kollektivgütern „Sicherheit" oder „Stabilität" oder „Frieden" und nehmen dafür Kosten und Opfer in Kauf. Die Komplexität dieser Unternehmen verweist auf den hohen Bedarf an Erklärung, Bedeutung und Sinnstiftung. Adressaten sind sowohl die Akteure und Koakteure wie die Opponenten, die lokalen Kräfte nicht weniger wie die verschiedenen Zielgruppen der Öffentlichkeit. Als Teil des strategischen Handelns sind strategische Narrative ein Ausdruck des Bemühens, die Einheit der Zwecke, Ziele und Mittel nachvollziehbar zu begründen und zu wahren.

Im militärischen Handeln kommt diesen strategischen Narrativen eine spezielle Bedeutung zu. Dabei geht es um das, was den militärischen Handlungen jenseits der physischen Verausgabung von Gewalt (um hier nur den Kernprozess zu nennen) an Bedeutung „in Bezug auf etwas" zukommt – dieses „etwas" ist das strategische Narrativ. In diesem Sinne spricht Emile Simpson in seiner bahnbrechenden Studie über „armed politics" davon, dass es einer interpretativen Struktur bedarf, um dem operativen und taktischen Kampfgeschehen die erweiterte Bedeutung zu geben, die der politisch-militärischen Zwecksetzung entspricht.[39] Diese Bedeutungen und Interpretationsleistungen werden im konkreten Konfliktgeschehen immer wieder aufs Neue herausgefordert; sie müssen sich in den Wechselfällen des Einsatzes bewähren. Es geht um nicht mehr und nicht weniger als darum, den roten Faden im Dickicht der Unberechenbarkeiten nicht zu verlieren. Die strategische Kommunikationsleistung, die darin steckt, ist viel mehr als Verlautbarungspolitik oder Sprachregelung. Sie ist ein zentrales wie dezentrales Führungsmittel, ein internes wie öffentliches Legitimationsmittel, ein Identifikationshebel ersten Ranges und zugleich ein Mittel, aktiv auf die Konfliktstruktur einzuwirken. Presseabteilungen wären mit diesen Aufgaben restlos überfordert. Auch aus diesem Grunde bedarf es zweierlei – einer ausdifferenzierten politisch-strategische Führungsinstanz und eines generellen Akteursprofils, das den anstehenden Anforderungen intellektuell wie kommunikativ gewachsen ist.

---

[38] Wohlgemerkt, im aristotelischen Sinne der „guten Ordnung".
[39] Vgl. Simpson, ebd., S. 21 ff.

Das ist keine Sache der „strategischen Ebene" allein und keine Spezial-
zuständigkeit. Wenn Strategieprozessen die Querschnittsfunktion zukommt,
die hier entwickelt worden ist, wenn strategische Narrative in den Wechsella-
gen der Ereignisse eine hohe Konsistenz und Elastizität behaupten müssen
und wenn ihre Wirksamkeit und Überzeugungskraft von Anschaulichkeit,
Wahrhaftigkeit und Nachvollziehbarkeit abhängt, dann ist eine anspruchsvolle,
vielseitige und fordernde militärische Professionalität gefragt. Militärs aller
Führungsebenen müssen sprechen können und reden dürfen. Strategische
Narrative werden sich nicht ohne ihre Beteiligung entwickeln lassen – weder in
der Binnenkommunikation zwischen Politik, Militär und anderen Akteursgruppen noch in den unterschiedlichen Öffentlichkeiten.

Bilanz

Die Einheit des militärischen Handelns beruht auf dem Ineinandergreifen von
Strategie, Operation und Taktik, in dem – wie Clausewitz im Gefolge Hegels
sagen würde – die Strategie das „übergreifende Moment" darstellt. Strategie
aber gründet auf politischer Zwecksetzung, und diese verlässt das militärische
Handeln auch dort nicht, wo jenes sich im Gefilde „unpolitischer" militärfach-
licher Abläufe und Zuständigkeiten zu befinden wähnt. Ich schlage vor, diese
geistige Haltung im Unterschied (aber nicht im Gegensatz) zum institutionellen
„Primat der Politik" als Präsenz des „Politischen" zu bezeichnen, die für das
professionelle Denken und Handeln eines zeitgemäßen soldatischen Berufsver-
ständnisses unverzichtbar ist und überdies eine Brücke schlägt zur Staatsbür-
gerlichkeit des Soldaten.[40] Wenn das fehlt, werden sich die Probleme in den
komplexen Einsätzen der Gegenwart und Zukunft häufen – auf dem Gefechtsfeld, aber auch an der „Heimatfront". Riskiert würde, dass die von Christian Karich aufgeführten „Verantwortungsebenen" sich auf ein selbstreferen-
zielles Funktionieren beschränken. Gewiss kann man dann immer noch sagen,
man habe „alles richtig", weil „ebenengerecht" gemacht – auch wenn die Einsätze erfolglos bleiben.

---

[40] Zum begrifflichen Hintergrund vgl. Friedbert W. Rüb, Die Politik in der politischen Gesellschaft, in: Politische Vierteljahres-Schrift, 2/2014, S. 356-386, hier S. 361ff. Es geht also um
etwas anderes als die von Bram Abrahamsson seinerzeit analysierte Machtbeziehung des Militärs. Vgl. Ders., Military Professionalization and Political Power. Beverly Hills – London 1972,
S. 140ff.

Ist die Innere Führung dieser Herausforderung gewachsen? Wie es scheint, wird sie allzu leicht auf ihre benutzerfreundliche Oberfläche reduziert – auf das Prinzip der Fürsorge, der Sozialverträglichkeit, der Attraktivitätssteigerung u.a.m. Alles das ist für sich genommen ehrenwert und sinnvoll. Unterdessen wird aber, wenn nicht alles täuscht, die Innere Führung von zwei Seiten in die Zange genommen. Zum einen ist sie mit den hier angesprochenen politisch-strategischen Implikationen des Berufsbildes konfrontiert, die aufs Neue die Frage aufwerfen, wie der programmatische Dreiklang dieser Führungsphilosophie, „den Typ des modernen Soldaten zu schaffen und fortzubilden, der freier Mensch, guter Staatsbürger und vollwertiger Soldat zugleich ist," in zeitgemäßer Form einzulösen ist.[41] Zum anderen melden sich Zweifel, ob und inwieweit die Maximen der Inneren Führung im heißen Gefecht, im Kampfeinsatz, Gültigkeit besitzen.[42] Wenn jedoch im Agieren auf dem Gefechtsfeld zugleich strategische „Statements" abgegeben werden, dann gewinnen die vorgetragenen Zweifel erhebliche Brisanz. Beide Interventionen tangieren die „Schagkraft" der Streitkräfte, und das heißt, mit Uwe Hartmann gesprochen, sie thematisieren den „strategischen Kern" der Inneren Führung.[43] Es wäre an der Zeit, beide Perspektiven ebenso kritisch wie konstruktiv zusammenzuführen.

---

41 Verfügung Blank, Az: L/II-58/53 geh. vom 10.1.1953: Regelung der „Inneren Führung" (Bundesarchiv-Militärarchiv, Bw 9-411, fol.24).

42 Vgl. die Diskussionen im „Jahrbuch Innere Führung".

43 Hartmann, Hybrider Krieg, a.a.O., S. 71ff.

Erik Rattat

Der militärische Führer im komplexen Operationsumfeld

Einleitung

Das Umfeld, in dem heutige und als wahrscheinlich anzunehmende zukünftige Einsätze der Bundeswehr stattfinden, ist gekennzeichnet durch komplexe und oftmals nicht vorhersehbare Bedrohungen und Risiken. Diesen Satz liest oder hört man so oder so ähnlich in den meisten Reden, Talkshows oder Veröffentlichungen, sei es von Seiten eines Militärs oder eines Politikers. Kriege und Konflikte waren jedoch immer schon komplex und zeichneten sich durch Bedrohungen und Risiken aus. Wirklich inhaltsreich und aussagekräftig wird dieser Satz daher erst, wenn man ihn in den Kontext der Frage stellt, was eigentlich die Komplexität und das Risiko bei heutigen und künftigen Einsätzen ausmacht und wie man diesen Herausforderungen begegnen kann.

Als Ende 2014 der ISAF-Einsatz nach 13 Jahren zu Ende ging, wurde auf allen Ebenen – militärisch und auch politisch – Resümee gezogen. Oft war dabei die Rede von militärischer Ausstattung und Ausrüstung, insbesondere dem Fehl davon. Auch im Zusammenhang mit den jüngsten Ereignissen auf der Krim und in der Ukraine wurden hauptsächlich Aspekte der Rüstung diskutiert und beschlossen, wie bspw. die Erhöhung der Anzahl an modernen Kampfpanzern in den Beständen der Bundeswehr. Der Komplexität aktueller und zukünftiger Herausforderungen scheint man bei erster Betrachtung primär mit verbesserter Rüstungstechnologie begegnen zu wollen, denn die Diskussion um den Menschen, den militärischen Führer und wie er mit der Komplexität und den neuen Herausforderungen umgeht und ob nicht auch im Bereich des Personals möglicherweise wichtige Maßnahmen zu erfolgen haben, fällt ungleich verhaltener aus. Aber gerade diese Betrachtung ist wesentlich und sollte ein essentieller Bestandteil jeglicher Diskussion um Einsätze, Konflikte oder Kriegsbilder sein; denn betrachtet man die jüngsten Kriege und Konflikte zu Beginn des 21. Jahrhunderts, so scheinen die Herausforderungen nicht nur an die materiellen Fähigkeiten von Streitkräften, sondern vor allem auch an die militärischen Führer deutlich gestiegen zu sein.

Das komplexe Operationsumfeld

Krisen, Konflikte und Kriege im 21. Jahrhundert sind durch eine komplexe Mischung unterschiedlichster Einflussfaktoren gekennzeichnet. Die Einsätze der Bundeswehr auf dem Balkan und in Afghanistan fanden als Stabilisierungsoperationen niedriger bis mittlerer Intensität unter vorwiegend asymmetrischer Bedrohung statt. Dieser Typ Einsatz wird auch zukünftig die wahrscheinlichste Art des Einsatzes der Bundeswehr – zumindest für Landstreitkräfte – darstellen. Jedoch sind auch die „klassischen" Konfliktformen mit vorwiegend symmetrischen Bedrohungen längst nicht verschwunden und stellen nach wie vor eine Möglichkeit dar, der es sowohl gedanklich, als auch hinsichtlich Ausbildung und Ausrüstung der Streitkräfte zu begegnen gilt. Auch ist zu beobachten, dass selbst Staaten mit modernen konventionellen Streitkräften auf asymmetrische Formen der Kriegführung zurückgreifen, wenn es ihren politischen Zielen besser zu dienen scheint. Wenn neben militärischen Mitteln auch Instrumente des Staates (Wirtschaft, Diplomatie, etc.) zur Durchsetzung der eigenen Interessen zur Anwendung kommen, spricht man in diesem Zusammenhang auch von einer hybriden Konfliktform. Hybride Bedrohungen stellen die staatlichen Mechanismen zur Konfliktbewältigung vor eine neue Herausforderung, die folglich auch die Rolle der Streitkräfte selbst betrifft. Der Einsatz von Streitkräften in einem solchen Konfliktszenario dient dabei weniger der Erringung eines eindeutigen militärischen Sieges, sondern muss vielmehr als ein mit zivilen Wegen und Mitteln synchronisierter, nachhaltiger Beitrag zur Wiederherstellung und Beibehaltung des Friedens verstanden werden. Die Zielsetzung militärischer Kräfte ändert sich damit von „win the war" zu „win the peace", wobei innerhalb derselben Operation – wenn auch in unterschiedlichen Phasen – durchaus beide Zielsetzungen von Bedeutung sein können. Die Bundeswehr und alle militärischen Führer müssen somit befähigt sein, unter beiden Zielsetzungen erfolgreich agieren zu können. Da von der politischen Seite eher ein „Low Footprint" bei militärischen Einsätzen gefordert wird, gilt es in der Regel, diese Zielsetzungen zudem mit einem Minimum an Personal und Ausrüstung zu erreichen. Für Einsätze gibt es allerdings keine Schablone oder Blaupause; jeder Einsatz ist anders. Dies gilt selbst für erneute Einsätze in früheren Einsatzgebieten. Streitkräfte benötigen infolgedessen ein breites Spektrum an verfügbaren Fähigkeiten, um auf neue Situationen flexibel und angemessen reagieren und politische Handlungsfreiheit gewähren zu können. Zudem gilt grundsätzlich, dass Einsätze deutscher Streitkräfte multinational und in enger Zusammenarbeit mit zivilen Partnern durchgeführt werden, um Krisen und Konflikte nachhaltig bewältigen zu können. Daraus ergeben sich weitere Herausforderungen an die Fähigkeiten von Streitkräften und folglich an den militärischen Führer.

Die große Herausforderung für Streitkräfte besteht bei den Einsätzen (insbesondere bei Stabilisierungseinsätzen) darin, dass sie oft inmitten der Bevölkerung operieren und damit die Möglichkeit haben, direkt auf die Ursachen von Krisen und Konflikten in Zusammenarbeit mit zivilen Partnern und der einheimischen Bevölkerung einwirken zu können. Sie können sich jedoch dabei auch mit einer Bevölkerung konfrontiert sehen, die für die Zwecke gegnerischer Akteure instrumentalisiert wurde. Der militärische Führer wird bei Einsätzen dieses Typs von einer bloßen Rolle als „Kämpfer" in eine erweiterte Rolle als „Kämpfer und Stabilisierer" gedrängt, was seine Aufgabe deutlich vielschichtiger und komplexer macht.

Ein weiterer wesentlicher Aspekt ist Technologie. Technologischer Fortschritt ist ein wichtiger Faktor in den Bereichen Führung, Aufklärung, Kommunikation, Wirkung sowie Schutz. Technologie schafft die Voraussetzungen für das Erlangen von Informationsüberlegenheit, Führungsüberlegenheit und schließlich Wirkungsüberlegenheit. Technologie alleine garantiert jedoch nicht das Erreichen der vorgegebenen politischen und militärischen Ziele. Zudem birgt Technologie die Gefahr, dass sie gegen den militärischen Führer gerichtet werden kann, denn auch die anderen Akteure im Operationsraum profitieren zum Teil noch mehr von den rasanten technologischen Entwicklungen und ihrer weltweiten Verbreitung. Sie können zivil verfügbare Technologien für eigene Zwecke nutzen, was die Komplexität des Operationsumfeldes weiter erhöht. Gegner und gewaltbereite Akteure werden zudem versuchen, eine ggf. bestehende technologische Unterlegenheit zu kompensieren, indem sie primär Mittel der asymmetrischen Kriegsführung anwenden. Daher stellt Technologie keinesfalls ein Allheilmittel für den militärischen Führer dar, um den komplexer gewordenen Herausforderungen des Operationsumfeldes zu begegnen. Jedoch kann sie als ein Hilfsmittel für den militärischen Führer verstanden werden, welches er verstehen und anwenden können muss; hierzu ist eine ständige Ausbildung zum Beherrschen der Technik erforderlich. Letztlich kann Technologie jedoch nicht die erforderlichen menschlichen Qualitäten oder Fähigkeiten des militärischen Führers ersetzen.

Militärisches Handeln und Wirkung

In den Einsätzen auf dem Balkan und in Afghanistan wurde deutlich, dass operative, ggf. auch strategische Zielsetzungen und Erwägungen zunehmend das militärische Handeln bis in die unterste taktische Ebene beeinflussen. Am besten kann man dieses Phänomen anhand des Begriffs der Wirkung erklären. Zweck des Einsatzes von militärischen Kräften ist es, eine bestimmte Wirkung zu erzielen, die entweder eine Änderung im Verhalten von Personen oder eine Änderung eines Systems herbeiführt, um somit ein vorgegebenes Ziel zu erreichen (oder zur Zielerreichung beizutragen). Die Politik erwartet dabei von Streitkräften eine schnelle, gleichwohl nachhaltige Wirkung im Sinne ihrer Ziele. Der militärische Führer wird dabei jedoch auch mit der Schwierigkeit der Politik konfrontiert, nicht immer zeitgerecht detaillierte Zielvorgaben und Strategien für Einsätze liefern zu können.

Das militärische Verständnis des Begriffs der Wirkung war bisher stark als „Wirkung durch Feuer" geprägt, zielte also hauptsächlich auf die taktische Ebene als rein physische oder kinetische Wirkung. Heute und künftig muss das Verständnis von Wirkung in einem deutlich erweiterten Sinne verstanden werden. Wirkung in diesem umfassenden Verständnis besteht aus den Komponenten „Effekt" (d.h. die unmittelbare Auswirkung, meist physisch oder kinetisch) und „Ergebnis" (d.h. die längerfristige Folge, meist psychologisch oder eine Änderung im Verhalten von Personen oder eines Systems). Während der Effekt einer militärischen Handlung (bspw. ein Schuss) zumeist auf der taktischen Ebene verbleibt, kann das Ergebnis einer militärischen Handlung durchaus eine Verhaltensänderung auf der operativen oder auf der strategischen Ebene auslösen. In diese ganzheitliche Betrachtung sind zudem mögliche unerwünschte Wirkungen einzubeziehen, die ebenfalls nicht zwangsläufig auf der taktischen Ebene verbleiben. Im ganzheitlichen Verständnis von Wirkung hat jeglicher Einsatz militärischer Kräfte eine Wirkung auf der taktischen, der operativen und der strategischen Ebene. Ein Gegner, der auf der taktischen Ebene „physisch" unterlegen ist, wird so handeln, dass die Wirkung hauptsächlich auf der operativen oder strategischen Ebene liegen wird. Er hofft so, wenn er auch den Kampf verlieren mag, die Schlacht oder den Krieg zu gewinnen. Gerade in asymmetrischen Konfliktszenarien macht der Gegner sich dieses Wissen zu Nutze und stellt den (taktischen) militärischen Führer vor die Herausforderung, dass alle seine (taktischen) Handlungen letztlich nur Teil einer Schlacht auf höherer Ebene darstellen.

In diesem Zusammenhang ist die Rolle des Faktors Information von elementarer Bedeutung. Der Informationsraum ist aufgrund der modernen Technik schon längst nicht mehr nur auf die eigene Bevölkerung und die eigenen Soldaten beschränkt, sondern er umfasst auch die Bevölkerung im Einsatzland sowie die gegnerischen Akteure. Information ist der Faktor, der am meisten durch die gegnerische Operationsführung entgegen der eigenen Interessen beeinflusst werden kann. Er stellt in Verbindung mit Wirkung eine Art „Katalysator" dar, d.h. er beschleunigt, ggf. vergrößert den Wirkungsanteil auf der operativen und der strategischen Ebene. Insofern ist der Faktor Information ein zweischneidiges Schwert für den militärischen Führer. Einerseits benötigt er Informationen, um Führungsfähigkeit und letztlich Wirkung zu erbringen. Andererseits tragen Informationen durch die Verlagerung von Wirkung auf die operative und strategische Ebene zur Zunahme der Komplexität bei. Herstellen von Informationsüberlegenheit ist daher ein grundlegender Faktor für eine erfolgreiche Operationsführung. Informationsüberlegenheit beinhaltet dabei Kenntnis der Lage, Schutz der eigenen Führungsfähigkeit, Beeinflussen des Verhaltens des Gegners, Wecken von Vertrauen in der Bevölkerung und Beeinträchtigung der gegnerischen Informationsfähigkeit.

Letztlich kann der Faktor Information bewirken, dass der Anteil „Ergebnis" in der Wirkung den des „Effektes" an Gewicht übertrifft. Daher muss der militärische Führer militärische Maßnahmen so wählen und mit zivilen Mitteln und Wegen synchronisieren, dass ihre Wirkung die beabsichtigte langfristige Stabilisierung und Behebung von Konfliktursachen nicht beeinträchtigt, sondern fördert. Da der Gegner seinerseits versuchen wird, eine Wirkung zu erzielen, welche den eigenen Kräften die Erreichung ihrer Ziele verwehren soll, ist es Ziel militärischer Führung, dem Gegner hinsichtlich der Wirkung überlegen zu sein. Es geht dabei jedoch nicht nur um das bloße Erreichen einer „Feuerüberlegenheit" (physische / kinetische Überlegenheit), sondern vielmehr um das Erreichen einer „umfassenden Wirkungsüberlegenheit". Diese kann zwar durchaus physische / kinetische Elemente beinhalten, soll jedoch im umfassenden Sinn von Wirkung auch auf der operativen und der strategischen Ebene der gegnerischen Wirkung überlegen sein. Dies führt zu einer besonderen Herausforderung an den militärischen Führer: alle durch ihn geplanten Maßnahmen müssen unter der Prämisse einer ganzheitlichen und dabei möglichst nachhaltigen Wirkungserzielung synchronisiert werden. Diese Synchronisierung findet dabei gewissermaßen „rückwärts" statt. Nicht mehr das „Denken zur Wirkung hin", sondern vielmehr das „Denken von der Wirkung her", ist nun für den militärischen Führer entscheidend. Am Beginn einer Planung zum Einsatz von militärischen Kräften auf jeder Ebene muss daher eine Wirkungsanalyse (nicht zu verwechseln mit bspw. dem „Battle Damage Assessment", welches nach dem Einsatz militärischer Mittel erfolgt) stehen, d.h. der militärische Führer muss zunächst eine klare Vorstellung davon haben, was genau erreicht werden soll. Erst danach erfolgt der Schritt der Festlegung, welche der ihm zur Verfügung stehenden Kräfte / Fähigkeiten zur Erreichung der erwünschten Wirkung zum Einsatz gebracht werden sollen. Hierzu sind insbesondere flexible und skalierbare Fähigkeiten erforderlich. Der militärische Führer sieht sich somit einer zunehmend komplexeren Planungs- und Integrationsleistung gegenüber, die auf immer niedrigerer Führungsebene zu erbringen ist. Diese Planungs- und Integrationsleistung kann schnell zu einer Überforderung des militärischen Führers führen. Insbesondere der Führerausbildung sowie einem Informationsmanagement, welches gezielt die Führerleistung unterstützen soll, kommt daher eine zentrale Bedeutung zu.

Anforderungen an den militärischen Führer

Mit Blick auf die aktuellen (und wohl auch zukünftigen) Konfliktszenarien mit ihren symmetrischen, asymmetrischen und hybriden Herausforderungen kann man tatsächlich annehmen, dass der heutige militärische Führer vor deutlich komplexeren Herausforderungen steht als noch zu Zeiten des Kalten Krieges: Die Befähigung zur Führung von Operationen hoher Intensität, die Befähigung zum Gefecht auf der taktischen Ebene, Angriff, Verzögerung und Verteidigung müssen ebenso bestimmende Größen seiner Ausbildung sein wie die Kenntnisse in der Aufstandsbewältigung oder in sonstigen Verfahren zur Aufrechterhaltung der öffentlichen Sicherheit und Ordnung. Der militärische Führer muss in den heutigen Einsätzen weit über die nächsten beiden Führungsebenen hinaus denken und planen können. Er muss noch mehr als früher dazu in der Lage sein, situationsbedingt kreative Lösungen zu entwickeln, das Ganze vor seinen Teilen zu sehen und die handwerklichen Fähigkeiten und Fertigkeiten der Operationsführung im notwendigen Detail beherrschen. Auch die Befähigung zu systematischem, ganzheitlichen Denken ist eine mehr denn je erforderliche und unverzichtbare Anforderung. Der militärische Führer muss die Herausforderungen der multinationalen Zusammenarbeit in Einsätzen kennen und in seinem Handeln berücksichtigen. Dazu kommen Denken und Handeln in vernetzten Strukturen, in einem streitkräftegemeinsamen und ressortübergreifenden Kontext. Auf der Grundlage eines umfassenden Wirkungsbegriffes sind die Folgen der Anwendung militärischer Gewalt vor dem Hintergrund politischer Vorgaben stets zu bedenken, die Wahrnehmung in Medien, Gesellschaft und Öffentlichkeit zu berücksichtigen und die Zweckmäßigkeit von Gewaltanwendung für das Erreichen der politischen Zielsetzungen zu prüfen. Da sich politische Ziele schnell ändern können und dies mitunter Auswirkung bis auf die taktische Ebene hat, muss der militärische Führer zudem stets einen hohen Grad an Flexibilität in seinen Planungen berücksichtigen. Aufgrund der Komplexität und Variabilität militärischer Einsätze gewinnen Charakter und Kompetenzen des Führungspersonals, auch unterhalb der Brigadeebene, eine noch höhere Bedeutung für die Operationsführung von Landstreitkräften. Vom militärischen Führer wird nicht nur beispielhaftes Führen mit Auftrag sowie Führungskunst verlangt, sondern in hohem Maße die Klugheit der Analyse des jeweiligen Konfliktes sowie die Befähigung zur Synchronisation der verschiedenen Wege und Mittel, um vorgegebene politische Ziele zu erreichen. Doch auch innerhalb von Stäben muss durch das Führungspersonal infolgedessen nicht nur vielmehr auf geistige Kompetenz sowie (selbst-) kritische Analysefähigkeit gesetzt werden, sondern vor allem Kreativität gefördert werden. Dies bedeutet auch, eine äußerst hohe Messlatte für zukünftige Personalentscheidungen anzulegen. Zu all dem kommt ein Trend nach Ende des Kalten Krieges, der dazu führt, dass von immer weniger militärischen Führern immer mehr verlangt wird: die beständige Verringerung im Umfang der Streitkräfte. Diese ist allerdings nicht mit einer gleichzeitigen Verringerung im Umfang des Auftrags einhergegangen. Im Gegenteil - die Erwartungen an das „Instrument Streitkräfte" sind seitens der Politik seither beständig gestiegen.

Die Situation für den militärischen Führer im komplexen Operationsumfeld ließe sich analog zum bekannten Zitat von Churchill „nie zuvor in der Geschichte menschlicher Konflikte hatten so viele so wenigen so viel zu verdanken" beschreiben als: „nie zuvor in der Geschichte menschlicher Konflikte haben so viele von so wenigen so viel erwartet."

Angelika Dörfler-Dierken / Philipp Heinrich

Der „strategische Gefreite" – Mannschaften und die Herausforderungen der Inneren Führung

Mit der Veröffentlichung nicht autorisierter Bilder aus Auslandseinsätzen, die ein großes mediales und gesellschaftliches Echo erzeugten – seien es die Folterbilder aus Abu-Ghuraib oder die Bilder von Totenschädeln bei der entsprechend benannten Affäre – erreichte auch die Erkenntnis das öffentliche Bewusstsein, dass die in Auslandseinsätzen eingesetzten Soldatinnen und Soldaten nicht nur auf der taktischen Ebene die Befehle und Aufträge ihrer Vorgesetzten ausführen (und also mit der strategischen Ebene des militärischen Führens nichts zu tun haben) sondern ganz im Gegenteil im Zuge ihres Auftrages auch eigenverantwortlich und eigenmächtig handeln. Das kann Konsequenzen nach sich ziehen – bis hin zur strategischen Ebene.[1] Überdies gilt schon immer: Inwieweit die Bevölkerung eines Landes den Einsatz ihrer Soldatinnen und Soldaten im Ausland unterstützt oder ablehnt, hängt nicht zuletzt davon ab, wie der Einsatz als Ganzes und auch einzelne Handlungen der Uniformträger in der Heimatöffentlichkeit dargestellt und wie sie von der Bevölkerung wahrgenommen und bewertet werden.

Schon immer hatten Mannschaften verantwortungsvolle militärische Aufträge zu erfüllen. Neu ist allerdings, dass ihr Handeln Auswirkungen auf der strategischen Ebene und Folgen für die strategischen Entscheidungen ihrer Vorgesetzten und der Politik haben kann. Möglich geworden ist dies vor allem

---

[1] Die diesen Aufsatz leitende Fragestellung nach dem „strategischen Gefreiten" geht auf eine öffentlich gestellte Frage von Generalleutnant a.D. Rainer L. Glatz auf der Tagung „Schwert und Gewissen", Wittenberg, November 2014 zurück. Die Autoren danken für diese inspirierende Frage, die in der deutschen Diskussion bisher kaum beleuchtet wurde und hoffen, dass die jetzt vorliegenden Ergebnisse den Blick der militärischen Führung wie der politischen Leitung auf das mit dem Stichwort „strategischer Gefreiter" bezeichnete Phänomen lenken.
Im Folgenden haben die Autoren sich an den Definitionen von Carl von Clausewitz bezüglich Taktik und Strategie orientiert. Demnach ist „Taktik die Lehre vom Gebrauch der Streitkräfte im Gefecht, die Strategie die Lehre vom Gebrauch der Gefechte zum Zweck des Krieges." (Clausewitz 1973: 271) Somit ist die Ebene der Strategie Generälen, Ministern und Politikern vorbehalten. (Rid 2006) Wenn jetzt allerdings das Handeln von Mannschaften und Unteroffizieren nicht intendierte Wirkungen auf strategischer Ebene zeigt, dann stellt das für herkömmliche Auffassungen von militärischer Führung ein Problem dar.

wegen der sich wandelnden Rolle der Medien in bewaffneten Konflikten. War es im Zweiten Weltkrieg noch offiziellen, dem Militär unterstellten Propagandatruppen vorbehalten, in geschönter Weise von vorderster Front zu berichten, so war es wenige Jahrzehnte später, während des Vietnamkrieges, erstmals möglich geworden, den Krieg direkt und ungeschönt in die Wohnzimmer der Menschen im Heimatland und in der ganzen Welt zu tragen, nicht zuletzt mittels des damals noch neuen Mediums Fernsehen. Der Krieg in Bild und Ton, aufgezeichnet und ausgestrahlt durch unabhängige Journalisten, hatte nun das Potential, die Stimmung innerhalb der Bevölkerung erheblich zu beeinflussen – innerhalb der Bevölkerung im Einsatzland, in dem Land, das die Soldaten ausgesandt hatte, und in allen anderen Ländern. Das von den US-Streitkräften entwickelte Konzept des *embedded journalism* sollte gegensteuern, muss aber als wenig erfolgreich eingeschätzt werden und konnte sich nicht durchsetzen bzw. durchgesetzt werden. Die Etablierung des neuen Mediums Internet („Web 2.0", YouTube, Twitter, Facebook) ermöglichte den schnellen Austausch von Informationen, Bildern und Filmen einige Jahrzehnte später. So kamen Soldatinnen und Soldaten erstmals in die Lage, ihre eigenen und ganz persönlichen Erlebnisse und Erfahrungen aus dem je eigenen Einsatz der Weltöffentlichkeit zugänglich zu machen. Aus der Perspektive einer Helmkamera sieht ein Gefecht allerdings ganz anders aus als beim Blick auf eine militärische Landkarte. Entsprechend verändert sich auch die öffentliche Wahrnehmung eines militärischen Einsatzes: Die Auswirkungen solcher Wahrnehmungen können immens sein. So kann die Verbreitung der individuellen Erfahrung und individuellen Handelns auf der taktischen Ebene Auswirkungen auf die strategischen Entscheidungen haben, ja – sie sogar dominieren.

Zudem kann das Handeln von Soldatinnen und Soldaten im Einsatzland – sei es, dass Einheimische getötet, gefoltert oder in ihrer Ehre gekränkt werden – zu unkalkulierbaren Risiken im Ausland, aber auch zu Demonstrationen oder Anschlägen in dem Land führen, das die Uniformträger ausgesendet hat. Innere und äußere Sicherheit im aussendenden Staat, Sicherheit für die im Ausland eingesetzten Soldatinnen und Soldaten – sowohl außerhalb der Feldlager im Ausland wie auch innerhalb derselben – gehen bekanntlich Hand in Hand.

Für die militärische Führung ist es von hohem Interesse, wie die eigenen Soldatinnen und Soldaten sich in den von ihnen publizierten Selbstzeugnissen darstellen, wie sie in der Heimat und in der Weltöffentlichkeit sowie im Einsatzland gesehen werden. Für Soldatinnen und Soldaten niedriger Dienstgradgruppen wird in Anlehnung an amerikanische und kanadische Beobachtungen[2] in Deutschland der Begriff „strategischer Gefreiter"[3] verwendet, obwohl nicht nur das Handeln von Mannschaftsdienstgraden – im Einsatz sind im allgemeinen gar keine ‚einfachen' Gefreiten, sondern Haupt- bis Oberstabsgefreite – sondern auch das von Unteroffizieren strategische Wirkungen haben kann. Der „strategische Gefreite" ist *per definitionem* ein militärischer Akteur auf der untergeordneten, der taktischen Ebene, der gleichwohl einen schwer kontrollierbaren Einfluss auf die strategische Ebene nimmt. Der „strategische Gefreite" steht für unkalkulierbare, negative Folgen militärischen Handelns (Rid 2006).

Jede/r, der auf der taktischen Ebene handelt, hat die Funktion des „strategischen Gefreiten" inne. Die Vorgesetzten müssen darauf vertrauen, dass ihre strategischen Entscheidungen von den ihnen unterstellten Soldatinnen und Soldaten umsichtig und verantwortungsbewusst durchgeführt werden. Dafür bedarf es des Vertrauens der Vorgesetzten zu den Untergebenen. Aber es braucht auch das Vertrauen der Untergebenen in ihre Vorgesetzten. Sie müssen sich ebenso auf die Richtigkeit deren Expertise verlassen, wie die Vorgesetzten sich darauf verlassen müssen, dass die Untergebenen sie über Geschehenes wahrheitsgemäß informieren. Deshalb brauchen „strategische Gefreite" nicht nur eine rein militärische Ausbildung, sondern auch eine ethische und rechtliche Schulung, die besonders ihr Urteilsvermögen stärkt, damit sie auch in kritischen Situationen angemessen und ethisch korrekt handeln.

---

[2] Im angelsächsischen Raum ist dieses Problem unter dem Begriff „strategic corporal" bekannt. Im „Counterinsurgency Field Manual" der US-Streitkräfte wird explizit auf die strategische Bedeutung von taktischen Entscheidungen hingewiesen. Der Dienstgrad *corporal* ist in vielen anglophonen Ländern vergleichbar mit dem Dienstgrad des Oberstabsgefreiten (NATO-Rangcode OR-4). Vgl. Petraeus, Amos 2006: 1-28. Auch die australischen Streitkräfte haben den strategischen Wert des einfachen Soldaten schon früh erkannt (Liddy 2004: 139). Damit der *strategic corporal* tatsächlich positiv im Einsatz wirken kann, bedarf es demnach einer Ausbildung, ihn dazu befähigt, wie ein Entwicklungshelfer zu agieren, der die religiösen, gesellschaftlichen und kulturellen Bedingungen des Einsatzlandes kennt und respektiert, um auch mit nicht militärischen, lokalen Akteuren angemessen interagieren zu können (Stringer 2009: 88). In der Bundesrepublik Deutschland fällt das unter die neuerdings für die Bundeswehr eingeführten Ausbildungsinhalte zu „Interkultureller Kompetenz".

[3] Manchmal wird auch die Übersetzung des amerikanischen *strategic corporal* als „strategischer Feldwebel" in der deutschsprachigen Literatur verwendet. Vgl. Bach 2008: 27. Auch Glatz 2015: 73 verwendet diesen Begriff. Hier kann es nicht darum gehen, einen Gegensatz zwischen zwei unterschiedlichen Dienstgradgruppen zu konstruieren, denn auch der Hauptgefreite kann in die Lage kommen, den Feldwebel vertreten zu müssen.

In Deutschland sind Gefreite Soldatinnen oder Soldaten, welche die Laufbahn der Mannschaften eingeschlagen haben. Sie haben die gesetzliche Vollzeitschulpflicht erfüllt, sind Deutsche im Sinne von Artikel 116 des Grundgesetzes, müssen keine speziellen beruflichen oder schulischen Vorbildungen oder Abschlüsse vorweisen, sind mindestens 17 Jahre alt und mindestens 155 cm groß. Alle militärischen Organisationsbereiche (Heer, Luftwaffe, Marine, Zentraler Sanitätsdienst, Streitkräftebasis) bieten Mannschaftsdienstposten an.

Während Freiwillig Wehrdienst Leistende bis zu 23 Monate in der Bundeswehr tätig sein können (das ZMSBw hat kürzlich eine Evaluation des Freiwilligen Wehrdienstes veröffentlicht, vgl. Kramer 2014), müssen Mannschaftsoldatinnen und -soldaten sich für eine Verpflichtungszeit von zwei bis fünfzehn Jahren entscheiden. Dann kann, bei Bedarf der Bundeswehr, der Kontrakt verlängert werden bis zu 25 Jahren. Die Mannschaftslaufbahn ist bei der Zielgruppe der Nachwuchswerbung, Schülerinnen und Schülern, nicht allzu attraktiv, obwohl sie – wie schon an der Frage nach dem „strategischen Gefreiten" zu erkennen – Dienstposten mit großer Verantwortung und Chancen bietet (das ZMSBw hat kürzlich den Bekanntheitsgrad und die Attraktivität der Mannschaftslaufbahn untersucht, vgl. Hennig 2013).

An ein paar Beispielen soll die besondere Verantwortung, die Mannschaften tragen, einleitend illustriert werden.

Mannschaften im Einsatz

Mannschaften standen mehrfach in Afghanistan im Feuergefecht. Beispielsweise wurde ein Hauptgefreiter aus dem Panzergrenadierbataillon 391, welches 2009 die Schnelle Eingreiftruppe des Regionalkommandos Nord stellte, von seinem Zugführer gelobt, weil er am 4. Juni 2009 aufständische Angreifer zurückschlug: „Mein jüngster Soldat, Hauptgefreiter Patrick O. aus Gräfenroda, war gerade mal 19 Jahre alt. Im Moment des Angriffs behielt er die Nerven und konnte mit seinem Maschinengewehr mehrere Aufständische niederhalten. Selbst als die Angreifer mit ihren Waffen schießend auf ihn zu rannten und die Geschosse neben seinem Helm einschlugen, schoss er weiter und kämpfte sie nieder. Das ist doch unvorstellbar! Ohne Deckung und ohne Rücksicht auf sein eigenes Leben, weil er den Auftrag hatte und diesen auch umsetzte." (Rönsch/Kahl/Klimek 2010).

Mannschaften müssen im Einsatz in Sekundenschnelle Entscheidungen fällen, die über ihr eigenes Leben und auch über das ihrer Kameradinnen und Kameraden entscheiden können. So war ein 24jähriger Hauptgefreiter, Angehöriger des Fallschirmjägerbataillons 263, am 6. August 2008 zur Sicherung eines Bergungszuges in Kunduz eingesetzt. Er bemerkte ein Motorrad, das mit hoher Geschwindigkeit auf die deutschen Soldaten zufuhr. Da er keine Hinweise dafür erkannte, dass der Motorradfahrer einen Sprengstoffgürtel trug, schoss er nicht auf ihn. Der Selbstmordattentäter sprengte sich in die Luft und verwundete den Sicherungssoldaten selbst sowie zwei seiner Kameraden so schwer, dass einer später seinen Verletzungen erlag (Michells 2010). Die auf dem einzelnen Mannschaftssoldaten lastende Verantwortung für das eigene Leben und das seiner Kameraden ist kaum vorstellbar. Die Konsequenzen dieser in Sekundenbruchteilen getroffenen Entscheidung sind dauerhaft zu tragen – nicht nur von den beiden verletzten Soldaten, sondern auch von deren Familien, deren Kameradinnen und Kameraden, auch von denen, die zum Zeitpunkt des Attentats im Lager waren, sowie von der Bundeswehr insgesamt. Vor allem aber wird der Tod des einen Kameraden die Überlebenden und die Familie beschäftigen. Jeder Soldat bzw. jede Soldatin, die derart exponiert eingesetzt ist, weiß um die möglichen Konsequenzen seiner bzw. ihrer (Fehl-) Einschätzung einer bestimmten Lage.

Ein weiteres Beispiel für die große Verantwortung, die Mannschaften tragen, liefert ein 23jähriger Stabsgefreiter, der als Angehöriger des Fallschirmjägerbataillons 373 am 2. April 2010 mit seinem Sicherungszug aus der Polizeistation in Chahar Darreh ausrückte. Gegen 13 Uhr Ortszeit wurden bei dem afghanischen Dorf Isa Khel der Spähtrupp des Zuges wie auch der Zug selbst von Aufständischen unter Feuer genommen. Der Stabsgefreite robbte vom Zug zu den Kameraden des Spähtrupps, 400 Meter auf offener Fläche, um einem verwundeten Kameraden aus der Gefahrenzone zu helfen. Trotz des Beschusses gelang ihm das. Im weiteren Verlauf des Gefechts wurde der Retter selbst durch eine Sprengfalle verwundet (Jüttner, Björn 2010).

Der Beitrag von Mannschaften zum Einsatz zeigt sich auch daran, dass einige von ihnen – allesamt junge Männer – das Ehrenkreuz der Bundeswehr für Tapferkeit verliehen bekamen, die höchste Auszeichnung der Bundeswehr. Es wurde am 13. August 2008 durch den damaligen Bundesminister der Verteidigung, Franz Josef Jung, als fünfte und höchste Stufe der Ehrenzeichen der Bundeswehr gestiftet, am 18. September 2008 durch den damaligen Bundespräsidenten Horst Köhler genehmigt und ein knappes Jahr später, am 6. Juli

2009, erstmalig verliehen. Eine Verleihung setzt voraus, dass „(…) das normale Maß der Grundpflicht gemäß § 7 Soldatengesetz SG deutlich überschritten (…)" wurde (Brammer 2014: 57). Dienstgrade oder Dienstzeiten spielen für eine Verleihung des Ehrenkreuzes für Tapferkeit keine Rolle. Belohnt werden soll damit „(…) angstüberwindendes, mutiges Verhalten bei außergewöhnlicher Gefährdung von Leib und Leben (…)" (a.a.O.: 9). Insgesamt 29 Mal, davon sieben Mal an Mannschaftssoldaten, wurde das Ehrenkreuz für Tapferkeit verliehen. Mancher erhielt es nach einer schweren Verwundung, mancher auch *posthum*. Die gewürdigten Gefreiten waren sämtlich junge oder sehr junge Männer (zwischen 21 und 28 Jahre alt), die in Afghanistan außerhalb des Feldlagers ihren Dienst verrichteten. 27 der insgesamt 104 in allen Einsätzen der Bundeswehr seit 1992 bei allen Bundeswehreinsätzen zu Tode gekommenen Soldaten, waren Angehörige der Dienstgradgruppe der Mannschaften (Müller 2014).

Natürlich üben Mannschaften auch verantwortungsvolle Tätigkeiten in Standorten innerhalb Deutschlands aus; aber die Dimension von Leben und Tod hat besonders ihren Dienst in Afghanistan begleitet.

Strategisch relevante, öffentlich bekannte Vorfälle

Die besondere Verantwortung von Mannschaftssoldatinnen und -soldaten im Einsatz und für den Einsatz erkennt man auch daran, dass gegen manche von ihnen wegen des Verdachts auf im Einsatz begangene Straftaten ermittelt wird. Solche Situationen entstehen typischerweise am Checkpoint: So wurden am 2. April 2010 sechs Angehörige der afghanischen Armee von Bundeswehrsoldaten getötet, weil sie sich nicht korrekt identifiziert hatten (Anonymus, Bundeswehr 2010). Folgen für strategische Entscheidungen der Bundeswehr in Afghanistan hatte speziell dieser Vorfall – soweit bekannt – zwar nicht, das hätte aber passieren können.

Weiterreichende Auswirkungen hatte ein Vorfall am 18. Mai 2011, als es vor dem Camp des Provincial Advisory Team (PAT) in Talokan zu einer Demonstration durch afghanische Zivilisten kam. Der Auslöser für diese Demonstration war, dass in der Nacht zuvor vier afghanische Zivilisten während einer ISAF-Operation getötet worden waren. Nachdem afghanische Sicherheitskräfte des Camps Warnschüsse abgegeben hatten, zogen die Demonstranten in Richtung Innenstadt. Später gelang es den Demonstranten erneut, vor das Camp zu gelangen. Sie warfen Handgranaten und Molotowcocktails und verwundeten insgesamt acht Menschen im Camp, darunter drei deutsche Soldaten und fünf afghanische Sicherheitskräfte (Anonymus, Bundeswehr 2011/1). Bei Schüssen aus dem Camp auf die Demonstranten kam es zu toten Zivilisten. Nach solchen Vorfällen kann das Vertrauensverhältnis zwischen einheimischer Bevölkerung und ausländischen Soldatinnen und Soldaten beschädigt sein. Manchmal muss dann der Operationsplan für Tage oder Wochen geändert werden, aber auch die strategischen Auswirkungen können enorm sein.

Auch Vorkommnisse fern vom Einsatzland, durch die dortige Gruppen sich beleidigt fühlen können, haben Einfluss auf die Sicherheitslage im Einsatzland: Als Berichte kursierten, dass im US-amerikanischen Gefangenenlager Guantanamo im Mai 2005 der Koran entweiht worden sei, entbrannten Proteste in der muslimischen Welt (Anonymus, FAZ 2005), bei denen insgesamt 17 Menschen starben und über 100 verletzt wurden (Anonymus, Stern 2005).

In Deutschland fiel der Blick von Öffentlichkeit und militärischer Führung auf den „strategischen Gefreiten" nach der „Totenschädelaffäre". Sie wurde ausgelöst, nachdem die „Bild"-Zeitung 2006 Fotos veröffentlicht hatte, die zeigten, wie deutsche ISAF-Soldaten in Afghanistan mit den sterblichen Überresten Verstorbener posierten und sie unter anderem an ihren Fahrzeugen befestigten. Die Bild-Zeitung veröffentlichte diese damals schon drei Jahre alten Fotos an dem Tag, als eigentlich das Weißbuch die politische Diskussion hätte bestimmen sollen. Die Bundeswehr nahm die Veröffentlichung der Fotos zum Anlass, ihre ethische Ausbildung zu intensivieren, da sie fürchtete, dass Unbedachtheiten einzelner Soldatinnen und Soldaten die Beziehung zu den Menschen im Einsatzgebiet stören und damit den Einsatz insgesamt gefährden könnten (Göbel 2007: 358). Seitdem werden Normen und Werte in der Einsatzausbildung (vor allem im Heer, aber auch in anderen militärischen Organisationsbereichen) vermittelt, Leitfäden, die das Wertefundament der Bundesrepublik Deutschland erläutern, an die Truppe verteilt und Unterrichte zu ethischen Grundlagen des Soldatenberufs durchgeführt (a.a.O.: 361-362).

Die letztgenannte Affäre kann auch als klassisches Beispiel für den „CNN-Effekt" dienen, der den Zusammenhang zwischen Kriegsberichterstattung und politischen Entscheidungen beschreibt. Der Name geht auf das amerikanische „Cable News Network" zurück, einen der weltweit größten Nachrichtenlieferanten, der – zumindest der Theorie nach – einen immensen Einfluss auf seine Konsumenten ausübt (Anonymus, BPB 2007). Die „Totenschädelaffäre" zeigt, wie ein solcher Vorfall Politik und militärische Führung zum Handeln zwingt.

Soziodemographie der Mannschaften

Die in Zusammenhang mit der Streitkräftebefragung 2013 vom ZMSBw gewonnenen Daten werden im Folgenden einer Zweitauswertung unterzogen, bei der die Mannschaften im Mittelpunkt stehen. Das ist deshalb gut möglich, weil die Zahl der Soldatinnen und Soldaten in einem Mannschaftsdienstgrad, die sich an der Befragung beteiligt haben, für eine empirisch-quantitative Studie ausreichend groß ist: 517 Angehörige der Laufbahn der Mannschaften antworteten auf die gestellten Fragen. Antworten konnten von den Mannschaftssoldatinnen und -soldaten nur diejenigen, die Zugang zu einem dienstlichen Computer hatten, weil die Befragung online im Intranet der Bundeswehr durchgeführt wurde. Die Dienstgradgruppe der Mannschaften stellt circa 25 Prozent aller Soldatinnen und Soldaten. Zum Zeitpunkt der Streitkräftebefragung waren die Mannschaften (43.556) die zahlenmäßig zweitstärkste Dienstgradgruppe nach den Unteroffizieren m.P. (62.637) und vor den Unteroffizieren o.P. (33.836). (Dörfler/Kramer 2014: 85). Von den Mannschaften, die geantwortet haben, hatten 23 Prozent Einsatzerfahrung bei mindestens einem Einsatz gesammelt. Der größte Teil der Mannschaften, 77 Prozent, war dagegen einsatzunerfahren.

Mannschaften sind jung.
Gut die Hälfte aller 17-25jährigen Soldatinnen und Soldaten in der Bundeswehr sind Angehörige der Dienstgradgruppe der Mannschaften (53 Prozent). Und innerhalb der Dienstgradgruppe der Mannschaften sind gut zwei Drittel aller Soldatinnen und Soldaten (68 Prozent) zwischen 17 und 25 Jahren alt. Knapp 30 Prozent sind zwischen 26 und 30 Jahren alt. Das erste Kennzeichen einer Soldatin oder eines Soldaten im Mannschaftsdienstgrad ist also das Alter: Das Durchschnittsalter der Mannschaften liegt bei knapp 23 Jahren (22,86 Jahre). Das ist die jüngste Dienstgradgruppe der Bundeswehr. (Quelle: Streitkräftebefragung 2013, Berechnung Heinrich)

Mannschaften bringen eine gute Schulbildung mit.
Außerdem ist dies die einzige Dienstgruppe, in der Soldatinnen und Soldaten dienen, die keinen Bildungsabschluss haben. Zum Zeitpunkt der Befragung waren das allerdings nur 0,4 Prozent. Die zweitkleinste Gruppe bilden Mann-

schaftssoldatinnen und -soldaten mit einem Hauptschulabschluss, der fast jedem Fünften (17,5 Prozent) der Befragten erreicht wurde. Mehr als ein Viertel (27,5 Prozent) der Mannschaftssoldatinnen und -soldaten hat die Fachhochschul- oder Hochschulreife, mehr als die Hälfte (54,6 Prozent) einen Realschulabschluss. Der formale Bildungsgrad der Mannschaften ist demnach recht hoch. In dieser Dienstgradgruppe sammeln sich keineswegs Bildungsverlierer. (Quelle: Streitkräftebefragung 2013, Berechnung Heinrich)

Mannschaften kommen aus ganz Deutschland.
Die regionale Herkunft der Mannschaften ist breit: Ein Großteil der Soldatinnen und Soldaten der Mannschaften stammen aus Bayern (19 Prozent), gefolgt von Nordrhein-Westfalen (14 Prozent) und Niedersachsen (13 Prozent). Diese drei Bundesländer gehören zu den bevölkerungsreichsten in Deutschland. Knapp ein Viertel (23 Prozent) der Mannschaften gibt einen Hauptwohnsitz in neuen Bundesländern an. Da in den neuen Bundesländern circa 15 Prozent der deutschen Bevölkerung leben, ist der Anteil der Mannschaften aus dieser Region leicht erhöht; allerdings wäre es keineswegs angemessen zu behaupten, Mannschaftssoldatinnen und -soldaten kämen zu einem großen Teil aus Ostdeutschland. (Quelle: Streitkräftebefragung 2013, Berechnung Heinrich)

Mannschaften bleiben für viele Jahre bei der Bundeswehr.
Zum Zeitpunkt der Befragung hatten knapp 4 Prozent der Soldatinnen und Soldaten noch kein ganzes Jahr bei der Bundeswehr gedient. 15 Prozent waren im zweiten Jahr im Mannschaftsdienstgrad tätig, 20 Prozent standen im dritten, 21 Prozent im vierten, 14 Prozent im fünften, 13 Prozent im sechsten, 7 Prozent im siebten, 3 Prozent im achten, 0,2 Prozent im neunten und ebenfalls 0,2 Prozent im zehnten Dienstjahr.

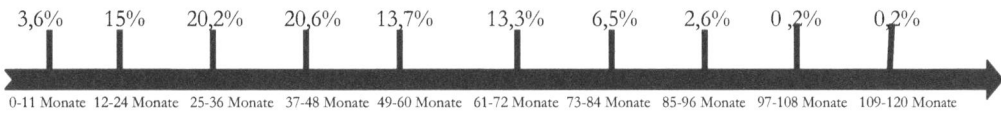

| 3,6% | 15% | 20,2% | 20,6% | 13,7% | 13,3% | 6,5% | 2,6% | 0,2% | 0,2% |

| 0-11 Monate | 12-24 Monate | 25-36 Monate | 37-48 Monate | 49-60 Monate | 61-72 Monate | 73-84 Monate | 85-96 Monate | 97-108 Monate | 109-120 Monate |

Quelle: Streitkräftebefragung 2013, Berechnung Heinrich

Erst kürzlich ist die Möglichkeit geschaffen worden, dass Mannschaftssoldatinnen und -soldaten bis zu 25 Jahre in der Bundeswehr Dienst leisten können. Es wird in den nächsten Jahren zu beobachten sein, wie sich das auf den Personalkörper der Mannschaften auswirkt. Bei der Beurteilung dieser neu geschaffenen Möglichkeit der Dienstzeitverlängerung ist zu bedenken, dass ein als junger Mensch in die Bundeswehr eingetretener Soldat am Ende seiner Laufbahn, im sogenannten besten Alter (etwa 45 Jahre alt), sein wird. Was soll er oder sie dann tun?

Ein beträchtlich hoher Anteil von Mannschaften war im Auslandseinsatz.
Von den Mannschaftssoldatinnen und -soldaten, die sich an der Streitkräftebefragung beteiligt haben, hatten 17,2 Prozent schon an einem Auslandseinsatz der Bundeswehr teilgenommen. 4,3 Prozent der Befragten gaben an, an zwei Einsätzen beteiligt gewesen zu sein. In drei Einsätze hingegen sind nur 0,8 Prozent der Mannschaften gegangen. Die Beteiligung an vier und fünf Einsätzen ist mit 0,2 und 0,1 Prozent noch geringer. Keiner der befragten Mannschaftsdienstgrade war sechs Mal oder häufiger im Auslandseinsatz. Insgesamt sind gut drei Viertel (77,4 Prozent) aller Mannschaftssoldatinnen und -soldaten einsatzunerfahren. (Quelle: Streitkräftebefragung 2013, Berechnung Heinrich)

Mannschaftsdienstgrade und Innere Führung

Auch für Mannschaftssoldatinnen und -soldaten gilt die Innere Führung. Nach der einschlägigen Vorschrift (bisher ZDv 10/1, jetzt A 2600/1) soll die Innere Führung das Selbstverständnis aller Soldatinnen und Soldaten der Bundeswehr prägen und deren Führungskultur leiten. Die Innere Führung soll demnach auch den Mannschaftssoldatinnen und -soldaten vertraut sein und ihnen die Normen und Werte ihres Dienstes vorgeben (vgl. BMVg, Zentrale Dienstvorschrift Innere Führung, 2008; Bötel 2015). Wegen dieses Anspruchs der Dienstvorschrift auf allgemeine Geltung stellt sich die Frage, ob die Mannschaftsdienstgrade die Vorschrift überhaupt kennen.

Nur ein kleiner Teil der Mannschaften kennt die Dienstvorschrift zur Inneren Führung.
Auf die Frage „Haben Sie vor dieser Befragung schon einmal von der ZDv 10/1 Innere Führung (2008) gehört oder gelesen? Und was wissen Sie darüber", antworten nur zwei Prozent der Mannschaften, dass sie „[s]ich intensiv damit beschäftigt haben und … alle wesentlichen Fakten und Zusammenhänge" kennen. 20 Prozent der Mannschaften antworten auf diese Frage, dass sie „davon gehört bzw. gelesen haben und … einige Fakten und Zusammenhän-

ge" kennen. 56 Prozent der Mannschaften antworteten, dass sie „davon gehört bzw. gelesen" haben, „aber nichts Konkretes" wissen. 22 Prozent wiederum antworteten auf die Frage, dass sie „noch nie davon gehört bzw. gelesen" haben und sich „auch nichts darunter vorstellen" können. Von allen Dienstgrad- und Statusgruppen der Bundeswehr sind die Mannschaften diejenige Gruppe, die am wenigsten die Innere Führung zur Kenntnis genommen hat. (Dörfler/Kramer 2014: 20)

Bei den übrigen Dienstgradgruppen der Bundeswehr ist die Unkenntnis der Zentralen Dienstvorschrift zur Inneren Führung deutlich geringer. Während 78 Prozent der Mannschaften angeben, „nichts Konkretes" darüber zu wissen oder „vorher noch nie davon gehört bzw. gelesen" zu haben und sich „auch nichts darunter vorstellen" zu können, machen dieselbe Angabe 60 Prozent der Unteroffiziere o.P., 34 Prozent der Unteroffiziere m.P., 16 Prozent der Offiziere und 12 Prozent der Stabsoffiziere. (Dörfler-Dierken/Kramer 2014: 21)

Die in der Streitkräftebefragung 2013 explizit eingestandene Unkenntnis der Konzeption der Inneren Führung bei den Mannschaftssoldatinnen und -soldaten kann natürlich darauf zurückgeführt werden, dass deren theoretische Ausbildung weniger Stunden umfasst als die der Offiziere. Das ist unseres Erachtens aber ein schwaches Argument, denn Mannschaften haben ebenso wie alle anderen Dienstgrade ein Anrecht auf Unterrichte zu den Hauptfeldern der Inneren Führung, vor allem in Politischer Bildung und Lebenskundlichem Unterricht. Hier würden sich die Themen der Inneren Führung gut unterrichten lassen. Außerdem lässt der hohe formale Bildungsabschluss der Mannschaften vermuten, dass sie zur selbständigen Lektüre der einschlägigen Vorschriften imstande wären – wenn ihr Interesse geweckt und der Begriff ihnen bekannt wäre. Andere argumentieren, dass es für Mannschaften nicht darauf ankomme, die Innere Führung zu kennen, sondern vielmehr darauf, entsprechend deren Grundsätzen geführt zu werden. Damit wäre die Konzeption der „Inneren Führung" als Herrschaftswissen des Führerkorps missverstanden (vgl. Weigt 2015: 4). Das ist sicher nicht in der einschlägigen Vorschrift intendiert, auch wenn es dort einen mit „Leitsätze für Vorgesetzte" überschriebenen Abschnitt im Anhang zu der Vorschrift gibt. Zur Entschuldigung für die Unkenntnis der Mannschaftssoldatinnen und -soldaten in Fragen der Inneren Führung wird auch gern das Argument angeführt, sie würden die meisten Themen der Inneren Führung aus eigenem Erleben kennen, ihre Erfahrungen aber nicht mit der Vorschrift und deren sperrigem Namen zusammen sehen.

Betrachtung über Soldatinnen und Soldaten der Mannschaften des Heeres

Frage: „Haben Sie vor dieser Befragung schon einmal von der ZDv 10/1 Innere Führung (2008) gehört oder gelesen? Und was wissen Sie darüber?"

Basis: Bundeswehrumfrage 2013 (n=803 gewichtet, Angaben in Prozent)

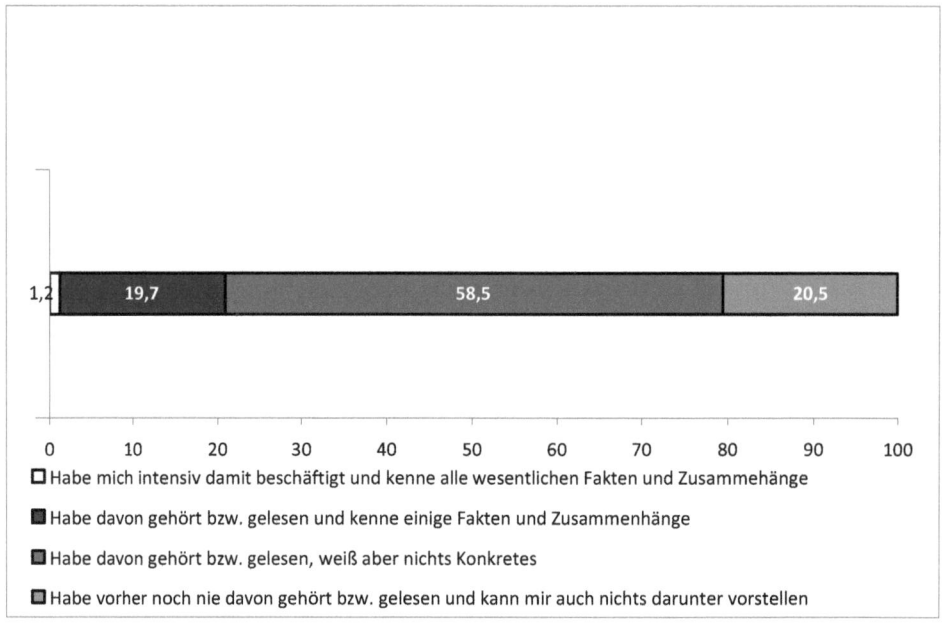

Quelle: Streitkräftebefragung 2013, Berechnung Heinrich

Die Umsetzung der Inneren Führung ist in der Untersuchung von Angelika Dörfler-Dierken und Robert Kramer (2013) ebenfalls überprüft worden. Hier zeigte sich, dass 71 Prozent der Mannschaftssoldatinnen und -soldaten ihren unmittelbaren Vorgesetzten vertrauen (dies. 2014: 56) und 69 Prozent von ihnen mit deren Führungsstil „sehr zufrieden" oder „eher zufrieden" sind (a.a.O.: 40). Wenn man allerdings Einzelmerkmale des Vorgesetztenverhaltens in den Blick nimmt, dann zeigen sich durchaus schwache Bewertungen der Vorgesetzten durch die ihnen untergebenen Soldatinnen und Soldaten in der Mannschaftslaufbahn (a.a.O.: 51, hier allerdings nicht im Einzelnen ausgeführt, nach dem Dienstgrad des Vorgesetzten geordnet).

Die Auswertung der Einzelmerkmale des Vorgesetztenverhaltens ergibt, dass

- Vorbildlichkeit,
- fachliche Kompetenz,
- Vermittlung von Handlungssicherheit,
- partnerschaftliche Führung,
- Gemeinschaft im Durchstehen schwieriger Situationen und
- Selbstkritik

das Gesamturteil über den Vorgesetzten bestimmen. (Dörfler-Dierken/Kramer 2014: 50)

Die Antworten auf das Item „Für seine/ihre Soldaten geht er/sie immer mit gutem **Vorbild** voran" zeigen, dass 34,2 Prozent der befragten Mannschaften mit „Trifft zu" geantwortet. „Trifft eher zu" wurde von 31,1 Prozent gewählt, während 18,5 Prozent sich für „Teils/teils" entschieden haben. 8,6 Prozent der befragten Soldatinnen und Soldaten haben sich hingegen für „Trifft eher nicht zu" entschieden. 7,5 Prozent gaben „Trifft nicht zu" an. Das Urteil der Untergebenen über die Vorbildlichkeit ihrer Vorgesetzten ist demnach nicht uneingeschränkt positiv: Die Antworten „Trifft zu" und „Trifft eher zu" zusammengenommen ergaben 65,3 Prozent, knapp zwei Drittel. Mehr als jede/r dritte Mannschaftssoldatin/-soldat ist also der Meinung, dass sein/ihre Vorgesetzte/r nicht „immer mit gutem Vorbild voran(geht)" (vgl. A 2600-1: Leitsätze für Vorgesetzte 3.). (Quelle: Streitkräftebefragung 2013, Berechnung Heinrich)

Der Aussage „Er/sie ist fachlich **kompetent**" stimmten 56,6 Prozent der Befragten zu und 24,3 Prozent entschieden sich für „Trifft eher zu". „Teils/teils" wurde von 10,7 Prozent der Mannschaften als Antwort gewählt, während 5 Prozent sich für „Trifft eher nicht zu" und 3,3 Prozent für „Trifft nicht zu" entschieden. Das Urteil über die fachliche Kompetenz der Vorgesetzten ist sehr einhellig: „Trifft zu" und „Trifft eher zu" ergeben zusammengenommen 80,9 Prozent; d.h., dass nur jede/r fünfte aus der Dienstgradgruppe der Mannschaften an der fachlichen Kompetenz seines/r Vorgesetzten Zweifel hat. (Quelle: Streitkräftebefragung 2013, Berechnung Heinrich)

Auf das Item „Er/sie (Vorgesetzte/r) gibt mir in jeder Lage **Handlungssicherheit**" antworten 27,6 Prozent der Mannschaften „Trifft zu". Die Antwortmöglichkeit „Trifft eher zu", wurde von 34,3 Prozent der Befragten gewählt. Das sind insgesamt 61,9 Prozent. Die Antwortmöglichkeit „Teils/teils" wurde von 22,6 Prozent favorisiert. Niedrigere Prozentzahlen erreichen die Antwortmöglichkeiten „Trifft eher nicht zu" (10,5 Prozent) oder

„Trifft nicht zu" (5 Prozent). Vier von zehn Mannschaftsoldatinnen und -soldaten sind demnach der Meinung, dass ihre Vorgesetzten ihnen nicht „in jeder Lage Handlungssicherheit" geben (vgl. A 2600-1: 609.). (Quelle: Streitkräftebefragung 2013, Berechnung Heinrich)

Bezüglich des Items „Mein/e unmittelbare/r Vorgesetzte/r führt **partnerschaftlich**" entschieden sich 21,4 Prozent der Mannschaftsoldatinnen und -soldaten für die Antwortmöglichkeit „Trifft zu", während 27,9 Prozent „Trifft eher zu" wählten. 31,3 Prozent hingegen wählten die Antwortmöglichkeit „Teils/teils". Zum Urteil „Trifft eher nicht zu" tendierten 12 Prozent und zu „Trifft nicht zu" 7,4 Prozent. Weniger als die Hälfte der Mannschaften bescheinigt ihrem/r unmittelbaren Vorgesetzen „partnerschaftlich" zu führen („Trifft zu" und „Trifft eher zu" zusammengenommen 49,3 Prozent), obwohl das in den Leitsätzen für Vorgesetzte in der Zentralen Dienstvorschrift Innere Führung explizit im Stil einer Selbstverpflichtung gefordert wird. „Ich führe partnerschaftlich" (vgl. A 2600-7, Leitsätze für Vorgesetzte 7.). (Quelle: Streitkräftebefragung 2013, Berechnung Heinrich)

Bei dem Item „Schwierige Situationen durchsteht er/sie gemeinsam mit seinen/ihren Untergebenen" antworteten 25,4 Prozent der Befragten mit „Trifft zu" und 37,3 Prozent mit „Trifft eher zu". 22,1 Prozent tendierten zu der Antwortmöglichkeit „Teils/teils". 9 Prozent entschieden sich für „Trifft eher nicht zu", 6,2 Prozent „Trifft nicht zu". Auch hier ist festzustellen: Vier von zehn Mannschaftssoldatinnen und -soldaten bescheinigen ihren direkten Vorgesetzten mangelnden **Gemeinsinn** beim Durchstehen schwieriger Situationen (vgl. A 2600-1, Leitsätze für Vorgesetzte 3., vgl. a. ebd. 617.). (Quelle: Streitkräftebefragung 2013, Berechnung Heinrich)

Das Item „Er/sie ist in der Lage, sich auch selbst kritisch einzuschätzen" erzielte bei der Antwortmöglichkeit „Trifft zu" 19,4 Prozent, während „Trifft eher zu" 29 Prozent erreichte. 26,8 Prozent wählten „Teils/teils" als Antwort. 14,5 Prozent fanden, dass Selbstkritik in Bezug auf ihre/n Vorgesetzte/n „eher nicht zu(trifft)" oder, von 10,3 Prozent gewählt, gar „nicht zu(trifft)". Weniger als jede/r zweite aus der Dienstgradgruppe der Mannschaften ist demnach mit der Fähigkeit zur **Selbstkritik** bei seinem Vorgesetzten/seiner Vorgesetzten zufrieden. In diesem Zusammenhang ist an die Vorgaben für Vorgesetzte zu erinnern, die sich in der aktuellen Fassung der Zentralen Dienstvorschrift Innere Führung finden: „Das Wissen um die eigenen Grenzen erleichtert den Umgang mit den Stärken und Schwächen der Anderen. Hierzu ist eine kritische Selbsteinschätzung erforderlich. Vorgesetzte müssen sich bewusst sein, dass ihr

Verhalten durch ihre militärische und zivile Umwelt stets aufmerksam beobachtet wird." (A 2600-1, Ziff. 622, Hervorhebung weggelassen) (Quelle: Streitkräftebefragung 2013, Berechnung Heinrich)

Die bisher vorgestellten Antworten auf die abgefragten Items durch die Soldatinnen und Soldaten im Dienstgrad Mannschaften machen deutlich, dass große Aufgaben für deren Führungspersonal anstehen: Die Bundeswehr sollte das Unteroffizierkorps hinsichtlich seiner Menschenführungsfähigkeit und auch Vorgesetzte der anderen Führungsebenen weiterbilden. Die Urteile der Mannschaften über ihre unmittelbaren Vorgesetzten sind insgesamt eher positiver als die anderer Dienstgradgruppen (vgl. Dörfler/Kramer 2014: 40), offenbaren aber doch auch deutliche Defizite.

Angesichts der hohen individuellen Verantwortung, die Mannschaftssoldatinnen und -soldaten gegebenenfalls tragen müssen – vgl. die obigen Beispiele – wäre es wünschenswert, wenn die Unterrichte zur Inneren Führung auch **für** sie und **mit** ihnen durchgeführt würden. Gerade im Heer, das von Auslandseinsätzen häufig in besonderer Weise betroffen ist, ist die Kenntnis der Inneren Führung nicht weit verbreitet. Circa 79 Prozent der befragten Mannschaftsoldatinnen und -soldaten innerhalb des Heeres geben an, „zwar davon gehört" zu haben „aber nichts Konkretes" über die Innere Führung zu wissen, beziehungsweise „vorher noch nie davon gehört" zu haben und sich „nichts darunter vorstellen" zu können. Allerdings zeigt der Vergleich mit den anderen Teilstreitkräften und Organisationsbereichen der Bundeswehr, dass auch dort die Kenntnis der Inneren Führung bei den Mannschaften nicht allzu stark ausgeprägt ist. Am bekanntesten scheint das Konzept der Inneren Führung innerhalb der Behörden und Ministerien zu sein, dort gaben (nur) 70 Prozent der befragten Soldatinnen und Soldaten aus der Mannschaftslaufbahn an, sie wüssten „nichts Konkretes" über die Innere Führung, beziehungsweise hätten „noch nie davon gehört" und können sich auch „nichts darunter vorstellen". (Dörfler-Dierken/Kramer 2014: 22) Bei den Mannschaftsdienstgraden der Luftwaffe lag dieser Wert bei 73 Prozent, bei denen der Marine bei 82 Prozent, bei den Mannschaftssoldatinnen und -soldaten der Streitkräftebasis bei 81 Prozent und bei den Mannschaften des Sanitätsdienstes bei 79 Prozent. (Quelle: Streitkräftebefragung 2013, Berechnung Heinrich)

Einstellungen zur Inneren Führung

Wer die Innere Führung nicht kennt, kann sie auch nicht wertschätzen. Deshalb lassen die Mannschaftssoldatinnen und -soldaten mehrheitlich eine ambivalente oder „negative" Einstellung ihr gegenüber erkennen: Weniger als die Hälfte der Mannschaften aus allen Organisationsbereichen (44 Prozent) hat eine „positive" oder „eher positive" Meinung zur Inneren Führung. Nur ein vergleichsweise kleiner Teil, 10 Prozent der Mannschaften, steht der Inneren Führung „eher negativ" oder „negativ" gegenüber. 46 Prozent haben ihre persönliche Einstellung der Inneren Führung gegenüber als „teils/teils" angegeben. Damit ist die Dienstgradgruppe der Mannschaften der Inneren Führung gegenüber deutlich negativer eingestellt als jede andere Dienstgradgruppe mit Ausnahme ihrer unmittelbaren Vorgesetzten, der Unteroffiziere o.P. Was die Vorgesetzten nicht weitergeben, können die Untergebenen nicht kennen und wertschätzen. Mit steigendem Dienstgrad wird die persönliche Einstellung zur Inneren Führung immer besser und die Zahl der Unentschiedenen verringert sich. (Dörfler-Dierken/Kramer 2014: 31)

Betrachtung nach Dienstgruppen

Frage: „Wie ist alles in allem ihre persönliche Einstellung zur Inneren Führung?"

Basis: Bundeswehrbefragung 2013 (n=6707, Angaben in Prozent)

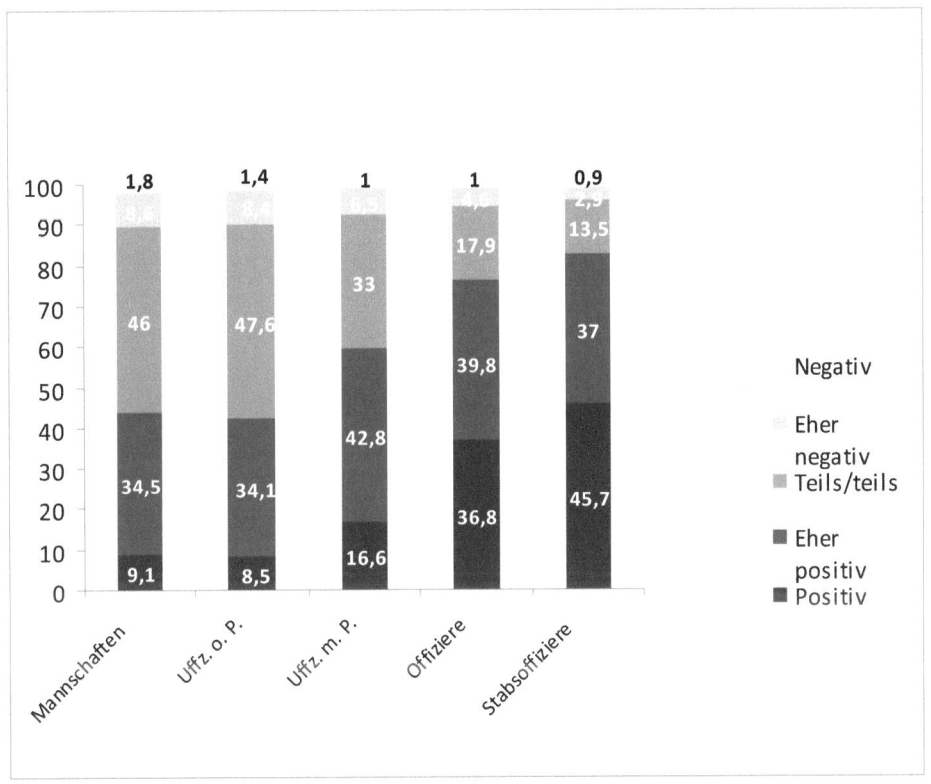

Quelle: Streitkräftebefragung 2013, Berechnung Heinrich

Problemanzeigen für den Auslandseinsatz

Insbesondere diejenigen Mannschaftssoldatinnen und -soldaten, die außerhalb der gesicherten Feldlager auf Patrouille im offenen Feld oder in Städten und Dörfern Dienst tun, müssen in ethischer und militärischer Hinsicht richtig und angemessen handeln und für ihre jeweils eigene Entscheidung persönlich die Verantwortung übernehmen. Angehörige der Mannschaften müssen deshalb aus Einsicht handeln und ihre Aufträge eigenverantwortlich umsetzen. Diese Überlegungen werden in der einschlägigen Vorschrift zur Inneren Führung immer wieder eingeschärft: „Vorgesetzte, die die Grundsätze der Inneren Führung beherzigen, schaffen und fördern die Voraussetzungen dafür, dass Vertrauen und Kameradschaft die Soldatinnen und Soldaten in allen Situationen tragen. Innere Führung ist Grundlage für verantwortungsbewusstes Führen und Entscheiden. Damit ermöglicht sie Handeln aus Einsicht"(BMVg 2008: 4). Befehl und Gehorsam, die traditionellen Arbeitsprinzipien des Militärs, werden dagegen in dieser Vorschrift deutlich relativiert: „Soldatinnen und Soldaten werden in ihren Rechten dadurch geschützt, dass Umfang und Grenzen der Befehlsbefugnis der Vorgesetzten und der Gehorsamspflicht der Untergebenen gesetzlich festgelegt sind. Aus der Wahrnehmung der ihnen gesetzmäßig zustehenden Rechte dürfen den Soldatinnen und Soldaten keine Nachteile erwachsen" (BMVg 2008: 6).

Das entspricht erfahrungsgemäß der unübersichtlichen und nicht im Vorhinein genau planbaren, per Befehl zu steuernden Arbeitswelt von Soldatinnen und Soldaten, insbesondere im Auslandseinsatz. Deshalb ist es von Interesse, wie sich die Mannschaften in diesem Spannungsfeld von Befehl und Gehorsam, Selbstverantwortung und Einsicht positionieren.

Das traditionelle militärische Arbeitsprinzip Befehl und Gehorsam wird von einem Viertel aller Mannschaften nicht als kennzeichnend für den Soldatenberuf angesehen.

Zwar stimmen in allen Dienstgradgruppen etwa drei Viertel der Soldatinnen und Soldaten der These zu, dass „Befehl und Gehorsam (…) den Soldatenberuf [kennzeichnen]"; aber es gibt doch auch in allen Dienstgradgruppen etwa ein Viertel, das der vorgegebenen Aussage nicht zustimmt.

Die Zustimmung und Ablehnung der vorgegebenen Aussage ist bei allen Dienstgradgruppen sehr ähnlich.

Betrachtung nach Dienstgradgruppe

Frage: „Stimmen Sie der folgenden Aussage zu oder lehnen Sie sie ab? Befehl und Gehorsam kennzeichnen den Soldatenberuf."

Basis: Bundeswehrbefragung 2013 (n=7555, Angaben in Prozent)

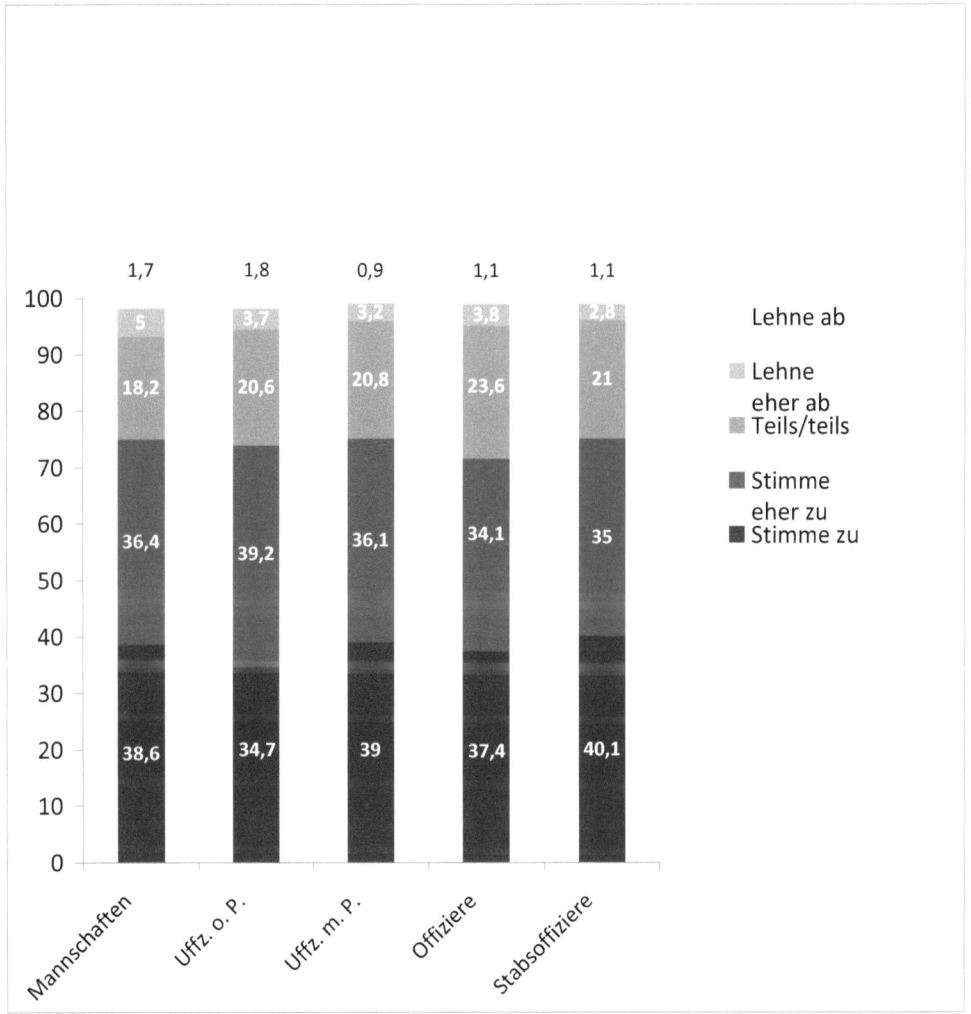

Quelle: Streitkräftebefragung 2013, Berechnung Heinrich

Fast die Hälfte der Mannschaften stimmt der Aussage zu, dass Einsicht besser ist als Gehorsam.

Größere Unterschiede zwischen den Dienstgradgruppen zeigen sich, wenn die Zustimmung zu der Aussage „Einsicht ist besser als Gehorsam" abgefragt wird. Die Zustimmung zu dieser Aussage steigt mit steigendem Dienstgrad deutlich an. Je höher der Dienstgrad, desto wichtiger erscheint den Soldatinnen und Soldaten die Einsicht. Gerade bei Einsätzen, die potentiell zu lebensgefährlichen Situationen führen können, ist es wichtig, dass alle Soldatinnen und Soldaten, auch die niedrigeren Dienstgrade wie die Mannschaften, aus Einsicht handeln. Schließlich müssen sie gegebenenfalls ihre Gesundheit und ihr Leben riskieren.

Betrachtung nach Dienstgradgruppe

Frage: „Stimmen Sie der folgenden Aussage zu oder lehnen Sie sie ab? Einsicht ist besser als Gehorsam."

Basis: Bundeswehrbefragung 2013 (n=7442, Angabe der Zustimmung in Prozent, Anteile von „Stimme zu" und „Stimme eher zu" zusammengefasst)

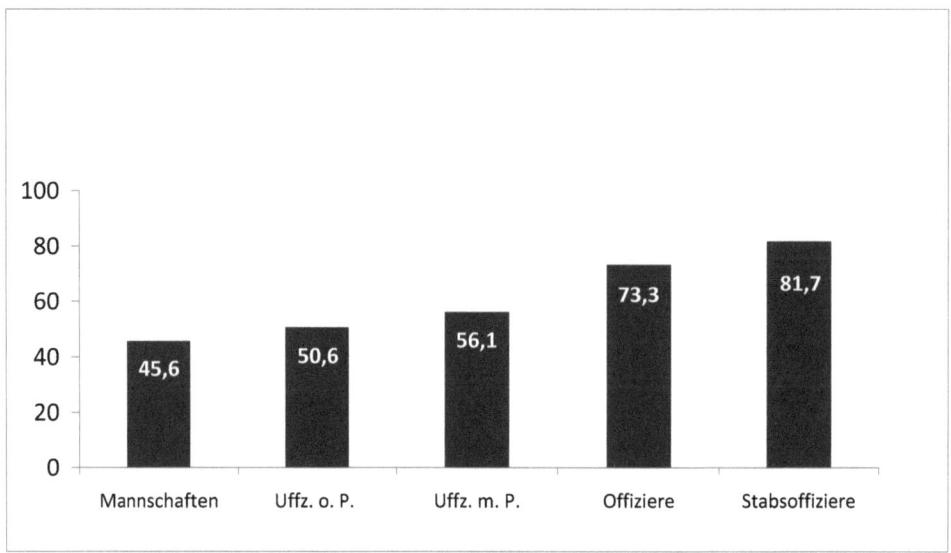

Quelle: Streitkräftebefragung 2013, Berechnung Heinrich

Das Verständnis für ein Handeln aus Einsicht sollte bei den Mannschaftssoldatinnen und -soldaten gestärkt werden.

Zwei Drittel der Mannschaften sind sich der Notwendigkeit von Eigenverantwortung bewusst

Ein weiterer Unterschied zwischen den Dienstgradgruppen zeigt sich bei der Zustimmung zu dem Item, dass „Aufträge (…) eigenverantwortlich umgesetzt werden [müssen]". In jeder Dienstgradgruppe stimmen über 60 Prozent der Aussage eher zu oder zu. Mit steigendem Dienstgrad steigt die Zustimmung. Bei den Mannschaftssoldatinnen und -soldaten ist die Zustimmung zur Aussage „Aufträge müssen eigenverantwortlich durchgeführt werden" am niedrigsten, obwohl sie genau wie alle anderen Uniformträger persönlich zur Rechenschaft gezogen werden, wenn es zur Beurteilung ihrer Handlungen oder Unterlassungen kommt.

Betrachtung nach Dienstgradgruppe

Frage: „Stimmen Sie der folgenden Aussage zu oder lehnen Sie sie ab? Aufträge müssen eigenverantwortlich durchgeführt werden."

Basis: Bundeswehrbefragung 2013 (n=7680, Angabe der Zustimmung in Prozent, Anteile von „Stimme zu" und „Stimme eher zu" zusammengefasst)

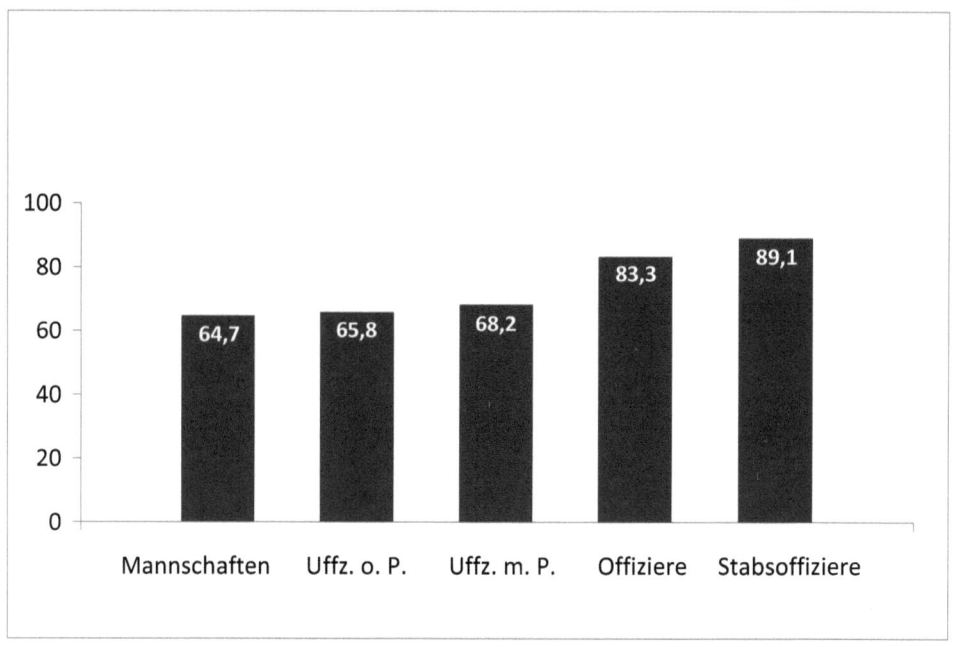

Quelle: Streitkräftebefragung 2013, Berechnung Heinrich

Die nach den Grundsätzen der Inneren Führung von allen Soldatinnen und Soldaten geforderte Eigenverantwortung sollte gerade im Blick auf die Dienstgrade Mannschaften und Unteroffiziere o.P. sowie Unteroffiziere m.P. gefördert werden.

Mannschaften wünschen sich mehr Selbstentfaltung im Beruf.

Mit den Urteilen über „Befehl und Gehorsam", „Einsicht" und „Eigenverantwortung" korrespondiert das Antwortverhalten bei einer Frage nach dem Handlungsbedarf für militärische Führung und politische Leitung, den die Soldatinnen und Soldaten sehen. Aus einer größeren Itembatterie (Dörfler-Dierken/Kramer 2014: 61f.) wurde gerade von den Angehörigen der Mannschaftsdienstgrade mehr „Selbstentfaltung im Beruf" gewünscht. Mit steigendem Dienstgrad sinkt der Wunsch der Soldatinnen und Soldaten nach mehr Selbstentfaltung im Beruf. Offenbar bieten höhere Dienstgradgruppen mehr Potential für Selbstentfaltung, so dass höherrangige Soldatinnen und Soldaten mit ihren Möglichkeiten zufrieden sind. Der Wunsch nach beruflicher Selbstentfaltung bei den Mannschaftsdienstgraden spiegelt auf seine Weise die Beobachtung, dass der formale Bildungsabschluss dieser Frauen und Männer hoch ist (vgl. oben Abschnitt 3.2).

Betrachtung nach Dienstgradgruppe

Frage: Wie groß ist Ihrer Meinung nach der Handlungsbedarf in dem folgenden Bereich?: „Mehr Selbstentfaltung im Beruf ermöglichen".

Basis: Bundeswehrbefragung 2013 (n=7548, Angabe der Zustimmung in Prozent, Anteile von „Sehr groß" und „Eher groß" zusammengefasst)

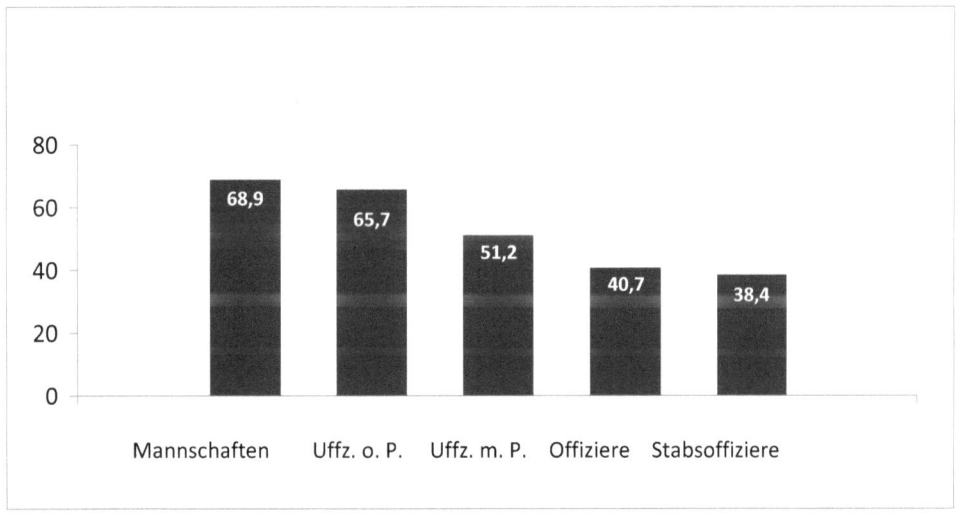

Quelle: Streitkräftebefragung 2013, Berechnung Heinrich

Mannschaften wollen individuell mehr Verantwortung übernehmen.

Ähnlich sieht es bei der Antwort auf die Frage aus, ob die „individuelle Verantwortlichkeit für Entscheidungen [erhöht]" werden solle. Hier liegt die Zustimmung in jeder Dienstgradgruppe bei knapp 60 Prozent. Mannschaften und Stabsoffiziere erzielen Spitzenwerte.

Betrachtung nach Dienstgradgruppe

Frage: Wie groß ist Ihrer Meinung nach der Handlungsbedarf in dem folgenden Bereich?: „Individuelle Verantwortlichkeit für Entscheidungen erhöhen".

Basis: Bundeswehrbefragung 2013 (n=7466, Angabe der Zustimmung in Prozent, Anteile von „Sehr groß" und „eher groß" zusammengefasst)

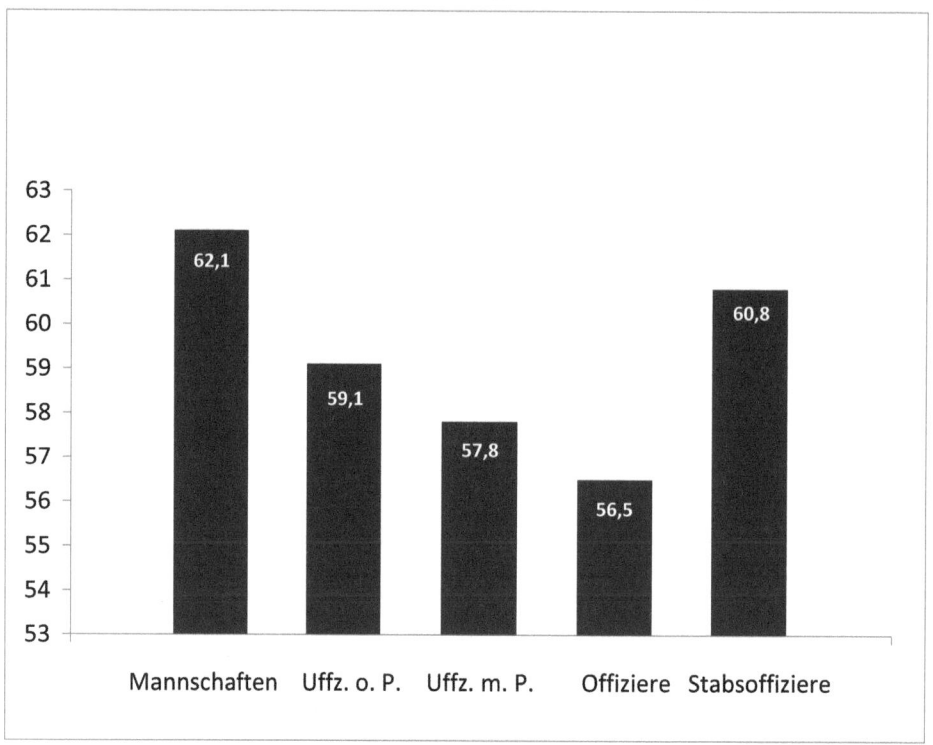

Quelle: Streitkräftebefragung 2013, Berechnung Heinrich

Mannschaften wünschen sich, dass Eigeninitiative gefördert wird.

Vor allem Mannschaften und Unteroffiziere ohne Portepee wünschen sich von politischer Leitung und militärischer Führung, dass „Eigeninitiative [gefördert]" wird. Die Zustimmung zu diesem Item ist bei Unteroffizieren mit Portepee, Offizieren und Stabsoffizieren deutlich geringer.

Betrachtung nach Dienstgradgruppe

Frage: Wie groß ist Ihrer Meinung nach der Handlungsbedarf in dem folgenden Bereich?: „Eigeninitiative fördern".

Basis: Bundeswehrbefragung 2013 (n=7548, Angabe der Zustimmung in Prozent, Anteile von „Sehr groß" und „eher groß" zusammengefasst)

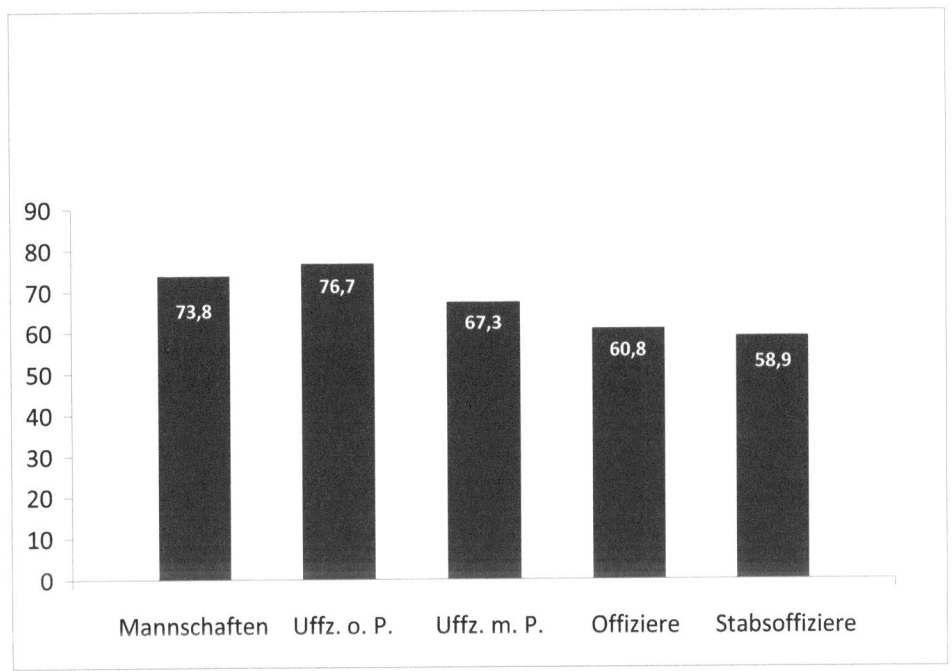

Quelle: Streitkräftebefragung 2013, Berechnung Heinrich

Lässt man die Ergebnisse zu den Fragen nach Befehl und Gehorsam, Einsicht, Eigenverantwortung, Selbstentfaltung, Verantwortungsübernahme und Eigeninitiative Revue passieren, dann fällt auf, dass bei den Angehörigen der Dienstgradgruppe Mannschaften ein großes Potential brach zu liegen scheint. Es fällt auch auf, dass die Unterschiede zwischen Mannschaften und Unteroffizieren eher gering ausgeprägt sind. Größere Unterschiede bestehen jeweils zu den Offiziersdienstgraden, die in den abgefragten Feldern deutlich weniger Veränderungsbedarf reklamieren. Wenn Mannschaftssoldatinnen und –soldaten tatsächlich (fast) ihr ganzes Berufsleben bei der Bundeswehr verbringen sollen können, dann ist darauf zu achten, dass sie sich auch mit ihren Fähigkeiten und als eigenverantwortliche Menschen beruflich einbringen können. Das Potential dafür ist offenbar vorhanden. Wenn Mannschaften zu großen Teilen Handlungsbedarf für militärische Führung und politische Leitung nicht nur hinsichtlich der Familienfreundlichkeit und der Planungssicherheit anmahnen, sondern auch in solchen Bereichen, die entsprechend der Maslowschen Bedürfnispyramide als nicht-materielle und nicht-soziale, sondern als Bedürfnisse nach Selbstverwirklichung (Hentschel 2013: 52) gekennzeichnet werden, einfordern, dann ist das als eine große Chance für den Arbeitgeber zu sehen. Dass zudem gerade eine einsatzorientierte Bundeswehr von Mannschaften profitiert, die den komplexen Herausforderungen mit Einsicht und durch die Übernahme von Eigenverantwortung begegnen, ist offensichtlich.

Das Selbstbild der Mannschaften

Wenn nach dem Selbstbild von Soldatinnen und Soldaten gefragt wird, sind – ohne dass das ausgesprochen würde – meist die höheren Dienstgrade im Blick. Denn diese äußern sich öffentlich, schreiben Artikel und Leserbriefe oder halten Reden über ihre Erfahrungen (vgl. die Zugriffe in Dörfler-Dierken /Kümmel 2010; Bohn 2013). Daraus lassen sich dann Aussagen zum beruflichen Selbstbild ableiten. In den Blick der Forschung können auch Forderungen an das berufliche Selbstbild von Soldatinnen und Soldaten kommen, die von politischer oder friedensethischer oder kirchlicher Seite erhoben werden (vgl. zuletzt die Thesenreihe aus der Evangelischen Seelsorge in der Bundeswehr „Soldatinnen und Soldaten in christlicher Perspektive") Das Selbstbild von Mannschaften kommt weitaus seltener in den Blick der Wissenschaft, obwohl durchaus interessante Selbstzeugnisse von Soldatinnen und Soldaten vorliegen (vgl. z.B. Clair 2012). Deshalb ist es als Glücksfall zu bewerten, dass bei der Streitkräftebefragung 2013 eine so große Zahl von Angehörigen des Dienstgrades Mannschaften sich beteiligt hat, dass eine Auswertung der Aussagen mit sozialwissenschaftlich-quantitativer Methodik möglich war.

Mannschaften sehen sich eher als Helfer denn als Kämpfer.

Zu Beginn des Einsatzes in Afghanistan stand die humanitäre Hilfe im Mittelpunkt der öffentlichen Darstellung des Engagements der Bundeswehr und des öffentlichen Interesses an diesem Einsatz. Dann wurde die Bundeswehr immer öfter in Gefechte mit Aufständischen verwickelt, deren Höhepunkt etwa 2010 erreicht war. Das Mandat der Bundeswehr wurde danach robuster gefasst, und die Ausrüstung wurde der gefährlicher gewordenen Sicherheitslage angepasst. 2013, zum Zeitpunkt der Untersuchung, war die Phase der heißen Gefechte vorbei – diskutiert wurde in der deutschen Öffentlichkeit die Frage des Abzugs der Bundeswehr aus Afghanistan (Anonymus, Spiegel 2013). Dies wirft die Frage auf, welche Folgen dieser Einsatz für die soldatische Selbstbeschreibung hat. Sehen die deutschen Soldatinnen und Soldaten sich eher als „Helfer" oder assoziieren sie den Soldaten eher mit einem „Kämpfer". Knapp die Hälfte der Mannschaften (48,7 Prozent) lehnt es ab, den Soldaten „eher Kämpfer/in [als] Helfer/in" zu nennen. Weitere 40 Prozent der befragten Mannschaften sind der Ansicht, dass ein Soldat „teils" Kämpfer, „teils" Helfer sei. Nur 11 Prozent der Soldatinnen und Soldaten der Mannschaftslaufbahn bestimmen den Beruf des Soldaten/der Soldatin vom Kämpfer her.

Betrachtung über Soldatinnen und Soldaten der Mannschaften

Frage: Stimmen Sie der folgenden Aussage zu oder lehnen Sie sie ab? „Als Soldat/Soldatin ist man eher Kämpfer/in als Helfer/in."

Basis: Bundeswehrbefragung 2013 (n=1526, Angaben in Prozent)

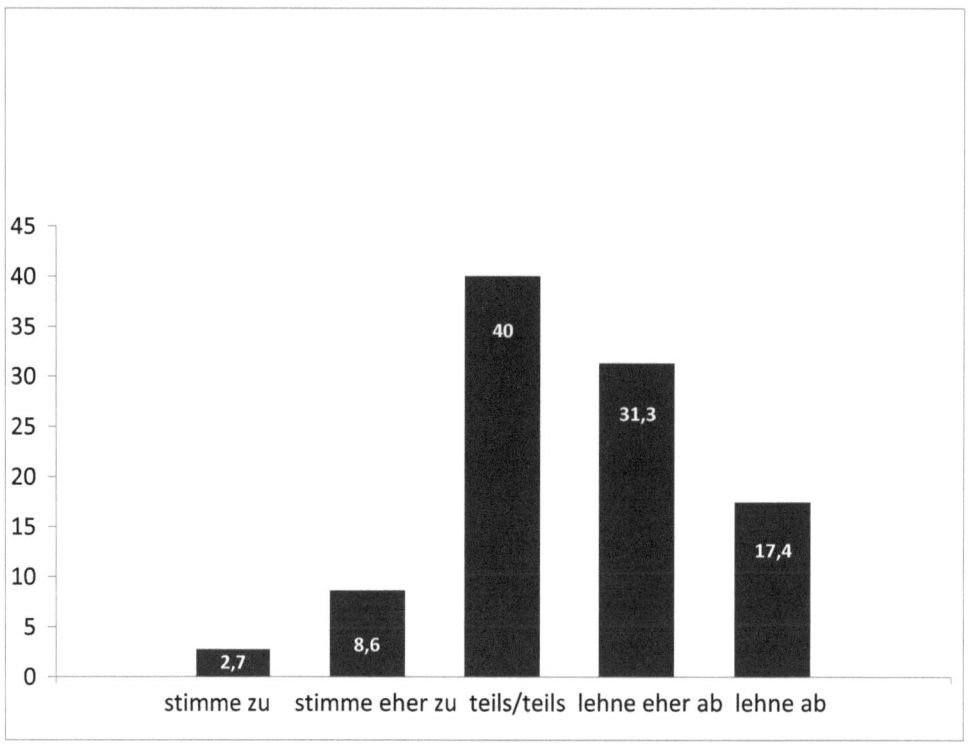

Quelle: Streitkräftebefragung 2013, Berechnung Heinrich

Vergleicht man diese Berufscharakterisierung der Mannschaften mit derjenigen von anderen Dienstgradgruppen, dann ergeben sich einige deutliche Unterschiede bezüglich des soldatischen Selbstverständnisses: Offiziere und Stabsoffiziere, von denen der Großteil in der Regel nicht an Kampfhandlungen teilnimmt, sehen sich eher als „Kämpfer" denn als „Helfer". Sie stimmen der Aussage „als Soldat/Soldatin ist man eher Kämpfer/in als Helfer/in" zu 30 Prozent zu. Während Mannschaften die Aussage zu 49 Prozent ablehnen, lehnen Stabsoffiziere sie zu 36 Prozent ab.

Betrachtung nach Dienstgradgruppe

Frage: Stimmen Sie der folgenden Aussage zu oder lehnen Sie sie ab? „Als Soldat/Soldatin ist man eher Kämpfer/in als Helfer/in."

Basis: Bundeswehrbefragung 2013 (n=7504, Angaben in Prozent)

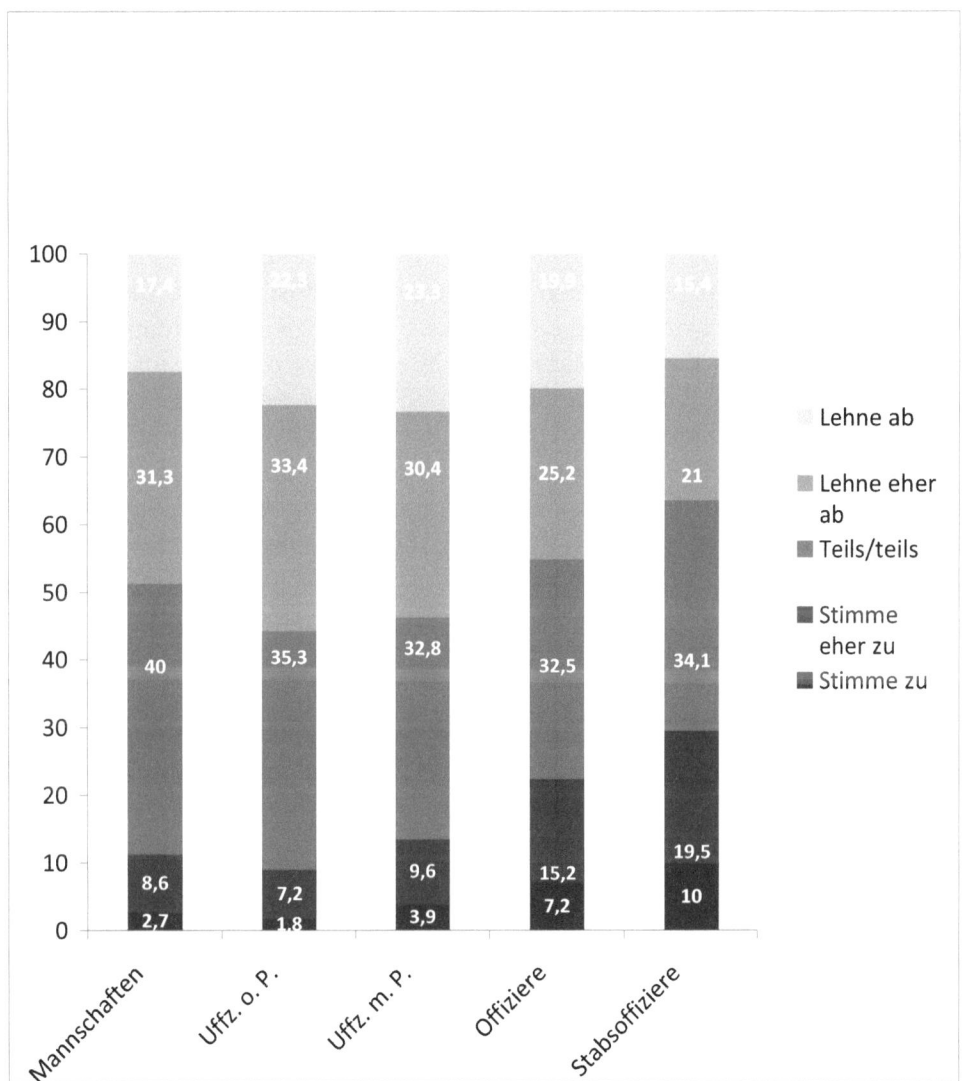

Quelle: Streitkräftebefragung 2013, Berechnung Heinrich

Der Soldatenberuf wird seit jeher mit dem Bild des Kämpfers verknüpft; allerdings hat die Innere Führung den Gedanken der Abschreckung des Gegners und nicht den Gedanken des Sieges über den Feind in den Mittelpunkt gestellt. „Kämpfen können, um nicht kämpfen zu müssen" lautete der Wahlspruch. Bundeswehrsoldaten mussten in Afghanistan kämpfen, mussten sich Bedrohungen für Leib und Leben aussetzen, standen in Gefechten, trafen taktische (Fehl-)Entscheidungen und wurden Opfer von Anschlägen. Deshalb fällt es besonders auf, dass die Beschreibung des Soldatenberufs vom Bild des Kämpfers her bei niedrigeren Dienstgradgruppen stark abgelehnt wird. Mannschaften und Unteroffiziere standen tatsächlich in brenzligen Situationen – und offenbar haben sie sich ein Selbstbild bewahrt, das stärker vom Helfer als vom Kämpfer geprägt ist. Dieses Ergebnis kann die alte Beobachtung erhärten, dass, wer den Kampf kennt, nicht will, dass sein Selbstbild von dieser Erfahrung her bestimmt wird. Dagegen sind die Stabsoffiziere eher von der politischen Diskussion in Deutschland und der Welt sowie von den Entscheidungen der übergeordneten militärischen Führung und politischen Leitung geprägt. Sie wissen, dass die Fähigkeit zum Kampf ein Alleinstellungsmerkmal des Soldatenberufs ist, und weisen mit Entschiedenheit darauf hin, dass Bundeswehrsoldatinnen und -soldaten nicht nur helfen sondern auch kämpfen. Sich selbst als Kämpfer zu identifizieren, ist für sie unproblematischer als für Mannschaften und Unteroffiziere, weil sie die Folgen der militärischen Taktik weniger am eigenen Leibe spüren. Ihr berufliches Selbstbild und dessen öffentliche Inszenierung kann eben deshalb vom „Kämpfer" bestimmt sein, weil es nur vermittelt von der Erfahrung des heißen Gefechts berührt ist. Die höheren Offiziere wissen allerdings sehr genau darum, dass die Bundeswehr über ein Fähigkeitsportfolio verfügt, das einzigartig ist – und dazu gehört auch der Kampf – gegebenenfalls mit Todesfolge. Aus dem Wissen um diese Singularität können gut Ansprüche abgeleitet werden.

Mannschaften lehnen die Beobachtung, dass Soldaten „eine Art Weltpolizist/in" seien, seltener ab als Offiziere.

19 Prozent der Mannschaften stimmt der Aussage zu, „Als Soldat/in ist man eine Art Weltpolizist/in". Das ist die Dienstgradgruppe mit der höchsten Zustimmung zu diesem Item. Nur gut die Hälfte der Mannschaften lehnt die Aussage ab. Die Ablehnung dieser Aussage ist bei Stabsoffizieren mit fast drei Viertel am größten. Die Diskussion um die „Konstabulisierung des Militärs" (Haltiner 2004: 476-478) ist in den Sozialwissenschaften noch nicht abge-

schlossen. Eröffnet wurde sie erst nach 1990. Offensichtlich ist gegenwärtig eine gegenläufige Bewegung: Während in den Streitkräften des westlichen Bündnisses immer mehr polizeiliche Aufgaben im Ausland von Soldatinnen und Soldaten übernommen worden sind und polizeiliches Schießen in die Einsatzvorausbildung integriert wurde, wird die These, dass der Soldat „Schutzmann für den Frieden" (Gramm 1990: 13) sein solle, von den Soldatinnen und Soldaten mehrheitlich abgelehnt. Hier dürfte sich wieder der Gedanke spiegeln, dass man das Alleinstellungsmerkmal des eigenen Berufs verteidigen will. Vielleicht spiegeln sich hier auch Erfahrungen und Lehren aus der militärischen Sozialisation.

Betrachtung nach Dienstgradgruppe

Frage: Stimmen Sie der folgenden Aussage zu oder lehnen Sie diese ab?: „Als Soldat/Soldatin ist man eine Art Weltpolizist/in".

Basis: Bundeswehrbefragung 2013 (n=7501, Angaben in Prozent, Anteile von „Lehne eher ab/Stimme eher zu" und „Lehne ab/Stimme zu" zusammengefasst)

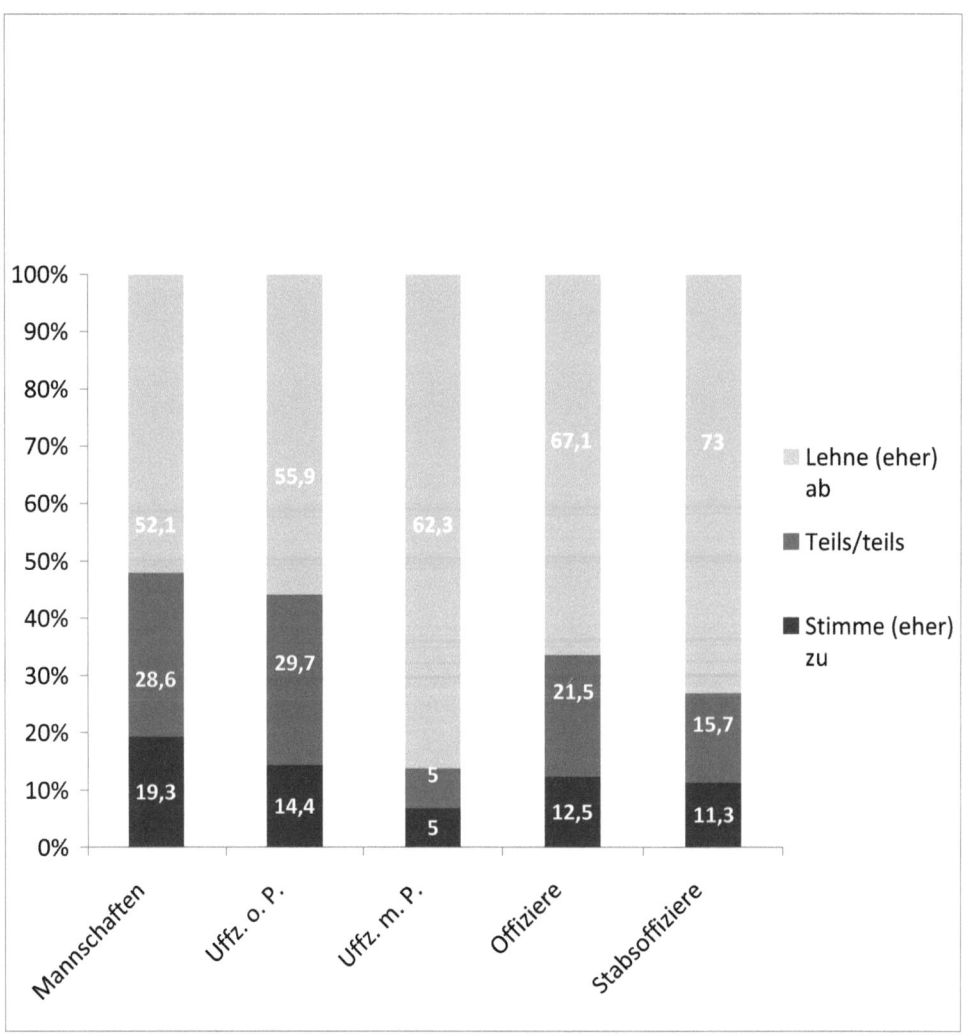

Quelle: Streitkräftebefragung 2013, Berechnung Heinrich

Einsatzerfahrene Soldatinnen und -soldaten urteilen anders als ihre Kameraden ohne Einsatzerfahrung.

Die Ablehnung der Aussage „Soldaten sind eher Kämpfer/in als Helfer/in" sinkt bei allen Dienstgradgruppen nach einem Einsatz. Die Erfahrung des Einsatzes hat demnach durchaus einen Einfluss auf das berufliche Selbstbild der Soldatinnen und Soldaten. Interessanterweise steigt vor allem bei Offizieren und Stabsoffizieren die Zustimmung zu der Aussage, obwohl sie kaum aktiv an Kampfhandlungen beteiligt sind.

Auffällig ist besonders die Unterschiedlichkeit des Urteils von Stabsoffizieren mit im Vergleich zu solchen ohne Einsatzerfahrung: eine Zunahme der Zustimmung zu der Aussage „als Soldat ist man eher „Kämpfer/in als Helfer/in" von 10 Prozent einerseits, ein Sinken der Ablehnung um 15 Prozent andererseits. Das bedeutet, dass die Zustimmung zur Prägung des beruflichen Selbstverständnisses von Stabsoffizieren vom Kämpfer her steigt. Bei keiner anderen Dienstgradgruppe sind die Unterscheide derart groß. Bei Mannschaften bleibt die Zustimmung zu der Aussage „Als Soldat ist man eher Kämpfer/in als Helfer/in" gleich gering und die Ablehnung der Aussage nimmt um 8 Prozent ab (diese wandern zu den Unentschiedenen). Daraus ist zu schließen, dass der Auslandseinsatz gar nicht so sehr die Soldatinnen und Soldaten mental prägt, die tatsächlich die spezifischen Belastungen tragen, die etwa aus Patrouillentätigkeit vor Ort und aus vergleichbaren Situationen im Einsatzland außerhalb der befestigten Camps resultieren, sondern die Stabsoffiziere. Diese verbleiben während ihres ganzen Berufslebens bei der Bundeswehr, prägen auf Jahrzehnte das Klima in der Truppe und wirken als Berater der Politik. Wenn die Stabsoffiziere den Einsatz also stärker denn die Mannschaftssoldatinnen und -soldaten als prägende Erfahrung verbuchen, die ihre beruflichen Urteile stark beeinflusst, dann ist dieser Beobachtung besondere Aufmerksamkeit zu schenken. Sie spiegelt möglicherweise das auch schon oben angesprochene Wissen der höheren Offiziere um die Singularität des Soldatenberufs. In einem solchen Klima kann leicht ein elitäres Bewusstsein wachsen.

Betrachtung nach Dienstgradgruppe mit und ohne Einsatzerfahrung

Frage: Stimmen Sie der folgenden Aussage zu oder lehnen Sie sie ab? „Als Soldat/Soldatin ist man eher Kämpfer/in als Helfer/in."

Basis: Bundeswehrbefragung 2013 (n=7451, Angaben in Prozent, Anteile von „Lehne eher ab/ Lehne ab" und „Stimme eher zu /Stimme zu" zusammengefasst)

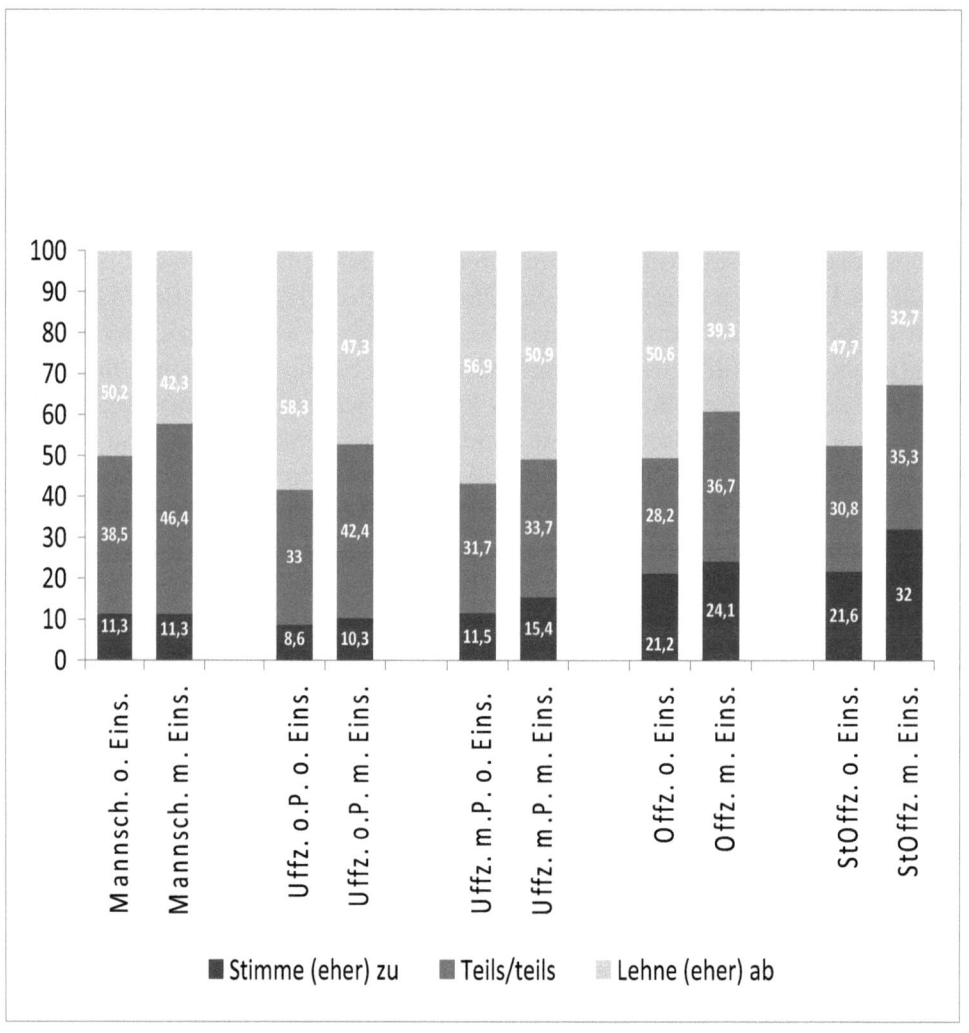

Quelle: Streitkräftebefragung 2013, Berechnung Heinrich

Betrachtung nach Dienstgradgruppe mit und ohne Einsatzerfahrung

Frage: Stimmen Sie der folgenden Aussage zu oder lehnen Sie diese ab?: „Befehl und Gehorsam kennzeichnen den Soldatenberuf."

Basis: Bundeswehrbefragung 2013 (n=7517, Angaben in Prozent, Anteile von „Lehne eher ab/Stimme eher zu" und „Lehne ab/Stimme zu" zusammengefasst)

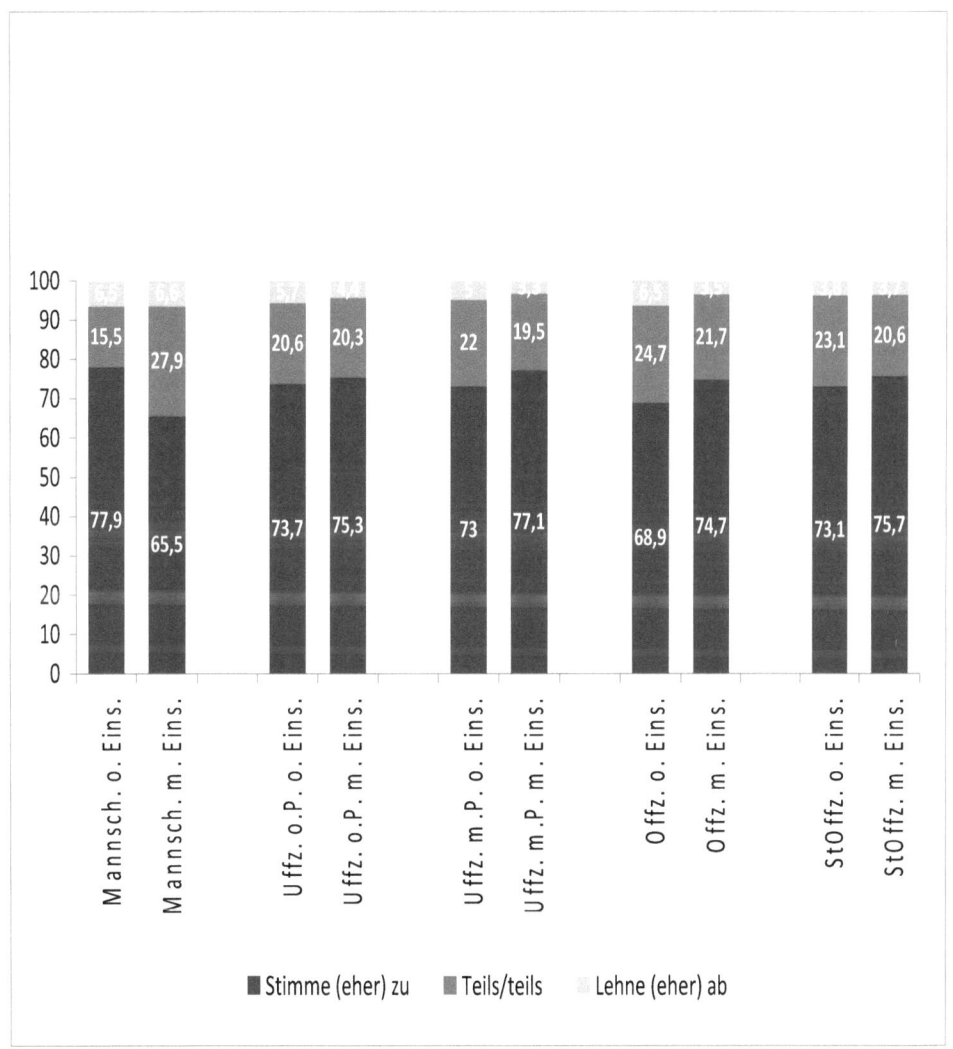

Quelle: Streitkräftebefragung 2013, Berechnung Heinrich

Bei den Mannschaften finden sich, wenn man diejenigen mit Einsatzerfahrung vergleicht mit denen ohne Einsatzerfahrung, bezüglich der Zustimmung zu der Aussage „Befehl und Gehorsam kennzeichnen den Soldatenberuf" nach dem Einsatz bemerkenswerte Veränderungen. Einsatzerfahrene Soldatinnen und Soldaten im Dienstgrad Mannschaften stimmen der Aussage seltener zu als einsatzunerfahrene. Offensichtlich macht eine nicht unerhebliche Menge von Mannschaftssoldatinnen und -soldaten im Einsatz die Erfahrung, dass Befehl und Gehorsam nicht die Kennzeichen des Soldatenberufs sind. Nach der Einsatzerfahrung gewichtet mehr als jeder zehnte Soldat bzw. jede zehnte Soldatin der Mannschaften Befehl und Gehorsam niedriger.

Eingaben von Mannschaften beim Wehrbeauftragten

Die Untersuchung hat gezeigt, dass sich bei den Angehörigen der Mannschaftslaufbahnen ein großes Potential von persönlichen und fachlichen Ressourcen zeigt, das zu würdigen ist. Das kann am besten im alltäglichen Dienst geschehen, in dem diesen Soldatinnen und Soldaten vermittelt wird, wie hilfreich ihr Beitrag für die Bundeswehr und für die Bundesrepublik Deutschland ist. Tatsächlich scheint das nicht immer und überall in der Bundeswehr angekommen zu sein. Denn in den Berichten des Wehrbeauftragten des Deutschen Bundestages (geprüft wurden die Berichte für die Jahre 2013 und 2014) werden viele Vorgänge dokumentiert, die Mannschaftssoldaten betreffen. Von den 4.842 bearbeiteten Vorgängen im Jahr 2013 wurde etwa ein Siebtel von der Dienstgradgruppe der Mannschaften angezeigt. (Deutscher Bundestag, Drucksache 18/300, 2014: 81) Im Jahr 2014 war das wieder ähnlich: Von den 4.416 bearbeiteten Vorgängen waren ungefähr 16 Prozent von Soldatinnen und Soldaten der Mannschaftslaufbahn eingebracht worden. Jeder vierte dieser von den Mannschaften eingebrachten Vorgänge hatte Menschenführung und soldatische Ordnung zum Thema. Sicher kann man darüber streiten, ob das viele oder wenige Eingaben durch Mannschaftsdienstgrade sind – schließlich ist die Gruppe der Mannschaften sehr groß, dagegen nimmt sich die Zahl der Eingaben gering aus – und man kann anmerken, dass die weit überwiegende Mehrzahl dieser Soldatinnen und Soldaten mit dem Führungspersonal zufrieden ist (vgl. Dörfler-Dierken/Kramer 2014: 40). Trotzdem sei hier erinnert an die Zentrale Dienstvorschrift zur Inneren Führung und die zehn Leitsätze für Vorgesetzte, die dieser beigegeben sind (vgl. die Ziffern 604-624 sowie die Leitsätze im Anhang zu der Vorschrift A 2600/1 Innere Führung, im Internet unter

http://www.kommando.streitkraeftebasis.de/portal/a/kdoskb/!ut/p/c4/04_S
B8K8xLLM9MSSzPy8xBz9CP3I5EyrpHK94uyk-
OyUfL3y1MySlOKS4hK9qsy8tNJUvZT88ryc_MQU_YJsR0UAIaAfPw!!/,
(letzter Zugriff 13. April 2015).

Das vornehmste Ziel eines jeden Vorgesetzten bzw. einer jeden Vorgesetzten sollte darin bestehen, seinen bzw. ihren Untergebenen

- die Innere Führung nahe zu bringen,
- den Dienst und die alltägliche Zusammenarbeit nach dem Buchstaben
  und im Geist der Inneren Führung zu gestalten und
- das Einsichtsvermögen sowie
- die Fähigkeit zur Verantwortungsübernahme der Mannschaftssoldatinnen und -soldaten nicht zu unterschätzen, sondern vielmehr zu fördern.

Dass die Bundeswehr schlecht beraten wäre, wenn sie nicht Einsicht und
Verantwortung fördern würde, dürfte aus der Beschreibung der Problemlage
deutlich geworden sein. Ein Anknüpfungspunkt dafür könnte das in den deutschen Streitkräften schon lange etablierte „Führen mit Auftrag" werden.

Mannschaften sind „Botschafter" Deutschlands im Ausland und „Botschafter" der Bundeswehr in der deutschen Gesellschaft. Innere Führung ermöglicht es ihnen, sich auf diese Aufgabe vorzubereiten und zu verantwortungsbewussten „strategischen Gefreiten" zu reifen. Wer seine Mannschaftsoldatinnen und -soldaten nach den Grundsätzen und Vorschriften zur Inneren
Führung behandelt und fördert, der wird die Freude haben, dass sie auch Verständnis für ihre strategische Bedeutung und Verantwortung gewinnen und aus
Einsicht verantwortlich handeln. Solche „strategischen Gefreiten" braucht die
Bundeswehr!

Literatur

Anonymus, Bundeswehr (2009): Schüsse auf ein ziviles Fahrzeug: Verfahren eingestellt, In: Die Bundeswehr, 10.2009: 45

Anonymus, Bundeswehr (2010): Sechs afghanische Soldaten im Verlauf der Gefechte bei Kunduz getötet (2. Aktualisierung). Online: http://www.bundeswehr.de/portal/a/bwde/!ut/p/c4/NYvNCsJADITf KO-niT8WbooIIelPrLW1jCXR3y26oID686cEZmMPMN_hAc6C3dKQSA_ V4x6qRdT1CPbYMLCET64fBS85GcADJ9MTbdDSgsUqnVA4qll0ijQ mGmLSflldKtoC0WBVut3Vl8Zf7rubl_npazhbH8-GCg_ebH7Oq7FU!/ (letzter Zugriff: 20.1.2015)

Anonymus, Bundeswehr (2011): Afghanistan: Angriff auf deutsche Kräfte am 9. März (Aktualisierung). Online: http://www.bundeswehr.de/portal/a/bwde/!ut/p/c4/NYuxDsIwDET _yE6mVmyUMiAW1AEom9uGylKTVImhEuLjcQbupBvu3uED1YHe PJNwDLTgHfuRd8MGwzY5cBwyOfk48JyzEi4AZ3rirRwVGLWSkuK CsOacSGKCNSZZyvJKSRfgCXtj28ZW5i_7rY_X8-FSmbo9NR2u3u9_XppPOg!!/ (letzter Zugriff: 20.1.2015)

Anonymus, Bundeswehr (2011): Afghanistan: Gewalttägige Demonstration in Talokan (5. Aktualisierung). Online: http://www.bundeswehr.de/portal/a/bwde/!ut/p/c4/NYu9DoJAEITf aJcj8bcTKbS1EewWWMkm3EHuVkmMD-9e4Uwyxcw3-EBzoLeMpDIHmrDBtpdjt0K3DgwsIRHrh8FLSkZwAEn0xHs-GtBbpTmVg4rlGEnnCMscdcrLK0ZbQAZsC1dXblf85b77S3luDttyU1-rGy7en37indOc/#par9 (letzter Zugriff: 20.1.2015)

Anonymus, Bundeswehr (2013): Beruf trifft Berufung: Die Laufbahn der Mannschaften, Hrsg.: BAPersBw

Anonymus, Bundeszentrale für politische Bildung (BPB) (2007): Kriegsberichterstattung in der Mediengesellschaft. Online: http://www.bpb.de/apuz/30527/kriegsberichterstattung-in-der-mediengesellschaft?p=all (letzter Zugriff: 13.4.2015)

Anonymus, Frankfurter Allgemeine Zeitung FAZ (2005): Amerikanisches Militär bestätigt „Falschbehandlung" des Koran. Online: http://www.faz.net/aktuell/politik/vereinigte-staaten-amerikanisches-militaer-bestaetigt-falschbehandlung-des-koran-1230510.html (letzter Zugriff: 13.2.2015)

Anonymus, Handelsblatt (2006): Deutsche Soldaten posieren mit Totenschädel. Online:
http://www.handelsblatt.com/politik/international/afghanistan-deutsche-soldaten-posieren-mit-totenschaedel/2723612.html
(letzter Zugriff: 18.2.2015)

Anonymus, Spiegel (2013): Afghanistan: Bundestag beschließt Abzug 2014. Online: http://www.spiegel.de/politik/deutschland/afghanistan-krieg-bundestag-verlaengert-einsatz-der-bundeswehr-a-880688.html
(letzter Zugriff: 10.4.2015)

Anonymus, Stern (2009): Bundeswehrsoldat wird nicht angeklagt. Online: http://www.stern.de/politik/ausland/afghanische-zivilisten-getoetet-bundeswehrsoldat-wird-nicht-angeklagt-701238.html
(letzter Zugriff: 20.1.2015)

Anonymus, Stern (2005): Entweihter Koran löst Massenaufstand aus. Online: http://www.stern.de/politik/ausland/afghanistan-entweihter-koran-loest-massenaufstand-aus-540229.html (letzter Zugriff: 13.2.2015)

Anonymus, Stern (2005): „Newsweek" zieht Koran-Artikel zurück. Online: http://www.stern.de/politik/ausland/koranschaendung-newsweek-zieht-koran-artikel-zurueck-540391.html (letzter Zugriff: 13.2.2015)

Anonymus, Y (2013): Kampf nach der Verwundung, Y, Das Magazin der Bundeswehr. Online:
http://www.y-punkt.de/portal/a/ypunkt/!ut/p/c4/LYvBCsIwEAX_KJvQHsSbtRf1J
oj-
Wi6TNUkLTTUg3BsGPNwHfwFyGB08okH7bWbP1pB08YJjsfsxizAZ
fn5BoYaEXTuicyHbbkOBeXwbF5Am5mpHYFs9Rs48i-
MiulhRjKcIaGKTqO9Uo-Z_67m7nY3NpZdufuiuEdT38ALac2GQ!/
(letzter Zugriff: 20.1.2015)

Bach, Alois (2008): Der Mensch steht im Mittelpunkt. Zukünftige Herausforderungen an die Innere Führung. In: IF. Zeitschrift für Innere Führung, H. 1: 23-28

Bohn, Jochen (2013): Die Grenzen des Menschenrechts und das Ethos des Soldaten. Überlegungen zur Haltbarkeit einer Idee. In: Bohrmann, Thomas/Lather, Karl-H./Lohmann, Friedrich (Hrsg.) (2013): Handbuch Militärische Berufsethik. Bd. 1: Grundlagen. Wiesbaden: VS Verl. für Sozialwissenschaften: 399-415

Bötel, Frank (2015): Innere Führung und Staatsbürger in Uniform. Online: http://www.bundeswehr.de/portal/a/bwde/!ut/p/c4/DcgxDoAgDAD At_iBdnfzF-piipTaQKrBIt-X3Ha442D0qZDrbVRwxe3UOXQIPTK8Xlk9V-LkDFKbxULCBmrGlY_U-Bop-ORl-gGxyMb-/ (letzter Zugriff: 18.2.2015)

Brammer, Uwe (2014): Ehrenzeichen und Einsatzmedaillen der Bundeswehr. Berlin: Bundesministerium für Verteidigung

Bundesministerium der Verteidigung (BMVg) (2008): A-2600/1. Zentrale Dienstvorschrift Innere Führung. Selbstverständnis und Führungskultur. Online: http://www.kommando.streitkraeftebasis.de/portal/a/kdoskb/!ut/p/c4 /04_SB8K8xLLM9MSSzPy8xBz9CP3I5EyrpHK94uyk-Oy-UfL3y1MySlOKS4hK9qsy8tNJUvZT88ryc_MQU_YJsR0UAIaAfPw!!/ (letzter Zugriff: 7.4.2015)

Clausewitz, Carl von (1973): Vom Kriege. Bonn: Ferd. Dümmlers Verlag

Deutscher Bundestag (2014): Unterrichtung durch den Wehrbeauftragten. Jahresbericht 2013. Drucksache 18/300, 28. Januar 2014. Online: http://dip21.bundestag.de/dip21/btd/18/003/1800300.pdf (letzter Zugriff: 13.4.2015)

Deutscher Bundestag (2015): Unterrichtung durch den Wehrbeauftragten. Jahresbericht 2014. Drucksache 18/3750. 27. Januar 2015. Online: http://dip21.bundestag.de/dip21/btd/18/037/1803750.pdf (letzter Zugriff: 13.4.2015)

Dörfler-Dierken, Angelika/Kramer, Robert (2014): Innere Führung in Zahlen. Streitkräftebefragung 2013, Berlin: Miles-Verl.

Dörfler-Dierken, Angelika/ Kümmel, Gerhard (Hrsg.) (2010): Identität, Selbstverständnis, Berufsbild, Implikationen der neuen Einsatzrealität für die Bundeswehr, Wiesbaden: VS Verlag für Sozialwissenschaften

Evangelisches Kirchenamt für die Bundeswehr/Evangelische Seelsorge in der Bundeswehr (Hrsg.) (2013): Soldatinnen und Soldaten in christlicher Perspektive. 20 Thesen im Anschluss an das Leitbild des Gerechten Friedens. Arbeitskreis für ethische Bildung in den Streitkräften. (Schriften der Evangelischen Seelsorge in der Bundeswehr 2014) Berlin, 9. Dezember 2013

Glatz, Rainer L.: International Security Assistance Force (ISAF) – Erfahrungen im Afghanistan-Einsatz. In: Ders./Tophoven, Rolf (Hrsg.) 2015: Am Hindukusch – und weiter? Die Bundeswehr im Auslandseinsatz: Erfahrungen, Bilanzen, Ausblicke. Bonn: Bundeszentrale für politische Aufklärung, (Schriftenreihe 1584): 60-77

Gramm, Reinhard (1990): Vorwort. In: Evangelisches Kirchenamt für die Bundeswehr (Hrsg.) (1990): Streitkräfte im Wandel, Soldat – Schutzmann für den Frieden. Hannover: Lutherisches Verl.haus: 11-13

Göbel, Christian (2007): Staatsbürger und Uniform, Ethik in der Bundeswehr. In: Die neue Ordnung 61, 5: 358-373

Haltiner, Karl (2004): Vom Landesverteidiger zum militärischen Ordnungshüter. In: Gareis,Sven/Klein,Paul (Hrsg.) (2004): Handbuch Militär und Sozialwissenschaften. Wiesbaden: VS Verlag für Sozialwissenschaften: 476-484

Hennig, Jana (2013): Attraktivität der Mannschaftslaufbahn. (Forschungsbericht 105) Potsdam: Zentrum für Militärgeschichte und Sozialwissenschaften der Bundeswehr

Hentschel, Katrin (2013): Ergebnisse der Jugendstudie 2011, Berufswahl Jugendlicher und Einstellungen zum Arbeitgeber Bundeswehr. (Forschungsbericht 100) Potsdam: Zentrum für Militärgeschichte und Sozialwissenschaften der Bundeswehr

Jüttner, Björn (2010): Dennis Güllners neues Leben. In: Y, Das Magazin der Bundeswehr. Online:
http://www.y-punkt.de/portal/a/ypunkt/!ut/p/c4/LYvBCsIwEAX_KNsgQvWmBrE XPWq9SNqsJSRNwrqxCH68CfgG5jI8uEMh6LedNNsYtIcb9KPdDos YFoOPT8rBsdCOM3ovXkxo2ZHGJyNc69mgGGNArmYMbIsn0hxJp Ejsa8lEpQhroG-k2suVbP6T3_awVifVyk13Pl4gzfPuB84_5j8!/
(letzter Zugriff: 20.1.2015)

Kramer, Robert (2014): Sozialwissenschaftliche Begleitstudie zur Evaluation des Freiwilligen Wehrdienstes, Ergebnisse der Zweitbefragung der Freiwilligen Wehrdienst Leistenden mit Diensteintritt im Zeitraum von Juli 2011 bis April 2012. (Forschungsbericht 108) Potsdam: Zentrum für Militärgeschichte und Sozialwissenschaften der Bundeswehr

189

Liddy, Lynda (2004): The strategic corporal: some requirement in training and education. In: Australian Army Journal: For the Profession of Arms, Vol. 2, No. 2, Autumn 2004: 139-148

Michells, Helmut, RP Online (2010): Bericht von der Front: „Ich habe ihn erschossen". Online: http://www.rp-online.de/politik/ausland/ich-habe-ihn-erschossen-aid-1.2295133 (letzter Zugriff: 20.1.2015)

Müller, Andreas (2014): Todesfälle im Auslandseinsatz. Online:
http://www.bundeswehr.de/portal/a/bwde/!ut/p/c4/DcjBDYAgDAX QWVyA3r25hXohRT7YgMUE1ITpJe_2aKdB-ZXITYpyppW2Q2b3Gfd5mAgPTVDT-cxQ-6i3gVMb04pHDYycYeWyEK3cOt1pmX5GIQYT/ (letzter Zugriff: 16.4.2015)

Petraeus, David/Amos, James (2006): Counterinsurgency. Washington DC

Rid, Thomas (2006): Der strategische Gefreite, Soldaten als Fotografen: Die neuen Medien sind längst Teil des Krieges. Online:
http://www.tagesspiegel.de/meinung/kommentare/der-strategische-gefreite/768562.html (letzter Zugriff: 20.4.2015)

Rönsch, Heiko/ Kahl, Christian/Klimek, Jörg (2010): Duellsituation für Hauptfeldwebel Seibert. Online:
http://www.deutschesheer.de/portal/a/heer/!ut/p/c4/NYzBCsIwEET _aDfRquDNUgQveqztbU1DE5smZdnoxY83FZyB4cEMgz0WR3r5kcS nSAHv2Bl_fLzBWctAk2QbAkQyjr1xYiM8yfFGaVUgZvohtuvPYMGk aGXNMhRfcmSSxLAklrA2mbk04AfslG5qtVN_6c-hb5t6W-2ry_V8w2WeT1-TbWtH/ (letzter Zugriff: 20.1.2015)

Stringer, Kevin D. (2009): Educating the strategic corporal, a paradigm shift. In: Military Review Sept./Oct. 2009: 87-95

Weigt, Jürgen (2015): Von wegen ausgedient. Innere Führung muss jeden Tag neu vorgelebt werden, In: if Zeitschrift für Innere Führung 2/2015: 4

Hartwig von Schubert

Militärisches Handeln in Dilemma-Situationen am konkreten Beispiel:
Gewissensbildung, Entscheidungsfindung und Umgang mit Schuld

Was ist ein Dilemma? Und inwiefern geht diese Frage Soldaten etwas an? Ich versuche im Folgenden in einem ersten Anlauf den Begriff des ethischen Dilemmas zu umreißen, anschließend diskutiere ich, inwiefern Dilemmata typisch für den Soldatenberuf sind. Erst im dritten Schritt versuche ich ausführlich zu zeigen, was wir unter einem ethischen Dilemma im strengen Sinne zu verstehen haben. Wie solche Dilemmata in militärischen Szenarien gelöst werden können, ist Gegenstand des vierten Abschnitts. Abschließend zeige ich die Durchführung eines ethischen Entscheidungs-Checks anhand einer Fallanalyse.

1. Ein Dilemma ist eine Zwickmühle. Aus dem Spiel Mühle kennen wir die Zwickmühle als ein für den einen Spieler günstiges, aber für seinen Gegner ungünstiges Dilemma. Der Gegner kann machen, was er will, hat der andere eine Zwickmühle, kann er dem Gegner nach jedem Zug einen freien Stein wegnehmen. Meistens nehmen wir Dilemmata aus der ungünstigen Position wahr: Wer in einem Dilemma steckt, kann sich drehen und wenden, wie er will, immer nimmt er für sich oder andere einen erheblichen Schaden in kauf. Ein Dilemma ist also eine Lage mit mehreren Auswegen, die aber alle zu einem unerwünschten Ergebnis führen.

Was ist ein *ethisches* Dilemma? Das ist eine Lage mit mehreren Auswegen, die alle ethisch in hohem Maße bedenklich oder gänzlich inakzeptabel sind. Obwohl jemand guten Willens ist, kann er nur Böses anrichten, ganz gleich, ob er so, anders oder gar nicht handelt. Wenn wir uns nun fragen, ob wir oft oder selten in solchen Situationen befinden, müssen wir erstens klären, was wir unter „gut" und „böse" verstehen. Zweitens müssen wir klären, wo wir uns zwischen beidem zu bewegen pflegen. Wenn wir nämlich sehr hohe ethische Maßstäbe anlegen, dann werden wir uns eher häufig in der Nähe des Bösen vermuten. Im Extrem nehmen wir uns dann derart tief in das Böse verstrickt wahr, dass wir meinen, auf Schritt und Tritt Böses anzurichten. Dann sind wir in einem Dauerdilemma. Wer die Welt dagegen für weitgehend wohlgeordnet

191

hält, möchte sich darin sicher gut integrieren und wird sich folglich eher ein gutes Zeugnis ausstellen und äußerst selten mit Dilemmata rechnen.

2. Wie steht es nun mit dem Soldaten? Wird er eher selten oder eher häufig auf Dilemmata stoßen? Kennzeichnend für den Soldatenberuf ist der bewaffnete Kampf und im Extrem sein Superlativ, der Krieg. Wenn man der Definition des Krieges bei Clausewitz folgt: „Fortsetzung der Politik unter Beimischung anderer Mittel", dann kommt es zum Kampf, sobald die Politik als Zivilmacht mit ihrem Latein am Ende ist. Die Welt ist dann eben nicht mehr wohlgeordnet. Beim Soldaten hängt das Maß der ethischen Skrupel also davon ab, wie er seinen Kampfauftrag beurteilt: trägt er dazu bei, die Welt wieder in eine gerechte Ordnung zu bringen oder nicht? Kann es das bejahen und sieht er sich auf der guten Seite, hat er generell ein gutes Gewissen. Dennoch befindet sich auch dieser Soldat prinzipiell in einer Zwickmühle, da er auf das Versagen der zivilen Mittel der Politik reagiert. Er ist das Instrument der Politik, zu der diese sich gezwungen sieht, weil ihre eigentlichen nicht mehr greifen. Inwiefern ist das ein Dilemma? Der Soldat muss *hier* einen Schaden anrichten, um *dort* einen anderen Schaden abzuwenden. Er muss Schrecken, Zerstörung und Tod verbreiten, um Leben zu retten und Frieden zu schaffen. Vor dem Hintergrund des allgemeinen Tötungsverbots, das für alle Zivilisationen mehr oder weniger selbstverständlich ist, steckt also der Beruf des Soldaten in seinem Kern in einem *strukturellen Dilemma*. Und da selbst sein alltägliches Handeln in Friedenszeiten auf die Möglichkeit des tödlichen Kampfes ausgerichtet ist, kann er dem Dilemma nicht entrinnen. Und dennoch müssen wir hier in Abstufungen denken. Denn der Soldat befindet sich nicht quasi jede Sekunde in hochdramatischen Dilemma-Situationen.

3. Es ist an dieser Stelle hilfreich, vier Typen ethischer Probleme zu unterscheiden. Zum ersten Typ gehören mögliche Unklarheiten oder Kontroversen über die in die ethische Urteilsbildung eingeflossenen empirischen Daten. Dies sind keine ethischen Probleme im eigentlichen Sinne und führen auch nicht in ein Dilemma, sie sind aber insofern ethisch bedeutsam, als sie überhaupt nur aus ethischen Motiven zur Sprache kommen. Das gilt klassisch z.B. für die Bestimmung des Beginns und des Endes individuellen menschlichen Lebens. Das ist für sich genommen eine Aufgabe der Biologie und nicht der Ethik. Aber sie bekommt ihre Brisanz in der Regel um der Menschenwürde willen. Darf man eine Schwangerschaft abbrechen, darf man an Embryonen forschen, darf man bei Sterbenden den Tod beschleunigen, darf man Hirntoten Organe entnehmen? Das biologische Kriterium und seine Anwendung

unter Unsicherheit steuert hier maßgeblich die ethische Entscheidung mit, deshalb nenne ich diesen Typ hier. Solche Probleme werden also durch die empirische Analyse und theoretische Einordnung aufgeklärt und dann in ihrer möglichen politischen, rechtlichen und ethischen Bedeutung gewichtet.

Einen zweiten Typ stellen mögliche Konflikte zwischen moralischen und außermoralischen Impulsen dar. Auch diese stellen keine ethischen Probleme im engeren Sinne dar. Aber ohne die Unterscheidung zwischen Gut und Böse gäbe es sie nicht, auch wenn die in solchen Fällen ja nicht strittig ist, denn der Unterschied zwischen „moralisch" und „außermoralisch" ist ja geklärt. Es gibt also einen Ausweg und kein Dilemma, sondern nur eine Schwäche moralischer Disziplin, die behoben werden kann. Solche Probleme werden durch Prüfung der Absichten aufgeklärt, die werden ethisch und rechtlich bewertet sowie durch entsprechendes Fördern und Fordern oder auch mit Zwangsmaßnahmen in rechte Bahnen gelenkt. Neben der ethischen Bewertung geht es hier vor allem um Beratung, Seelsorge, Therapie und Erziehung.

Erst der dritte Typ umfasst die eigentlichen ethischen Probleme. Hier geht es entweder um die Bestreitung der Geltung von Prinzipien oder um Konflikte zwischen konkurrierenden Prinzipien. Im ersten Fall wird der Konflikt durch eine überzeugende Begründung der Prinzipien gelöst. Im zweiten Fall hilft eine ethische bzw. rechtliche Güter- und Interessenabwägung sowie eine anschließende Priorisierung oder ein Kompromiss. Mehr oder weniger intensiv geht es hier also um bewusste Schuldübernahme. Nur der Konflikt zwischen konkurrierenden gleichrangigen ethischen Prinzipien ist also im strengen Sinne ein ethisches Dilemma, denn es gibt dann keinen Ausweg, ohne dass ein ethisches Unbehagen zurückbleibt, das allenfalls durch die Vergebung vonseiten der Betroffenen gelindert werden kann.

Als vierten Typ nenne ich noch die totalitäre Verführung, also den „Terror der Tugend", der sich z.B. mit dem Namen Robespierre verbindet und zu hypermoralischer Unduldsamkeit und Einschüchterung, zu Doppelmoral, Bigotterie, Totalüberwachung und drakonischen Strafen führt. Auch dies sind keine ethischen Probleme im engeren Sinne, sondern die Folge maßloser Lösungen von ethischen Problemen.

4. Nehmen wir uns also den dritten Typ der im eigentlichen Sinne ethischen Probleme vor. Das gesamte Konzept einer „Inneren Führung / Integrativen Militärethik" dient der Stärkung der ethischen Urteilskraft in den Hinsichten, die bei allen ethischen und rechtlichen Urteilsfindungen üblich sind. Jeder strategischen, operativen und taktischen Entscheidung wohnen jeweils

ebenen- und situationsgerechte normative Urteile inne über die Legitimität der Handelnden sowie ihrer Gründe, Ziele und Mittel. Jeder der urteilt, muss sich fragen:

(1) Autorisierung *(legitima potestas):* Bin ich zuständig und urteile ich unparteiisch? Bin ich in dieser konkreten Lage befugt, verbindliche Regeln zu erlassen *(potestas legislatoria)*, Urteile zu fällen *(potestas iusticiaria)* und vollstrecken zu lassen *(potestas rectoria)*? Bin ich die für diesen Fall unabhängige, überparteiliche, einschlägige und zuständige Instanz?

(2) Rechtfertigungsgrund *(causa iusta efficiens):* Ist die Freiheit zur politischen und geistigen Selbstbestimmung und von Furcht und Not bedroht? Wurden menschenrechtsethisch begründete Gesetze gebrochen? Was genau ist in diesem Sinne der Grund und Anlass, ein Urteil zu fällen und einen entsprechende Sanktion zu erlassen? Droht eine nachweisbare Verletzung nachweisbar unverzichtbarer Freiheitsbedingungen oder liegt sie vor?

(3) Zweck und wahre Absicht *(causa iusta finalis / recta intentio):* Welche Zwecke und Ziele müssen zum Schutz der genannten Freiheit durch das Urteil und seine Vollstreckung erreicht werden? Ist nur der Täter mit seiner Tat im Blick oder auch das Opfer? Hat sich niemand, weder Zeugen noch Richter bestechen lassen? Wird das Urteil zu einer Stärkung der allgemeinen Rechtstreue beitragen? Sind alle denkbaren Alternativen bedacht?

(4) Verhältnismäßigkeit *(proportionalitas)*: Welche Mittel sind zur Erreichung der genannten Zwecke und Ziele geeignet, notwendig und angemessen? Wurden insbesondere gewaltärmere Mittel, z.B. Maßnahmen der Resozialisierung des Täters erwogen?

So wie jedes normative Urteil durchläuft auch die rechtsethische Analyse einer militärischen Strategie, Operation oder taktischen Maßnahme durch einen Truppenführer den folgenden „Entscheidungs-Check"[1]

---

[1] Ausführlicher begründet habe ich den vorliegenden Ansatz in dem Aufsatz „Frieden durch Recht. Die Ethik rechtserhaltender Gewalt und das Völkerrecht", in: *Franke, Jürgen / Leonhard, Nina*: Militär und Gewalt: Sozialwissenschaftliche und ethische Perspektiven, Berlin 2015, 265-313 sowie in dem Buch „Integrative Militärethik. Ethische Urteilsbildung in der militärischen Führung", Berlin 2015. Im Jahr 2011 wurde am Zentrum Innere Führung der Bundeswehr der „Koblenzer Entscheidungs-Check" veröffentlicht, eine „Taschenkarte für Ethik" mit Kriterien für ethisch-moralisches Handeln in komplexen militärischen Lagen. Soldaten sollen die folgenden Fragen stellen und beantworten: „Würde ich das tun, wenn eine Kamera laufen würde? Würde ich, was ich jetzt tue, meinen engsten Familienangehörigen erzählen? Würde ich gern haben, dass mir das widerfährt, was ich jetzt tue? Könnte die Grundlage, die hinter meiner

(1) Autorisierung (legitima potestas): Was geht ausgerechnet meine Einheit, was geht ausgerechnet die Bundeswehr, was geht ausgerechnet Deutschland dieser Konflikt an? Kann sich die Truppe darauf verlassen, dass die Abgeordneten des Deutschen Bundestages das Mandat ihres Einsatzes nach besten Wissen und Gewissen beraten und beschlossen haben? Kann sie sich darauf verlassen, dass die Bundesregierung und das Einsatzführungskommando das Parlament dabei gut beraten haben und das Mandat nun seinem Geist und Buchstaben gemäß umsetzen? Habe ich mögliche gravierende Zweifel auf den mir zur Verfügung stehenden Wegen gemeldet? Wenn ich mit meiner Einheit z.B. im Rahmen der UN oder in einer anderweitigen *Peace-Keeping-* oder *Peace-Enforcement-Operation* eingesetzt werde, bieten dann die lokalen Partner hinreichend Gewähr dafür, mit ihnen zusammen für geordneten Schutz zu sorgen? Wofür genau bin ich mit meiner Einheit zuständig und ethisch mitverantwortlich? Urteile ich in meinem Verantwortungsbereich gerecht und unparteiisch in dem Sinne, dass ich Gleiches gleich, Ungleiches ungleich behandele, also keinen Vorurteilen und Vorlieben nachgebe? Inwiefern bin ich in den konkreten Lagen befugt, verbindliche Regeln zu erlassen *(potestas legislatoria)*, Befehle zu erteilen *(potestas iusticiaria)* und meinerseits zu vollstrecken *(potestas rectoria)*? Bin ich wirklich die für den anstehenden aktuellen Fall unabhängige, überparteiliche, einschlägige und zuständige Instanz? Oder handele ich eigenmächtig und willkürlich oder gar in Panik, weil ich vielleicht meine Führung verachte oder ihr misstraue oder die Befehlshierarchie für zu schwerfällig halte? Habe ich nur meine Karriere im Sinn oder führe ich gar meinen „Privatkrieg"? Oder liegen meine Befehle in meiner subsidiären Verantwortung für die mir unterstellten Einheiten und gegenüber meinen vorgesetzten Dienststellen und damit im Korridor meines Auftrags?

(2) Rechtfertigungsgrund (causa iusta efficiens): Warum gehe ich mit meinen Leuten in diesen Einsatz, kämpfe ich im Rahmen dieser Strategie, führe sie in dieser Operation? Sind die Menschen in Deutschland und im Bündnisgebiet im Allgemeinen und die in dem im politischen Mandat und im militärischen Auftrag genannten Operationsgebiet im Besonderen genannten Menschen in Ge-

---

Entscheidung steht, zur Grundlage des allgemeinen Rechtssystems werden?" Zur ersten Sensibilisierung des Gewissens sind diese Fragen durchaus hilfreich. Für ein tiefer gehendes Urteil schlage ich die folgenden Fragen vor, die auf bewährten Traditionen ethischer und rechtlicher Urteilsbildung beruhen. Vgl. *Elßner, Thomas* (2011): Praxisorientierte Ethikausbildung in den deutschen Streitkräften, in: *Beck, Hans-Christian / Singer, Christian* (2011, Hrsg.): Entscheiden – Führen – Verantworten. Soldatsein im 21. Jahrhundert, Berlin, 84–94.

fahr? Ist ihre Freiheit zur politischen und geistigen Selbstbestimmung und ihre Freiheit von Furcht und Not existentiell durch eine physische Gefährdung von Leib und Leben bedroht? Ist genau dies Grund, Anlass und Ursache der militärfachlichen Urteile und Befehle in der Befehlskette bis hin zum eigentlichen Waffenbediener? Oder sind die Gründe trivial oder erfunden, aus der Luft gegriffen und halten sorgfältiger Überprüfung nicht stand? Oder drohen umgekehrt nachweisbare Verletzungen unverzichtbarer Freiheitsbedingungen bis hin zu schweren Menschenrechtsverletzungen, vor denen die Politik und die militärische Führung die Augen verschließen und die nicht ernst genommen werden, so dass ich sie melden und im Sinne des *Whistleblowing* auf sie hinweisen muss? Muss dringend etwas passieren, damit sie verhindert oder, sollten sie bereits vorliegen, eingedämmt werden? Oder gibt es Gründe, tunlichst bestimmte Schritte zu unterlassen?

(3) Zweck und wahre Absicht (causa iusta finalis / recta intentio): Was genau soll und muss hier passieren, darf hier auf keinen Fall passieren? Welche Zwecke und Ziele sollen durch die gesamte Strategie und durch alle in sie eingebetteten Operationen und taktischen Maßnahmen erreicht werden? Ermöglichen sie im Ergebnis die Gewährleistung der genannten Freiheit? Oder dienen die offiziellen Gründe und Zwecke nur als Vorwand für ganz andere, illegitime Gründe und unlautere Absichten? Oder werden hier Illusionen genährt über das, was überhaupt erreichbar ist? Ist das ein Himmelfahrtskommando? Ist der oberste Zweck meines Auftrages vereinbar mit der Pflicht zur Wahrung der Menschenwürde? Liegen die Ziele auf dem Weg zu diesem Zweck? Sind alle denkbaren alternativen Ziele auf dem Weg zu diesem Zweck bedacht und abgewogen worden?

(4) Verhältnismäßigkeit (proportionalitas): Sind die zum Einsatz vorgesehenen, bereitgestellten oder bereits eingesetzten Mittel zur Erreichung der genannten Zwecke und Ziele geeignet, notwendig und angemessen? Sind die infrage stehenden vielleicht sogar konkurrierenden Güter sorgfältig abgewogen worden? Sind bei Zielkonflikten vertretbare Kompromisse gewählt worden? Wurden alle gewaltärmeren Mittel erwogen? Werden insbesondere die schädlichen Folgen der Kämpfe für die Truppe selbst und für die Zivilbevölkerung sorgfältig in Rechnung gestellt und soweit irgend möglich auf ein Mindestmaß gesenkt?

In der Regel werden diese Fragen bereits bei der Erarbeitung des *Operational Planning Process* beantwortet. Ist das nicht der Fall oder nicht möglich, helfen die genannten Fragen „in der Lage" zu einer ethisch tragfähigen Antwort.

Neben der Verantwortung nach innen in das militärische System hinein trägt die militärische Führung also auch eine Verantwortung nach außen, insbesondere gegenüber der Politik. Christian Freuding hat neun Bundeswehreinsätze von IFOR in Bosnien-Herzegowina 1995 bis UNIFIL im Libanon 2006 danach untersucht, ob und wie sie den Prämissen der drei klassischen politikwissenschaftlichen Denkschulen entsprechen.[2] Folgen sie eher dem neorealistischem, dem liberal-institutionalistischen oder dem konstruktivistischen Theorieansatz? Seine Analyse zeigt, dass das reine Interessen- und Machtkalkül des Neorealismus in keinem der untersuchten Fälle leitend gewesen sein kann, dass in einigen Fällen idealistische, genauer gesagt, liberal-institutionalistische Handlungsmuster den Einsatz erklären können, dass vor allem aber konstruktivistische Momente die deutsche Außen- und Sicherheitspolitik nach 1994 bestimmt haben. Übersetzt heißt dies, Deutschland hat in der Regel auf die Initiativen der Bündnispartner reagiert, ist auf Sicht gefahren und hat sich durchgewurstelt. Und wie wir inzwischen wissen, sind die Kapazitäten der Streitkräfte dabei bis ihre Grenzen strapaziert worden, die materiellen Voraussetzungen für die nachhaltige Befolgung eines Konzeptes sind nicht gegeben. Die ideellen sind es aber durchaus: Westliche Demokratien sind sehr wohl willens und in der Lage, auch in asymmetrischen Konflikten und dort auch militärisch Verantwortung zu übernehmen. Allerdings: „Für die praktische Politikgestaltung würde ein derartiges Verantwortungsverständnis auch erfordern, unsere Prozesse und Institutionen auf nationaler wie internationaler Ebene zu überprüfen. Werden sie noch den aktuellen und absehbaren Anforderungen an den sicherheitspolitischen Informations- und Entscheidungsbedarf gerecht? Sind unsere parlamentarischen Verfahren vereinbar mit der Integration deutscher Truppenteile in NATO- und EU-Reaktionskräfte? Welche Folgen hat dies für unsere Verlässlichkeit im Bündnis? Über welche Verfahren verfügen wir, um das Erreichen unserer Ziele im Einsatz zu überprüfen, Erfolge zu messen? Wie ist der zunehmende Detaillierungsgrad der Bundestagsmandate mit der erforderlichen militärischen Flexibilität in hochkomplexen Einsatzszenarien vereinbar?"[3]

Die Rede ist vom militärischen Ratschlag: Alle Abweichungen von dem idealtypischen Bild eines Einsatzkonzeptes werden dokumentiert und gemel-

---

[2] Vgl. *Freuding, Christian* (2007): Streitkräfte als Instrument deutscher Außen- und Sicherheitspolitik seit Mitte der neunziger Jahre, Studien zur Internationalen Politik 2007/2, Hamburg.

[3] *Freuding, Christian* (2011): Wie Goliath gewinnen kann. Westliche Demokratien und ihr Einsatz in Kleinen Kriegen, in: Internationale Politik 2011/6, 18-25, 25.

det, fließen so in den Führungsprozess zurück und werden bei Bedarf auch den politisch Verantwortlichen nicht vorenthalten. Das Zerrbild der „perfekten und allzeit bereiten militärischen Führung" wirkt hier oftmals kontraproduktiv. Der militärischer Berater sagt ehrlich, was möglich und sinnvoll ist und was nicht, auch wenn dies seiner Karriere einmal nicht förderlich sein sollte. Das Wohl der Truppe und der sinnvolle Einsatz knapper Ressourcen haben Vorrang; *ethical correctness* geht vor *political correctness*.

Das gilt auch für Hinweise auf die generell begrenzte Wirksamkeit militärischen Handelns. Im Sinne des Ansatzes der „Vernetzten Sicherheit" bezeugen Soldaten z.B. aus ihren Erfahrungen heraus glaubwürdig, dass die Lebensverhältnisse von Menschen und Gesellschaften in Krisen und Konflikten nicht allein durch die Wiederherstellung von Staatlichkeit und den Aufbau von Rechtsstaatlichkeit geschützt und gebessert werden. Denn dies geht erfahrungsgemäß stets mit einem hohen Maß an Gewalt einher. Truppenführer können anregen und dazu beitragen, neben notwendigen Instrumenten der Krisenreaktion Instrumente der Prävention zu entwickeln. Um mehr Kohärenz zwischen den Ressorts der Bundesregierung zu erreichen, können alle Truppenführer von ihnen beobachtete, auf das Einsatzgebiet bezogene kritische Aktivitäten melden und entsprechend ihrer wünschenswerten oder bedenklichen Wirkungen kommentieren und würdigen. Hierzu können Maßnahmen der Diplomatie und der Entwicklungszusammenarbeit gehören ebenso wie z.B. Rüstungsexporte. Truppenführer gehen ihrerseits aktiv auf Vertreter anderer Ressorts zu und bitten diese um kritische Kommentierung und Würdigung der militärischen Operationen. Ideal sind gemeinsame Führungsgremien und Stabsbesprechungen.

5. Abschließend skizziere ich die Anwendung des ethischen Entscheidungs-Checks an einem konkreten Fall: In einer Führungsübung wird das folgenden Szenario[4] gestellt: Der Deutsche Bundestag beschließt ein Mandat zur Beteiligung bewaffneter deutscher Streitkräfte an dem Einsatz einer internationalen Sicherheitsunterstützungstruppe. Einsatzraum ist eine Region im Gebiet eines Staates jenseits des Bündnisgebietes, der nach jahrzehntelangen Kriegen und Bürgerkriegen weit davon entfernt ist, eine stabile, geschweige denn de-

---

[4] Inzwischen mehren sich öffentlich zugängliche Dokumente, die für die militär-ethische Fallanalyse von Bundeswehreinsätzen genutzt werden können. Ich nenne beispielhart *Zimmermann, Mike* (2014): Hinterhalt am Baghlan River in Afghanistan. Eine Tagebuchaufzeichnung, in: *Gillner, Matthias / Stümke, Volker* (2014, Hrsg.), 31-38. Wünschenswert wäre die Anlage einer Fallsammlung nach den von mir avisierten Standards ethischer Urteilsbildung.

mokratische Herrschaft aufzuweisen. Auf Bitten und Einladung jenes Staates dient der Einsatz der Durchsetzung des prekären staatlichen Gewaltmonopols zum Schutz der Bevölkerung vor den Angriffen konkurrierender Gewaltgruppen. Die Führung liegt bei der NATO auf Grundlage von Resolutionen des Sicherheitsrates der Vereinten Nationen.

Der deutsche Regionalkommandeur des Kontingentes wird von seinem Stabschef und den Stabsabteilungsleitern und vom Rechtsberater über die folgende durch eigene Kräfte zuverlässig aufgeklärte Lage unterrichtet:

(1) Eine irreguläre Gewaltgruppe plant einen Angriff auf Einheiten des Kontingentes mit einer erheblichen Menge chemischer Agenzien. Die Menge reicht aus für den Tod von mehr als 1.000 Menschen. Die Gruppe hat die Chemikalien in einem Gebäude in einem kleinen Dorf deponiert und ist unter Führung von sieben maßgeblichen Anführern dabei, sie für den Einsatz in kleinere Chargen aufzuteilen, so dass mit einem Angriff nach Ablauf von ca. zwei Stunden zu rechnen ist. Unbekannt ist, wie geübt die Gruppe in Operationen dieser Art ist.

(2) In dem genannten Gebäude leben fünf Personen, ca. 25 Meter entfernt liegt das nächste Gebäude mit ca. zehn Bewohnern.

(3) Angesichts aktuell begrenzter Möglichkeiten ist die kontinuierliche weitere Beobachtung der Feindaktivitäten sehr fraglich. Angesichts des knappen Zeitfensters von zwei Stunden ist eine Kontaktaufnahme mit dem deutschen Einsatzführungskommando und dem *Supreme Allied Command Europe (SACEUR)* technisch unmöglich.

(4) Dem Kommandeur werden drei Handlungsmöglichkeiten vorgeschlagen: Er kann einen Luftschlag befehlen, bei dem eine 500-Pfund-Bombe auf das Ziel gelenkt wird, die die feindlichen Kämpfer und ihre Waffen vernichtet sowie die genannten fünfzehn Dorfbewohner. Oder er befiehlt eine Reihe von Artillerieschlägen, mit den gleichen Wirkungen, nur dass die zehn entfernteren Zivilisten verschont werden. Entweder werden die Schläge unterstützt durch ein lokales *Joint Fire Support Team (JFST)*, das allerdings erheblichen Risiken ausgesetzt wird. Oder die Artillerie feuert – gegen geltenden RoE's – ohne lokale Observation. Die dritte Möglichkeit ist, nichts zu tun.

(5) Der Rechtsberater erläutert die geltende Rechtslage: Der Gegner hat zwar noch keine feindlichen Handlungen eingeleitet, lässt aber eindeutig feindliche Absichten erkennen. Alle drei Möglichkeiten liegen deshalb innerhalb der Schranken des Rechts bewaffneter Konflikte. Die erste Option allerdings liegt

auf der rechtlichen Grenze und erfordert wegen der Überschreitung der kritischen fünf Kollateralopfer die Erlaubnis des deutschen Einsatzführungskommandos und des SACEUR.[5]

Was nun die strategische Lagefeststellung und –beurteilung betrifft, so wird diese bei diesem operativen Problem einerseits vorausgesetzt, andererseits kann ich an dem wesentlichen Detail dieses Falls zeigen, welche Fragen die Clausewitz'schen Hauptlineamente in einem solchen Fall wachrufen, die von der operativen an die strategische Ebene zu richten sind: Was, um Gottes willen, ist im Zusammenwirken von „Volk", „Regierung" und „Feldherr" in ihren jeweiligen Zweck-Ziel-Mittel-Relationen alles falsch gelaufen, dass überhaupt eine solche kritische Menge an chemischen Agenzien soweit ins Einsatzgebiet verbracht werden konnte, dass sie nun kurz vor der Umsetzung stehen?[6]

Ganz gleich, welche politischen und strategischen Fehler gemacht wurden, der ethische Entscheidungs-Check auf der operativen Ebene behandelt nun die folgenden Punkte:

(1)   Autorisierung (legitima potestas): Dem Einsatz liegen die Zustimmung der Host-Nation, ein Bundestagsmandat, mehrere UN-SR-Resolutionen sowie Befehle der zuständigen NATO-Instanzen zugrunde. De Forderung der legitimen Autorisierung ist aber nur formal erfüllt. Dass nämlich im Einsatzland die letzten Wahlen gefälscht worden sind, erscheint mehr als gewiss. Dass der gesamte Einsatz in Deutschland von ca. 70% der Befragten abgelehnt wird, zeigen Umfragen.

(2)   Rechtfertigungsgrund (causa iusta efficiens): Die lange Epoche der Gewalt im Einsatzland und ihre gravierenden negativen Auswirkungen auf den Frieden in der Welt lassen die internationale *Peace-Enforcement-* und *Peace-Keeping-Operation* gerechtfertigt erscheinen. Die akute Gefahr eines Angriffs mit Massenvernichtungsmitteln rechtfertigt dessen Abwehr in hohem Maße.

(3)   *Zweck und wahre Absicht (causa iusta finalis et recta intentio):* Der internationale Einsatz mit zivilen und militärischen Mitteln hat zu namhaften

---

[5] Vgl. *Werres, Björn* (2014): Der Targeting-Prozess in der NATO. Die Methode Collateral-Damage-Estimation (CDE), in: *Gillner, Matthias / Stümke, Volker* (2014, Hrsg.), 47-50; *Klocke, Adrian* (2014): Untersuchungen in Libyen zu zivilen Opfern bei den NATO-Luftangriffen von 2011, a.a.O., 51-54.

[6] Es müssen immer politische und strategische Fehler gemacht worden sein, wenn es zu Militäreinsätzen kommt. Denn diese sind *per definitionem ultima ratio*, so dass ganz offensichtlich mögliche *primae rationes* nicht hinreichend in Ansatz gebracht wurden. Auch politisches Handeln ist unvollkommen und hat immer nur eine begrenzte Reichweite.

Fortschritten in der menschlichen Sicherheit und Entwicklung beigetragen, allerdings wurden auch viele Fehler gemacht, insgesamt waren die zivilen Anstrengungen unzureichend. Der gesamte Einsatz ist bis heute konzeptionell unausgereift. Die Lage wird auf absehbare Zeit instabil bleiben. Umso mehr ist die erfolgreiche Abwehr des Einsatzes von Massenvernichtungswaffen ein legitimes Ziel auf dem Weg zu Befriedung des Einsatzgebietes.

(4) *Verhältnismäßigkeit (proportionalitas)*: Der Vorteil der erfolgreichen Vernichtung eines Zieles von hoher militärischer Bedeutung und der Abwendung von Gefahren für eine potentiell vierstellige Zahl von Menschen steht gegen den Nachteil des Verlustes der Initiative, der zu erwartenden eigenen Verluste und der Kollateralopfer in kritischer Zahl. Überdies tragen alle drei Optionen das Risiko generell schädlicher Folgen für die Autorität der militärischen Führung, die Glaubwürdigkeit des Kontingentes und die Sinnhaftigkeit des gesamten Einsatzes.

Fazit 1: Die Legitimität des gesamten Einsatzes ist trotz berechtigter Einwände in hohem Maße gewährleistet. In diesem Lichte ist die Abwehr eines Angriffs mit Massenvernichtungsmitteln nicht nur erlaubt, sondern zwingend geboten.

Was die Details der Abwehrmaßnahmen betrifft, so wird für jeden der genannten Vor- und Nachteile eine der knappen Zeit entsprechend kurze Prüfung ihrer Eintrittswahrscheinlichkeit und ihres Schadensausmaßes vorgenommen. Die Übenden kommen zu folgendem Ergebnis:

1. Im Blick auf die erfolgreiche Vernichtung eines Zieles von hoher militärischer Bedeutung besteht hohe Gewissheit bei Optionen 1 und 2.

2. Hinsichtlich der erfolgreichen Abwendung von Gefahren für eine potentiell vierstellige Zahl von Menschen besteht eine mittlere Gewissheit bei allen Optionen.

3. Über die zu erwartenden eigenen Verluste beim JFST besteht eine mittlere Gewissheit bei Option 2.

4. Mit Kollateralopfer in oder jenseits der kritischen Zahl ist mit hoher Gewissheit bei Optionen 1 und 2 zu rechnen, aber auch bedingt durch den Chemiewaffeneinsatz bei Option 3.

5. Der Verlust der Initiative droht nur bei Option 3.

Fazit 2: Da alle Optionen schwer abschätzbare Folgen auf operativer, strategischer und politischer Ebene haben, kann dies unbeachtet bleiben. Alle Optionen beinhalten das Risiko von Kollateralschäden, die ersten beiden allerdings in quantitativ klar eingrenzbarem relativ geringen Umfang. Da Option 3 zwei erkennbare Nachteile und den Verzicht auf alle greifbaren Vorteile bedeutet, bleiben nur die Optionen 1 und 2. Damit bleibt eine Abwägung zwischen dem Risiko des JFST und dem der fünfzehn Dorfbewohner. Um der hohen Verpflichtung staatlicher Akteure auf den Schutz der Zivilbevölkerung willen, entscheidet der Kommandeur zugunsten von Option 2, gibt die entsprechenden Befehle aus und bereitet bereits das *„Battle Damage Assessment"* und die Nachbesprechung vor.

Zuletzt ein Wort zum Umgang mit Schuld: Schuld wird bekannt, und das Schuldbekenntnis wartet auf Vergebung. Ich finde jedoch: Wer tadelt, muss auch loben. Warum also ist in Sachen Ethik eigentlich so oft von Schuld die Rede und so selten von Dankbarkeit? Sicher bleiben Menschen Menschen immer etwas schuldig, immer aber verdanken Menschen Menschen auch etwas. Deshalb zitiere ich einen Offizier mit seiner zwiespältigen Bilanz nach einem schweren Einsatz im Jahr 2010 in Afghanistan: „Genau deshalb bin ich stolz auf meine Männer. Auch wenn sie kurzzeitig Groll hegten und sich am liebsten das eine oder andere Mal rächen wollten, kommen Sie nach einer langen ruhigen Nacht und vielen Gesprächen am Tage darauf immer wieder zu derselben Erkenntnis, dass man Gleiches nicht mit Gleichem vergelten solle und dass man nach vorne blicken muss. Auch ich habe meine Plakette noch und gerade heute erscheint sie mir wichtiger denn je -erinnert sie mich doch an diesem Tag und daran, dass das Leben endlich ist. „Alles wird gut", sagte ich immer zu meinen Männern und Frauen, bevor wir aus dem Lager fuhren, und am Ende sollte tatsächlich alles gut werden. Ich habe alle Soldaten mit nach Hause gebracht. Wir hatten keine Verwundeten oder Gefallenen. Nur leider ist nicht jeder so zurückgekehrt, wie er nach Afghanistan gegangen ist. Wir haben alle etwas von uns da gelassen und einige kämpfen heute noch damit. Ich bin mit 21-jährigen Jungen und Mädchen in den Einsatz nach Afghanistan gegangen und mit 21-jährigen Männern und Frauen nach Hause zurückgekehrt. Viele sind vor der Zeit gealtert."[7]

---

[7] *Zimmermann, Mike* (2014): a.a.O., 38.

Dieter H. Kollmer

„You get what you pay for!" – Die Folgen haushaltsorientierter Streitkräfte-Finanzierung: eine deutsche Retrospektive (1807-2015)[1]

Einleitung

Seit 1993 befindet sich die Bundeswehr in so genannten Auslandseinsätzen. Nach dem Abzug eines Großteils der Kräfte aus Afghanistan befinden sich zurzeit noch gut 2.700 Bundeswehrsoldaten in 14 Einsatzgebieten.[2] Sie verteidigen dort im Auftrag der Bundesregierung, der Vereinten Nationen, der NATO und der Europäischen Union Menschenrechte, westliche Vorstellungen von Staatsbildung, Einflusszonen und selbstverständlich auch deutsche Interessen.

Eine der Fragen, die in diesem Zusammenhang seit Monaten in den bundesdeutschen Medien diskutiert wird, ist die nach der Qualität und Zweckmäßigkeit der Ausstattung der Soldaten in diesen Einsätzen[3]. Nicht zu Unrecht wurde immer wieder auch von Politikern behauptet, dass die Soldaten für ihre Aufgaben nicht angemessen ausgerüstet seien. Nicht nur der Wehrbeauftragte des Deutschen Bundestages forderte aufgrund der Verluste der Bundeswehr in Afghanistan wiederholt, die Waffensysteme, die persönliche Ausrüstung der Soldaten, aber auch die Unterkünfte und die Betreuungseinrichtungen den Anforderungen vor Ort so schnell wie möglich anzupassen.[4] Die

---

[1] Die Kernaussagen dieses Aufsatzes sind durch den Autor bereits veröffentlicht worden in: Dieter H. Kollmer: Was passiert, wenn ein Staat seine Streitkräfte nach Kassenlage alimentiert - Eine deutsche Retrospektive. In: Clausewitz-Gesellschaft - Jahrbuch 2013. Hamburg 2014, S. 152-169.

[2] Siehe hierzu die regelmäßig aktualisierte Daten zu den aktuellen Auslandseinsätzen der Bundeswehr unter:
http://www.bundeswehr.de/portal/a/bwde/!ut/p/c4/04_SB8K8xLLM9MSSzPy8xBz9CP3I5 EyrpHK9pPKUVL3UzLzixNSSqlT9gmxHRQDaMqaD/ (zuletzt abgerufen: 11. September 2015).

[3] Auch zu dieser Thematik lohnt sich ein Blick in den ausgewogenen und äußerst kenntnisreichen Blog des Journalisten Thomas Wiegold:
http://augengeradeaus.net/category/einsatz-in-aller-welt/ (zuletzt abgerufen: 11. September 2015).

[4] Siehe hierzu u.a.:

folgerichtige Frage, die sich hieraus ergibt aber bisher nur sehr selten aufgeworfen wurde[5], ist die nach der Finanzierbarkeit der zusätzlichen neuen Ausrüstungsgegenstände. Ein Thema, das in Zeiten knapper Kassen gerne von den Verantwortlichen gemieden wird. Vornehmlich aus diesen Gründen geht die „Einsatzarmee" Bundeswehr häufig noch mit der Ausrüstung der „Bundeswehr des Kalten Krieges" in die weltweiten Einsätze. Gleichwohl gibt es seit dem Jahr 2011 im Bundesministerium der Verteidigung (BMVg) ein Referat für die Koordinierung und Beschaffung von einsatzbedingtem Sofortbedarf (SE III 2 – Ausrüstung im Einsatz, Sofortinitiative im Einsatz, Abteilungscontrolling). Aber auch hier besteht oft genug das leidige Problem des Personalmangels und der Unterfinanzierung für die vorgesehenen Aufgaben. Die Abstimmungsprozesse zwischen den beteiligten Bereichen des BMVg und die einzelnen formell festgelegten Schritte des Beschaffungsvorgangs auch im Rahmen des im Jahre 2000 ins Leben gerufenen „Customer Product Management" (CPM) sind so zeitaufwendig, dass das Wehrmaterial günstigstenfalls innerhalb von drei Jahren beschafft werden kann.

Aus diesem Grund wurde 2013 die „Sofortinitiative für den Einsatz" (SiE) ins Leben gerufen, mit der unvorhersehbar auftretender dringender Einsatzbedarf unter Berücksichtigung der besonderen Dringlichkeit im weiteren Verfahrensablauf priorisiert umgesetzt wird.[6] Aber auch dieser sehr formell ablaufende Prozess konnte die Beschaffungsdauer bisher nur um knapp 50 Prozent reduzieren. Zu sehr wird das BMVg noch von alten Denkstrukturen beherrscht. Bezeichnenderweise wird ein führender Mitarbeiter der Abteilung Rüstung in diesem Zusammenhang immer wieder mit den Worten zitiert: „Die

---

http://www.bundestag.de/dokumente/textarchiv/2013/42669570_kw05_wehrbericht/
(zuletzt abgerufen: 11. September 2015).

[5] Siehe hierzu die Sonderseiten des Deutschen Bundeswehrverbandes und den genannten Zeitungen im Internet:
https://www.dbwv.de/C12574E8003E04C8/CurrentBaseLink/W28DN9Z7078DBWNDE,
http://www.faz.net/aktuell/politik/thema/bundeswehr
sowie http://www.spiegel.de/thema/bundeswehreinsatz_afghanistan/ (alle genannten Seiten zuletzt abgerufen: 11. September 2015).

[6] Siehe hierzu u.a.: Lutz Wenzel: Ausrüstungs-, Beschaffungs- und Nutzungsmanagement der Bundeswehr. In: Streitkräftemanagement. Neue Planungs- und Steuerungsinstrumente in der Bundeswehr. Im Auftrag des Zentrums für Militärgeschichte und Sozialwissenschaften herausgegeben von Eva-Maria Kern und Gregor Richter. Wiesbaden 2014, S. 98f.

Gründlichkeit [des Beschaffungsprozesses] darf nicht auf dem Altar der Schnelligkeit geopfert werden."

In Deutschland herrscht seit jeher der Primat der Politik.[7] Die Streitkräfte sind ein Teil der Exekutive und führen gemäß Grundgesetz seit dem Jahr 1955 Aufträge der Politik aus. Hierzu plant das Militär in enger Abstimmung mit den verantwortlichen Politikern verschiedene Maßnahmenpakete, die in einem von den Politikern angeordneten Einsatz – wie zum Beispiel einem Verteidigungsfall oder in Folge einer Naturkatastrophe – zur Anwendung kommen können. Damit die Streitkräfte die Aufträge der Politik sachgerecht ausführen können, benötigen sie die notwendigen Mittel. Diese müssen wiederum von der Politik bereitgestellt werden.

Jeder Bundeswehrsoldat mit Führungsverantwortung – egal ob auf operativer oder taktischer Ebene – benötigt für die Durchführung seines Auftrages immer ausreichend Personal, Material und Zeit, um sein vorgegebenes Ziel erreichen zu können. Dementsprechend ist es die Pflicht seiner Vorgesetzten, ihm für die Erfüllung seines Auftrages stets alle drei Komponenten ausreichend bereitzustellen – also Personal UND Material UND Zeit.[8]

Als Parlamentsarmee bekommt die Bundeswehr die Mittel für die Ausführung ihrer Aufträge durch den Bundestag zur Verfügung gestellt. Das dafür notwendige Material wird mit Steuermitteln beschafft. Personal muss geworben, ausgebildet und ebenfalls mit Steuermitteln auf der Basis der jeweiligen Kassenlage finanziert werden. Zeit ist in der Politik immer ein sehr wichtiger Faktor, der aber – wie noch verdeutlicht werden wird – nur in seltenen Fällen ausreichend vorhanden ist. Vor diesem Hintergrund stellen gerade Reformen, Reorganisationen oder wie es bei der Bundeswehr seit 2002 heißt: „Transformationen" des Militärs immer eine besondere Herausforderung für alle Beteiligten dar.[9]

---

[7] Mit Ausnahme der Jahre 1916-1918, in der die 3. Oberste Heeresleitung unter Generalfeldmarschall Paul von Hindenburg und General Erich Ludendorff im Verlauf des Ersten Weltkriegs eine Art Militärdiktatur installierte. Siehe hierzu u.a.: http://www.lexikon-ersterweltkrieg.de/Oberste_Heeresleitung (zuletzt abgerufen: 11. September 2015).

[8] In Fachbereich Taktik geht es grundsätzlich um den richtigen Einsatz der vorhandenen Mittel in Zeit und Raum in Bezug auf ein vorgegebenes Ziel. In der Bundeswehr hat sich im Alltag der genannte Duktus eingebürgert, der schematischen Verfahrensabläufen in der privaten Wirtschaft und im Katastrophenschutz (sic!) entliehen ist.

[9] Grundlegend hierzu siehe: Reform, Reorganisation, Transformation: zum Wandel in deutschen Streitkräften von den preußischen Heeresreformen bis zur Transformation der Bundes-

Knappe Ressourcen für die Ausstattung der eigenen Streitkräfte sind in Preußen und in Deutschland kein neues Problem. Vielmehr ist dies eine Konstante der deutschen Rüstungsgeschichte der vergangenen 200 Jahre. Um sich mit dieser komplexen Problematik besser auseinander setzen zu können, wird im Folgenden verdeutlicht, wie Reformen, Reorganisationen und Transformationen deutscher Streitkräfte in der Vergangenheit finanziert wurden und welche grundsätzlichen Probleme hierbei derzeit in Deutschland bestehen. Anhand von vier bekannten Beispielen aus den letzten gut 200 Jahren der deutschen (Militär-) Geschichte lassen sich diese Zusammenhänge der Militärfinanzierung zwischen Auftrags- und Kassenlage gut skizzieren: Die preußische Heeresreform zwischen 1807 und 1814, die Roon'sche Heeresreorganisation von 1858/60, der Aufbau der Bundeswehr nach 1955 und als extremes Gegenbeispiel zu den vorgenannten Fällen: die Wiederaufrüstung der Reichswehr zur Wehrmacht ab 1935.

Eine angemessene Aufarbeitung des komplexen, zum Teil sehr formellen Gebildes der Rüstungsgüterbeschaffung über 200 Jahre kann dem Leser maximal einen kurzen Überblick verschaffen, darf dabei jedoch nicht ins Banale abgleiten. Gleichzeitig muss aber ein Spannungsbogen gehalten und ein Bezug zur Gegenwart hergestellt werden. Heutzutage scheuen sich deutsche Geschichtswissenschaftler, in ihren Publikationen ganz im Sinne berühmter Historiker wie z.B. Johann Gustav Droysen[10] „Geschichte zu erzählen", obwohl der Leser schwierige Zusammenhänge wesentlich besser nachvollziehen können, wenn dabei verständliche Bezüge zwischen der Historie und ihrer eigenen Lebenswirklichkeit hergestellt werden. Es geht dabei nicht um das Schildern von Narrativen, sondern vielmehr um eine möglichst präzise, aber auch anschauliche, lebendige Darstellung der Vergangenheit in Bezug auf das jeweils anwesende Publikum.[11] Vor diesem Hintergrund wird im Folgenden in einem komprimierten Rückblick aufgezeigt, mit welchem Erfolg Preußen und deut-

---

wehr. Im Auftrag des Militärgeschichtlichen Forschungsamtes herausgegeben von Karl-Heinz Lutz, Martin Rink und Markus von Salisch. München 2010.

[10] Zu Droysen siehe u.a.: Wilfried Nippel: Johann Gustav Droysen. Ein Leben zwischen Wissenschaft und Politik. München 2008; zur erzähltheoretischen Relevanz von Geschichtsschreibung im deutschen Sprachraum siehe u.a.: Werner Schiffer: Theorien der Geschichtsschreibung und ihre erzähltheoretische Relevanz: Danto, Habermas, Baumgartner, Droysen. Metzler. Stuttgart 1980.

[11] Siehe hierzu u.a.: Birgit Wenzel: Kreative und innovative Methoden: Geschichtsunterricht einmal anders. Schwalbach/Ts. 2010.

sche Staaten in den letzten 200 Jahren ihre jeweiligen Streitkräfte finanziert haben und welche Folgen eine Alimentierung des Militärs nach Kassenlage haben kann. Die Erläuterung dieser Thematik ist ein Angebot für den Leser, Historie und Gegenwart unter bisher noch nicht bekannten Aspekten neu miteinander zu verknüpfen. Sie erhebt nicht den Anspruch auf Vollständigkeit. Vielmehr ist es das Ziel dieser Ausführungen, den Forschungsgegenstand Rüstungsgüterbeschaffung dem historisch interessierten Publikum zugänglich zu machen.[12]

---

[12] Die Beschaffung von Rüstungsgütern für die eigenen Streitkräfte hat die Aufmerksamkeit der deutschen Öffentlichkeit in den vergangenen rund 70 Jahren nur dann auf sich gezogen, wenn es sich dabei um wirkliche oder vermeintliche „Beschaffungsskandale" gehandelt hat. Besonders deutlich wurde dieser Sachverhalt zum Beispiel im Zusammenhang mit der nicht durchgeführten Beschaffung der Kampfdrohne „Eurohawk". Siehe hierzu u.a.: Der Spiegel Nr. 23/2013 (Titelgeschichte mit sechs Artikeln zu der Thematik); Thomas Vitzthum: Euro Hawk – eine Farce. In: Die Welt, 13. Juni 2013, S. 5; Die Zeit online: http://www.zeit.de/2013/10/DeMaiziere-Drohnen-Soldaten. Eine kurze Zusammenfassung verschiedener bundesdeutscher „Rüstungs-Skandale" findet man unter: http://www.rp-online.de/politik/deutschland/ruestungsflops-von-peinlich-bis-toedlich-1.3462905. Ausgewogene und äußerst kenntnisreiche Berichte zu dieser Thematik im Besonderen sowie der Bundeswehr im Allgemeinen verfasst der Journalist Thomas Wiegold in seinem Blog (wie Anm. 3) unter: http://augengeradeaus.net/category/dronewatch/ (alle genannten Seiten zuletzt abgerufen: 11. September 2015).
Aber auch die Erforschung der Geschichte der Rüstungsgüterbeschaffung in Deutschland ist durch die Historiker bisher sträflich vernachlässigt worden. Eine Ausnahme bildet, wie in anderen Themenbereichen auch, die Zeit der Nationalsozialistischen Gewaltherrschaft. Die Publikationen zu den anderen historischen Perioden, die geschichtswissenschaftlichen Standards gerecht werden, sind recht überschaubar. Über die Rüstungsgüterbeschaffung in der Bundesrepublik Deutschland sind bisher vor allem folgende fundierte Publikationen lesenswert: Werner Abelshauser: Wirtschaft und Rüstung in den fünfziger Jahren. In: Anfänge westdeutscher Sicherheitspolitik 1945-1956. Band 4: Wirtschaft und Rüstung, Souveränität und Sicherheit. Herausgegeben vom Militärgeschichtlichen Forschungsamt, München 1997, S. 1-186; Hans-Günter Bode: Rüstung in der Bundesrepublik Deutschland. Regensburg 1978; Michael Geyer: Deutsche Rüstungspolitik 1860-1980, Frankfurt a.M. 1984; Dieter H. Kollmer: Rüstungsgüterbeschaffung in der Aufbauphase der Bundeswehr – dargestellt an der Beschaffung des Schützenpanzer HS 30, Stuttgart 2002; Militärisch –Industrieller Komplex. Rüstung in Europa und Nordamerika nach dem Zweiten Weltkrieg. Im Auftrag des Zentrums für Militärgeschichte und Sozialwissenschaften herausgegeben von Dieter H. Kollmer. Freiburg 2015; Parlamentarische und öffentliche Kontrolle von Rüstung in Deutschland 1700-1970. Herausgegeben von Jost Dülffer. Düsseldorf 1992.

Die Preußische Heeresreform 1807-1814

Nach der verheerenden Niederlage gegen die Streitkräfte Napoleons in der Doppelschlacht von Jena und Auerstedt im Jahre 1806 und aufgrund des massiven Drucks durch die französische Besatzung in den nachfolgenden Jahren, wurde unter großem personellen und materiellen Aufwand sowie unter beträchtlichem Zeitdruck eine grundlegende Reform der Preußischen Armee durchgeführt.[13] Hierzu führte Preußen die allgemeine Wehrpflicht ein, reformierte die Offizierauswahl und Offizierausbildung grundlegend und nahm neue taktische sowie operative Elemente in die Kriegsführung auf.[14]

Diese massiven Veränderungen des Militärs, insbesondere die Einführung der Wehrpflicht, wurden von der Bevölkerung begeistert angenommen, obgleich sie den Bürgern Preußens erhebliche Belastungen zumutete. Die finanziellen Aufwendungen für die Ausrüstung neuer Einheiten führten den preußischen Staat an die Grenzen seiner fiskalischen Möglichkeiten. Da aber der Zeitdruck sehr hoch war, um die staatliche Souveränität zurück zu erlangen und die umfangreichen Kontributionsleistungen an die Besatzer nicht mehr leisten zu müssen, war es gesellschaftlicher Konsens, dass diese Maßnahmen gemeinschaftlich finanziert werden mussten.[15] Folglich überstimmte in diesem Fall die Auftragslage die Kassenlage!

Der Sieg über Napoleon im Sommer 1815 rechtfertigte im Nachhinein die Einführung der Wehrpflicht, die Veränderung der taktischen und operativen Grundsätze sowie die hohen finanziellen Aufwendungen für neues Material. Die Kosten hierfür wurden mit den Kontributionszahlungen Frankreichs nach 1815 beglichen. Gleichwohl wurden in den Jahren nach dem Sieg über Napoleon einige der Schritte der Heeresreform wieder zurückgenommen und die Ausgaben für das Militär massiv eingeschränkt, da die Kassenlage in Frie-

---

[13] Siehe hierzu u.a. Dierk Walter: Preußische Heeresreformen 1807–1870: militärische Innovation und der Mythos der „Roonschen Reform". Paderborn 2003, S. 235-324.

[14] Siehe hierzu u.a.: Dieter H. Kollmer: Im Pendel zwischen Schwert und Feder. Offizierausbildung in Deutschland zwischen humanistischer Allgemeinbildung und beruflich-fachlicher Qualifikation (1806-2002). In: Österreichische Militärzeitschrift 6/2004, S. 689-698.

[15] Siehe hierzu u.a.: Martin Rink: Preußisch-deutsche Konzeptionen zum „Volkskrieg" im Zeitalter Napoleons. In: Reform, Reorganisation, Transformation, (wie Anm. 9), S. 82-87 und: Dieter H. Kollmer: Wie Phönix aus der Asche – Die Wiederaufrüstung der preußischen Armee. In: Wie Napoleon nach Waterloo kam. Im Auftrag des Zentrums für Militärgeschichte und Sozialwissenschaften der Bundeswehr herausgegeben von Eberhard Birk, Thorsten Loch und Peter Popp. Freiburg 2015, S. 125-129.

denszeiten dies vermeintlich erforderte.[16] Nur 30 Jahre später sollte sich dies als bedauerlicher und kostspieliger Irrtum herausstellen.

Die Roon' sche Heeresreorganisation 1859/60

Aufgrund der schlechten Erfahrungen mit der Zuverlässigkeit der Soldaten während der Revolution von 1848, einigen technischen und taktischen Unzulänglichkeiten während des Konfliktes mit Dänemark 1848-1850 sowie den technischen Neuerungen bedingt durch die Industrielle Revolution sollten die preußischen Streitkräfte ab Mitte der 1850er Jahre reorganisiert werden.[17] Dies forderten zumindest der preußische Generalstab und eine im Auftrag des preußischen Königs verfasste Denkschrift von General Albrecht von Roon. Ziel war es unter anderem, so schnell wie möglich die Heeresstärke durch eine Verlängerung der Wehrpflichtzeit um 30 Prozent zu erhöhen und die Linientruppen mit den neuesten Waffensystemen auszustatten. Aufgrund dieser Forderungen und dem sich daraus entwickelnden Konflikt im Preußischen Herrenhaus zwischen dem König und seinen Unterstützern sowie der Mehrheit des Hauses kam es zum so genannten „Preußischen Verfassungskonflikt".[18] Infolge dieser Auseinandersetzung wurde u.a. Otto von Bismarck zum neuen preußischer Ministerpräsident und wenig später General von Roon zu seinem Kriegsminister ernannt. Der „Preußische Verfassungskonflikt" endete mit der Reorganisation der preußischen Armee über den Etat des Königs. Dabei wurde das Haushaltsrecht der konstitutionellen Monarchie umgangen, weil die politisch Verantwortlichen der Überzeugung waren, dass aufgrund der sicherheitspolitischen Anforderungen die militärische Auftragslage wichtiger war als die parlamentarische Kassenlage. Mit den Erfolgen in den Reichseinigungskriegen und den daraus erzielten Kontributionszahlungen der besiegten Gegner

---

[16] Siehe hierzu u.a.: Walter: Preußische Heeresreformen (wie Anm. 13), S. 325-389.

[17] Siehe hierzu u.a.: Michael Busch: „Gegen Demokraten helfen nur Soldaten!" Militärgeschichte des Deutschen Bundes 1815-1860. In: Grundkurs deutsche Militärgeschichte Band 1: Die Zeit bis 1914: Vom Kriegshaufen zum Massenheer. Im Auftrag des Militärgeschichtlichen Forschungsamtes herausgegeben von Volker Neugebauer. München 2006, S. 218-301 und: Walter: Preußische Heeresreformen (wie Anm. 14), S. 390-469.

[18] Zur derzeitigen geschichtswissenschaftlichen Einordnung des Preußischen Verfassungskonfliktes siehe neben der grundlegenden Arbeit von Dierk Walter (wie Anm. 14) auch: http://www.europa.clio-online.de/site/lang_de-DE/ItemID_234/mid_11428/40208214/default.aspx (zuletzt abgerufen: 11. September 2015).

Dänemark, Österreich und Frankreich konnten die Kosten für Personal und Material der Armee im Laufe der 1870er Jahre refinanziert werden.[19] Der Zweck heiligte auch in diesem Fall im Nachhinein das Mittel.

Die Falsifikation: Wehrmacht 1935-1945

Was passiert, wenn die militärischen Ressourcen an Personal, Material und Zeit vollkommen überdehnt werden, hat Deutschland zwischen 1935 und 1945 erfahren müssen. Die gesamte Gesellschaft wurde durch die Nationalsozialisten militärisch mobilisiert, mit dem Ziel, einen Eroberungskrieg zu führen. Zudem wurde ein Großteil der deutschen Wirtschaft darauf ausgerichtet, die Wehrmacht mit dem dafür benötigten Material auszustatten.[20] Bereits 1938 wurden über 70 Prozent des Staatshaushaltes für die Streitkräfte verwendet, was ein deutliches Indiz dafür war, dass Auftragslage eindeutig vor Kassenlage ging. Trotzdem war nicht ausreichend Zeit vorhanden, um die Wehrmacht mit den Mitteln auszustatten, die sie für die Erfüllung ihres Auftrages („Lebensraum im Osten erobern!"[21]) benötigt hätte. So stand der Wehrmacht bereits in den ersten Kriegsjahren immer nur soviel Personal und Material zur Verfügung, dass es gerade für die Ausführung ihres jeweiligen (Teil-)Auftrages ausreichte.[22] Legendär ist mittlerweile die von der NS-Propaganda verbreitete Mär

---

[19] Zur Finanzierung der preußischen Armee im Zusammenhang mit den Reichseinigungskriegen siehe u.a.: Geyer. Rüstungspolitik (wie Anm. 13), S. 24-44; Dieter H. Kollmer: Rüstungsguterbeschaffung und Kriegsfinanzierung In: Wie die Siegessäule nach Berlin kam. Eine kleine Geschichte der Reichseinigungskriege 1871-1864. Herausgegeben im Auftrag des Militärgeschichtlichen Forschungsamtes von Thorsten Loch und Lars Zacharias. Freiburg 2011, S. 89-95.

[20] Siehe hierzu u.a.: Geyer: Deutsche Rüstungspolitik (wie Anm. 13), S. 155ff.; Adam Tooze: Ökonomie der Zerstörung. Die Geschichte der Wirtschaft im Nationalsozialismus. München 2007. Hans-Erich Volkmann: Ökonomie und Expansion. Grundzüge der NS-Wirtschaftspolitik. München 2003, S. 45-74.

[21] Hitler erwähnte diese These gegenüber der Reichswehrgeneralität bereits kurz nach der „Machtübernahme" am 3. Februar 1933. Für die Nachwelt erhalten wurde dies durch die Aufzeichnungen des Generalleutnants Curt Liebmann. Nachzulesen ist dies bei: Walther Hofer: Der Nationalsozialismus. Dokumente 1933–1945.Frankfurt a.M. 1957, S. 181 und im Internet unter: http://www.ns-archiv.de/krieg/1933/03-02-1933.php (zuletzt abgerufen: 11. September 2015).

[22] Siehe hierzu u.a.: Rolf-Dieter Müller: Die Mobilisierung der Wirtschaft für den Krieg – eine Aufgabe der Armee? Wehrmacht und Wirtschaft 1933-1942. In: Der Zweite Weltkrieg. Analysen, Grundzüge, Forschungsbilanz. Herausgegeben im Auftrag des Militärgeschichtlichen

der hochmotorisierten Wehrmacht bei den Angriffen auf Polen und Frankreich.[23] Um das Ziel der Eroberung des „Lebensraums im Osten" zu erreichen, mithin die Rote Armee zu vernichten, hätte die Wehrmacht bekanntermaßen mit noch wesentlich mehr Personal und Material ausgestattet werden müssen. Trotz aller, zum Teil verbrecherischer Methoden die Voraussetzungen hierfür zu schaffen, wurde dies bis zum Angriffsbeginn im Juni 1941 nicht erreicht. Die Wehrmachtsführung versuchte das Problem mit dem Faktor Zeit auszugleichen und die Sowjetunion mit einem bereits mehrfach erfolgreich durchgeführten „Blitzkrieg" zu überrennen.[24] Dies scheiterte kläglich an dem Versuch, die bereits zu Anfang skizzierte militärische Grundregel auszuhebeln, dass der Soldat für die erfolgreiche Ausführung eines Auftrages immer ausreichend Personal UND Material UND Zeit benötigt.

Die Bundeswehr im Kalten Krieg 1955-1990

Bei der Planung und dem Aufbau der Bundeswehr ab Anfang der 1950er Jahre mussten die Verantwortlichen von Anfang an neuen Grundsätzen folgen, da es sich nun um die Streitkräfte eines demokratischen Staat handelte, in dem mit anderen Ressorts um die knappen Ressourcen konkurriert werden muss.[25] Der Auftrag der Bundeswehr war es vom ersten Tag an, einen essentiellen Beitrag zur konventionellen Verteidigung der NATO in Mitteleuropa zu leisten.[26] Hierzu wurde die Bundeswehr insbesondere durch die 1956 eingeführte Wehr-

---

Forschungsamtes von Wolfgang Michalka. München 1997, S. 356ff; Volkmann: Ökonomie (wie Anm. 21); S. 248ff.

[23] Siehe hierzu u.a.: Karl-Heinz Frieser: Blitzkrieg-Legende. Der Westfeldzug 1940. München 1995, S. 27; Bilder hierzu: S. 36.

[24] Siehe hierzu u.a.: Rolf-Dieter Müller: Alberts Speer und die Rüstungspolitik im totalen Krieg. In: Das Deutsche Reich und der Zweite Weltkrieg, Band 5: Organisation und Mobilisierung des deutschen Machtbereiches, Zweiter Halbband: Kriegsverwaltung, Wirtschaft und personelle Ressourcen 1942-1944/45. Stuttgart 1999, S. 279ff.

[25] Zu den ersten Schritten der Bundeswehrplanung siehe u.a.: Abelshauser: Rüstung (wie Anm. 13) und Dieter H. Kollmer: Die materielle Aufrüstung der Bundeswehr in ihrer Aufbauphase 1953-1958. Staatsräson, sicherheitspolitische Notwendigkeiten und Außenhandelsausgleich. In: Österreichische Militärzeitschrift 2/2010, S. 186-197.

[26] Zur Einbindung der Bundeswehr in die NATO siehe u.a.: Christian Greiner: Die militärische Eingliederung der Bundesrepublik Deutschland in die WEU und die NATO 1954 bis 1957. In: Anfänge westdeutscher Sicherheitspolitik, Band 3: Die NATO-Option. München 1993, S. 561-849.

pflicht personell gut ausgestattet. Die materielle Ausrüstung hingegen wird seit jeher durch den steten Kampf um die Ausstattung des Verteidigungshaushaltes – dem Einzelplan 14 (EP 14) im Bundeshaushalt – geprägt, also dem Versuch, Auftragslage und Kassenlage in Übereinstimmung zu bringen.[27] Ferner entstand ein hoher Zeitdruck durch Adenauers Zusage an die NATO, innerhalb von fünf Jahren eine Armee von 500.000 Soldaten aufzustellen.[28]

Andererseits war in der Bundesrepublik lange Jahre die Auffassung weit verbreitet, dass die Bundeswehr aufgrund des atomaren Schutzschirms der NATO, nie zum Einsatz kommen würde und wenn, dann sowieso nur so lange, bis „richtige Soldaten" kämen, um den erwarteten Angriff des Warschauer Paktes abzuwehren.[29] Diese Interpretation machte es den Verantwortlichen leicht, den Einzelplan 14 häufig für militärferne politische Zwecke zu verwenden, u.a. für die Außenhandelspolitik, die Regionalpolitik, die Wirtschaftspolitik, die Industriepolitik oder auch die Arbeitsmarktpolitik. Demzufolge wurde die Ausstattung der Bundeswehr häufig nicht nach Funktionalität und Qualität beschafft, sondern nach übergeordneten politischen Interessen.[30] Man kann

---

[27] Zu den Problemen der materiellen Aufrüstung in den Aufbaujahren der Bundeswehr siehe vor allem: Kollmer: Rüstungsgüterbeschaffung (wie Anm. 13) und Militärisch-Industrieller Komplex? (wie Anm. 13).

[28] Damit versprach Adenauer den neuen Alliierten eine schnellere Aufrüstungsgeschwindigkeit für die aufzustellenden westdeutschen Streitkräfte, als sie die Wehrmacht in den 1930er Jahren realisieren konnte (sic!). Zu den Verhandlungen über die Gesamtzahlen der westdeutschen Soldaten siehe u.a.: Christian Greiner: Die Bundesrepublik Deutschland als „Machtfaktor" in der NATO 1954-1957. In: Franz Knipping/Klaus-Jürgen Müller (Hrsg.) Aus der Ohnmacht zur Bündnismacht. Das Machtproblem in der Bundesrepublik Deutschland 1945-1960. Paderborn 1995, S. 201-214.

[29] Diese Einstellung war in der Bundeswehr so tief verwurzelt, dass der Autor sie vor 1989 auf verschiedenen Lehrgängen wiederholt durch Stabsoffiziere vorgetragen bekam. Mit den „richtigen Soldaten" waren die US-amerikanischer Reserven gemeint, die bei einem Angriff des Warschauer Paktes über den Atlantik innerhalb von wenigen Tagen zeitlich abgestuft nachgeführt werden sollten. Ihre Aufgabe wäre es gewesen, die konventionelle Verteidigung Westeuropas gegen die zweite und dritte Welle des angreifenden Warschauer Paktes sicherzustellen. Siehe hierzu u.a.: Verteidigung im Bündnis. Planung, Aufbau und Bewährung der Bundeswehr 1950-1972. Herausgegeben vom Militärgeschichtlichen Forschungsamt. München 1975, sowie http://www.nato.int/cps/en/natolive/topics_56626.htm#1 (zuletzt abgerufen: 11. September 2015).

[30] Siehe hierzu u.a.: Dieter H. Kollmer: "Klotzen, nicht kleckern!" Die materielle Aufrüstung des Heeres von den Anfängen bis Ende der sechziger Jahre. In: Helmut R. Hammerich, Dieter H. Kollmer, Martin Rink, Rudolf J. Schlaffer, Das Heer 1950 bis 1970. Konzeption, Organisa-

also für die Bundeswehr im Kalten Krieg feststellen, dass die Streitkräfte primär nach Kassenlage ausgestattet wurden. Trotzdem fiel das zum Teil unzweckmäßige Wehrmaterial nicht weiter auf, da die Bundeswehr in den ersten 40 Jahren ihrer Existenz nur in Katastrophenfällen zum Einsatz kam – und diese bewältigte sie zweifellos hervorragend.[31] Wie dies in einem Verteidigungsfall ausgesehen hätte, musste die Bundeswehr glücklicherweise nie nachweisen.

Der Wandel der Bundeswehr zur „Armee im Einsatz"[32] ab 1993

Deutsche Streitkräfte wurden in Friedenszeiten zumeist nach Kassenlage finanziert. Erst wenn besondere Situationen, wie Besatzung, Krieg oder extreme politische Veränderungen eintraten, wurde das Militär in der Vergangenheit gemäß seiner wirklichen Auftragslage alimentiert. Funktioniert hat dies aber stets nur, wenn dazu ausreichend Personal UND Material UND Zeit zur Verfügung gestellt werden konnten.

Die wiederholte Verwendung des EP 14 für nichtmilitärische Zwecke und die daraus resultierende suboptimale Ausstattung wurden erst mit dem Wandel zur „Armee im Einsatz" im Laufe der 1990er Jahre deutlich.[33] Mit dem vorhandenen militärischen Gerät des Kalten Krieges wurden die ersten Einsätze (Kambodscha und Somalia) mehr oder minder leidlich bestritten. Die Teilnahme an Stabilisierungsmaßnahmen im früheren Jugoslawien führten die Bundeswehr und insbesondere ihr Gerät an die Grenzen der Leistungsfähigkeit.[34] Mit der so genannten „Transformation" der Bundeswehr sollten die

---

tion und Aufstellung. Unter Mitarbeit von Michael Poppe. Herausgegeben vom Militärgeschichtlichen Forschungsamt. München 2006, S. 487-501 und S. 599-608.

[31] Siehe hierzu u.a.: Rolf Clement und Elmar Jöris: 50 Jahre Bundeswehr. 1955-2005. Bonn 2005, S. 148-153.

[32] Grundsätzliches über die „Armee im Einsatz" siehe vor allem: Hans J. Gießmann/Armin Wagner (Hrsg.): Armee im Einsatz. Grundlagen, Strategien und Ergebnisse einer Beteiligung der Bundeswehr. Baden-Baden 2009.

[33] Siehe hierzu u.a.: Franz-Josef Meiers: Obsolet, überdimensioniert, unterfinanziert. An der Schwelle zum 21. Jahrhundert passen Aufgaben, Umfang und Finanzen der Bundeswehr nicht mehr zusammen. Frankfurter Allgemeine Zeitung, 14.08.1998, S. 7.

[34] Siehe hierzu u.a.: Bestandsaufnahme. Die Bundeswehr an der Schwelle zum 21. Jahrhundert. Herausgegeben vom Bundesministerium der Verteidigung. Bonn 1999; oder auch: http://gruppen.tu-bs.de/studver/StudResK/Bestandsaufnahme.pdf (zuletzt abgerufen: 11. September 2015).

festgestellten Defizite abgebaut werden.[35] Ziel dieser permanenten Reformie-
rung der Streitkräfte war es, die Bundeswehr für zukünftige, nie klar definierte
Herausforderungen angemessen aufzustellen. Der Personalkörper und die
Struktur wurden im Laufe der Jahre zwar umfassend verändert. Ganz im Gegensatz dazu konnte die materielle Ausstattung nicht dem neuen Auftrag angepasst werden, da hierfür nicht ausreichend finanzielle Mittel bereit standen.
Aus politischer Sicht war es prioritär, nach Ende des Kalten Krieges die „Friedensdividende"[36]einzufahren, sprich eine Reduzierung des Einzelplans 14, da
vordergründig keine direkte Bedrohung der Landesgrenzen mehr bestand. Der
Verteidigungshaushalt wurde in der Folgezeit zum Steinbruch für sozialpoliti-
sche Maßnahmen und Steuergeschenke.[37]

Demzufolge gab es auch in diesen Jahren nur „Streitkräfte nach sozial
verträglicher Kassenlage" – so wie schon unter der Regierung Adenauer, als in
den 1950er Jahren noch nicht abgerufene Mittel aus dem Verteidigungshaushalt aus wahlkampftaktischen Gründen u.a. für die Erhöhung der Renten verwendet wurden.[38] Dies fällt den Politikern nun heute auf die Füße - zumindest
möchte man dies glauben. Schließlich sind doch die sicherheitspolitisch bedingten Aufträge (u.a. Auslandseinsätze, Ausbildung, Abstellungen an internationale Stäbe) an die Bundeswehr seither nicht reduziert, sondern vielmehr
ausgeweitet worden. Gleichzeitig wurde aber der Einzelplan 14 inflationsberei-
nigt sukzessive reduziert.[39] Dies kann betriebswirtschaftlich nicht funktionieren, zumal die Bundeswehr bereits im Kalten Krieg unterfinanziert war.[40] Und

---

[35] Hier und im Folgenden siehe u.a.: Jan-Phillipp Weisswange: Die Transformation der Bundeswehr: Ist alles im Fluss? In: Reform, Reorganisation, Transformation (wie Anm. 9), S. 436ff.

[36] Zur Friedensdividende siehe u.a.: http://link.springer.com/chapter/10.1007%2F978-3-531-
92846-3_9# (Definition) und

http://www.wissenschaft-und-frieden.de/seite.php?artikelID=1223 (Enttäuschte Hoffnungen
/ alle genannten Seiten zuletzt abgerufen: 11. September 2015).

[37] Siehe hier und im Folgenden: Stefan Bayer: Die Mittelausstattung der Bundeswehr. Der
Einzelplan 14 im Spannungsfeld zwischen Auftragslage und (finanzieller) Realität. In: Armee
im Einsatz (wie Anm. 33), S. 224-234.

[38] Siehe hierzu u.a.: Kollmer: Rüstungsgüterbeschaffung (wie Anm. 13), S. 43ff.

[39] Siehe hierzu: http://milexdata.sipri.org/files/?file=SIPRI+milex+data+1988-2011.xls (zuletzt abgerufen: 11. September 2015).

[40] Es muss an dieser Stelle darauf hingewiesen werden, dass es einen Unterschied gibt zwischen
der Ausstattung der Streitkräfte – welche gegen Ende des Kalten Krieges in der Bundeswehr
zum Teil ein hohes Niveau erreicht hatte – und der Alimentierung der Streitkräfte mit Steuermitteln, um u.a. Personalkosten, Infrastruktur, Investitions-, Ausbildungs- und Ausstattungs-

als ob dies noch nicht ausreicht, werden die Auslandseinsätze der Bundeswehr hauptsächlich aus dem Verteidigungshaushalt finanziert[41], obwohl dieser dafür immer noch nicht mit den dafür notwendigen finanziellen Mitteln ausgestattet ist. Somit wurde und wird ein bereits sehr angespannter Einzelplan des Bundeshaushaltes zusätzlich mit eigentlich bisher nicht dafür vorgesehenen Kosten belastet.

Aus diesem Grund sparte man in der Folgezeit an anderen Stellen: das Personal wurde schrittweise reduziert, Beförderungen ausgesetzt, die Wehrpflicht ausgehöhlt, neues Material nur noch zögerlich oder gar nicht mehr beschafft. Die persönliche Ausrüstung müssen sich die Soldaten mittlerweile zum Teil selbst beschaffen.[42] Die Infrastruktur wird nicht mehr angemessen gewartet, was dazu führt, dass sich die Kasernenanlagen teilweise in einem sehr schlechten Zustand befinden. Wichtige Bereiche der Streitkräfte wurden privatisiert, um kurzfristige Gewinne zu erzielen und den EP 14 zu entlasten (u.a. die Instandsetzung, der IT-Bereich, der Fuhrpark der Bundeswehr und ein Teil der Kasernenanlagen). Für die Einsätze dringend benötigte Ausrüstungsgegenstände und Waffensysteme werden seither nur zögerlich beschafft.[43] Ein markantes Beispiel: für die ersten Fallschirmjäger, die nach Afghanistan entsendet wurden, waren nicht ausreichend Splitterschutzwesten vorhanden.

Es soll hier noch einmal an die militärische Grundregel erinnert werden: Wer einen Auftrag erteilt, muss auch genügend Personal UND Material UND Zeit zur Erfüllung desselben bereitstellen.

---

kosten zu finanzieren. Siehe hierzu vor allem die Publikationen von Lutz Köllner (z.B. Militär und Finanzen. Zur Finanzgeschichte und Finanzsoziologie von Militärausgaben in Deutschland, München 1982, in diesem konkreten Fall S. 113).

[41] Deutscher Bundestag, Drs. 17/14491, 17. Wahlperiode, Antwort der Bundesregierung auf die Kleine Anfrage der Abgeordneten Wolfgang Gehrcke, Paul Schäfer (Köln), Christine Buchholz und der Fraktion DIE LINKE: Kosten der Auslandseinsätze der Bundeswehr, 06. 08. 2013.

[42] Siehe hierzu u.a.: den jährlichen Bericht des Wehrbeauftragten des Deutschen Bundestages und die Rezeption desselben in der Presse wie z.B.:
http://www.nwzonline.de/hintergrund/soldaten-kaufen-schutzwesten-selbst_a_1,0,542580615.html (zuletzt abgerufen: 11. September 2015).

[43] Siehe hierzu z.B. den hochaktuellen Bericht des Kommandeurs des Aufklärungslehrbataillons 3 in Lüneburg: Tim Grünewald: Zwischen Tradition und Zukunft. Rahmenbedingungen einer Verwendung als Bataillonskommandeur. In: Der Panzerspähtrupp Nr. 57 (2015), S. 13-16.

Wofür eigentlich die Bundeswehrreform? Auftrag und Kassenlage

Der Auftrag der Bundeswehr wird seit 1972 in den so genannten „Verteidigungspolitischen Richtlinien" festgelegt – VPR genannt. Der damalige Verteidigungsminister Thomas de Maiziere hat die derzeit gültigen VPR in einer Rede in Berlin am 18. Mai 2011 der Öffentlichkeit vorgestellt.[44] Aus diesen VPR leitete der Minister die Struktur und Ausstattung der zukünftigen Bundeswehr ab. De Maiziere stellte hierin fest, dass die Bundeswehr schon seit langem strukturell unterfinanziert sei (sic!) und in ihrem jetzigen Zustand die an sie gestellten Aufträge nicht ausführen könne. Er forderte deshalb, dass es „Ziel der Neuausrichtung der Bundeswehr sein muss, die Streitkräfte so aufzustellen, zu finanzieren, auszustatten und zu führen, dass wir als Land unsere nationalen Interessen wahren, internationale Verantwortung übernehmen und Sicherheit gestalten können."[45] Der Minister betonte dabei, dass Sicherheitspolitik auch immer der Sicherung unseres Wohlstandes diene. Er forderte deshalb die bundesdeutsche Bevölkerung dazu auf, „unserem Land auf besondere, auf patriotische Weise zu dienen" und sich für die Bundeswehr zu engagieren.

Von diesem Aufruf ist vier Jahre danach nur noch der Werbespruch „Wir. Dienen. Deutschland" übrig geblieben. Inwieweit die Jugend der Aufforderung der Politik, sich für Deutschland zu engagieren, folgen wird, ist zurzeit noch unklar.[46] Trotzdem soll die Bundeswehr in Zukunft aus bis zu 185.000 Soldatinnen und Soldaten bestehen. Den Kern werden 170.000 Zeit- und Berufssoldaten bilden. Folglich sollen bis zu 15.000 freiwillig Wehrdienstleistende (FWDL) pro Jahr hinzukommen – eine sehr ambitionierte Zahl. Nachdem 2013 nur 8.300 neue Rekruten eingestellt werden konnten, meldete das Verteidigungsministerium für 2014 immerhin 10.230 neue freiwillig Wehrdienstleistende. Aber auch dies ist immer noch eine Lücke von fast 5.000 Soldaten pro Jahr. Verschiedene Medien haben in diesem Zusammenhang bereits

---

[44] Siehe hierzu:
http://www.nato.diplo.de/contentblob/3149360/Daten/1316709/VM_deMaiziere_180511_DLD_.pdf (zuletzt abgerufen: 11. September 2015).

[45] Hier und im Folgenden zitiert aus der Rede des Bundesministers der Verteidigung, Dr. Thomas de Maizière, vom 18. Mai 2011 in Berlin anlässlich der Veröffentlichung der Verteidigungspolitischen Richtlinien 2011.

[46] Siehe hierzu u.a.: http://www.welt.de/politik/deutschland/article130664181/Moeglicher-Tod-schreckt-Jugend-von-Bundeswehr-ab.html (zuletzt abgerufen: 11. September 2015).

vorgerechnet, dass die Bundeswehr, um eine ausreichende Anzahl an qualifizierten Soldaten verpflichten zu können, fast jeder sechste Angehörige der
wehrfähigen Jahrgänge sich freiwillig als Zeitsoldat oder FWDL melden müsste.[47] Damit würde die Bundeswehr alle Bewerberrekorde des Kalten Krieges
übertreffen.

Der Minister forderte weiter, „dass moderne, technologisch hochwertige
Ausrüstung bedarfs- und zielgerecht mit vertretbarem finanziellen Aufwand
beschafft wird", damit die Angehörigen der Bundeswehr in die Einsätzen angemessen ausgestattet sind. Eine Selbstverständlichkeit möchte man sagen. Wie
aber bereits weiter oben erläutert, klaffen Anspruch und Wirklichkeit insbesondere bei der Beschaffung von Wehrmaterial seit der Gründung der Bundeswehr sehr weit auseinander. Und all dies soll in kürzester Zeit behoben
werden, trotz laufender Einsätze. Verschiedene Medienvertreter sehen hierin
denn auch eine „Operation am offenen Herzen".[48]

Dementsprechend geht es in diesen Prozessen insbesondere um die Auf-
lösung alter Denkstrukturen.[49] Eine flexible, zeitnah reaktive, anlassbezogen
budgetierbare Rüstungsgüterbeschaffung für eine weltweit eingesetzte Bundeswehr zu schaffen, wird eine der großen Herausforderungen in den kommenden Jahren. Dies wäre es bereits für Streitkräfte, die sich der uneinge-
schränkten Zustimmung der eigenen Bevölkerung sicher sein können. Davon
kann in der Bundesrepublik Deutschland aber nicht wirklich die Rede sein. Die
Kommunikation und das Marketing der Transformation der Bundeswehr von
einer Landesverteidigungsarmee zu einer Interventionsarmee funktioniert in
der deutschen Öffentlichkeit seit Jahren nur suboptimal. Dies liegt sicherlich in
mancher Hinsicht an dem vom ehemaligen Bundespräsident Köhler konstatierten „freundlichen Desinteresse" der Bundesbürger an ihren Streitkräften.
Aber auch die Politiker wagen sich nur sehr verhalten an dieses unpopuläre
Thema. Dies liegt nicht nur an der Unkenntnis vieler Politiker (und der Öffentlichkeit), wenn es um Fragen der Bundeswehr geht, sondern auch daran, dass
über lange Zeit falsche Hoffnungen bezüglich der Ziele und Kosten deutscher

---

[47] Siehe hierzu u.a.: http://www.welt.de/politik/deutschland/article119100599/Dem-
freiwilligen-Wehrdienst-droht-das-Aus.html (zuletzt abgerufen: 11. September 2015).

[48] Siehe hierzu u.a.: http://www.badische-zeitung.de/deutschland-1/bundeswehrreform-
operation-am-offenen-herzen--45452098.html (zuletzt abgerufen: 11. September 2015).

[49] Konkrete Vorschläge hierzu macht: Helmuth Heumann: Der Rüstungsprozess – Wesen,
Entwicklung, Herausforderungen. In: Ina Wiesner (Hrsg.): Deutsche Verteidigungspolitik.
Baden-Baden 2013, S. 263-292.

Sicherheitspolitik geweckt wurden.[50] Besonders deutlich wurde dies im Bundestagswahlkampf 2013, als die Bundeswehr nur im Zusammenhang mit dem „Euro-Hawk Debakel" thematisiert wurde, obwohl der EP 14 eines der umfangreichsten Budgets im Bundeshaushaltsplan ist.[51]

Weite Teile der deutschen Bevölkerung erwarten von der Bundeswehrreform weiteres Sparpotential und eine Professionalisierung der Streitkräfte. Diese Kontradiktion stellt sich seit Jahren als ein Gordischer Knoten dar, den die Verantwortlichen nicht lösen können oder wollen. Überdies ist für die Mehrheit der Bundesbürger die Bundeswehr eine Streitkraft für Landesverteidigung und Katastrophenschutz. Einsätze sind lediglich eine „ultima ratio". Aber auch nur dann, wenn sie politisch nachvollziehbar sind, wie z.B. der Einsatz im Kosovo. Einsätze wie in Afghanistan und im Kongo gehören laut Umfragen definitiv nicht dazu.[52]

Gemäß VPR dient die Bundeswehr-Reform eben nicht der von vielen Politikern propagierten Einsparung von Haushaltsmitteln, sondern der Umstrukturierung der Bundeswehr von einer Landesverteidigungsarmee zu einer weltweit agierenden Interventionsarmee. Gerade aus diesem Grund darf die Finanzierung der Bundeswehr eben nicht nur, wie in der Vergangenheit grundsätzlich geschehen, nach Kassenlage erfolgen. Sie muss sich vielmehr an der Auftragslage der Streitkräfte orientieren.[53] Das schulden die gewählten Volksvertreter den Soldaten, die sie im Auftrag der Bundesrepublik Deutschland in bewaffnete Konflikte schicken.

---

[50] Siehe hierzu u.a.: http://www.wissenschaft-und-frieden.de/seite.php?artikelID=1223 und http://www.zeit.de/2012/04/US-Militaerstrategie/seite-4 (beide Seiten zuletzt abgerufen: 11. September 2015).

[51] Siehe hierzu u.a.:
http://www.bundesfinanzministerium.de/bundeshaushalt2012/html/vsp30.html
(zuletzt abgerufen: 11. September 2015).

[52] Siehe hierzu Umfragen des ehemaligen Sozialwissenschaftlichen Instituts der Bundeswehr (SOWI/jetzt Teil des ZMSBw) zu diesen Themen und darüber hinaus u.a.: http://www.stern.de/presse/vorab/stern-umfrage-mehrheit-gegen-kongo-einsatz-der-bundeswehr-562192.html und http://www.zeit.de/politik/deutschland/2014-12/umfrage-deutsche-ablehnung-internationale-bundeswehr-einsaetze
(beide Seiten zuletzt abgerufen: 11. September 2015).

[53] Zur Auftragslage der Bundeswehr siehe den grundlegenden Sammelband von Ina Wiesner (Hrsg.): Deutsche Verteidigungspolitik. Baden-Baden 2013 (wie Anm. 50) und den Sammelband Streitkräftemanagement (wie Anm. 6).

Seit Ende der 1990er Jahre drängt sich der Eindruck auf, dass weder die verfügbaren finanziellen Mittel des BMVg, noch die militärischen Möglichkeiten der Bundeswehr für sicherheitspolitische Entscheidungen von Bedeutung sind, sondern einzig die übergeordneten Ziele der Staatsräson. Dies wird mittelfristig zu gravierenden Problemen führen, da Streitkräfte nur dann den Anforderungen entsprechend funktionieren können, wenn ihnen für den jeweiligen Auftrag von der Politik angemessene Mengen Personal UND Material UND Zeit zur Verfügung gestellt werden.[54] Die Ausstattung der Bundeswehr mit diesen Faktoren ist folglich von sehr unterschiedlichen Politikfeldern abhängig, insbesondere von jenen, die zum jeweiligen Zeitpunkt im Blickfeld der Öffentlichkeit stehen.

Zusammenfassend lässt sich feststellen, dass die militärischen Auseinandersetzungen des 20. Jahrhunderts verdeutlicht haben, dass im Industrie- und noch mehr im High-Tech-Zeitalter die erfolgreiche Ausübung militärischer Macht nicht nur eine Frage genialer Feldherren und tapferer aufopferungsbereiter Soldaten ist, sondern vor allem der personellen, ökonomischen und technischen Möglichkeiten einer Gesellschaft. Dazu gehört aber auch der Wille eben jener Gesellschaft, diese zeitgerecht bereitzustellen und zu beschaffen, sowie im Zweifelsfall auch zielgerichtet einzusetzen.

---

[54] Exemplarisch hierzu die Einlassungen des Kommandeurs Aufklärungslehrbataillon 3: Grünewald: Zwischen Tradition und Zukunft (wie Anm. 44).

Literatur

Abelshauser, Werner: Wirtschaft und Rüstung in den fünfziger Jahren. In: Anfänge westdeutscher Sicherheitspolitik 1945-1956. Band 4: Wirtschaft und Rüstung, Souveränität und Sicherheit. Herausgegeben vom Militärgeschichtlichen Forschungsamt, München 1997, S. 1-186.

Bayer, Stefan: Die Mittelausstattung der Bundeswehr. Der Einzelplan 14 im Spannungsfeld zwischen Auftragslage und (finanzieller) Realität. In: Hans J. Gießmann und Armin Wagner (Hrsg.): Armee im Einsatz. Grundlagen, Strategien und Ergebnisse einer Beteiligung der Bundeswehr., Baden-Baden 2009, S. 224-234.

Bode, Hans-Günter: Rüstung in der Bundesrepublik Deutschland., Regensburg 1978.

Geyer, Michael: Deutsche Rüstungspolitik 1860-1980, Frankfurt a.M. 1984.

Grünewald, Tim: Zwischen Tradition und Zukunft. Rahmenbedingungen einer Verwendung als Bataillonskommandeur. In: Der Panzerspähtrupp Nr. 57 (2015), S. 13-16.

Grundkurs deutsche Militärgeschichte, 4 Bände. Im Auftrag des Militärgeschichtlichen Forschungsamtes herausgegeben von Volker Neugebauer. München 2006-2008.

Hammerich, Helmut R., Dieter H. Kollmer, Martin Rink, Rudolf J. Schlaffer: Das Heer 1950 bis 1970. Konzeption, Organisation und Aufstellung. Unter Mitarbeit von Michael Poppe. Herausgegeben vom Militärgeschichtlichen Forschungsamt. München 2006.

Heumann, Helmuth: Der Rüstungsprozess – Wesen, Entwicklung, Herausforderungen. In: Ina Wiesner (Hrsg.): Deutsche Verteidigungspolitik. Baden-Baden 2013, S. 263-292.

Köllner, Lutz: Militär und Finanzen. Zur Finanzgeschichte und Finanzsoziologie von Militärausgaben in Deutschland, München 1982.

Kollmer, Dieter H.: Rüstungsgüterbeschaffung in der Aufbauphase der Bundeswehr – dargestellt an der Beschaffung des Schützenpanzer HS 30, Stuttgart 2002 (= Beiträge zur Wirtschafts- und Sozialgeschichte, 93).

Kollmer, Dieter H.: "Klotzen, nicht kleckern!" Die materielle Aufrüstung des Heeres von den Anfängen bis Ende der sechziger Jahre. In: Helmut R. Hammerich, Dieter H. Kollmer, Martin Rink, Rudolf J. Schlaffer: Das Heer 1950 bis 1970. Konzeption, Organisation und Aufstellung. Unter Mitarbeit von Michael Poppe. Herausgegeben vom Militärgeschichtlichen Forschungsamt. München 2006, S. 485-614.

Militärisch –Industrieller Komplex. Rüstung in Europa und Nordamerika nach dem Zweiten Weltkrieg. Im Auftrag des Zentrums für Militärgeschichte und Sozialwissenschaften herausgegeben von Dieter H. Kollmer. Freiburg 2015.

Müller, Rolf-Dieter: Die Mobilisierung der Wirtschaft für den Krieg – eine Aufgabe der Armee? Wehrmacht und Wirtschaft 1933-142. In: Der Zweite Weltkrieg. Analysen, Grundzüge, Forschungsbilanz. Im Auftrag des Militärgeschichtlichen Forschungsamtes herausgegeben von Wolfgang Michalka. München 1997, S. 349-362.

Parlamentarische und öffentliche Kontrolle von Rüstung in Deutschland 1700-1970. Beiträge zur historischen Friedensforschung. Herausgegeben von Jost Dülffer. Düsseldorf 1992.

Reform, Reorganisation, Transformation: zum Wandel in deutschen Streitkräften von den preußischen Heeresreformen bis zur Transformation der Bundeswehr. Im Auftrag des Militärgeschichtlichen Forschungsamtes herausgegeben von Karl-Heinz Lutz, Martin Rink und Markus von Salisch. München 2010.

Streitkräftemanagement. Neue Planungs- und Steuerungsinstrumente in der Bundeswehr. Im Auftrag des Zentrums für Militärgeschichte und Sozialwissenschaften herausgegeben von Eva-Maria Kern und Gregor Richter. Wiesbaden 2014.

Verteidigungspolitische Richtlinien. Herausgegeben vom Bundesministerium der Verteidigung. Berlin 2011.

Wenzel, Lutz: Ausrüstungs-, Beschaffungs- und Nutzungsmanagement der Bundeswehr. In: Streitkräftemanagement. Neue Planungs- und Steuerungsinstrumente in der Bundeswehr. Im Auftrag des Zentrums für Militärgeschichte und Sozialwissenschaften herausgegeben von Eva-Maria Kern und Gregor Richter. Wiesbaden 2014.

Wiesner, Ina (Hrsg.): Deutsche Verteidigungspolitik. Baden-Baden 2013.

Frank Pieper

Kommunikation – Schlachtfeld der Entgrenzung

In der bisherigen Menschheitsgeschichte waren es zumeist Sprünge in der Waffentechnologie, durch die Gefechtsfelder und die auf ihnen stattfindende Operationsführung revolutioniert wurden. Erstmals bringt mit der Revolution der Informationstechnik und der sich daran anschließenden Veränderung des Kommunikationsverhaltens der Menschheit eine zivile Technik die herkömmliche Operationsführung ins Wanken. Die strukturelle Möglichkeit der jederzeitigen und weltweiten Verfügbarkeit jedweder Information, ihre permanente Reproduzierbarkeit, ihre schwarmhafte Verbreitung und vor allem ihre Manipulierbarkeit durch jeden einzelnen Akteur verändert alles. Selbst die Begrifflichkeit „militärische Operation" wird hinterfragbar; denn im Gegensatz zum 20. Jahrhundert, in dem es noch exklusive militärische Operationen gegeben haben mag, ist heute jedes militärisches Handeln durch ziviles kommunikatives Agieren flankiert. Wenn nicht durch den militärisch Handelnden selbst, dann durch die virale Weltöffentlichkeit, die sein Handeln begleitet, kommentiert und ihn in der Endabrechnung ggf. zum Verlierer macht. War bei Desert Storm 1990 der Operationsraum noch durch das Militär so kontrollierbar, dass es die Deutungshoheit über die Geschehnisse hatte, musste man in der Operation Iraqi Freedom bereits dem CNN Effekt Tribut zollen, deutlich proaktiver kommunizieren und der Welt medialen Zugang zum Kriegsgeschehen erlauben. Eine große militärische Operation unter den Bedingungen einer Social Media Online Welt gab es bisher noch nicht. Syrien, Libyen und auch die Ukraine vermitteln aber einen Eindruck davon, was Kommunikation in solchen Konflikten bewirken bzw. anrichten kann. So kann z.B. ein in einer Ausbildungsmission geführtes Interview mit einem deutschen Soldaten, der sich in unangemessener Weise über die auszubildenden heimischen Soldaten äußert, binnen eines Tages aus der Tiefe der afrikanischen Steppe strategische Wirkung in der heimatlichen Öffentlichkeit erlangen. Bei ungünstiger Konstellation einiger Rahmenbedingungen kann dieses bis zum Hinterfragen des Inneren Gefüges und der demokratischen Gesinnung der Bundeswehr, mit den entsprechenden politischen Schlussfolgerungen und Maßnahmen, führen. Selbst wenn sich nach geraumer Zeit herausstellen sollte, dass die Aussagen des Soldaten aus dem Zusammenhang gerissen oder gar falsch dargestellt wurden, bleiben der Schaden und die negative Wahrnehmung der Bundeswehr als Effekt konstant. Militärische Führer im Einsatzgebiet müssen sich jederzeit der Schnelligkeit, der potentiellen und globalen Wucht sowie der strukturellen Ungerechtigkeit von Berichterstattung bewusst sein. Nur so können sie lageangemessen das Informationsumfeld im Einsatzgebiet, aber auch weltweit berücksichtigen. Voraussetzung dafür wiederum ist die Kenntnis von Gesetzmäßigkeiten, Dynamiken und Trends im Handlungsraum Informationsumfeld. Diese setzen die Rahmenbedingungen für die eigene Kommunikation.

Boulevard

Nach wie vor gilt die eiserne Regel, dass Schlagzeilen, welche die breite Öffentlichkeit mit Rückwirkung auf die Politik erreichen sollen, von den Leitmedien der Boulevard Presse initiiert oder aufgegriffen werden müssen. Ein negativer Bericht, beschränkt auf ein konservatives Spartenblatt, hat nicht das Potential zum Skandal oder Eklat. Durch die übergreifende Präsenz Sozialer Medien jedoch ist die Dominanz des Boulevards in den letzten Jahren stark eingeschränkt worden. Heute ist ein landes- oder gar weltweiter Skandal nur in der Kombination Boulevard, Soziale Medien und seriöse Presse denkbar. Nur wenn alle drei sich des Themas mit einer gewissen zeitlichen Durchhaltefähigkeit annehmen, gewinnt es Dominanz im Informationsumfeld und beginnt auf die Politik zu wirken. Einer der drei Akteure allein reicht dafür nicht. Das führt bei der Boulevardpresse zu einer Art „Test and forget"-Verhalten. Oft werden vermeintliche Skandalthemen ein bis zwei Tage angetriggert. Springen die Sozialen Medien und die seriöse Berichterstattung nicht darauf an, lässt man das Thema fallen, um es ggf. zu einem späteren Zeitpunkt nochmals zu lancieren. In der Konsequenz heißt das: Nicht jede negative Schlagzeile in einer Boulevardzeitung bedeutet sofort einen ausgewachsenen Skandal. Die Reaktion der Sozialen Medien ist abzuwarten. Auf der anderen Seite: Skandale können somit auch deutlich zeitversetzt provoziert und produziert werden. Die Propagandaakteure in den Einsatzgebieten arbeiten häufig mit diesem Mittel. Themen, die gewaltbereite Massen auf die Straßen bringen können, werden dann lanciert, wenn der Rahmen stimmt und sie die größte Wirkung erzielen können. Die Nutzung anti-islamischer Videos in der arabischen Welt ist ein Beispiel dafür.

Viralität

Ein wirklicher Skandal – und er ist nur dann wirklich, wenn die (Welt-) Öffentlichkeit ihn als einen solchen *wahrnimmt* – bedarf der Viralität im Netz, in den

Sozialen Medien. Nur die massen- und schwarmhafte Verbreitung eines Sachverhaltes in Bild, Ton und Text in den Sozialen Medien über einen längeren Zeitraum hat das Potential, wirkliche Aufmerksamkeit zu erregen. Natürlich befruchten sich der Boulevard und das Netz hier auch gezielt gegenseitig. Die Grenzen zwischen ihnen verschwinden zunehmend.

Hashtag Power

Aber Viralität ohne Viagra hat keine Durchschlagskraft. Durch Hashtag Power kann so ziemlich jedes beliebige Thema, bei günstigen Rahmenbedingungen und der Wahl des richtigen Zeitpunkts, zeitlich befristet Prominenz und Visibilität erreichen. Wird es jedoch nicht genährt, kann es auch innerhalb von Stunden wieder im Nirwana des Netzes versickern. Auch dieses Phänomen gilt es im Rahmen der eigenen Kommunikationsaktivitäten zu berücksichtigen.

Only bad news are good news

Dieser Grundsatz galt für die klassischen Medien des 20. Jahrhunderts. Er gilt auch für die cross-mediale Gegenwart und bezieht die Sozialen Medien eindeutig mit ein. Für viele politisch und militärisch Verantwortliche ist dieses eine traumatisierende Erkenntnis. Presse, Medien und Weltöffentlichkeit interessieren sich jedoch nachweislich nicht für die 99,9 Prozent Erfolg. Sie interessiert nur das 0,1 Prozent Versagen, Fehlverhalten oder Misserfolg. Positive Entwicklungen haben kaum Nachrichtenwert.

Strategische Kommunikation

Eine weitere Grunddynamik gilt es im Feld der Kommunikation zu berücksichtigen. Krisen außerhalb Deutschlands erfordern Krisenkommunikation. Diese ist Teil der Strategischen Kommunikation eines Staates bzw. einer Regierung. Und natürlich sollte diese Krisenkommunikation zur Bewältigung der Krise beitragen. Dazu müsste sie in ihren Kernbotschaften auf die Zielgruppen und Akteure in der Krisenregion ausgerichtet sein. Vorteilhaft wäre es auch, Medien zu nutzen, die im Krisengebiet überhaupt genutzt werden, d.h. empfangbar sind und gelesen bzw. gehört werden. Der überwiegende Teil medialer Krisenkommunikation jedoch richtet sich an die Zielgruppen in Deutschland und nutzt ausschließlich heimische Medien. Im günstigsten Fall erzielt man einfach nur keine Wirkung vor Ort in der Krise. Im ungünstigsten Fall befeuert man den Konflikt jedoch. Zu Beginn der Ukraine-Krise ist das einigen politischen Akteuren in Deutschland ganz herausragend gut gelungen.

Professionalisierung nicht-staatlicher Akteure

Die möglichen negativen Effekte mangelhafter und schlecht exekutierter Strategischer Kommunikation werden durch eine zunehmende kommunikative Professionalisierung der Gegner und insbesondere nicht-staatlicher Akteure verstärkt. Die – aus Sicht einer professionellen handwerklichen Bewertung – nahezu perfekte Propaganda einer Terrorgruppe wie des Islamischen Staates (Daesh) zeigt, wie ein Akteur, der seine Kommunikation schnell, agil und harmonisiert aus einer Hand fahren kann, die Trägheit und Kakophonie westlicher Meinungsvielfalt ausmanövrieren kann. IS hat uns allen aber auch vor Augen geführt, welch scharfes Schwert die Kommunikation sein kann. Die Gräuelpropaganda hat es geschafft, bereits vor dem Eingreifen von IS-Kämpfern ganze Landstriche durch Flucht zu entvölkern. Der in der Wahrnehmung der Bevölkerung erzielte Effekt hat in diesem Fall ganze Brigaden aufgewogen.

Faszination des Bösen

Westliche Medien berichten besonders gern über die Gräueltaten der Terrorgruppen. Deren Verbreitung im Netz ist ohnehin nicht zu verhindern. In einer cross-medialen Welt, in denen für viele die Grenzen zwischen Horrorfilmen, Psychothrillern und im gleichen Genre operierenden Games zunehmend verschwinden, übt die reale Umsetzung von Folter und Mord eine morbide Faszination aus. Dies ist kein neues Phänomen; in der Bibel geschieht schon auf der vierten Seite der erste Mord. Dennoch gilt: Die viralen Verbreitungsmöglichkeiten der heutigen Zeit eröffnen eine neue Dimension – bis hin zur Notwendigkeit der ständigen Steigerung der Grausamkeit.

Dominanz der Innenpolitik

Die ungeheuerlichsten Krisen, die brutalsten Anschläge und die blutigsten Operationen können jederzeit durch vergleichsweise banale innenpolitische Themen medial überrollt werden und zumindest zeitlich befristet in der Wahrnehmung von der Bildfläche verschwinden. Ein Limburger „Protzbischof", der Fall Ulli Hoeneß oder ein Eisenbahnerstreik haben stets das Potential, außenpolitische Entwicklungen und Krisen in der Wahrnehmung der deutschen Öffentlichkeit zu überlagern. Diese Dynamik entsteht natürlich nur, wenn die oben beschriebene Viralität erreicht werden kann.

Verlust der Deutungshoheit

Fake – counter fake – counter counter fake usw. Niemand kann mehr sagen, was in den Medien die Wirklichkeit wiedergibt und was eine Manipulation darstellt. Gerade in Krisengebieten sind selektive Aufnahmen, Handy-Videos ohne Beweis für Zeit und Ort der Aufnahme, aber auch gezielte Fälschungen an der Tagesordnung. Berühmt geworden ist das Video aus dem syrischen Bürgerkrieg, das einen Jungen zeigt, der angeblich todesmutig ein Mädchen unter Beschuss eines Scharfschützen rettet. Das Foto erreichte mit dieser Botschaft Viralität und später noch einmal, als sich herausstellte, dass die Szene gestellt war. Und wer kann schon sagen, ob hinter der Bloßstellung als Fälschung nicht eine langfristig angelegte Kampagne zu Diskreditierung von Bildmaterial bestimmter Gruppen steckt. Unabhängig davon ist es ein Beispiel dafür, dass es kaum noch einem Akteur gelingt, Deutungshoheit über Geschehnisse zu erlangen. Jeder bildet sich seine eigene Meinung und findet dafür im Netz auch Beweise, Argumente und Massen von Menschen, die es ähnlich sehen. Die für eine dominante Deutungsversion eines Sachverhaltes notwendige gebündelte und signifikante Aufmerksamkeit ist in einer immer überspannteren Informationsgesellschaft ohnehin ein immer knapper werdendes Gut.

Verfall journalistischer Standards

Die Sozialen Medien, insbesondere deren Geschwindigkeit und Schwarmeffektpotential, haben verheerenden Einfluss auf die journalistischen Standards klassischer Medien sowie deren Internetpräsenz. Der Zwang zu Aktualität im Minutentakt lässt auch die Online-Vertreter seriöser Leitmedien nicht recherchierte und nicht belegte Behauptungen als Fakt und Meldung bringen. Oft werden diese „Meldungen" dann auch noch mit Archivbildern hinterlegt, die jedoch nicht als solche gekennzeichnet werden. Damit wird eine Wahrheit vorgetäuscht, die gar nicht existiert. Aber auch das Fernsehen, insbesondere die Nachrichtensendungen unserer öffentlich-rechtlichen Sender, sind zunehmend infiziert. So wird kaum noch zwischen Nachricht und Kommentar differenziert. Meinungen und persönliche Einschätzungen des Reporters aus einem Krisengebiet – oft aber auch aus einer 200 km entfernten Hauptstadt eines Nachbarstaates der Krisenregion –, die häufig nur auf Erfahrung und Hörensagen basieren, werden dabei schamlos als Nachricht angeboten. Und schließlich hat sich eine besonders unappetitliche Form der Krisenberichterstattung etabliert, die ernsthafte Journalisten wie einen Peter Scholl-Latour im Grabe zur Rotation bringen würde. Einzelne Reporter, deren Hauptmerkmale Mut und gleichzeitig naive und herzerfrischende Unkenntnis der Krisenlagen zu sein scheinen, reisen als Kriegsglobetrotter durch die Welt und bringen, mit Helm und Schutzweste ausgestattet, mit reißerisch aufgebauschten Schlagzeilen und Videoberichten den Kitzel der Front in die Medien.

Die dunkle Macht Integrierter Kommunikation

Der Megatrend der letzten Jahre jedoch ist die unheimliche Kraftentfaltung, die ein Staat oder ein Akteur erzeugen kann, der die Macht und die Mittel zur Harmonisierung und Bündelung all seiner Elemente zur Kommunikation besitzt. Überschreitet dieser Akteur dann auch die Grenzen zur Propaganda, dann ist die westlich-demokratische Meinungsvielfaltsgesellschaft diesem hoffnungslos ausgeliefert. Dieser Akteur kann Strategische Kommunikation aus einer Hand fahren und damit als einziger einen Teil der Deutungshoheit für sich zurück erobern. Russland hat dieses im Zuge der Krim-Annexion und der Krise in der Ost-Ukraine beispielhaft praktiziert. Es kommt nicht von ungefähr, dass viele Deutsche heute die Annexion der Krim zwar nicht für legal, aber für durchaus legitim halten. Ein veritabler Erfolg der russischen Kommunikation. Einheitlich und abgestimmt arbeitet die russische Propagandamaschine und bedient perfekt und punktgenau die eigenen heimischen sowie die westlichen Zielgruppen. Westliche Akteure, die nahezu unbeeinflussbar mit den oben beschriebenen Phänomenen leben und arbeiten müssen, haben dagegen nichts aufzubieten.

Welche Folgerungen für die militärische Operationsführung ergeben sich aus dieser Form der Entgrenzung und Globalisierung der Kommunikation? Vorrangig ist es zunächst die schlichte Notwendigkeit des Wissens über die Dynamiken im Informationsumfeld. Nur wer diese kennt, kann angemessen handeln und kommunizieren. Kenntnis allein reicht jedoch nicht. Es gilt auch, sie als Rahmenbedingung zu akzeptieren. Lamentieren über die Ungerechtigkeit der Welt und der Mechanismen bringt keinen Operationserfolg. Auch wenn es in der Vorstellung vieler Militärs kein „sui generis"-Handlungsfeld eines aufrechten Soldaten ist, so muss man jedoch heute und zukünftig damit leben, dass Operationserfolge nur in der Kombination von Wahrnehmung und Handlung erzielt werden. Die reine Handlung, nicht oder falsch kommuniziert, kann negative Effekte zur Operation beitragen. Reine Kommunikation ohne korrespondierende Handlung unterläuft die Glaubwürdigkeit und hat eine Nähe zur Propaganda. Daher beinhaltet professionelle militärische Planung stets beide Aspekte. Schnelligkeit und Komplexität sowie natürlich eine gewisse strukturelle Unberechenbarkeit des Informationsumfeldes erfordern ein permanentes Monitoring, professionelle Analyse und eine daraus abgeleitete Beratung des Truppenführers. Dazu ist die Abbildung dieser Fähigkeit in einem Stabselement mit dafür ausgebildeten Spezialisten zwingend. Dieses Element muss im Sinne einer Integrierten Kommunikation alle Analyse- und Wirkmittel im Informationsumfeld, inklusive der Presse- und Informationsarbeit, steuern und verantworten. In der Beratung des Truppenführers ist es entscheidend, stets im Modus einer Risikoanalyse unterwegs zu sein. Wirken im Informationsumfeld hat viel mit Antizipation und dem entsprechenden proaktiven frühzeitigen Gegenwirken zu tun. Dieses schließt jedoch keinesfalls den Eintritt unbeabsichtigter Ereignisse und deren Berichterstattung aus. Hier tritt dieses Stabselement vom planerischen vorausschauenden Denken in den kurzfristig und schnell agierenden „Crisis Action"-Modus ein. Oft können Negativeffekte nicht mehr vermieden werden. Dann gilt es, diese durch gute Kommunikation so weit wie möglich zu minimieren (*Mitigation*).

Von alles überragender Bedeutung jedoch ist die enge Vernetzung der Kommunikation im Einsatzgebiet mit dem in der deutschen Heimat. Strategische Kommunikation und operative-taktische Kommunikation müssen harmonisiert, ganzheitlich sowie zielgruppen- und ebenengerecht geplant und durchgeführt werden. Nur so verwehrt man der gegnerischen Propaganda sowie auf Negativschlagzeilen ausgerichteten Medien die Hebel- und Ansatzpunkte. Nur wenn man sich der Mechanismen der Entgrenzung und Globalisierung selbst aktiv bedient, kann man die erwünschten Effekte für die eigene Operationsführung erzielen.

Hans-Joachim Reeb

Bedeutung der Truppeninformation für die taktische Führung

Relevanz von Informationen in Führungsprozessen

Anfang April 2015 stellte die Redaktion der Bundeswehr einen Bericht auf die Homepages des BMVg und von „Intranet aktuell" und informierte über den Sachstand der Untersuchungsergebnisse zur Treffergenauigkeit des Standardgewehrs G 36: „Nach den vorläufigen Ergebnissen der im Sommer 2014 von der Ministerin in Auftrag gegebenen Untersuchung der Fähigkeiten des G36 weist das Sturmgewehr ein Präzisionsproblem unter bestimmten Bedingungen auf. Bei hoher Temperatur der Waffe und steigender Schussfrequenz sowie bei ihrem Einsatz in heißen und feuchten Gebieten kann es zu spürbaren Abweichungen in der Trefferleistung kommen" (Redaktion der Bundeswehr 2015). Im selben Bericht wurde der Generalinspekteur der Bundeswehr aus einer Weisung zitiert, wonach „das G36 auch in den Einsätzen der Bundeswehr in den heißen Regionen Afghanistan, Mali und am Horn von Afrika betriebssicher ist. Es gilt unverändert, dass eine erhöhte Erwärmung der Waffe bei steigender Schussfrequenz (schnelles Einzelfeuer und kurze Feuerstöße) nicht zum Ausfall der Waffe oder einer Gefährdung des Schützen führen" (Redaktion der Bundeswehr 2015).

Eine solche Meldung wird sicherlich die Diskussionen in den Einsatzgebieten auf der taktischen Führungsebene weiter beflügelt haben. Die Soldaten[1] dürften von ihren Vorgesetzten nicht nur Antworten technischer Art, sondern wohl auch persönliche Zusicherungen erwartet haben. Auch wenn die Meldung nicht mehr überraschend in die Welt gesetzt wurde, zeigt der Fall dennoch die Herausforderungen, aber auch die Unterstützung, die die Truppeninformation für die Führung vor Ort erzeugen kann.

Führung muss sich regelmäßig der Information als Instrument bedienen. Umgekehrt kann Information auch als Einflussgröße auf die Führung einwirken. In der Truppenführung stellt die Information neben Kräfte, Zeit und Raum einen gleichberechtigten vierten Faktor dar. Demnach beeinflusst sie „in

---

[1] Soldat wird hier als Gruppenbegriff verwendet und schließt die weibliche Form mit ein.

allen Operationen die Planung, den Einsatz der verfügbaren Kräfte und Mittel sowie das Verhalten der Truppe" (Fachwortschatz der Bundeswehr). Sie ist der Schlüssel für die Bestimmung der feindlichen und eigenen Lage und damit maßgeblich für den Erfolg verantwortlich.

Führung wird hier gemäß der deutschen Vorschriften als „richtungsweisendes, steuerndes Einwirken auf das Verhalten der Soldaten zum Erreichen eines Zieles" verstanden. Dazu gehört Vertrauen als „eine wichtige Voraussetzung für erfolgreiches Führen, besonders in schwierigen Lagen und unter schweren körperlichen und seelischen Belastungen (Driftmann 1986, 2). Die taktische Führung ist dann die „Führung von Truppen nach Grundsätzen der Operation verbundener Kräfte. Dies ist das Zusammenwirken verschiedener nationaler oder multinationaler Kräfte und Mittel unter einheitlicher Führung mit gemeinsamer Zielsetzung. Sie findet im gesamten Aufgabenspektrum und in allen Intensitäten statt und bindet auch nichtmilitärische Fähigkeiten" (Meier/Hannemann/Meyer zum Felde 2012, 490). In Abgrenzung zur strategischen und operativen Führung soll hier das Agieren der Verbandsebene und darunter (Bataillon, Kompanie, Zug, Gruppe) gemeint sein, d.h. der Verantwortungsbereich, in dem die Vorgesetzten noch unmittelbaren Kontakt zu den Soldaten ihrer Truppe haben. Es geht also um das soziale Interagieren im Rahmen von militärischen Einheiten und Teileinheiten nach den Grundsätzen der Inneren Führung.

Unbestritten ist, dass in der Bundeswehr informiert wird, damit die Soldaten die Absichten der politischen und militärischen Führung kennen und verstehen und somit im Sinne der Auftragstaktik handeln können. Information ist demnach ein bewährtes Führungsprinzip auf allen Ebenen der militärischen Hierarchie (Francke 1992, 212). Sie ist des Weiteren ein wesentliches Element der Beteiligung. Aber mehr noch als der Beschäftigte in der Wirtschaft muss der Soldat den Sinn seines Handelns in einen größeren politischen Zusammenhang einordnen können[2]. Hierzu benötigt er weitergehende Informationen, um sich eine eigene Meinung bilden und politisch mündig handeln zu

---

[2] Seine Mitarbeiter zu informieren, gilt als selbständige Führungsaufgabe und ist fester Bestandteil der Unternehmenskultur in der Wirtschaft. Motivation und Identifikation der Beschäftigten sollen gestärkt und damit den wirtschaftlichen Erfolg des Unternehmens sichern helfen.

können. Eine dienstliche Unterstützung bekommt der Soldat durch die Truppeninformation.

Das Führungsprinzip Information stellt eine konstante Größe in den Streitkräften bis heute dar. Es wird durch Gespräche, Diskussionen, Besprechungen, Einweisungen, Vorträge, Unterrichtungen und Medien umgesetzt. Dabei helfen gedruckte, audio-visuelle und elektronische Mittel in jeder Form, gerade auch aus den Massenmedien[3]. Auch wenn dem Begriff Information häufig noch ein technisches Verständnis eines Sender-Empfänger-Modells anhaftet, so wird doch im Sinne von Kommunikation der „Rückkanal" mitbedacht.

Das Instrument der Information geht aber militärisch darüber hinaus und hat unter dem Gesichtspunkt der „Revolution of Military Affairs" ein „Eigenleben" bekommen (Warburg 2010; Kaufmann 2010). Das Militär lässt sich heute nicht mehr ohne Informationstechnologien denken. Der Soldat wird selbst zum Informationsmanager in der vernetzten Operationsführung[4].

Aufgrund dieser Zusammenhänge stellen sich verschiedene Fragen:

- Welche Funktionen hat die Truppeninformation in der Bundeswehr und wie wirken sie sich auf die Führung auf den taktischen Ebenen aus?

- Welche Ansprüche werden an die Truppeninformation gestellt und inwieweit wird sie ihnen unter den Bedingungen der gesellschaftlichen und medialen Entwicklung gerecht?

- Welche Herausforderungen stellen sich auf der taktischen Führungsebene aufgrund einer den Funktionen und Ansprüchen erfüllenden Truppeninformation?

- Welche neuen Entwicklungen sollten beim Wechselverhältnis von Truppeninformation und Innerer Führung beachtet werden?

Auf diese Fragen soll in mehreren Schritten eingegangen werden. Die Darstellung der historischen Entwicklung der Truppeninformation verdeutlicht die mit ihr verbundenen Absichten und Veränderungen. Dem folgt eine Darstellung der heutigen Struktur. Daraus ergibt sich eine Diskussion, in der die

---

[3] Auch in der Betreuungskommunikation spielt das Informationsmanagement (Telekommunikationsverbindungen) eine wichtige Rolle.

[4] Z.B. im politisch und ethisch umstrittenen Drohnenkrieg.

pädagogischen, militärsoziologischen und kommunikativen Aspekte hervorgehoben werden, die Einfluss auf die taktische Führung haben. Es schließt sich ein Ausblick an.

Entwicklung der Truppeninformation

Aufbauphase (Teil der politischen Bildung)

Die periodisch erscheinende Militärpublizistik lässt sich bis in das 18. Jahrhundert zurückverfolgen (Schnitter 1967, 7). Sie war im früheren deutschen Militärwesen sehr ausgeprägt und verfolgte jeweils unterschiedliche Zwecke. Doch nach Ende von NS-Herrschaft und Zweitem Weltkrieg musste auch auf dem Gebiet der Truppeninformation „etwas grundsätzlich Neues" entstehen. Als Teil der Inneren Führung kam der Information des Staatsbürgers in Uniform für Wolf Graf von Baudissin und seine Mitarbeiter eine zentrale Bedeutung zu. Der Soldat sollte als mündiger Staatsbürger eines demokratisch verfassten Gemeinwesens wissen, wofür er im Ernstfall sein Leben einsetzt. Führung allgemein und Ausbildung, Bildung und Erziehung gründen wesentlich auf dem Umgang mit Informationen, so der „Vater der Truppeninformation", Oberst Dr. Günter Will (1976, 19ff.).

Die Entwicklung der Truppeninformation der Bundeswehr zeichnet in ihren Inhalten und Formen die Sicherheitspolitik, die Gesellschaft und die Massenmedien der jeweiligen Zeit nach[5]. Ihrem Anspruch nach wandelte sie sich von einem pädagogischen zu einem stärker publizistischen Prinzip der Informationsarbeit.

Die Angehörigen der Bundeswehr sollten umfassend mit einem neuen Verständnis von Militär in der Demokratie vertraut gemacht werden. Der spätere Oberst Dr. Günter Will wurde 1953 im Referat Inneres Gefüge der Dienststelle Blank mit der Vorbereitung der „Truppen-Information" (so die Schreibweise) beauftragt. Inhalte, Methoden, Mittel und Organisation mussten trotz geringer Ressourcen sowie unter unklaren Kompetenzen erarbeitet werden. Als zentrales Organ der Truppeninformation in der Bundeswehr erschien

---

[5] Vgl. dazu im Folgenden und im Detail die Artikel in den Jubiläumsheften der Zeitschrift „Information für die Truppe": 1966, 572-584 (=10 Jahre); Nr. 4/1976 (= 20 J.); Nr. 8/1981 (= 25 J.); Nr. 8/1991 (= 35 J.); Nr. 8-9/1996 (= 40 J.) sowie Reeb (2006= 50 J.; 2011).

seit August 1956 die Zeitschrift „Information für die Truppe" unter Verantwortung der Unterabteilung Innere Führung.

Bis zu diesem Zeitpunkt waren zahlreiche Bedenken zu zerstreuen, die sich gegen die Konzeption Innere Führung im Allgemeinen sowie gegen eine politische Information („Politisierung der Truppe") von Soldaten im Besonderen richteten (Will 1976, 21). Da es im zivilen Bereich den Begriff und eine Didaktik der politischen Bildung noch gar nicht gab, wurde die Bezeichnung Truppeninformation mit einer solchen pädagogischen Absicht verwendet. Der spätere Generalinspekteur Adolf Heusinger betonte bereits im Juni 1953 vor dem Ausschuss für Fragen der europäischen Sicherheit im Bundestag, dass alles erarbeitet werden müsse, was notwendig sei, „um Soldat und Offizier die Tatsachenkenntnisse zu vermitteln, die sie brauchen, um in ihrem Volk verstehend und mitverantwortlich tätig zu sein" (zitiert in Meyer 1993, 997).

Vor dem Hintergrund der politischen Spannungen zwischen Ost und West sollte eine klare Grenze zwischen Information und Indoktrination gezogen werden. Die Grundgedanken der Truppeninformation sind im Auftrag Baudissins von Will im „Handbuch Innere Führung" von 1957 dargestellt worden: Die geistige und menschliche Haltung des Soldaten erfordere eine ebenso sorgfältige Pflege wie die der Waffe. Demokratische Staaten müssten in der Art der Pflege anders als totalitäre Staaten vorgehen: „Niemals durch Propaganda, ausschließlich durch sachgemäße, objektive, unbestechliche Information, die jeder Nachprüfung standhält, ja, die dem Einzelnen – als dem Schlüsselpunkt des freiheitlichen Staates – auch die Freiheit der Nachprüfung auf Wahrheitsgehalt, Vollständigkeit und Objektivität gestattet." Der Staatsbürger in Uniform habe das gleiche Recht wie jeder andere Staatsbürger auch, „sich aus allgemein zugänglichen Quellen ungehindert zu unterrichten" (Handbuch Innere Führung 1957, 147).

Daraus folge: „Der besser informierte Soldat ist dem schlechter informierten von vornherein überlegen, denn er kennt die Zusammenhänge, hat den größeren Überblick, kann Einzelheiten besser einordnen und besitzt die ruhige Sicherheit der besseren Kenntnis" (ebd). Eingebettet in diese grundsätzlichen Erkenntnisse militärischer Führungskunst vor dem Hintergrund der ideologischen Auseinandersetzung erhielt die Truppeninformation die Aufgabe, „den Soldaten mit den wichtigsten Ereignissen von allgemeiner, politischer, wirtschaftlicher, sozialer oder kultureller Bedeutung bekannt [zu] machen und ihm dabei [zu] helfen, sie in den jeweils größeren politischen, historischen oder auch ethischen Zusammenhang einzuordnen" (ebd, 158).

Die Medienlandschaft im Deutschland der fünfziger Jahre bestand im Wesentlichen aus Zeitungen, Zeitschriften, Radio und Film. Fernsehen begann sich erst allmählich zu verbreiten. Im Jahr 1955 waren gerade 80.000 Geräte angemeldet. Unter neuen Bedingungen mussten sich alle Medien in der jungen Demokratie etablieren (Schildt 1999). Um dem Soldaten die umfangreichen Informationen aus dem breiten Spektrum seines Berufsfeldes und dessen Rahmenbedingungen anbieten zu können, war es in der Anfangsphase der Bundeswehr erforderlich, eigene Medien aufzubauen.

Die entsprechenden „Hinweise für die Truppen-Information" an den Kompaniechef in der Erstausgabe der „Information für die Truppe" 1956 boten ein umfassendes Konzept mit umfangreichen Hilfen und Ratschlägen. Das schloss Hinweise zur eigenen Informationsbeschaffung ein. Für den Kompaniechef waren die Medien der Truppeninformation gleichzeitig Lehrmaterial.

Die Zeitschrift „Information für die Truppe" behandelte monatlich politische, gesellschaftliche, zeitgeschichtliche und historische Themen für den Unterricht und stellte sie zur Diskussion. Das Herzstück der Hefte bildete in den Anfangsjahren das „Thema des Monats". Diese Themen dienten als Unterlagenmaterial für die „Allgemeine Information" in der Grund- und Vollausbildung. Der Bedarf an Basisinformationen und Hintergrundanalysen zu politischen, historischen, juristischen und pädagogischen Themen wurde mit der „Schriftenreihe Innere Führung" gedeckt. Die erste Nummer befasste sich im Sommer 1956 unter dem Titel „Aufstieg aus Trümmern" mit einer kurzen Nachkriegsgeschichte Deutschlands.

Die Hefte dieser Zeitschrift erschienen zu thematischen Reihen, die sich bis 1978 durch die Farbe des Einbandes unterschieden. Beispielsweise vermittelte die „grüne Reihe" die für den Truppenalltag wichtigen Wehrgesetze und Vorschriften. Das politische System wurde in der „blauen Reihe" erläutert. Ein feldgrauer Kartoneinband umgab Publikationen einer Sonderreihe: Die „Schicksalsfragen der Gegenwart". Bekannte Autoren deckten in sechs Bänden Themen aus allen wichtigen Wissens- und Lebensbereichen ab. Neben diesen Printmedien kam ab Juni 1961 die „Filmschau der Bundeswehr" auf 16-Millimeter-Film dazu. Die Filme durften damals in der Truppe nur durch Fachpersonal mit Vorführscheinen in eigens organisierten Veranstaltungen gezeigt werden.

Weitere Zeitschriften, die sich schwerpunktmäßig Fragen der allgemeinen Ausbildung, der Führung und Organisation, der Technik oder den Teilstreitkräften widmeten, entstanden in anderen Abteilungen und Referaten des

BMVg, ebenso die spätere „Bundeswehr aktuell". Informationen zu militärpolitischen Themen konnten bereits seit Anfang der fünfziger Jahre den von Verlagen herausgegebenen Fachzeitschriften (zum Beispiel „Wehrkunde") entnommen werden.

Die „Information für die Truppe" sollte als politische Zeitschrift den Geist der neuen Streitkräfte vermitteln. Sie ist daher ein geeigneter Seismograph, um die inhaltliche Ausrichtung der Truppeninformation kritisch zu analysieren. Die ersten Jahre unter der Aufsicht Baudissins zeichneten sich durch parteipolitische Neutralität bis hin zur Überparteilichkeit aus. Ab 1958 bis Mitte der sechziger Jahre prägte dann das sicherheitspolitische Umfeld die Inhalte der Truppeninformation („psychologische Rüstung")[6]. So stand noch die rote Reihe „Bolschewismus" ganz im Zeichen anti-kommunistischer Aufklärung. Die erste Vorschrift zur politischen Bildung vollzog 1966 dann mit dem Titel „Geistige Rüstung" eine redaktionelle Abkehr von einer „psychologischen Verteidigung".

Insgesamt konnte die inhaltliche Darstellung als ausgewogen bewertet werden. Die Themenbehandlung entsprach im Wesentlichen der partnerschaftlich orientierten Integrationspädagogik. Im Vordergrund stand eine an den freiheitlichen demokratischen Grundwerten ausgerichtete Darstellung. Die in den sechziger Jahren in der politischen Publizistik feststellbare Tendenz zum Negativismus und zur Kontroversität fand sich in der „Information für die Truppe" in diesem Zeitraum so nicht wieder.

Mit der einsetzenden Bildungsdebatte in der Bundeswehr trat der Informationsbegriff ab Mitte der sechziger Jahre mehr in den Hintergrund. Truppeninformation wurde ein Teil einer umfassenderen politischen Bildung und man verband mit ihr in erster Linie die zentralen Medien.

Die bevorzugten Mittel blieben Print- und AV-Medien. Die Formen passten sich der Zeit und den neuen Techniken an (Klein 1991). Auch spielten finanzielle Erwägungen immer wieder eine wichtige Rolle. Erkennbare Beispiele waren das neu gestaltete Titelbild der „Information für die Truppe" mit wechselnden Motiven, die Ton- und Filmangebote „info german" für stationierte Soldaten im Ausland, die Einführung von Video (U-Matic, VHS), die Einstellung der „Schriftenreihe Innere Führung" oder die Reduzierung der Ausgaben von Truppenpraxis und Wehrausbildung. Für den Bereich der Zeit-

---

[6] Vgl. die Analysen bei Nägler (2010, 248ff.).

schriften bestätigte das SOWI deren hohe Akzeptanz und Attraktivität in der Truppe (Zelinka/ Anker 1991).

Weiterentwicklung (in Richtung Informationsarbeit) und Anpassungen an eine neue Medienwelt

Ein Urteil des Bundesverfassungsgerichts aus dem Jahre 1977 unterstreicht die Verpflichtung der staatlichen Organe, die Bürger umfassend über die entscheidenden Sachfragen zu unterrichten, um eine verantwortliche Teilhabe an der politischen Willensbildung des Volkes zu garantieren.

In diesem Sinne weist die A-2600/1 „Innere Führung" der Truppeninformation die Aufgabe zu, den Soldaten dienstlich Informationen bereitzustellen, „damit sie sich eine eigene Meinung bilden und politisch mündig sowie auftragsgerecht handeln können" (Nr. 650). Die Erstfassung einer „Rahmenkonzeption Truppeninformation im Frieden" (1988) gab ihr darüber hinaus die Zweckbestimmung vor, „Moral, Motivation und Selbstverständnis des Soldaten zu stärken" (VMBl. 1988, 46) und dadurch die Einsatzbereitschaft der Streitkräfte zu festigen. Die Inhalte sollten im Zusammenhang zur demokratischen Grundordnung, zum Auftrag der Bundeswehr und zum Dienst des Soldaten stehen. Als Zielgruppe der Truppeninformation wurden auch die früheren Soldaten benannt. Durch die Verteilung und den Verkauf von Zeitschriften konnte ebenfalls die interessierte Öffentlichkeit erreicht werden.

Die tiefgreifenden sicherheitspolitischen, gesellschaftlichen und technologischen Veränderungen seit Anfang der neunziger Jahre beförderten ein Umdenken für die Information und Kommunikation der Bundeswehr. Nach wechselnden Gestaltungselementen der Print- und AV-Medien wurde ein Grundsatz aus der integrierten Unternehmenskommunikation aufgegriffen, dass nach außen nichts kommuniziert werden soll, was von den Mitarbeitern nicht mitgetragen wird (Dachkonzept „Informationsarbeit Bundeswehr 2000"). Folglich wurde die Truppeninformation neben der Presse- und Öffentlichkeitsarbeit sowie der Nachwuchswerbung zu einer tragenden Säule der Informationsarbeit. Zielsetzung und inhaltliche Schwerpunkte sollten sich nicht von der Öffentlichkeitsarbeit der Bundeswehr unterscheiden. Außerdem wurden aufgrund tiefgreifender medialer Veränderungen die Nutzungsgewohnheiten der Soldaten erforscht und führten im Ergebnis zur heutigen Struktur (Beier 2006, 65).

Das deutsche Mediensystem hatte sich grundlegend gewandelt. Satellitentechnik und Digitalisierung verbreiterten die Empfangsmöglichkeiten von Rundfunkprogrammen. Private Anbieter etablierten sich neben den öffentlich-rechtlichen Anstalten und strahlten werbefinanziert ein an Einschaltquoten orientiertes Angebot aus. Fernsehgeräte befanden sich nun in fast jedem Haushalt. Der TV-Konsum der Bevölkerung nahm stetig zu. Der Zeitaufwand verdoppelte sich innerhalb von zehn Jahren auf zweieinhalb Stunden pro Tag im Jahre 1995. Unabhängige Tageszeitungen gab es jetzt im gesamten Deutschland zu lesen, die durchschnittliche Lesedauer blieb bei täglich rund 30 Minuten (Eimeren/ Ridder 2005, 495).

Das Interesse an Zeitungen war bei jungen Bürgern schon damals gering ausgeprägt. Dagegen gewannen die neuen Informations- und Kommunikationstechnologien an überragender Bedeutung. Die Verfügbarkeit und Nutzung von Mobiltelefonen und Online-Medien nahm insbesondere in der jüngeren Generation rapide zu.

Diese Entwicklungen waren Anlass, die Nutzungsgewohnheiten und Wünsche der Soldaten für die internen Informationsangebote erneut untersuchen zu lassen. Eine Kienbaum-Studie (1999) stellte bei den befragten Soldaten die grundsätzliche Notwendigkeit der Truppeninformation fest. Beklagt wurden aber die Unübersichtlichkeit, die inhaltliche Redundanz sowie eine fehlende Aktualität des Angebots, das vielen jüngeren Soldaten außerdem nicht bekannt war. Sie wünschten sich Informationen über die anderen Teilstreitkräfte und waren in ihrem Nutzungsverhalten stark durch die elektronischen Medien geprägt. Die Ergebnisse der Untersuchung führten vor dem Hintergrund des verfügbaren finanziellen Rahmens zu einem Medienmix von Print-, AV- und Online-Medien („Truppeninformation 2000") (Beier 2006, 65ff.).

System der Truppeninformation heute

Grundsatzdokumente

Truppeninformation ist in der Bundeswehr ein eigenständiger amtlicher Begriff, der sich in den letzten fünfzig Jahren in unterschiedlichen Vorschriften, Weisungen und Konzeptionen wiederfindet. Während die A-2600/1 „Innere Führung" (2008), die A-2620/1 „Politische Bildung" (2007) und die „Teilkonzeption Informationsarbeit der Bundeswehr" (2005) noch diesen Begriff verwenden, ist er in der aktuellen A-600/1 „Informationsarbeit" (2014) durch den

Begriff Mitarbeiterkommunikation ersetzt worden[7]. In einer Fußnote findet die zentrale Truppeninformation als Teilmenge für die Gruppe der Soldaten nur noch Erwähnung[8]. Mit dem Begriff Mitarbeiterkommunikation ist der integrative Ansatz umfassend nachvollzogen: Die Informationen aus und in der Bundeswehr richten sich gleichermaßen an die Öffentlichkeit, die Soldaten sowie an die zivilen Mitarbeiter. Erwartet wird im Sinne von Kommunikation eine öffentliche und interne Debatte zu Themen der Sicherheitspolitik und der Bundeswehr. Die Gestaltung des Weißbuches 2016 soll daher sowohl mit Hilfe der interessierten Öffentlichkeit als auch durch ein Mitarbeiterforum vorangetrieben werden.

Funktionen der Truppeninformation bzw. Mitarbeiterkommunikation

Die Truppeninformation bzw. Mitarbeiterkommunikation erfüllt als Gestaltungsfeld der Inneren Führung diese Aufgaben innerhalb und außerhalb der Bundeswehr. Den einschlägigen amtlichen Dokumenten (A-2600/1 „Innere Führung", „Teilkonzeption Informationsarbeit der Bundeswehr", A-600/1 „Informationsarbeit") lassen sich drei zentrale Funktionen der Truppeninformation entnehmen: Führungsaufgabe, Teil der politischen Bildung sowie Verbreitung regierungsamtlicher und dienstlicher Absichten und Entscheidungen. Die integrative Ausrichtung der Truppeninformation kann aus diesen Regelungen mit Hilfe der Lasswell-Formel herausgelesen werden: Wer sagt was mit welchem Medium zu wem mit welcher Wirkung?

Träger (wer) sind in erster Linie alle unmittelbaren Vorgesetzten. Doch kommt in der zentralen Truppeninformation dem Bundesministerium der Verteidigung und insbesondere dem Presse- und Informationsstab eine koordinierende und kontrollierende Rolle zu. Truppeninformation beschäftigt sich schwerpunktmäßig (was) mit Sicherheitspolitik, dem Auftrag der Bundeswehr sowie der Stellung des Soldaten in Staat und Gesellschaft. Medien sind gedrucktes, elektronisches und audiovisuelles Material, ergänzt um entsprechende Lehr- und Unterrichtsmaterialien. Sie setzen dabei auch eigene Akzente im Ringen um die Deutungshoheit von massenmedialen Inhalten.

---

[7] Dieser Begriff wird bereits in der Antwort zum Thema „Neuausrichtung der Medien- und Öffentlichkeitsarbeit der Bundeswehr", BT-Drs 17/14610 vom 22. August 2013 verwendet.

[8] Gleichwohl wird in diesem Aufsatz weiterhin der Begriff Truppeninformation verwendet, zumal er sich in Bezug auf die taktische Führung an die Soldaten ausrichtet.

„Truppeninformation wendet sich an [wen] aktive Soldatinnen und Sol-
daten, zivile Mitarbeiterinnen und Mitarbeiter der Bundeswehr und an deren
Familienangehörige sowie an Reservistinnen und Reservisten. Personalvertre-
tungen und Vertrauenspersonen stellen hier eine besondere Zielgruppe und
Multiplikatoren dar. Truppeninformation wirkt auch in die Öffentlichkeit"
(„Teilkonzeption Informationsarbeit der Bundeswehr" vom 26. August 2005).
Diese Zielgruppen sollen über die Absichten und Entscheidungen der politischen und militärischen Führung informiert werden. Den Soldaten ist darüber
hinaus zu ermöglichen, sich eine eigene Meinung zu bilden und politisch mündig sowie auftragsgerecht handeln zu können (Wirkungen). Sie können sich
außerdem ungehindert aus allgemein zugänglichen Quellen informieren.

Bedeutung für die Konzeption Innere Führung

Die Truppeninformation nimmt demnach in der Konzeption Innere Führung
eine zentrale Rolle ein. Dazu gehört zuallererst, den Auftrag der Streitkräfte zu
legitimieren. Sicherheitspolitische Analysen ergeben, dass Deutschland neben
weiteren Instrumenten über Militär verfügen muss, um den vorhandenen Risiken, Gefahren und Bedrohungen angemessen innerhalb von Bündnissen begegnen zu können. Deshalb ist der Sinn des militärischen Dienstes sowohl in
der Öffentlichkeit als auch in der Bundeswehr zu kommunizieren.

Innere Führung dient zweitens der Integration der Bundeswehr in Staat
und Gesellschaft. Gerade wegen der seit der Wiederbewaffnung in den fünfziger Jahren vorherrschenden Skepsis gegenüber dem Militärischen müssen die
Bürger über den Auftrag der Bundeswehr regelmäßig und umfassend informiert werden. Das Publizitätsgebot des Grundgesetzes verlangt nach einer
öffentlichen Kontrolle des Militärs. Nur durch Information lässt sich das große
Vertrauen in die Institution Bundeswehr aufrechterhalten und Akzeptanz für
konkrete militärische Einsätze gewinnen.

Zum Dritten erfordert eine im wahrsten Sinne des Wortes „zeitgemäße"
Menschenführung entsprechende „zeitnahe" Informationen durch Vorgesetzte
auf allen Ebenen. In Zeiten des kontinuierlichen Strukturwandels und der
Bundeswehrreformen erwarten die Soldaten umfassende Auskünfte über die
künftigen Rahmenbedingungen ihres Berufs. Nichts erschüttert und verunsi-
chert Mitarbeiter mehr als fehlende Planungssicherheit.

Damit ist viertens der Soldat als Staatsbürger in Uniform angesprochen,
der motiviert seinen Dienst verrichten soll. Der ihm abverlangte mitdenkende

Gehorsam setzt voraus, dass er den Auftrag der Streitkräfte und seine Rolle darin verstanden hat und ihn kritisch reflektieren können sollte. Da die Soldaten dafür einstehen, die Sicherheit der Bundesrepublik Deutschland und ihrer Bürger zu garantieren, muss ihnen selbst die notwendige Gewissheit über ihren Beruf gegeben werden.

Verantwortlichkeiten

In Folge der fähigkeitsorientierten Neukonzeption der Bundeswehr wird die Informationsarbeit als ein integraler Bestandteil der Führungsfähigkeit verstanden. Darin hat die Truppeninformation als Element der Inneren Führung ihren Platz. Die fachliche Koordination der Medien der zentralen Truppeninformation obliegt seit 2005 dem Presse- und Informationsstab. Ihm untersteht fachlich das Zentrum Informationsarbeit der Bundeswehr als das zentrale Koordinierungs-, Steuerungs- und Durchführungsorgan, das aus der Akademie der Bundeswehr für Information und Kommunikation (AkBwInfoKom) hervorgegangen ist. Bereits zuvor entstand im Zuge der Bundeswehrreform 2011 die Redaktion der Bundeswehr als heutiger Teil des ZInfoABw[9]. Diese ist nunmehr für sämtliche zentralen Produkte der Bundeswehr zuständig.

Die inhaltliche Verantwortung für die zentralen Medien bleibt beim Generalinspekteur. Außerhalb dieser Informationsarbeit werden die „Operative Information", die beispielsweise Radioprogramme und Zeitschriften für Soldaten im Auslandseinsatz gestaltet sowie das auf Nachwuchsgewinnung ausgerichtete Personalmarketing betrieben. Da „Information Operations" auf Persuation abzielen, entsteht ein natürliches Spannungsverhältnis zu den offenen Inhalten der Informationsarbeit.

Aufgaben

Die einzelnen Aufgaben in der jetzigen Mitarbeiterkommunikation werden im Detail in der A-600/ 1 beschrieben (Kap. 2.7; Finanzierung Kap. 5.3) und zei-

---

[9] Das Zentrum Informationsarbeit Bundeswehr ist am 1. Dezember 2014 aufgestellt worden. Unter dem Dach dieses Kompetenzzentrums der Informationsarbeit (Presse-, Öffentlichkeits- und Medienarbeit) der Bundeswehr finden sich fünf Bereiche an zwei Standorten wieder. Dazu gehört die Redaktion der Bundeswehr in Berlin. Hier werden an einem Ort alle Ausspielkanäle (Print, Online, Social Media) der Bundeswehrmedien produziert.

gen die komplette Wertschöpfungskette von der Konzeption über die Inhalte und Herstellung bis zur Distribution der Medienproduktion auf.

Produkte

Die heutige Struktur besteht aus dem erwähnten Medienmix von Print-, AV- und Online-Medien (siehe A-600/ 1, Kap. 7.3). Anstelle der zentralen Fachzeitschriften und Truppenzeitschriften trat seit April 2001 als „Flaggschiff" die Monatszeitschrift „Y. Magazin der Bundeswehr". Sie ist als Publikumszeitschrift mit Themen aus dem gesamten Spektrum von Politik, Gesellschaft, Streitkräfte, Geschichte, Forschung und Technik konzipiert und richtet sich bewusst mit ihrem Inhalt und ihrer Aufmachung an Soldaten aller Dienstgrade. Die moderne Gestaltung im Magazinstil hat Y. in wenigen Jahren sehr erfolgreich gemacht. Durch freien Verkauf im Abonnement und am Kiosk sowie durch Werbeeinnahmen trägt sich die Zeitschrift auch finanziell.

Daneben blieb ab 2001 die „Information für die Truppe" als Quartalszeitschrift erhalten. Sie wird in einem neuen Format seit 2007 unter dem Namen „if . Zeitschrift für Innere Führung" als Publikation für die vertiefende Hintergrundberichterstattung und als hilfreiches Nachschlagewerk im Rahmen der politischen Bildung weitergeführt. Zusammen mit der Online-Zeitschrift „Reader Sicherheitspolitik" verfügt die Bundeswehr damit zumindest über zwei Angebote mit wissenschaftlich-analytischer Prägung.

Ergänzt wird dieses Portfolio um Spezialzeitschriften mit begrenzter Auflage[10]. Als Wochenzeitung wurde „Bundeswehr aktuell" aus der früheren Redaktion des Presse- und Informationsstabes beibehalten.[11]

Die Bundeswehr hat die Relevanz des Informationszeitalters frühzeitig erkannt. Dies führte zum Aufbau des neuen Mediums „Intr@net aktuell". Das Intranet der Bundeswehr verfügt heute über alle Möglichkeiten der internen zeitverzugslosen Online-Kommunikation. Ergänzend stellt die Bundeswehr Informationen in Form von Videos, Fotos und Texten in den Social Media

---

[10] Flugsicherheit", „Wehrmedizinische Monatszeitschrift" und „Militärgeschichte". Hinzu kommen Bücher, Broschüren und vergleichbare Mittel, die zur Mitarbeiterkommunikation sowie als Informations-, Lehr- und Unterrichtsmaterial für den staatsbürgerlichen Unterricht zentral beschafft werden.

[11] Es gibt Überlegungen, „Bundeswehr aktuell" zu Gunsten eines neuen multimedialen Mediums aufzugeben.

(YouTube, flickr, Facebook, Instagram)[12] bereit (Reeb 2014). Im internen Intranet-Bereich ermöglichen neben E-Mail-Kommunikation (Lotus Notes) verschiedene Anwendungsformen wie Web-Konferenzen, Team-Arbeitsplätze oder Online-Lernkurse eine Vielfalt an Informationsquellen und Diskussionsforen.

Auf den Auslandseinsatz ausgerichtet, strahlt Bw-TV Sendepakete von öffentlich-rechtlichen und privaten Fernsehanstalten aus[13]. Mit diesen Medienangeboten ist die Bundeswehr endgültig in der digitalen Medienwelt angekommen und hat die Truppeninformation vom pädagogischen zum publizistischen Prinzip gemacht.

Situation	Unterricht	Truppenalltag/ Einsatz	Lebensumfeld
fachwissenschaftlicher Zugang	pädagogisch	soziologisch	kommunikations- wissenschaftlich
Informationsaspekt	Politische Bildung	Interaktion und Kommunikation	Massenmedien/ Publizistik
Ziel der Inneren Führung	Legitimation	Motivation	Integration
Diskurs	Meinungsvielfalt Dissens zwischen Ideal und Realität	Verfügbarkeit, Störungen bei Info-Übermittlung Glaubwürdigkeit, Vertrauen	Wahrheit vs. Propaganda, Manipulation, Desinformation
Phänomen	Staatsbürger in Uniform	Social Media	asymmetrische Konflikte

---

[12] Facebook ist seit dem 1. Oktober 2013 eine offizielle Bw-Homepage und hat 320.000 Fans. YouTube ist seit 2012 aktiv mit derzeit 117.000 Nutzern. 17.000 Follower gibt es bei Instagram (seit 2014).

[13] Bw TV steht wg. der Kosten in der Kritik.

Diskussion für den Führungsvorgang

Dem multivariablen Verständnis von Information entsprechend kann die Debatte auf verschiedenen fachwissenschaftlichen Feldern geführt werden. Für den Bezug zur taktischen Führung sind hier pädagogische, militärsoziologische und kommunikationswissenschaftliche Zugänge von Interesse. Diese verweisen auf jeweils unterschiedliche Informationsaspekte und Ziele der Konzeption Inneren Führung. Demensprechend lassen sich spezifische Diskurse für konkrete Phänomene ausmachen. Tabelle 1 fasst diese Zusammenhänge in einer Übersicht zusammen.

Pädagogische Aspekte

Der Entstehungsgeschichte der Truppeninformation ist der enge Bezug zur politischen Bildung zu entnehmen. Soweit zentrale Informationen mit politischer Relevanz den Soldaten zur Verfügung gestellt werden, müssen auch die Prinzipien der politischen Bildung berücksichtigt werden. Insbesondere gilt eindeutig das Überwältigungsverbot bzw. das Verbot der Indoktrination. Komplizierter gestaltet sich die Umsetzung des Gebotes der Kontroversität. Denn nicht jede dienstliche Information über z.B. Einsätze der Bundeswehr wird die in der Gesellschaft erwähnten Gegenargumente aufzeigen können und wollen. Gleichwohl sind diese Meinungen vorhanden und erreichen medial die Soldaten. Wenn auch im Zuge der dienstlichen Information eine solche Debatte nicht nachgezeichnet werden kann, so sollten doch auf jedem Fall Hinweise und Hilfestellungen für eine Behandlung im Unterricht gegeben werden. Da sich Soldaten aus sämtlichen öffentlich zugänglichen Quellen informieren dürfen, erzeugt das naturgemäß eine Vielfalt an Informationen, denen idealerweise eine Vielfalt an Meinungen folgt. Damit die Soldaten solche Informationen und Meinungsangebote einordnen können, benötigen sie Orientierung. Die kann ihnen durch das Aufzeigen von Werten der politischen Kultur in Deutschland näher gebracht werden. Informieren bedeutet hier Vermittlung von Sinn (bereits Francke 1992, 221).

Die Vorgesetzten vor Ort sind in ihrem Anliegen umso mehr gestärkt, je besser die Soldaten von ihrem militärischen Auftrag überzeugt sind. Dazu trägt bei, dass Widersprüche in einer öffentlichen Debatte besprochen und ggf. ausgeräumt werden können. Ein Dissens zwischen einem verkündeten Ideal einer politischen Situation und der in der Öffentlichkeit wahrgenommenen Realität schwächt das Vertrauen von Untergebenen in ihre Führung. Die politische

Bildung bietet hier den Raum zur auch kontroversen Artikulation, ohne dass damit der militärische Auftrag in Frage gestellt werden soll. Das setzt voraus, dass der Vorgesetzte tolerant gegenüber anderen Meinungen auftritt und die von ihm im Unterricht propagierten Werte auch im Truppenalltag vorlebt. Andererseits müssen die Soldaten ihre Rolle als Staatsbürger in Uniform, in der sie gleichberechtigt ihre (politischen) Anliegen artikulieren können, auch tatsächlich annehmen. Truppeninformation soll also den Soldaten überzeugen[14].

Militärsoziologische Aspekte

Als die wesentlichen Einflussfaktoren für die soldatische Einsatzmotivation und speziell die Kampfkraft hat die militärsoziologische Forschung zwei Hauptfaktoren identifiziert (Biehl 2012). Einerseits wird die soziale Kohärenz innerhalb der „kleinen Kampfgemeinschaft" als bestimmende Größe angesehen. Andererseits lassen sich Einflüsse aufgrund der Überzeugung von der militärischen Aufgabe ableiten. Beide Theorien können heute situationsbedingt im Militär bestätigt werden. Für den hier vorliegenden Sachverhalt ist ausschlaggebend, dass die Informationslage und deren individuelle Wahrnehmung entscheidend für den Erfolg sein können. Eine vollständige und wahrheitsgemäße Information ist wiederum Voraussetzung für Vertrauen und Glaubwürdigkeit in die militärischen Vorgesetzten. Soldaten erwarten gerade solche Informationen, die ihnen ihre Ungewissheit nimmt (Francke 1992, 214). Die bewährtesten Möglichkeiten dazu sind das Gespräch und die Teilhabe der Soldaten an Entscheidungsprozessen. Denn häufig kommt es nicht unbedingt auf den Inhalt einer Information an, sondern von wem man sie erhalten hat bzw. ob man am Entstehen dieser „Neuigkeit" beteiligt war[15].

Bereits Clausewitz sah umgekehrt eine widersprechende bzw. falsche Gefechtsfeldinformation als Element einer „allgemeinen Friktion" an. Seit jeher werden Desinformations-Kampagnen durch den Gegner durchgeführt, um bei den einzelnen Soldaten Zweifel und Misstrauen gegenüber Verlautbarungen der nächsten Vorgesetzten zu streuen. Mittlerweile wurden diese psychologischen Kriegshandlungen im digitalen Medienzentalter verfeinert. Dazu

---

[14] Dass das nicht immer gelingt, kann hier nicht nachgezeichnet werden.

[15] Gemäß einer Studie des Zentrums für Militärgeschichte und Sozialwissenschaften der Bundeswehr (2014, 9) fühlten sich z.B. 22 Prozent (sehr) schlecht, 52 Prozent teils/teils und 27 Prozent (sehr) gut über die Neuausrichtung der Bundeswehr informiert.

liegen zahlreiche Beispiele vor. Ein aktuelles Einfallstor sind Social Media, können und sollen die Soldaten sich doch stärker als durch direkte Kommunikation möglich, mit Informationen austauschen (Reeb 2014). Das betrifft auch die Kommunikation zwischen Vorgesetzten und Untergebenen, denn neben face-to-face sind es die elektronischen Medien, über die Informationen in die Truppe gegeben werden. Vertrauen und Glaubwürdigkeit sind also die Grundlage einer gelingenden Truppeninformation.

Kommunikative Aspekte

Die Truppeninformation lässt sich nämlich auch als Bestandteil eines umfassenden Informations- und Kommunikationsmanagements (IKM) beschreiben. Das IKM stellt im sicherheitspolitischen Meinungsbildungs- und Entscheidungsprozess das Instrumentarium der politischen und militärischen Akteure dar, um in einem Austauschprozess mit der Gesellschaft und der internationalen Umwelt treten zu können. Die Art, wie zwischen Politik, Militär, Fachleuten und Gesellschaft kommuniziert wird, kennzeichnet letztendlich die deutsche Sicherheitskultur.

Die Truppeninformation als eine Komponente des IKM muss berücksichtigen, dass einerseits jede Information überall und zu jedem hinfließen und andererseits jedermann Informationen überall hin verbreiten kann. Daraus kann ein Zielkonflikt entstehen, sowohl Öffentlichkeit herstellen als auch Sicherheit (für Deutschland, seine Bürger, im Einsatzgebiet für die Bevölkerung und die eigenen Soldaten) garantieren zu wollen. Öffentlichkeit bedarf des freien und ungehinderten Austauschs von Informationen zwischen der Gesellschaft und der Politik. Nur so können politische Handlungen und Entscheidungen legitimiert und akzeptiert werden.

Wesentliche Merkmale sind Transparenz und Aufklärung. Das Ziel der Sicherheit begrenzt wiederum unter Umständen diese Öffentlichkeit, wenn in besonderen Situationen Informationen geheim oder zurückgehalten werden oder zur Beeinflussung eines militärischen Gegners eingesetzt werden (müssen) und dabei eine Informationskontrolle angestrebt wird. Der Gegner verwendet im asymmetrischen Konflikt Informationen meist in manipulativer Absicht. Medien werden zum Teil des „Kriegsgebietes" (Reeb 2008). Es entsteht eine Gegenöffentlichkeit im Einsatzgebiet, die durch die Geschwindigkeit und Dynamik des Informationsflusses kaum beeinflussbar ist (Giese 2014, 12). Die Folge ist, dass die Informationskontrolle verloren geht und der Sinn des Einsatzes in Frage gestellt wird.

Öffentlichkeit führt aber letztlich zu mehr und nicht zu weniger Sicherheit. Der wahrheitsgetreue Umgang mit Informationen darf deshalb nur in gut begründeten Ausnahmen vermieden werden. Nehmen nämlich erst einmal Misstrauen und Ablehnung zu, können die nicht mehr erreicht werden, mit denen und für die eigentlich Sicherheit hergestellt werden soll.

Ein freier Journalismus muss auch über unbequeme Sachverhalte für Politik und Militär berichten. Die Unterstützung der Bevölkerung ist im Kampf um die öffentliche Meinung deshalb nur durch wahrheitsgemäße, glaubwürdige und vertrauensvolle Informationen aufrecht zu erhalten. Die Truppeninformation kann sicher dazu beitragen, Orientierungen im Dschungel der Informationsangebote zu bieten und solche Informationen frühzeitig und umfassend bereitzustellen, die den Soldaten am dringendsten und wichtigsten erscheinen.

Fazit und Ausblick

Als Fazit kann festgestellt werden, dass die Truppeninformation (heute Mitarbeiterkommunikation) den Führungsprozess auf taktischer Ebene unterstützen kann. Voraussetzung ist ein offener und wechselseitiger Umgang mit Informationen zwischen Vorgesetzten und Untergebenen. Auch dürfen sich in einer offenen Medienwelt keine inhaltlichen Widersprüche bei relevanten soldatischen Angelegenheiten auftuen. Treten solche Widersprüche dennoch auf, ist es Aufgabe der Vorgesetzten (mit Hilfe der Truppeninformation), die Zusammenhänge und Rahmenbedingungen deutlich zu machen. Informationen müssen zeit- und bedürfnisgerecht vermittelt werden.

Die Informationsgesellschaft ist schon lange Realität und kommt heute wissensbasiert, medial oder vernetzt daher. Mit ihren Angeboten ist die Truppeninformation auch nach sechzig Jahren gut aufgestellt, um sich den künftigen Herausforderungen zu stellen. Zu denken ist an neue mediale Gestaltungs- und Nutzungsmöglichkeiten aufgrund weiterentwickelter Technologien und Produkte, neue gesetzliche Rahmenbedingungen zum Datenschutz und zur Informationsfreiheit sowie in besonderem Maße die gestiegene Relevanz der Information im globalen Raum für sicherheitspolitische Entscheidungen.

Die digitale Medienwelt hat sich um immer mehr Sende- und Empfangsmöglichkeiten vergrößert, sofort und überall. Fernsehen gibt es beispielsweise über das Internet (IP-TV), als DVB-T auf dem Laptop oder als DVB-H auf dem Handy. Auch die Tageszeitung findet ihren elektronischen Weg auf einem Mobilgerät. Digitalkameras, Camcorder, Podcasting und private Websites individualisieren das Informationsangebot ins schier Unermessliche.

Diese Medieninnovationen haben bisher zu einem Anstieg des Medienkonsums geführt. Das wird sich auch in Zukunft fortsetzen. Als Medien zur Information werden weiterhin Fernsehen, Hörfunk und die Tageszeitung genutzt. Allerdings erhält eher die anregende, kurze Information den Vorzug.

Fernsehen dient jungen Menschen mehr als Unterhaltungsmedium. Gleichwohl halten sie die Zeitung für das kompetenteste und glaubwürdigste Medium in der Politikvermittlung. Der Vielfalt an Medien steht eine Aufsplitterung ihrer Nutzung gegenüber. Nicht jede Nachricht erreicht ihren Empfänger. Die Gefahr besteht, dass nur wenige „information rich" die Angebote sinnvoll nutzen können, während die Masse der „information poor" mit der Unterhaltung zufrieden sind.

Die Truppeninformation der Bundeswehr hat diese Entwicklungen beobachtet und im Rahmen ihrer Möglichkeiten berücksichtigt. Gerade das Online-Angebot wurde um weitere interaktive Elemente wie Weblogs und Online-Umfragen ergänzt. Die Nähe der Truppeninformation zum Pressereferat des Verteidigungsministeriums darf aber nicht den Verdacht aufkommen lassen, dass nur amtliche Verlautbarungen verbreitet werden. Gleichzeitig sind die Überlegungen zu einer integrierten Kommunikationsstrategie, in der auch Informationsoperationen in Einsatzgebieten ihren Platz haben, fortzusetzen.

Bei aller Innovation bleibt als Ziel das Leitbild vom Staatsbürger in Uniform bestehen. Nicht nur die Tagesaktualität und attraktiv verkleidete Information sind erforderlich, sondern heute mehr denn je das Hintergründige. Dementsprechend sollten als Elemente der zentralen Truppeninformation die Printmedien, insbesondere IF und „Reader Sicherheitspolitik", ihre Bedeutung behalten.

In der globalen Medienwelt kann jede Äußerung oder Handlung eines Soldaten unmittelbare politische Auswirkungen erzeugen. Das zeigten beispielsweise 2006 die Bilder über Totenschädel in Afghanistan. Daher ist die Vermittlung von Medienkompetenz gefordert. Der „Umgang mit Information" bleibt ein Lehrziel in der Ausbildung zu einem gut informierten und gebildeten Soldaten.

Literatur

Beier, Thomas (2006): Strukturen und Konzepte der internen Kommunikation der Bundeswehr. In: Bockstette, Carsten / Jertz, Walter / Quandt, Siegfried (Hrsg.): Strategisches Informations- und Kommunikationsmanagement. Handbuch der sicherheitspolitischen Kommunikation und Medienarbeit, Bonn.

Biehl, Heiko (2012): Einsatzmotivation und Kampfmoral. In: Leonhard, Nina/ Werkner, Ines-Jacqueline (Hrsg.): Militärsoziologie. Eine Einführung, 2., aktual. u. erg. Aufl., Wiesbaden, S. 447-474.

Driftmann, Hans-Heinrich (Hrsg.) (1986): Allgemeine Führungslehre. Führung in der Bundeswehr. Leitfaden für Lehre und Praxis, Regensburg.

Eimeren, Birgit van / Ridder, Christa-Maria (2005): Trends in der Nutzung und Bewertung der Medien 1970 bis 2005. Ergebnisse der ARD/ZDF-Langzeitstudie Massenkommunikation. In: Media Perspektiven Nr. 10, S. 490-504.

Francke, Dieter (1992): Umgang mit Informationen. In: Reeb, Hans-Joachim/ Moerchel, Michael (Hrsg.): Menschenführung. Handbuch für Vorgesetzte, Regensburg.

Giese, Daniel (2014): Militärische Führung im Internetzeitalter. Die Bedeutung von Strategischer Kommunikation und Social Media für Entscheidungsprozesse, Organisationsstrukturen und Führerausbildung in der Bundeswehr. Analyse und Empfehlungen für eine Armee im Einsatz, Berlin.

„Information für die Truppe": 1966, S. 572-584, Nr. 4/1976, Nr. 8/1981, Nr. 8/1991, Nr. 8-9/1996.

Kaufmann, Stefan (2010): Der ‚digitale Soldat'. Eine Figur an der Front der Informationsgesellschaft. In: Apelt, Maja (Hrsg.): Forschungsthema: Militär. Militärische Organisationen im Spannungsfeld von Krieg, Gesellschaft und soldatischen Subjekten, Wiesbaden, S. 271-294.

Meier, Ernst-Christoph/ Hannemann, Andreas/ Meyer zum Felde, Rainer (Hrsg.) (2012): Wörterbuch zur Sicherheitspolitik, Hamburg.

Klein, Friedhelm (1991): Dialog im Wandel. Truppeninformation heute und morgen. In: IFDT. Information für die Truppe, Beiheft 1: Mensch und Medien, Bundeswehr und Kommunikation, S. 116-119.

Nägler, Frank (2009): Der gewollte Soldat und sein Wandel. Personelle Rüstung und Innere Führung in den Aufbaujahren der Bundeswehr 1956 bis 1964/65, München.

Redaktion der Bundeswehr (2015): Sturmgewehr G36: Generalinspekteur Wieker erlässt Weisung für den zukünftigen Gebrauch in den Einsätzen. In: http://www.bmvg.de/portal/poc/bmvg?uri=ci%3Abw.bmvg.journal.ministerium&de.conet. contentintegrator.portlet.current.id=01DB010000000001%7C9V7H6W800DIBR vom 02.04.2015.

Reeb, Hans-Joachim (2006): 50 Jahre Truppeninformation im Wandel des Medienzeitalters. In: IFDT Nr. 3-4, S. 4-13.

Reeb, Hans-Joachim (2008): Kriegswerkzeug Massenkommunikation. Medien als ein zentraler Faktor im asymmetrischen Konflikt. In: Österreichische Militärische Zeitschrift Nr. 5, S. 585-594.

Reeb, Hans-Joachim (2011): Truppeninformation und Innere Führung. In: IF. Zeitschrift für Innere Führung Nr. 4, S. 5-12.

Reeb, Hans-Joachim (2014): Innere Führung im Zeitalter der neuen Informations- und Kommunikationsmedien. In: Hartmann. Uwe / Rosen, Claus von (Hrsg.): Jahrbuch Innere Führung 2014. Drohnen, Roboter und Cyborgs – Der Soldat im Angesicht neuer Militärtechnologien, Berlin, S. 166-181.

Ridder, Christa-Maria / Engel, Bernhard (2010): Massenkommunikation 2010: Funktionen und Images der Medien im Vergleich. In: Media Perspektiven Nr. 11, S. 537-548.

Warburg, Jens (2010): Paradoxe Anforderungen an soldatische Subjekte avancierter Streitkräfte im (Kriegs-)Einsatz. In: Apelt, Maja (Hrsg.): Forschungsthema: Militär. Militärische Organisationen im Spannungsfeld von Krieg, Gesellschaft und soldatischen Subjekten, Wiesbaden, S. 245-270.

Schildt, Axel (1999): Massenmedien im Umbruch der fünfziger Jahre. In: Wilke, Jürgen (Hrsg.): Mediengeschichte der Bundesrepublik Deutschland, Bonn, S. 633-648.

Will, Günther (1976): Die ersten Schritte. Erinnerungen aus den Jahren 1953 bis 1956. In: Information für die Truppe Nr. 4, S. 19-26.

Zelinka, Fritz-Felix/ Anker, Ingrid (1991): Markt- und Medienanalyse Bundeswehrzeitschriften. Bericht 54 des Sozialwissenschaftlichen Instituts der Bundeswehr, München.

Zentrum für Militärgeschichte und Sozialwissenschaften der Bundeswehr (2014): Veränderungsmanagement in der Neuausrichtung der Bundeswehr. Forschungsbericht 109, Potsdam.

Axel Weißhaupt

Ein Neuansatz im Informationsmanagement

KUNDUZ im ersten Halbjahr 2012 – ich führe die Stabs- und Versorgungskompanie des PRT – ein bunt gemischter Haufen: Personal des Stabes, ein CIMIC-Zug jeden Tag draußen, Pioniere reparieren die Startbahn, Fernmelder in ihren abgeschlossenen Bereichen, Transportsoldaten früh unterwegs, Umschlagpersonal, welches nachts die Paletten für den Lufttransport vorbereitet, Instandsetzer, die vorzugsweise dann arbeiten, wenn es nicht so heiß ist, dass man das Werkzeug nicht mehr anfassen kann, Feuerwehrleute, Wetterfrösche, Pressebegleitung, EOD, Rechnungsführer, Marketender, Betreuungseinrichtung, Towercontroller..... die Aufzählung ist keineswegs vollständig. Jeden Tag kommen neue Leute hinzu, andere reisen ab – zu Spitzenzeiten sind das ca. 330 Männer und Frauen. Sie alle leben auf engstem Raum. Jeden Morgen mache ich einen Rundgang – besuche eine oder zwei Teileinheiten oder Gruppen; einmal die Woche – jeden Samstagmorgen – tritt die Kompanie an, knapp 2/3 sind anwesend. Zu erzählen gäbe es viel, nicht alles ist für jeden wichtig; Verabschiedungen, Verleihung der Einsatzmedaillen vor der Front. Ich versuche, die Antreten kurz zu halten, aber 30 Minuten sind schnell erreicht – glühende Hitze bereits um 08 Uhr. Der Urlaub der Taliban ist vorbei, die Kampfsaison ist angelaufen. Jeden Tag passiert etwas, eine Patrouille wird beschossen, ein IED beim Lager gefunden, die KZO faucht nachts in den Himmel und in meinem Büro fällt die Pinnwand ab, wenn die Haubitze in ihrer Feuerstellung hinter meinem Container unvermittelt schießt. Nachts schmeißt die amerikanische Spezialeinheit verwundete Taliban auf dem Helipad raus, irgendein schrecklich wichtiger Mensch ist zu Besuch und einigen Soldaten geht das Geld aus, da der Zahlstellenfeldwebel krank ist. Viel Zeit verbringe ich damit, herauszufinden, was gerade wo passiert – noch mehr Zeit verbringe ich damit, das den Soldaten zu vermitteln. Immer wieder höre ich dieselbe Klage: „Chef, was ist da eigentlich los?" oder „Was ist heute Nacht passiert?" oder „Warum ist die Cola aus?" oder „Wann ist die Post da?" Am meisten Zeit aber verbringe ich damit, die Dinge gerade zu rücken. Wenn keine Informationen fließen, dann werden welche produziert. Jeder kennt irgendjemanden, der etwas weiß, stille Post, wilde Gerüchte, unvollständige Informationen, Halbwahrheiten, Unverständnis, Ärger, irgendwann auch Beschwerden und Eingaben, das meiste vermeidbar. Manchmal wünschte ich mir, jeder meiner Soldaten hätte so ein schrecklich umständlich bedienbares Tetrapol: „Achtung, Achtung, hier spricht der Chef. Cola kommt erst am Donnerstag". Manchmal wünschte ich mir, ich hätte kein Tetrapol.

Wieder zuhause, der alltägliche Trott greift langsam um sich: Vorschriftenänderungen – aha, so ist das jetzt; neue Weisungen, ein Befehl, von dem ich noch nie etwas gehört habe, der mich aber betrifft. Alljährliche Belehrungen für Arbeitsschutz, Datenschutz, militärische Sicherheit, IT-Sicherheit, die Ersthelferausbildung, die 4. Dienstplanergänzung, Fragebögen hier, Informationshäppchen da, neue fachliche Weisung für…. schrecklich wichtig …. unverzichtbar …. need to have …. steht im Netz – verfluchte Axt, wo denn? Die Kaserne hat eine Anschlagsdrohung erhalten – gehört habe ich davon im Nachhinein. Die Sporthalle ist zu, der Parkplatz gesperrt – haben Sie Standortbefehl Nr. X nicht gelesen? Im Grunde dasselbe, kleiner vielleicht, nicht in diesem Tempo aber im Grundsatz gleich - dasselbe Problem. Ich bin seit mehr als 20 Jahren Soldat. Manchmal frage ich mich, ob es am zunehmenden Alter liegt, dass ich ständig das Gefühl habe, dass sich alles schneller dreht, aber aus den Gesprächen weiß ich, dass es mir nicht alleine so geht. Jeder hat so seine Art damit umzugehen, mancher kann es filtern, einige schwimmen im Chaos, die meisten beschränken sich auf ihren Bereich, machen zu bei allem, was sie nicht unmittelbar betrifft. Allen gemein ist der Verwaltungs-Overhead, viel Zeit vergeht im Kampf mit der Information. Die wichtigen von den unwichtigen Informationen zu unterscheiden, zu differenzieren, zu kategorisieren, Organisation, vor allem aber Selbstorganisation sind der Schlüssel, der eine unbeherrschbar scheinende Flut an Informationen und Ereignissen in einen steuerbaren Strom verwandelt, der die Menge an Dingen wieder beherrschbar scheinen lässt und damit den Stress reduziert. Wie hat mein Tutor an der Führungsakademie der Bundeswehr gleich gesagt: „Entscheidend ist nicht, ob sie die Arbeit schaffen, sondern ob sie glauben, dass sie sie schaffen."

Vieles in unserem Leben steht und fällt, läuft oder scheitert mit oder aufgrund fehlender Informationen. Man nennt es das Informationszeitalter – ob das tatsächlich so ist, ist eher eine philosophische Betrachtung, hier nicht Gegenstand der Erörterung. Allgegenwärtiges Symptom ist aber unbestreitbar das Smartphone. Fast jeder hat eines. Als ich meine Soldaten in einer Truppeninformation an einem Freitag fragte, wer denn keins besäße, meldete sich noch eine einzelne Person, ein Stabsfeldwebel – er mag sein altes Nokia, weil es nichts macht, wenn er mal das Ladegerät bei einem Übungsplatzaufenthalt vergisst. Ansonsten hat auch das Smartphone Einzug in den Dienstalltag gehalten. Nachrichten von unterwegs kostenfrei verschicken – WhatsApp & Co, die gewohnheitsmäßig geordneten Straßenkarten für die Dienstfahrzeuge benutzt schon ewig keiner mehr und auf dem Übungsplatz – nun ja, mein Fuhrparkauto hat nicht einmal mehr ein Funkgerät, geschweige denn ein Navigationssystem. Im Hochwassereinsatz hat die Telefonliste den Funkeinsatzplan kommentarlos ersetzt. Es hat sich auch keiner mehr die Mühe gemacht, einen aufzustellen – wozu auch? Zu gern greifen alle, der Dienstherr, Vorgesetzte, aber auch Untergebene auf das private Telefon, die privaten Nachrichtenaccounts zurück. Praktisch? Sicher! Nervig? Manchmal! Warum? Es funktioniert! Fast immer! Die folgende Idee ist daher aus zwei Umständen erwachsen. Erstens soll hier etwas kultiviert und nutzbar gemacht werden, was sowieso jeder benutzt. Zweitens hat es ohnehin Einzug in unseren Dienstalltag gefunden, geduldet, manchmal gehasst, sporadisch verboten, im Zweifelsfalle immer zur Hand. Dabei gäbe es eine Menge Aspekte an dieser Entwicklung, die man kritisch betrachten muss – Sicherheit zuvorderst, eine gewisse Immer-im-Dienst-Attitüde, Ablenkung, noch mehr Informationen. Also, warum nicht die Vorteile des Faktischen nutzen und die Nachteile versuchen, in den Griff zu bekommen oder zumindest abzumildern?

Die Idee

Das Ganze ist natürlich ein System, ein Komplexes dazu. Ich fange unten an, beim Frontend, dem Nutzer, der, für den es gedacht ist. Kurz, jeder Soldat bekommt ein Smartphone – JEDER, ausnahmslos, dienstlich, kostenfrei und alle zwei Jahre neu, im Dienst und bei Rufbereitschaft bei sich zu tragen; Telefonie-Flatrate in Deutschland oder dem Land, in dem Dienst geleistet wird, und ein Datenvolumen. Hinzu kommt die Möglichkeit, privat Optionen hinzu zu buchen, mehr Datenvolumen und Auslandstarife. Es kann und soll das private Gerät ersetzen. Dazu sind zunächst einige Grundforderungen zu erfüllen – technische, dienstliche wie auch ideelle.

Bei den technischen Forderungen ist Aktualität wichtig. Das heißt, die Hardware muss mindestens gehobene Mittelklasse sein. Bei der Bildschirmgröße kann man da flexibel sein, vielleicht auch verschiedene Größen nach eigenem Gusto anbieten, vom kompakten 4,5 Zoll Gerät bis zum 6 Zoll Phablet. Eine gute Kamera ist Pflicht, eine sehr gute Akkulaufzeit gleichfalls. Wichtiger noch als die Hardware ist allerdings die Software, ein aktuelles (!) etabliertes Betriebssystem mit einfacher Bedienung, die keine Ausbildungszeit erforderlich macht.

Die dienstlichen Forderungen orientieren sich am Bedarf, welcher sehr unterschiedlich ist und daher auf kleine gemeinsame Nenner reduziert wird. Auf der Hardwareseite ist neben der Leistungsfähigkeit auch Robustheit gefragt. Ein wasserdichtes Gehäuse mit einer passenden IP Zertifizierung, ein Gerät, was auch mal einen Sturz überlebt und ein Akku, der auch bei intensiver Benutzung locker durch den Tag kommt, sowie eine Kamera, die auch bei schlechtem Licht noch ordentliche Bilder liefert. Dazu kommt ein Sortiment an unterschiedlichem Zubehör; expeditionstaugliche Otterbox oder elegante Lederhülle – je nach Bedarf.

Hier geht es um die Akzeptanz des Ganzen, was dies ebenfalls sehr individuell macht. Es geht um Geschmack. Ich denke, jedem ist klar, dass es weder ein High End Juweliergerät von Vertu werden noch dass es jeden Geschmack treffen wird. Trotzdem, ein gewisses „Sexappeal" muss das Gerät haben. Schlichtes, funktionales Design, hochwertige Verarbeitungsqualität, gute und moderne Technik – man muss es benutzen wollen. Damit steht und fällt die Akzeptanz.

Der Knackpunkt – Die Software

Vorab Folgendes: Es gibt viel mehr Marken als Gerätehersteller. Das gilt für Fernseher genauso wie für Laptops, Tablets oder eben Smartphones. Die Masse an Geräten wird bei einem Auftragsfertiger nach definierten Maßgaben produziert. So lässt Apple beispielsweise sein Iphone bei Foxconn produzieren, Displays von Japan Display und LG, Prozessoren von Samsung, Kamerasensoren von Sony – kurz, die Spezialisierung ist so weit fortgeschritten, dass es kaum noch einen Hersteller gibt, der Hardware komplett selbst entwickelt und produziert. Anders sieht das bei der Software aus. Es soll hier noch nicht darauf eingegangen werden, welches Betriebssystem verwendet werden soll, sondern die unterschiedlichen Funktionen dargestellt werden.

Die Software arbeitet in drei verschiedenen Modi, der Einfachheit halber im Folgenden grüner Modus, blauer Modus und roter Modus genannt. Die beiden erstgenannten sind marktverfügbare Lösungen und wären zügig umsetzbar, der letztgenannte erfordert Entwicklungsarbeit.

Grüner Modus: Dieser Modus entspricht vollständig einem privaten Smartphone. Es findet keine Überwachung statt, der Dienstherr hat so viel Zugriff wie auf das abgeschlossene Privatfach. Das Vertrauen in diese Diskretion ist unumgänglich für die Akzeptanz. Normale Appstores sind zugänglich.

Es gibt einen privaten Killswitch, dessen Zugang über eine Webseite gesteuert wird, ein handelsübliches Smartphone eben.

Blauer Modus: Parallel zum grünen Modus läuft der blaue Modus, welcher den dienstlichen Bereich vom privaten separiert. Die administrative Kontrolle obliegt dem Nutzer nur noch eingeschränkt. Das dienstlich genutzte Datenvolumen ist vom privaten Datenvolumen exkludiert. Es gibt einen dienstlichen Appstore, Zugang zu Intranet, Mail, Kalender, Messenger und dienstlicher Telefonie, die private Telefonnummer muss dafür nicht einmal herausgegeben werden. Für jede militärische Liegenschaft gibt es einen Standortservice, der die wesentlichen Informationen dem eingeloggten Nutzer zur Verfügung stellt: Lagepläne, Öffnungszeiten, Dienstpläne, Betreuung, Feldlagerinfo, Fahrpläne etc. Eine dienstpostenbezogene Bibliothek mit den wichtigen Regelungen ist genauso verfügbar wie Bildungsprogramme und E-Lernen. Wichtige Nachrichten werden dem Soldaten aufs Gerät gepusht. Abrechnungen für Reisen, Trennungsgeld, Essen werden über das Gerät abgewickelt. Ein Kryptochip im Innern ermöglicht eine eindeutige Identifizierung und löst das Kartenchaos ab. Nach Dienstschluss werden eingehende dienstliche Anrufe blockiert und die Auslieferung von Mails auf den nächsten Dienstbeginn verschoben.

Roter Modus: Das gibt es noch nicht und muss erst entwickelt werden, wird ggf. später folgen müssen. Es ist faktisch ein persönliches elektronisches Führungssystem. Der rote Modus kann auf Netzwerkbefehl forciert werden. Jedes angesprochene Smartphone schaltet um und der Nutzer kann es nicht allein zurückschalten. MINIMIZE wäre tatsächlich durchsetzbar. Das Netzwerk ist dann ein Mesh Netzwerk, also die Geräte koppeln sich untereinander und bilden einen Verbund, bei welchem es prinzipiell reicht, wenn eines der Geräte Verbindung zum Gesamtnetzwerk hat, ähnlich der OLPC Initiative. Dieser Modus wird nur in Gefecht oder Übungen aktiviert. Militärische Karten und Lagen können darauf eingespielt werden. Einsatzspezifische Meldeschema und Formulare, aktuelle SOP sind verfügbar. Das Gerät kann als Walkie Talkie verwendet werden, und spezielle militärische Apps laufen darauf. Ein erweiterter Killswitch macht das Gerät unbrauchbar, wenn es einen bestimmten Bereich verlässt oder auch biometrische Vorgaben nicht erfüllt sind. Ein Notfallmodus existiert, die Anbindung an Körpersensoren ist denkbar. Bild und Ton können bei Bedarf übertragen werden. Der grüne Modus kontrolliert alle anderen Verbindungen. Ziel ist ein physikalisch getrenntes eigenständiges Netzwerk. Bei Rückkehr zum grünen/blauen Modus werden die Nutzdaten des roten Modus gelöscht.

Neben der Nutzerebene muss eine Infrastruktur errichtet werden. Dazu muss ein Vertrag mit einem Betreiber geschlossen werden. In jeder Liegenschaft werden Mobilfunkstationen errichtet, die der Betreiber auch zur Erweiterung seines zivilen Netzes nutzen kann. Die Seiten des Intranets müssen für mobile Geräte angepasst werden. Soldaten oder zivile Entwickler dürfen militärische Apps entwerfen und im App Shop einstellen. Darüber hinaus sind noch weitere Projekte denkbar: Man könnte ein militärisches soziales Netzwerk entwerfen, welches sich an definierten Schnittstellen mit anderen Netzwerken wie Facebook oder Youtube koppelt, aber einen Teil der Daten unter Kontrolle hält. Eine Fotocommunitiy, Stellenbörsen, Familienbetreuung, Mitfahrgelegenheiten, Einbindung von Ehemaligen und Reservisten, Partnerbörse, Sonderangebote für Soldaten.... nicht jede dieser Ideen ist umsetzbar, andere werden vielleicht keinen Erfolg haben, aber das gesamte elektronische soziale Leben – für viele von der Politik kategorisch aus dem Blick der Öffentlichkeit an die Peripherie verbannte Soldaten alltägliche Realität – sollte man nicht kampflos aus der eigenen Einflusssphäre ausländischen Konzernen überlassen.

Nicht zuletzt folgen wir immer noch den Prinzipien der Inneren Führung und deren Zielen, der Legitimation des Berufs, der Integration der Soldaten in Staat und Gesellschaft, der Motivation der Soldaten und der Gestaltung der inneren Ordnung. Die radikalen Veränderungen im Informations- und Kommunikationsverhalten der Soldaten sind an der Inneren Führung und ihren Institutionen weitgehend vorbei gelaufen. Innere Führung findet im Netz allenfalls passiv statt. Bezeichnend dazu enthält der Eintrag zum Zentrum Innere Führung (ZInfü) in Wikipedia mehr Informationen als die dort verlinkte dünne Webseite des Zentrums. Vielleicht könnte ein System wie das oben Beschriebene die Innere Führung zugänglicher machen, beleben und das bieten, was der Inneren Führung meiner Meinung nach wirklich fehlt – einen Rückkanal, der Feedback erlaubt und der die Verantwortlichen zwingt, sich mit den Soldaten auseinander zu setzen, über Lehrgänge, Broschüren und wohlfeile Reden hinaus. Allein wenn Vorgesetzte in der eingangs beschriebenen Führungssituation die erforderlichen Informationen adressatenorientiert und zeitgerecht liefern könnten, wäre schon viel gewonnen, auch für die Innere Führung. Diese darf keine Monstranz sein, die auf Befehl vor sich her getragen wird. Nicht wenige Soldaten sehen diese möglicherweise aber so.

Ob diese Initiative im skizzierten Umfang realisiert werden kann? Denkbar, ja, realistisch eher nicht. Lange Beschaffungswege, bürokratische Verfahren und jede Menge Bedenken könnten dies verhindern und den eigentlich viel weniger wünschenswerten Status Quo erhalten. Aber vielleicht gibt diese Initiative im einen oder anderen Bereich einen Anstoß, der zumindest einen Teil der Kommunikation und der Kommunikationskultur auf eine moderne Basis stellt.

Jochen Bohn

Armee ohne Aufbruch. Randnotiz zur Selbstfunktionalisierung des deutschen Offizierkorps

Seit 1989 wird die Bundeswehr von einem sich globalisierenden politischen System durch Transformationen ihrer Professionalität gehetzt. Die permanente Professionalisierung im Sinne einer Transformation institutioneller und technischer Funktionalität ist ihr halbwegs geglückt. Der Professionalisierung im Sinne einer Transformation ihres Bekenntnisses hat sie sich dagegen lange verweigert. Dann kam Afghanistan, und mit Afghanistan kam zugleich eine deutliche Irritation der überkommenen Profession des Staatsbürgers in Uniform. Zunehmend wurde bewusst, dass das alte Bild vom Selbstverständnis des deutschen Soldaten nicht einfach weiter tragen kann. In zahlreichen Publikationen der vergangenen Jahre greift dieses Bewusstsein Raum: in wissenschaftlichen Diskursen, in journalistischen Hintergrundberichten und nicht zuletzt in soldatischer Betroffenheitsliteratur.

Von Betroffenheit zeugt und Betroffenheit erzeugt auch das in den vergangenen Monaten mit beachtlicher Aufmerksamkeit bedachte Buch „Armee im Aufbruch". Mitherausgeber Marcel Bohnert gibt im vorliegenden Jahrbuch zu Entstehungshintergrund, Rezeption und Kritik dieses Buches umfassend Auskunft. Seine Hoffnung, die Auseinandersetzung um „Armee im Aufbruch" möge zunehmend in einen auf die Sache konzentrierten konstruktiven Diskurs münden, wird sich allerdings kaum erfüllen. Dem steht nicht zuletzt das Buch selbst im Wege. Die Beiträge dieses Bandes bieten, bei Licht betrachtet, wenig mehr als eine höchst individuelle Nabelschau der Autoren, die – wie üblich – keine Goldkörner freilegt, sondern lediglich die abgescheuerten Reste der Kleidung, die gerade getragen wird. Wer die Bundeswehr von innen kennt, wer die internen und öffentlichen Selbstverständigungs- und Reformdiskurse der vergangenen Jahre halbwegs aufmerksam verfolgt, der wird nichts Neues entdecken. Was hier und da vorgeschlagen wird, ist andernorts längst erwogen und nicht selten mit guten Gründen verworfen worden. Von Aufbruch in der nächsten Generation militärischer Führer keine Spur – eher von fehlenden Erfahrungen und mangelnden Kenntnissen. Das kann dieser Generation niemand zum Vorwurf machen, und selbstverständlich sind ihre engagierten Überlegungen dessen ungeachtet erfreulich und willkommen. Allerdings müsste in den Texten ein deutlicheres Bewusstsein der lebensgeschichtlich bedingten Beschränkungen sichtbar werden. Bei der Lektüre von „Armee im Aufbruch" drängt sich dagegen insgesamt der Verdacht auf, dass nicht die Sache selbst, sondern vielmehr Aufmerksamkeitsbedürfnis und Anerkennungssehnsucht die wesentlichen Antriebskräfte sind. Das gibt gerade diesem Buch eine tragische Note: Für das, wovon sich die Autoren so vehement abzugrenzen versuchen, sind sie selbst Symptom. Hier spricht nicht die „Generation Einsatz", sondern die „Generation Gefällt mir", die Legitimität, Wert und Sinn ihrer selbst und dessen, was sie tut, von der Zahl der „Followers" und der Zahl der „Likes" abhängig macht.

In verstreuten Netzkommentaren zum Buch werden bisweilen Bezüge zu den „Leutnanten 70" angedeutet – und damit zu den Auseinandersetzungen im Umfeld der „Schnez-Studie" Ende der 1960er Jahre. Auch damals bewegte sich etwas im Führungsnachwuchs der Bundeswehr. Es war eine Zeit wachsender Kriegsgefahr und gesellschaftlicher Umbrüche. Die erste Nachkriegsgeneration militärischer Führer forderte angesichts dessen eine Ausweitung der bürgerlichen Realität in der Truppe. Vermeintliche Traditionalisten, etwa die „Hauptleute von Unna", sahen darin jedoch eine Bedrohung der Verteidigungsfähigkeit. Der Streit mündete bekanntlich in einer Reform der Offizierausbildung. Zu dieser gehörte wesentlich die Gründung zweier Universitäten der Bundeswehr in Hamburg und München. Ziel der Reform war es, die Innere Führung und den Staatsbürger in Uniform endgültig im Führerkorps und damit in der Truppe zu implementieren.[1] Gerade von Studenten der beiden Universitäten gehen heute Initiativen aus, die angesichts veränderter Realitäten das soldatische Selbstverständnis neu befragen. In München war es 2011 die sogenannte „Campus-Affäre", die den Hausfrieden der überkommenen Rhetorik empfindlich störte. Die in dieser „Affäre" angedeuteten Zweifel an alten Bekenntnissen wurden später ausformuliert in einer grundsätzlichen Reflexion zeitgenössischen deutschen „Soldatentums".[2] Und nun aus Hamburg das Buch „Armee im Aufbruch".

---

[1] Zur Dokumentation der hier skizzierten Auseinandersetzungen siehe Heßler, Klaus: Militär – Gehorsam – Meinung. Dokumente zur Diskussion in der Bundeswehr (= Aktuelle Dokumente), Berlin u.a. 1971.

[2] Siehe Böcker, Martin/Kempf, Larsen/Springer, Felix (Hg.): Soldatentum. Auf der Suche nach Identität und Berufung der Bundeswehr heute, München 2013.

Die Generation, die sich in den beiden Publikationen zu Wort meldet, ist die erste Generation militärischer Führer nach Ende des Kalten Krieges. Ihre Realität ist mit der Realität, in der die gegenwärtig noch herrschende Offizier-Kaste sozialisiert wurde, kaum mehr zu vergleichen: Die heute nachwachsenden Offiziere sind hineingeboren in globale Entgrenzungsprozesse. Politische und ideologische Grenzen des Kalten Krieges fallen und werden nicht verlässlich ersetzt. Die militärischen Herausforderungen verändern sich rasant, werden unabsehbar und unüberschaubar. Gleichzeitig finden sich die kommenden militärischen Führer in verwirrenden Entgründungsprozessen wieder. Staat und Zivilgesellschaft treiben auseinander, die Zivilgesellschaft zerfasert und zerfranst. Der alte Staatsbürger in Uniform verliert damit Grenze und Grund. Er tendiert nun dazu, in einer totalen Staatsdienerschaft aufzugehen. Er wird zum Funktionär einer sich verselbständigenden und sich ausdehnenden politischen Apparatur, die die Gefahren politischer und ökonomischer Globalität zu beherrschen versucht, zugleich aber Mitursache und Motor dieser Gefahren ist.[3]

Im Streit um den inneren Weg der Bundeswehr Anfang der 1970er Jahre stand nicht das nach dem Krieg gewählte politische System selbst zur Debatte. Strittig war lediglich, wie liberale Rechtsstaatlichkeit und Demokratie effektiv zu verteidigen wären. Mittlerweile, unter globalen Bedingungen, sind jedoch an diesem politischen System „Entgleisungen" und „Pathologien" (Jürgen Habermas) zu beobachten. Im europäischen politischen Denken wird daher nach Wegen gesucht, die gefährlichen Effekte modern organisierter Politik wirksam einzufangen. Der deutsche Diskurs, im Unterschied zu den für Alternativen deutlich offeneren Debatten in Frankreich oder Italien, will das eigene politische Projekt nicht aufgeben und sucht dessen Rettung in seiner Überhöhung. Empfohlen werden die Optimierung rechtsstaatlicher Verfahren und die Radikalisierung demokratischer Beteiligung.

In dem damit eingeleiteten Transformationsprozess werden die Streitkräfte insbesondere von der Perfektionierung der rechtsstaatlichen Maschine erfasst. Und nach wie vor ist die deutsche Arme unfähig zu einem kritisch-widerständigen Aufbruch. Vielleicht ist sie dazu sogar unfähiger denn je. Unge-

---

3 Siehe dazu Bohn, Jochen: Der Nachfolger des Staatsbürgers in Uniform. Annäherung an einen Soldaten jenseits bürgerlicher Funktionalität. In: Hartmann, Uwe/Rosen, Claus v. (Hg.): Jahrbuch Innere Führung 2014: Drohnen, Roboter und Cyborgs – Der Soldat im Angesicht neuer Militärtechnologien, Berlin 2014, S. 266–284.

achtet aller Fragwürdigkeiten des spezifisch deutschen, bedingungslosen Versuchs der Systemrettung drehen sich die gegenwärtigen Neuausrichtungsdiskurse innerhalb der Bundeswehr nicht darum, ob und wie das politische System möglicherweise zu entschleunigen wäre oder ob und wie es sich gar zu einem militärisch weniger aggressiven Apparat umbauen ließe. Vielmehr wird alles daran gesetzt, den deutschen Soldaten zum perfekt funktionierenden Systemdiener zu transformieren. Nach den Entgrenzungen und Entgründungen der vergangenen Jahrzehnte verliert dabei der alte neue Streit zwischen „Reformern" und „Traditionalisten" zusehends an Substanz. Gegenwärtig hat er sich entleert und verengt zu einem Streit nicht etwa zwischen „Athenern" und „Spartanern"[4], sondern zu einem Streit zwischen Attraktivität nach dem Ende der Wehrpflicht und Kriegstauglichkeit im Banne der Afghanistanerfahrungen.

Um funktionalistische Kriegstauglichkeit und ihre geistige Absicherung sind auch die Autoren von „Armee im Aufbruch" bemüht. Vieles an diesem Vorhaben kann bedenklich erscheinen: die Flucht in Begriffe, in denen sich heute weder Grenze noch Grund mehr finden lassen; die Flucht in Tugenden, die heute nicht mehr wachsen und für deren Realisierung den Autoren selbst alle Voraussetzungen fehlen; die Flucht in eine elitäre Sonderwelt, in der eine Sehnsucht nach Identität und Homogenität gestillt werden soll, von der wir längst wissen, dass sie pure Illusion ist. Sicher sind Konservatismus, Nostalgie, Romantik und Idealismus von „Armee im Aufbruch" wohl kaum mehr als lebensgeschichtlich bedingte Konstrukte. Das eigentliche Drama des Buches ist jedoch, dass sich in diesen Konstrukten nicht etwa ein widerständiges Bewusstsein, sondern – im Gegenteil – eine restlos unkritische Systemkonformität andeutet, die einhergeht mit dem unbedingten Willen zu letzter Verantwortungslosigkeit. Wenn „Armee im Aufbruch" tatsächlich die „Gedankenwelt junger Offiziere in den Kampftruppen der Bundeswehr" widerspiegelt, dann marschiert diese Generation stramm in die totale Staatsdienerschaft. Die Profession des kommenden Kampftruppenoffiziers der Bundeswehr ist dann die totale militärische Funktionalität.

In der gegenwärtigen Transformation des politischem Systems und seiner Streitkräfte zeigt das Deutsche im Deutschen wieder sein erschreckendes

---

[4] So etwa Wiesendahl, Elmar: Zurück zum Krieger? Soldatische Berufsleitbilder der Bundeswehr zwischen Athen und Sparta, in: Bayer, Stefan/Gillner, Matthias (Hg.): Soldaten im Einsatz. Sozialwissenschaftliche und ethische Reflexionen (= Sozialwissenschaftliche Schriften, Bd. 49), Berlin 2011, S. 237–256.

Gesicht: Es zeigt sich die tief sitzende Neigung, letzter politischer Verantwortung auszuweichen, indem Schutz und Versteck gesucht werden hinter den Mechanismen totaler Systeme. Im Licht, das diese Systeme verheißen, übersieht der Deutsche allzu leicht ihre Finsternis. Und gerade dann, wenn sich diese Finsternis zu offenbaren beginnt, funktioniert er umso alternativloser und eifriger, weil sich politische Verantwortung schon immer als der deutlich beschwerlichere und in mancherlei Hinsicht gefährlichere Weg erwiesen hat. Das dem deutschen Westen sich nach 1945 aufdrängende politische System hat sich innerhalb der Bundeswehr durch Innere Führung und Staatsbürger in Uniform Raum verschafft. In diesem Raum kann sich der deutsche Soldat seitdem unter dem „Primat der Politik" und dessen Unterwerfung jeder „Absicht der übergeordneten Führung" ganz scheinheilig vor der politischen Verantwortung drücken. Der Schein von Mitdenken und Diskurs, den die Innere Führung verbreitet, dient tatsächlich bloß der Systemabsicherung. Jede Systemanomalie wird in vermeintlicher Offenheit eingefangen und dienstbar gemacht werden. Jedes politische Andere ist dagegen unbedingt ausgeschlossen. Heute, mitten in seiner funktionalistischen Eskalation, steht das Anpassungswerk der Inneren Führung vor seiner Vollendung: Kritische Systemdistanz und Widerständigkeit im Offizierkorps sind restlos beseitigt. Gerade im Bild des Offiziers, das „Armee im Aufbruch" generiert, sind alle Neigungen zur Widerständigkeit ausgelöscht. Es zählt allein noch ein Höchstmaß an Geschmeidigkeit, damit die politische Maschine global Fahrt aufnehmen kann – und mit ihr der angepasste militärische Apparat.

Der Erkenntniswert von „Armee im Aufbruch" liegt darin, die gegenwärtige Neigung des deutschen Offizierkorps zu totaler Selbstfunktionalisierung noch einmal drastisch vor Augen zu führen. Innere Führung und Staatsbürger in Uniform stehen in ihrer Überhöhungsphase vor dem Höhepunkt ihrer Macht. Ein Aufbruch innerhalb der deutschen Armee scheint endgültig undenkbar geworden. Es bestätigt sich die These, dass spätestens jetzt zumindest die Bedingungen der Möglichkeit eines Aufbruchs künstlich geschaffen werden müssen. Es bedarf einer nachdrücklichen Reform des äußeren und inneren Gefüges der Streitkräfte, einer institutionell gesicherten Offenheit für das mögliche politische und militärische Andere.[5] Eine derartige Öffnung als absichtsvoller Akt des politischen Systems selbst ist nicht zu erwarten. Viel-

---

[5] Siehe dazu meine Vorschläge in Bohn, Jochen: Der Nachfolger des Staatsbürgers in Uniform, S. 280–282.

leicht aber könnte der globale Schwung, den dieses System derzeit aufnimmt, unbeabsichtigte Nebenfolgen zeitigen. Dass etwa die Offizierausbildung der sich abzeichnenden neuen Militärpolitik Deutschlands angepasst werden muss, ist unübersehbar. Dabei werden zweifellos auch die Universitäten der Bundeswehr eine neue Rolle spielen müssen. Gerald Wagner hat in seiner FAZ-Rezension zu „Armee im Aufbruch" ein neues universitäres Curriculum für die „Generation Einsatz" vorgeschlagen.[6] Nun ja. Das ist kein neuer, kein besonders origineller und auch nicht unmittelbar hilfreicher Gedanke. Aber wenn er in geeigneter Weise realisiert würde, könnte er mittelbar durchaus Vieles aufbrechen.

Die Minimalforderung wäre: Gründung einer militärwissenschaftlichen Fakultät an einer der beiden Universitäten. In Forschung und Lehre müsste hier gerade auch dem Diskurs des politischen Systems und seiner militärischen Zwangsläufigkeiten Raum verschafft werden. Abseits der Bildungsinstitutionen der Inneren Führung, die allein zu Systemkonformität und Funktionalität heranbilden können, wäre so dem deutschen Offizierkorps wenigstens die Möglichkeit eröffnet, in ein kritisches und durchaus auch widerständiges Bewusstsein aufzubrechen. Eine Armee im Aufbruch würde zumindest denkbar. Und das darf wohl nicht mehr allzu lange auf sich warten lassen.

Literatur

Böcker, Martin/Kempf, Larsen/Springer, Felix (Hg.): Soldatentum. Auf der Suche nach Identität und Berufung der Bundeswehr heute, München 2013.

Bohn, Jochen: Der Nachfolger des Staatsbürgers in Uniform. Annäherung an einen Soldaten jenseits bürgerlicher Funktionalität. In: Hartmann, Uwe/Rosen, Claus v. (Hg.): Jahrbuch Innere Führung 2014: Drohnen, Roboter und Cyborgs – Der Soldat im Angesicht neuer Militärtechnologien, Berlin 2014, S. 266–284.

Heßler, Klaus: Militär – Gehorsam – Meinung. Dokumente zur Diskussion in der Bundeswehr (= Aktuelle Dokumente), Berlin u.a. 1971.

---

[6] Siehe Wagner, Gerald: Keiner weiß, wie der Landser tickt, in: Frankfurter Allgemeine vom 26.2.2015, online unter: http://tinyurl.com/FAZ-Wagner-Aufbruch (Stand: 15. August 2015).

Wiesendahl, Elmar: Zurück zum Krieger? Soldatische Berufsleitbilder der Bundeswehr zwischen Athen und Sparta, in: Bayer, Stefan/Gillner, Matthias (Hg.): Soldaten im Einsatz. Sozialwissenschaftliche und ethische Reflexionen (= Sozialwissenschaftliche Schriften, Bd. 49), Berlin 2011, S. 237–256.

Wagner, Gerald: Keiner weiß, wie der Landser tickt, in: Frankfurter Allgemeine vom 26.2.2015, online unter: http://tinyurl.com/FAZ-Wagner-Aufbruch (Stand: 15. August 2015).

Marcel Bohnert

Armee im Aufbruch. Hintergründe des Projektes und Replik zu vorgebrachter Kritik.

In Gedenken an Oberleutnant Torben Andreas Mayer
(*01.04.1987 †09.06.2015)

„Politische Mitverantwortung zwingt zur kritischen Loyalität"
Wolf Graf von Baudissin[1]

Allgemeines

Im folgenden Beitrag werden die Hintergründe des Ende 2014 im Miles-Verlag erschienenen Buchbandes »Armee im Aufbruch. Zur Gedankenwelt junger Offiziere in den Kampftruppen der Bundeswehr« erläutert. Dabei soll einleitend beschrieben werden, was die Autorenschaft beim Verfassen ihrer Texte bewegt hat und was sie mit ihrem knapp 280-seitigen Band erreichen möchte. Anschließend werden auf gegen das Projekt vorgebrachte Kritik eingegangen und damit in Zusammenhang stehende Fragen beantwortet. In einem Fazit und Ausblick sollen der Status Quo bestimmt und zu weiteren Diskussionen angeregt werden.

Hintergründe des Projektes

Das Projekt »Armee im Aufbruch« ist Anfang 2013 durch einen freiwilligen Zusammenschluss junger Offiziere und Offizieranwärter der Kampftruppen an der Helmut-Schmidt-Universität/Universität der Bundeswehr Hamburg entstanden. Ziel des Zusammenschlusses war es, sich mit Fragen der Identitätsbildung in den deutschen Streitkräften zu befassen und dabei in einen Austausch mit der militärischen Führung, wissenschaftlichen Kreisen und der interessierten Öffentlichkeit zu treten. Zu diesem Zwecke haben sich die jungen Offizie-

---

[1] Baudissin, Wolf Graf von (2014): Der Beitrag des Soldaten zum Dienst am Frieden, in: C. v. Rosen (Hrsg.): Grundwert: Frieden in Politik – Strategie – Führung von Streitkräften. Miles: Berlin, S. 3 387.

re und Offizieranwärter nach Dienst über mehrere Monate hinweg regelmäßig in Kolloquien an der Universität zusammengefunden. Diese als »Think Tank« gedachten Veranstaltungen dienten dem zwanglosen Austausch und einer unbefangenen Reflexion der Gedanken. Als Meilenstein des Projektes wurde nach fast zwei Jahren intensiven Diskutierens die Aufsatzsammlung »Armee im Aufbruch« publiziert, in der die Beteiligten ihre Perzeptionen niedergeschrieben haben und sie einer breiten Öffentlichkeit zugänglich machen. Damit wollen sie ihre Chance wahrnehmen, sich als uniformierte Staatsbürger in den zivilgesellschaftlichen Diskurs einzubringen und in einen offenen Dialog mit Leserinnen und Lesern sowie den Usern sozialer Medien zu treten. Um einen interaktiven Meinungsaustausch zu ermöglichen, sind u.a. eine Internet-[2] sowie eine Facebook-Seite[3] eingerichtet worden. Zudem finden öffentliche Vorträge, Lesungen, Kolloquien und Podiumsdiskussionen statt, die teils aufgezeichnet und online verfügbar gemacht werden.[4]

Stellungnahme zur Kritik am Projekt

Die in diesem Abschnitt aufgezeigte Kritik am Projekt speist sich vor allem aus den Diskussionen in sozialen Netzwerken und aus den in Vortragsveranstaltungen aufgeworfenen Fragen. Sie bezieht sich zudem auf in Rezensionen und Medienbeiträgen zum Sammelband getätigte Äußerungen[5] sowie aus Hintergrundgesprächen mit Journalisten und Militärangehörigen. Dabei ist zu erwäh-

---

[2] Online-Präsenz des Projektes: http://www.Armee-im-Aufbruch.de [letzter Abruf am 20. Juli 2015]

[3] Facebook-Präsenz der Projekts: http://www.Facebook.com/Armeeia [letzter Abruf am 20. Juli 2015]

[4] Videoaufzeichnung der Buchpräsentation und Podiumsdiskussion an der Helmut-Schmidt-Universität/Universität der Bundeswehr Hamburg vom 25. November 2014:
http://youtu.be/QZSOs5BNSXA; Audioaufzeichnung: http://www.bendler-blog.de/ [Beitrag vom 26. November 2014]

[5] Besprechungen des Projektes u.a. in: Sehr, Mareike (2014): Hier wird alles schön geredet. Westdeutsche Allgemeine Zeitung, 03. Dezember 2014. Im Internet:
http://www.derwesten.de/staedte/menden/hier-wird-alles-schoen-geredet-aimp-id10104635.htmlx ; Schröder, Axel (2014): Afghanistan-Rückkehrer verändern die Truppe, DLF-Magazin, Deutschlandfunk, 4. Dezember 2014. Im Internet:
http://www.deutschlandfunk.de/bundeswehr-afghanistan-rueckkehrer-veraendern-die-truppe.862.de.html?dram:article_id=305267 ; Rommeney, Ernst & Marx, Peter (2015): Staatsbürger oder Kämpfer in Uniform? Wortwechsel. Deutschlandradio Kultur, 24. Juli 2015. Im Internet: http://www.deutschlandradiokultur.de/bundeswehr-staatsbuerger-oder-kaempfer-in-uniform.1083.de.html?dram:article_id=326107 [jeweils letzter Abruf am 04. August 2015]

nen, dass die Diskussionen um die Aufsatzsammlung nur zu einem kleinen Teil in den von der Autorenschaft explizit dafür vorgesehenen Foren stattfinden. Sie sind bislang vor allem »extern« erfolgt; etwa auf der offiziellen Facebook-Seite der Bundeswehr[6], in der Zeitschrift *loyal*[7] oder der Facebook-Präsenz der *Frankfurter Allgemeinen Zeitung*.[8] Weiterhin lässt sich erkennen, dass sich die meisten Kritikpunkte am Projekt wiederholen und inzwischen ein guter Überblick über die am häufigsten aufgeworfenen Fragen gewonnen werden konnte. Im Folgenden wird auf sie und die am intensivsten diskutierten Themen eingegangen. Dabei sollen vor allem generelle Kritikpunkte am Projekt im Fokus stehen.[9]

Unerfahrenheit der Autorenschaft

Eine häufig vorgebrachte Kritik bezieht sich auf die Unerfahrenheit der Autorenschaft des Sammelbandes. Mit dem Hinweis auf die geringe Diensterfahrung oder die mangelnde Erfahrung im Verfassen von Buchbeiträgen wird dabei versucht, ihr die Wichtigkeit und Relevanz der geäußerten Gedanken abzusprechen.

Zunächst gilt es herauszustellen, dass die Autorenschaft nie von sich behauptet hat, über viele Erfahrungen in der Bundeswehr zu verfügen oder besonders schreiberfahren zu sein. Der Untertitel des Bandes lautet »Zur Gedankenwelt junger Offiziere in den Kampftruppen der Bundeswehr« und bringt zum Ausdruck, dass sich hier Autorinnen und Autoren zu einem relativ frühen Zeitpunkt ihrer Karriere mit ihrem Berufsverständnis auseinandersetzen. Daraus sollten jedoch keine Zweifel an der Bedeutung des Sammelbandes erwachsen. Der Vorwurf der Unerfahrenheit ist auch deshalb absurd, weil er – wenn er konsequent zu Ende gedacht wird – impliziert, dass jedweder Diskurs lediglich von erfahrenen, mithin älteren Soldatinnen und Soldaten geführt werden kann. Dem widerspricht u.a. Generalmajor Jürgen Weigt, Kommandeur des Zentrums Innere Führung: „Auf der Suche nach Identität und Berufung ist […] jeder Soldat der Bundeswehr gefordert, die in seinem unmittelbaren Um-

---

[6] http://www.facebook.com/Bundeswehr/ [Beitrag vom 22. November 2014]

[7] Siehe dazu die Ausgaben der Zeitschrift »loyal – Magazin für Sicherheitspolitik« von Januar bis Juni 2015

[8] http://www.facebook.com/faz [Beitrag vom 26. Februar 2015]

[9] Da die Inhalte aller Beiträge die persönlichen Meinungen, Sichtweisen und Erfahrungen der Autorinnen und Autoren darstellen, sollten diese idealerweise auch mit ihnen diskutiert werden.

feld vorherrschende Führungskultur nach besten Kräften mitzugestalten."[10] Gedanken machen sich die Projektteilnehmer trotz ihres vergleichsweise jungen Alters – oder vielleicht auch gerade deswegen. Abgesehen davon können einige Autoren bereits auf Einsatzerfahrung, Vordienstzeit oder Truppenpraktika zurückblicken.   Das Besondere am Sammelband ist vor allem, dass sich junge Offiziere und Offizieranwärter unbefangen zu Wort melden. Alle 16 Teilnehmer des Projektes haben eigene Texte eingebracht, die größtenteils während ihres Entstehungsprozesses in Kolloquien besprochen und diskutiert wurden. Jedem stand es frei, seinen Beitrag darauf aufbauend anzupassen und zu verändern. Vor seiner Publikation wurde der gesamte Band zwar lektoriert, dabei wurde sich jedoch auf den Syntax und die Rechtschreibung fokussiert und keine Zensur oder Beschönigung von Textinhalten vorgenommen. Das ermöglicht einen unverfälschten Blick auf Themen, die unseren Offiziernachwuchs schon zu einem relativ frühen Zeitpunkt ihrer Karriere bewegen. Dabei erhebt keiner der Autorinnen und Autoren den Anspruch, das gesamte Offizierkorps zu repräsentieren oder absolute Wahrheiten zu verkünden. Vielmehr wollen sie zu einem Diskurs herausfordern.[11]

Es ist darüber hinaus anzunehmen, dass sich viele Autorinnen und Autoren in »Armee im Aufbruch« zwar erstmalig, aber nicht zum letzten Mal öffentlich geäußert haben. Eine Fortsetzung des Projektes im Jahre 2020 oder 2024 ist bereits anvisiert. Da alle Beiträger höchstwahrscheinlich schon in wenigen Jahren eine hohe Verantwortung für Menschen und Material tragen werden, kann ein weiterer Sammelband einen spannenden Einblick in mögliche Veränderungen von Einstellungen und Sichtweisen geben.

Fokussierung auf Kampftruppen

Schon der Untertitel des Sammelbandes lässt die Frage aufkommen, warum sich bei den Projektteilnehmern ausschließlich auf Offiziere und Offizieranwärter der Kampftruppen beschränkt wurde. Damit einhergehend wird durch

---

[10] Weigt, Jürgen (2014): Führungskultur und soldatisches Ethos der Bundeswehr im Einsatz, in: T. Bohrmann, K. H. Lather & F. Lohmann (Hrsg.): Handbuch Militärische Berufsethik, Band 2: Anwendungsfelder. Springer: Wiesbaden, S. 260.
[11] Die Kritiken am „Unausgegorene[n], dass viele […] dieser Äußerungen durchzieht" (Naumann, Klaus (2015): Sehnsucht nach dem Kämpfer-Typ, Frankfurter Rundschau, 06. März 2015) sowie an stilistischen und argumentativen Schwächen (vgl. Meißner, Burkhard (2015): Athen und Sparta. Kritik spiegelt Krisenerfahrung. if. Zeitschrift für Innere Führung, 2, S. 10) sollten aus diesem Grunde relativiert werden.

Kritiker mitunter vor einer unterschwelligen Demagogie oder Ideologie von Kampftruppen gewarnt.

Die Zugehörigkeit zu den Kampftruppen ist das verbindende Element der Autorenschaft. Sie wurden innerhalb des Projektes definiert als „die entsprechenden Heeresverwendungen (Jäger, Fallschirmjäger, Gebirgsjäger, Panzergrenadiere, Panzertruppe) sowie die Einheiten der Luftwaffensicherungstruppe und des Marinesicherungsdienstes".[12] Jeder junge Offizier oder Offizieranwärter, der einer dieser Truppengattungen angehört, wurde in einem »Call for Papers« aufgefordert, sich am Projekt zu beteiligen.

Es sei eingestanden, dass »Armee im Aufbruch« auch für einen größeren Kreis von Offizieren und Offizieranwärtern geöffnet hätte werden können. Viele der Themen, die sich im publizierten Sammelband finden, bewegen Soldatinnen und Soldaten anderer Organisationsbereiche, Teilstreitkräfte und Truppengattungen gleichermaßen, und auch ihre Sichtweisen und Erfahrungen sind nicht minder interessant. Es ist zu hoffen, dass der Band zu weiteren Meinungsäußerungen – gerne auch zur Gegenrede – von Offizieren und Offizieranwärtern aller Couleur animiert, vielleicht sogar von Angehörigen anderer Dienstgrad- und Laufbahngruppen.

Letztlich folgte die Festlegung auf Kampftruppen vor allem der Überlegung, dass ihre Soldatinnen und Soldaten naturgemäß die personelle Hauptlast gefährlicher Einsätze tragen. Insbesondere die Erfahrungen in Afghanistan haben ihren besonderen Stellenwert verdeutlicht, und daraus leiten heute auch junge Soldatinnen und Soldaten ihr Selbstverständnis ab. Alle Autorinnen und Autoren haben sich in vollem Wissen um die mögliche Intensität und Gefährlichkeit ihres Auftrages für eine Verwendung in den Kampftruppen entschieden. Wenn das Projekt tatsächlich fortgesetzt und in einigen Jahren ein weiterer Buchband publiziert wird, in dem dieselben Offiziere von ihren Praxiserfahrungen berichten, wird diese Argumentation vermutlich an Kraft gewinnen. Darüber hinaus führte noch die pragmatische Erwägung, die Anzahl der Autorinnen und Autoren auf ein handhabbares Maß zu reduzieren, zur Beschränkung auf Kampftruppenoffiziere.

---

[12] Haak, Karen (2014): Frauen in der Kampftruppe? Lieber nicht!, in: M. Bohnert & L.J. Reitstetter (Hrsg.) (2014): Armee im Aufbruch. Zur Gedankenwelt junger Offiziere in den Kampftruppen der Bundeswehr. Miles: Berlin, S. 77, Fußnote 10. Es handelt sich hierbei lediglich um eine Arbeitsdefinition, die aus einem ähnlichen Aufgaben- und Tätigkeitsspektrum dieser Kräfte resultiert.

Dem Argument einer generellen zu starken Fokussierung auf den Afghanistan-Einsatz und asymmetrische Kriegführung[13] muss entgegen gehalten werden, dass inzwischen knapp 135.000 Soldatinnen und Soldaten der Bundeswehr Teil dieses Einsatzes waren und er in den Streitkräften einen sehr starken Prägestempel in Bezug auf Ausrüstung, Struktur und Mentalität hinterlassen hat. Keineswegs waren alle Bundeswehrangehörigen in Kampfhandlungen verwickelt, de facto war es sogar nur ein Bruchteil.[14] Dennoch: Wichtige Entwicklungen in den Streitkräften wurden angestoßen und es war vor allem dieser Einsatz, der die Bundeswehr zu einer modernen Einsatzarmee hat heranreifen lassen.[15] Seine Kultur prägende Wirkung wird daher auch noch in den kommenden Jahren spürbar sein, und er wird Referenzpunkt für das Selbstverständnis vieler Soldatinnen und Soldaten bleiben. Unabhängig davon darf die »Blaupause Afghanistan« natürlich nicht den Blick auf aktuelle sicherheits- und verteidigungspolitische Entwicklungen verengen. In vielerlei Hinsicht entgrenzte Konflikte, Train-, Assist-, Advice-Missionen und insbesondere die andauernde Krise zwischen der Ukraine und der Russischen Föderation haben das weltweite Sicherheitsgefüge verändert und stellen die internationale Verteidigungspolitik vor neue Herausforderungen.

---

[13] Einen guten Überblick zur diesbezüglichen Kritik liefern die Journalisten Markus Frenzel und Michael Schmidt, wobei ihre Thesen zur »Afghanistan-Connection« in Teilen konstruiert wirken: http://www.afghanistan-connection.de/ [letzter Abruf am 20. Juli 2015]

[14] Der Kritik an der Formulierung »Verantwortung in einem Kampfeinsatz« (vgl. Meyer, Johannes (2015): Mit Netz und doppeltem Boden. Junge Freiheit, 16/15, 10. April 2015, S. 6) können eigene Reflexionen zum Verhältnis von Front und Etappe entgegen gesetzt werden: Bohnert, Marcel & Schröder, Friedrich (2011): Ein Einsatz, zwei Welten. »Drinnies« und »Draußies« in Afghanistan. Zu gleich. Zeitschrift der Artillerietruppe, 2, S. 5ff. Im Internet: http://www.freundeskreis-artillerietruppe.de/images/stories/PDF/zugleich022011.pdf [letzter Abruf am 20. Juli 2015]

[15] Vgl. Bohnert, Marcel (2015): COIN an der Basis: Zur Umsetzung des Konzeptes in einer Kampfkompanie der Task Force Kunduz, in: R. Schroeder & S. Hansen (Hrsg.): Stabilisierungseinsätze als gesamtstaatliche Aufgabe. Erfahrungen und Lehren aus dem deutschen Afghanistaneinsatz zwischen Staatsaufbau und Aufstandsbewältigung (COIN). Nomos: Baden-Baden, S. 233.

Politische Ausrichtung der Autorenschaft

Der Autorenschaft werden mitunter pauschal streng konservative und traditionalistische bis hin zu nationalistischen Ansichten vorgehalten.[16]

Politische, religiöse oder weltanschauliche Orientierungen der Offiziere und Offizieranwärter wurden zu keinem Zeitpunkt des Projektes thematisiert oder waren Inhalt von Diskussionen in den Kolloquien. Sie waren für die Teilnahme am Projekt auch völlig irrelevant – zumindest, solange sie sich innerhalb des freiheitlich-demokratischen Wertesystems bewegt haben. Im Kern geht es im Sammelband um soldatische Fragen. Das Primat der Politik wurde von keiner Autorin und keinem Autoren jemals in Frage gestellt. Sowohl in den Autorenkolloquien als auch in den Ethik-Seminaren bzw. in Veranstaltungen des Innere Führung-Curriculums an der Helmut-Schmidt-Universität /Universität der Bundeswehr Hamburg wurde nach den Grundsätzen des »Beutelsbacher Konsenses« gelehrt und diskutiert.[17] Der Vorwurf einer einseitigen Beeinflussung oder gar einer Indoktrination der Teilnehmer ist demnach unbegründet. Drei der jungen Offiziere haben zudem einen Migrationshintergrund und hätten sich bei rechtspopulistischen oder ähnlichen Tendenzen in der Autorengemeinschaft zweifellos gegen eine Projektteilnahme entschieden.[18]

Es ist zu vermuten, dass sich diesbezügliche Einschätzungen vor allem aus einer als illegitim wahrgenommenen impliziten Kritik einiger Autorinnen und Autoren an der Konzeption der *Inneren Führung* speisen. Die *Innere Führung*

---

[16] Derartige Vorwürfe werden u.a. in der Sekundäranalyse von Ulli Tückmantel in der *Westdeutschen Zeitung* vom 16. Mai 2015 (»Junge Bundeswehr-Offiziere hadern mit der Gesellschaft«, S. 10), durch Volker Warkentin im »unbequemen, unangepassten und überraschenden« Opinion Club am 23. März 2015 (»Deutsch-nationaler Muff im Offizierkorps«, http://www.opinion-club.com/2015/03/deutsch-nationaler-muff-im-offizierskorps/) sowie durch Peer Heinelt im linkskritischen und sich selbst als staatsfern beschreibenden Internetportal »Informationen zur Deutschen Außenpolitik« erhoben: http://www.german-foreign-policy.com/de/fulltext/59063 [jeweils letzter Abruf am 20. Juli 2015]

[17] Ausführlich zu den drei Prinzipien des »Beutelsbacher Konsenses« (Überwältigungsverbot, Kontroversität und Studierendenorientierung): Scherb, Armin (2010): Der Beutelsbacher Konsens, in: D. Lange & V. Reinhardt (Hrsg.): Strategien der politischen Bildung. Handbuch für den sozialwissenschaftlichen Unterricht. Basiswissen politische Bildung, Band 2, Schneider: Hohengehren, S. 31 ff.

[18] Die Bedeutung verschiedenartiger politischer Standpunkte innerhalb des Führerkorps der Bundeswehr hebt einer der Väter der *Inneren Führung*, Generalleutnant Wolf Graf von Baudissin, hervor (Vgl. Baudissin, Wolf Graf von (1962): Zum Leitbild des Bundeswehr-Soldaten, in: P.v. Schubert (Hrsg.)(1969): Soldat für den Frieden. Entwürfe für eine zeitgemäße Bundeswehr. Piper: München, S. 197).

erhebt den Anspruch, Selbstverständnis und Führungskultur der Bundeswehr abzubilden und ist als Idee und Theorie für alle Angehörigen unserer Streitkräfte bindend. Sie steht seit ihren Anfängen in den 1950er Jahren immer wieder in der Kritik und wird insbesondere seit den intensiven Jahren der Bundeswehr in Afghanistan neu hinterfragt.[19]

Es ist zu beobachten, dass auf Kritik an der *Inneren Führung* insbesondere durch die Bevölkerung und die ältere Soldatengeneration sehr empfindlich reagiert wird und sich ein emotionsloser Diskurs ausgesprochen schwierig zu gestalten scheint. Die damit verbundene Debatte um den *sui generis*-Status deutscher Soldatinnen und Soldaten wird von der immerwährenden Angst begleitet, der Bundeswehr zu einem unkontrollierbaren Eigenleben zu verhelfen, das eine existenzielle Gefährdung der Gesellschaft durch das Militär mit sich bringen könnte.

Beteuerungen unveränderter Gültigkeit oder die einfache Fortschreibung klassischer Formeln können aber an der gelebten Kultur in den Streitkräften vorbeiführen und damit zu einem ernsthaften Glaubwürdigkeits- und Legitimierungsproblem des Konzeptes führen. Um zukünftig nicht in die Bedeutungslosigkeit zu entgleiten, erscheint seine Anpassung an streitkräfteinterne Entwicklungen und sicherheitspolitische Veränderungen unbedingt erforderlich. Die Diskrepanz zwischen dem offiziell verordneten Leitbild, der soldatischen Erlebniswelt und gesellschaftlichen Normen kann nur im Diskurs untereinander verringert und versachlicht werden. Das offen anzusprechen, mag ungewohnt sein, es ist nach dem Verständnis der Autorenschaft aber völlig legitim: Die *Innere Führung* selbst fordert nicht nur freimütige Diskussionen und eine offene Gesprächskultur, sondern auch ihre beständige Anpassung an sich ändernde gesellschaftliche, politische, rechtliche und militärische Rahmenbedingungen.[20] Anstatt die Meinungsäußerungen der jungen Offiziere als »be-

---

[19] Einen guten Überblick über die Kritik an der *Inneren Führung* liefern die vorhergehenden Ausgaben des »Jahrbuchs Innere Führung«. Dass die Diskussion um die Konzeption vor allem in wissenschaftlichen Kreisen und Fachzirkeln stattfindet, führt möglicherweise dazu, dass sie bislang öffentlich unzureichend wahrgenommen wurde.

[20] Vgl. Bundesministerium der Verteidigung (Hrsg.)(2008): Zentrale Dienstvorschrift A-2600/1: Innere Führung. Selbstverständnis und Führungskultur. Bundesministerium der Verteidigung: Berlin, S. 17ff. Dass es offenbar einen Unterschied zwischen Theorie und Praxis der *Inneren Führung* gibt, zeigen u.a. die wiederkehrenden Vorwürfe der »Schönfärberei« oder der »schweigenden Generalität«: „[U]nsere Politiker wollen Jasager [...] und viele Generäle der Bundeswehr sind mit einem Haltungsschaden in die Pension abgewandert." (Winkel, Wolfgang (2004): Bundeswehr braucht archaische Kämpfer. Welt am Sonntag, 29. Februar 2004), s.a.

sorgniserregendes Alarmzeichen«, »gedankliche Verwirrung« oder »geschichts-vergessene Rhetorik« abzutun, sollten sie als Ausdruck einer Identitätssuche verantwortungsbewusster Staatsbürger verstanden werden.

Anonymität einiger Autoren

Dass sich zwei der Beiträger für die Nutzung eines Pseudonyms entschieden und insgesamt vier von ihnen auf ein Autorenfoto verzichtet haben, wird vor dem Ziel eines offenen Austausches mit der interessierten Öffentlichkeit kriti-siert.

Einer der auf eigenen Wunsch durch ein Pseudonym geschützten Offi-ziere hat sich zum Zeitpunkt der avisierten Publikation des Sammelbandes in Afghanistan befunden und wollte so einer persönlichen Gefährdung in diesem Auslandseinsatz entgehen. Der zweite hat einen persönlichen »Leidensweg« in Bundeswehr hinter sich, aus dem heraus er eine Stigmatisierung oder ggf. eine dienstliche Benachteiligung fürchtet. Wer seinen Text »Wollen und nicht kön-nen (oder dürfen?)« liest, wird verstehen, warum er sich gegen die Nennung seines Klarnamens entschieden hat. Auch wegen der unklaren Wirkung der Meinungsäußerungen im Sammelband auf den Karriereweg der jungen Offizie-re und Offizieranwärter wurde dieses Recht jedem Projektteilnehmer einge-räumt. Sie exponieren sich letztlich in ungewohnter Form mit subjektiven, teils unpopulären Sichtweisen und riskieren damit auch persönlich kritisiert und angefeindet zu werden.

Generell ist anzumerken, dass eine offene Stellungnahme junger Offi-ziere in dieser Form – zumindest was die letzten Dekaden anbetrifft – einzigar-tig ist. Sie erfordert einigen Mut und Courage, insbesondere, weil die Autorin-nen und Autoren noch am Anfang ihrer Offizierkarriere stehen. Der vorge-nommene Vergleich ihrer Meinungsäußerungen mit den Thesen der »Leutnan-te 70« oder der »Hauptleute von Unna« kann insofern bestehen, als dass es auch diesen Offizieren um einen Diskurs um ihr berufliches Selbstverständnis ging. Jedoch ist »Armee im Aufbruch« noch expliziter auf einen Dialog ange-legt, und die Autorenschaft vertritt auch inhaltlich nicht immer einheitliche Sichtweisen.[21] Die im Diskurs genutzten Pseudonyme der »Leutnante 2014«

Seliger, Marco (2014): Das Schweigen der Generale. loyal – Magazin für Sicherheitspolitik, 11, S. 3.
[21] Zu den Thesen der »Leutnante 70«: Lünenborg, Gustav (2015): Bürger und Soldat. Innere Führung hautnah. 1956-1993, 1993-2015. Miles: Berlin, S. 49ff.

oder der »Jungen Wilden« sind für die jungen Offiziere und Offizieranwärter insofern erfreulich, da sie zeigen, dass ihre Ansichten gehört und diskutiert werden.

Heterogenität der Beiträge

Entgegen der geäußerten Kritik zur »weltanschaulichen Gleichschaltung« der Autorenschaft wird dem Sammelband auch vorgeworfen, dass sich inhaltlich nicht einheitlich positioniert wurde und bei den Themen der Aufsätze nur wenige Bezüge zueinander erkennbar seien. Daraus wird neben einer inneren Widersprüchlichkeit zuweilen auch eine »Verunsicherung« oder ein »Mangel an Orientierung« abgeleitet.

Hierzu ist anzumerken, dass es sich bei »Armee im Aufbruch« um ein offenes Projekt handelt, in dem es jedem Teilnehmer freigestellt war, sich zu einem ihn bewegenden militärischen Thema zu äußern. Wie bereits erwähnt, ist das verbindende Element der Autorenschaft, dass es sich um junge Offiziere oder Offizieranwärter der Kampftruppen handelt, die mit ihrem Buch einen Dialog eröffnen wollen. Die Heterogenität der Beiträge ist ein Beleg für die Vielzahl der den Offiziernachwuchs bewegenden Themen. Sie stellen persönliche Meinungen dar und wurden in keiner Weise inhaltlich gelenkt, genehmigt oder an offizielle Sichtweisen angepasst. Die Beiträge des Sammelbandes zeigen, dass die Ansichten und Einstellungen auch nach Besprechungen in den Kolloquien unterschiedlich und kontrovers geblieben sind und es nicht um Gleichmacherei oder Zensur ging.

Unangemessene Illustration der Beiträge

Es ist schwer, die vor allem in vertraulichen Gesprächen geäußerte Kritik an den im Buch verwendeten Illustrationen als »militaristische Darstellungen im Stile der Landserhefte« überhaupt ernst zu nehmen. Da sie wiederkehrend vernommen werden kann, soll sich dennoch dazu geäußert werden.

Die meisten der 15 Motive des Bandes zeigen Soldatinnen und Soldaten der Bundeswehr in Ausübung ihres Dienstes. Alltägliche Bilder, die jedem, der sich mit den deutschen Streitkräften auseinandersetzt, vertraut sein dürften. Wo historische Motive genutzt wurden, besteht ein klar ersichtlicher Zusammenhang zu den Aufsätzen der Autorinnen und Autoren. Anstatt sich also über die Wahl der Illustrationen zu entrüsten, sollte sich zunächst einmal inhaltlich mit den dazugehörigen Texten auseinandergesetzt werden. Bei der

Zeichnerin, Frau Leutnant Nathalie Falkowski, handelt es sich im Übrigen um eine integere und fest in den Werten der freiheitlich-demokratischen Grundordnung verankerte junge Offizierin, die jedes ihrer Motive auf Grundlage eines Gespräches mit den jeweiligen Autorinnen und Autoren über die Inhalte ihrer Beiträge angefertigt hat.

Abbildungen wie »Das Pferd – Ein treuer Kamerad an vorderster Front« von Nathalie Falkowski leiten jeden der 15 Texte des Sammelbandes ein. Dieses historische Motiv wurde für einen Beitrag angefertigt, der sich mit der Wertschätzung und Alterung von Traditionen am Beispiel des schöngeistigen »Kameraden Pferd« auseinandersetzt.[22]

---

[22] Dänner, Diana (2014): Von Tradition und Kamerad Pferd. Worum sich heut nur mancher noch schert, in: M. Bohnert & L.J. Reitstetter (Hrsg.): Armee im Aufbruch. Zur Gedankenwelt junger Offiziere in den Kampftruppen der Bundeswehr. Miles: Berlin, S. 213ff.

Ausbildungsmängel

Einige Rezensenten und Kritiker argumentieren, dass Mängel in der Offizierausbildung zur Publikation des Sammelbandes geführt haben müssen. Sie sehen »Armee im Aufbruch« offenbar als Wortmeldung eines unzureichend qualifizierten und desorientierten Führungsnachwuchses, dem das Verständnis für die geistigen Grundlagen des Militärdienstes in unserem Lande fehlt. Teilweise wird daraus auch Handlungs- oder Nachsteuerungsbedarf abgeleitet.[23]

Zum einen spielen diese Kritiker damit – vermutlich ungewollt – einigen Autoren wie Richard Unger, Marc Kuhn oder Lukas Reitstetter in die Karten, die sich kritisch mit dem derzeitigen Ausbildungsgang für Heeresoffiziere auseinandersetzen. Zum anderen muss herausgestellt werden, dass genau das Gegenteil der Fall ist: Die Autorinnen und Autoren haben sich intensiv und mehr als andere mit ihrem beruflichen Selbstverständnis und ihrer zukünftigen Rolle als militärische Führer auseinandergesetzt. Sie haben größtenteils zudem nicht nur am obligatorischen Ethik-Curriculum der Hamburger-Bundeswehruniversität sowie an den Autorenkolloquien teilgenommen, sondern waren in Truppengattungskameradschaften oder in der Schießausbildung der Universität weit über das Studium hinaus engagiert.[24] Niemand, der derartige Vorwürfe öffentlich erhoben hat, hat bis zu diesem Zeitpunkt auch nur ein einziges Gespräch mit einem der Autorinnen oder Autoren geführt. Damit wird eine wichtige Chance zum kritischen Dialog mit unserem Nachwuchs und ein Beleg für eine gut funktionierende *Innere Führung* vertan. Wer sich ernsthaft mit den jungen Offizieren und Offizieranwärtern befasst, wird schnell feststellen, dass sie ausgesprochen reflektiert argumentieren können und nicht nur die Themen, sondern auch die Motive und Hintergründe für das Verfassen ihrer Aufsätze ganz unterschiedlicher Natur sind.

---

[23] Vgl. u.a. Clement, Rolf (2015): Interview der Woche: Inspekteur des Heeres. Langfristziel muss eine europäische Armee sein. Deutschlandfunk, 21. Juni 2015. Im Internet: http://www.deutschlandfunk.de/interview-der-woche-langfristziel-muss-eine-europaeische.868.de.html?dram:article_id=323174 [letzter Abruf am 20. Juli 2015].

[24] Vgl. Bohnert, Marcel & Unger, Richard P. (2015): Zu den Aktivitäten studierender Panzergrenadiere an der Universität der Bundeswehr Hamburg. Der Panzergrenadier, 1, S. 67ff.

Geplanter Tabubruch

Der Autorenschaft wird vorgeworfen, mit dem Sammelband eine beabsichtigte Provokation vorzunehmen und durch die freien Meinungsäußerungen einen Tabubruch anzustreben.

Richtig ist, dass die Zurückhaltung des deutschen Offizierkorps im gesellschaftlichen Diskurs in den letzten Jahren einen erheblichen Raumverlust zur Folge hatte. Richtig ist auch, dass der Sammelband eine kritische Diskussion initiieren möchte und die Öffentlichkeit zu Reaktionen auffordert. Die jungen Offiziere und Offizieranwärter sehen es als ihr Recht und auch ihre Verantwortung an, in einer Debatte um den Status Quo und die Führungskultur der deutschen Streitkräfte eine Stimme zu haben. Eine ganze Reihe von Politikern, Wissenschaftlern, Journalisten und hohen Militärs gibt ihnen in Statements zum Buchband in der Sache recht.[25]

Es liegt allerdings auch in der Überzeugung zumindest von Teilen der Autorenschaft, dass es eines gewissen Provokationspotenziales bedarf, um eine solche Debatte initiieren zu können. Texte ohne scharfe und auch provokante Thesen werden kaum zum Nachdenken anregen, geschweige denn Reaktionen hervorrufen.[26] Die enttäuschend geringe Resonanz auf den wissenschaftlich orientierten Sammelband »Soldatentum. Auf der Suche nach Identität und Berufung der Bundeswehr heute« (Olzog-Verlag, 2013), dessen Erstellung auf eine Initiative junger Offiziere der Universität der Bundeswehr München zurückgeht, bestätigt diese Annahme. Beitragstitel wie »Ansichten eines Laufbahnverräters«, »Schein und Sein« oder »Neue Perspektiven 100 Jahre nach Beginn des Ersten Weltkrieges« deuten bereits auf streitbare Inhalte und Meinungen in »Armee im Aufbruch« hin. Aber: Keiner der Aufsätze erhebt den Anspruch, absolute Wahrheiten zu verkünden. Im Gegenteil: Sie sollen als Grundlage für eine offene und kontroverse Diskussion dienen und sind Ausdruck einer demokratienotwendigen Streitkultur. Dem Argument, dass die Inhalte des Bandes zu provokant sind, um überhaupt in einen sachlichen Diskurs mit interessierten Kreisen eintreten zu können, widerspricht die Realität inzwischen sehr deutlich.[27] Bemerkenswert ist in diesem Zusammenhang etwa ein

---

[25] Viele dieser Statements finden sich auf den ersten Seiten des Sammelbandes und auch hier: http://www.armee-im-aufbruch.de/stimmen/ [letzter Abruf am 20. Juli 2015]

[26] Dazu kritisch, aber selbst polemisch und provokant: Wagner, Gerald: Keiner weiß, wie der Landser tickt. Frankfurter Allgemeine Zeitung, 25. Februar 2015, S. N4.

[27] Exemplarisch sei auf den Besuch des »Beirates Innere Führung« zum Gespräch mit Autoren an der Helmut-Schmidt-Universität/Universität der Bundeswehr Hamburg am 14. April 2015

Beitrag in der linksliberalen Wochenzeitung *der Freitag*, in dem die Autorin dazu auffordert, die skeptische Grundhaltung gegenüber der Bundeswehr zu überdenken.[28] Nichtsdestotrotz kam es gerade zu Beginn der Diskussion um den Buchband zu Fehlinterpretationen und Missverständnissen, die auch auf der Herausgeber- und Autorenseite zu Lernprozessen geführt haben. Wie während Podiumsveranstaltungen und in Interviews deutlich wird, haben einige der jungen Offiziere ihre Gedanken weiterentwickelt und argumentieren inzwischen noch elaborierter. Bei aller Kritik, die die Autorinnen und Autoren an der Bundeswehr oder gesellschaftlichen Verhältnissen üben, sollten zudem niemals Zweifel daran aufkommen, dass sie allesamt überzeugte und pflichtbewusste Soldatinnen bzw. Soldaten mit einer überdurchschnittlichen Verbundenheit zu unseren Streitkräften sind, die ihren Treueeid auch unter schwierigen Rahmenbedingungen erfüllen werden.[29]

Inhaltliche Kritik an einzelnen Beiträgen

Insgesamt scheint es bisher relativ wenig inhaltliche Beschäftigung mit dem Sammelband zu geben. Diskussionen erinnern mitunter eher an opportunistische Mahnungen mit erhobenem Zeigefinger, als an eine fundierte Auseinan-

---

sowie einige Interviews zum Sammelband verwiesen: Sperber, Katharina (2015): Hauptmann: Mehr Anerkennung für Soldaten, ZDF heute, 21. Januar 2015, Im Internet: http://www.heute.de/buch-armee-im-aufbruch-soldaten-riskieren-bei-auslandseinsaetzen-ihr-leben-und-wollen-dafuer-mehr-anerkennung-36822030.html; Mehringer, Thomas (2015): Die Bundeswehr wirbt um Nachwuchs. Zündfunk, Bayerischer Rundfunk, 17. März 2015. Im Internet: http://youtu.be/TT-X3KnIdQE ; Uni Spiegel (2015): Die Anerkennung fehlt. Uni Spiegel, 2, S. 10, Im Internet: http://magazin.spiegel.de/EpubDelivery/spiegel/pdf/132787504; Benjamin Imort (2015): Gespräch: Das deutsche Soldatenbild. Politikum, WDR 5, 07. April 2015. Im Internet: http://www.wdr5.de/sendungen/politikum/gespraechsoldatenbild100.html; Wiebicke, Jürgen (2015): Zwischen Reformdruck und Auslandseinsatz. Welchen gesellschaftlichen Rückhalt hat die Bundeswehr? Deutschlandfunk, 20. Mai 2015, Im Internet: http://www.deutschlandfunk.de/zwischen-reformdruck-und-auslandseinsatz-welchen.1771.de.html?dram:article_id=320146 [jeweils letzter Abruf am 20. Juli 2015]
[28] Vgl. Edinger, Kathrina (2015): Der brave Soldat und die Zivilgesellschaft. der Freitag, 31. März 2015. Im Internet: https://www.freitag.de/autoren/kathrina-edinger/der-brave-soldat-und-die-zivilgesellschaft [letzter Abruf am 20. Juli 2015].
[29] „Im Dienst für Deutschland [passen] Loyalität und Kritik wunderbar zusammen" (Weigt, Jürgen (2014): Führungskultur und soldatisches Ethos der Bundeswehr im Einsatz, in: T. Bohrmann, K. H. Lather & F. Lohmann (Hrsg.): Handbuch Militärische Berufsethik, Band 2: Anwendungsfelder. Springer: Wiesbaden, S. 252).

dersetzung mit den Fragen, Problemen und Argumenten der Autorenschaft. Einige Kritiker erwecken zudem den Eindruck, als hätten sie den Sammelband gar nicht gelesen, sondern sich lediglich aus Sekundärquellen informiert und sich darauf aufbauend ihre Meinung gebildet.[30] Wenn sich doch inhaltlich mit dem Band befasst wird, wird dabei gern pauschalisiert und sich damit desselben stilistischen Mittels bedient, das man der Autorenschaft oft vorhält.[31]

Zumindest teilweise ist diese Resonanz wohl auf die in Deutschland verbreitete intellektuelle Überheblichkeit gegenüber dem Militär[32] zurückzuführen und auch darauf, dass eine offene Wortmeldung der militärischen Basis in dieser Form ungewöhnlich ist. Was bis vor wenigen Jahren noch als Privileg pensionierter Generale galt, wird sich zukünftig aber ganz sicher noch weiter durchsetzen. Erfreulicherweise gibt es nach einer ersten »Empörungswelle« inzwischen auch sinnvolle und nützliche Kritik, und es scheint allmählich eine Rationalisierung der Diskussion stattzufinden, die hoffen lässt, dass der dem Band innewohnende Konfliktstoff in einer für alle Beteiligten aushaltbaren Form besprochen werden kann.

Mehr als andere Beiträge haben bisher die Texte von Jan-Philipp Birkhoff und Martin Böcker die Gemüter erregt. Der Beitrag »Führen trotz Auftrag. Zur Rolle des militärischen Führers in der postheroischen Gesellschaft« von Jan-Philip Birkhoff wurde in gekürzter Form in der Januarausgabe 2015 des sicherheitspolitischen Magazins *loyal* publiziert und hat eine Vielzahl an Leserbriefen hervorgerufen. Die Herausgeber der Zeitschrift sahen sich des-

---

[30] Distanzierungen aus militärischen Kreisen erfolgten schlagartig nach einer recht einseitigen Rezension des Berliner Soziologen Gerald Wagner im Feuilleton der *Frankfurter Allgemeinen Zeitung* (Wagner, Gerald: Keiner weiß, wie der Landser tickt. Frankfurter Allgemeine Zeitung, 25. Februar 2015, S. N4). Sie mündeten u.a. in einer gegen die Herausgeber gerichteten Eingabe an den Wehrbeauftragten des Deutschen Bundestages. Hier hat sich ein bundeswehrtypisches Muster gezeigt – öffentliche Kritik wird nicht als Anlass für einen konstruktiven Diskurs verstanden, sondern als bedrohlich für den eigenen Karriereweg bzw. die eigene Reputation wahrgenommen. Der teilweise Umgang mit der Wortmeldung der jungen Offiziere ist auch deshalb so ernüchternd, weil er selbst ein Beleg für praktische Probleme der *Inneren Führung* in unseren Streitkräften ist.

[31] Der evangelische Militärpfarrer Klaus Beckmann übt bspw. inhaltliche Kritik an der »Gleichschaltungsforderung« des Offizierkorps von Jan-Philipp Birkhoff, führt seinen Vorwurf aber dadurch ad absurdum, dass er es so aussehen lässt, als ob diese Forderung die überwiegende Meinung der Autorinnen und Autoren widerspiegelt (vgl. Beckmann, Klaus (2015): Heldenspektakel. Abschied von der Gesellschaft. if. Zeitschrift für Innere Führung, 2, S. 12f.).

[32] Vgl. Chauvistré, Eric (2009): Wir Gutkrieger. Warum die Bundeswehr im Ausland scheitern wird. Campus: Frankfurt, S. 17.

halb veranlasst, sich im Editorial der Februarausgabe an ihre Leserschaft zu wenden und eine Doppelseite mit Kommentaren zum Beitrag abzudrucken. Zudem erreichten den Autor zahlreiche direkt an ihn gerichtete Zuschriften.

In seinem Beitrag befasst sich der junge Offizier mit heutigen Aufgaben des militärischen Führers, die er als nicht mit zivilen Tätigkeiten vergleichbar betrachtet. Birkhoff sieht die militärische Handlungsfähigkeit unter den Bedingungen der pluralistischen Gesellschaft erheblich eingeschränkt und plädiert daher für ein professionelles Berufsethos. Damit wendet er sich von grundlegenden Prinzipien der *Inneren Führung* ab und stellt die Vorzüge eines neuen Selbstverständnisses heraus. Jan-Philipp Birkhoff überspitzt möglicherweise, wenn er u.a. davon spricht, dass Dekadenz, unkontrollierte Gewalt und Rücksichtslosigkeit heute mehr denn je zu unserer Gesellschaft gehören.[33] Aber wie alle anderen Autoren stellt er seine Auffassung zur Disposition. Sein Beitrag hat es bisher zudem als einer der wenigen geschafft, eine Diskussion auszulösen und damit eine äußerst nützliche Funktion – unabhängig davon, ob man ihm inhaltlich zustimmt oder nicht.[34] Die durch seine scharfe Polemik in Bezug auf gesellschaftliche Missstände behauptete „Herabwürdigung des Auftraggebers"[35] verkennt Herabwürdigungen, die sich die Bundeswehr seit Jahren aus gesellschaftlichen Kreisen gefallen lässt, ohne nachdrücklich eine Stimme dagegen zu erheben.[36] Der Vorwurf von „Fremdheit gegenüber der freien Ge-

---

[33] Vgl. Birkhoff, Jan-Philipp (2014): Führen trotz Auftrag. Zur Rolle des militärischen Führers in der postheroischen Gesellschaft, in: M. Bohnert & L.J. Reitstetter (Hrsg.): Armee im Aufbruch. Zur Gedankenwelt junger Offiziere in den Kampftruppen der Bundeswehr. Miles: Berlin, S. 119ff.

[34] Jan-Philipp Birkhoff äußert sich im Übrigen zu einem wiederkehrend diskutierten Themenkomplex. Eine Analyse des Spannungsfeldes zwischen Militär und Politik sowie eine damit verbundene Betrachtung der historischen und gegenwärtigen Leitbildkonflikte der deutschen Streitkräfte finden sich in: Naumann, Klaus (2015): Das politische Gefechtsfeld. Militärische Berufsbilder in den Neuen Kriegen. Mittelweg, 36, S. 18-48.

[35] Wagner, Gerald (2015): Keiner weiß, wie der Landser tickt. Frankfurter Allgemeine Zeitung, 25. Februar 2015, S. N4.

[36] Erinnert sei exemplarisch an (a) die Verleihung des »Aachener Friedenspreis 2013« an drei deutsche Schulen, die den Ausschluss von Jugendoffizieren und Wehrdienstberatern aus ihren Einrichtungen beschlossen hatten, (b) die emotionale Debatte um die »Zivilklausel« an wissenschaftlichen Einrichtungen, (c) der erfolglose, durch den damaligen Bundesminister der Verteidigung Thomas de Maizière initiierte Diskurs um einen deutschen Veteranentag, (d) der Spott über die »Attraktivitätsoffensive« der Bundesministerin der Verteidigung Ursula von der Leyen, (e) Aktionen wie »Feste feiern, wie Sie fallen« und »GelöbNIX« oder (f) die Aussetzung einer Kopfprämie auf Brigadegeneral Georg Klein am Rande der Verhandlungen über die

sellschaft"[37] vernachlässigt die Fremdheit, die weite Teile der deutschen Bevölkerung gegenüber ihren Streitkräften empfinden.[38] Dass eine soldatische »Kämpferidentität«, wie sie schon Hans-Otto Budde 2004 als Inspekteur des Heeres gefordert hat[39], den Herausforderungen hybrider Gewaltkonflikte und einer Strategie entgegensteht, in der Streitkräfte etwa mit entwicklungspolitischen oder humanitären Akteuren zusammenarbeiten[40], greift als Argument zu kurz: Es lohnt sich ganz sicher auch darüber zu diskutieren, ob nicht gerade der vernetzte sicherheitspolitische Ansatz eine Rückbesinnung der Bundeswehr auf ihr soldatisches Kerngeschäft erforderlich macht. Einer Zusammenarbeit mit anderen Akteuren stünde dies nicht per se im Wege. Im Gegenteil: Daraus könnte sich eine klarere Aufgabenverteilung ergeben, die praktische Disharmonien zwischen den Ressorts lösen könnte. Es ließe sich mit Blick auf die Afghanistan-Erfahrungen darüber hinaus dagegen argumentieren, dass gerade das Festhalten an einer zivilen Ausrichtung des Militärs dazu geführt hat, dass die sich verschärfende Situation im Einsatzgebiet über viele Jahre verkannt wurde und die Illusion eines humanitär orientierten Stabilisierungseinsatzes selbst noch aufrecht erhalten blieb, als deutsche Soldatinnen und Soldaten längst regelmäßig in erbitterte Gefechte und Sprengstoffanschläge verwickelt waren.

In »Elmar Wiesendahls Athen und Sparta. Eine Kritik mit persönlichen Anmerkungen« befasst sich Martin Böcker mit den Idealtypen Wiesendahls, die ein gut vermittelbares Gegenmodell zur mehrdeutigen und abstrakten Idee der *Inneren Führung* darstellen sollen. Gerade diese kluge Antwort auf die Identitäts-

---

Schadensersatzklagen von Hinterbliebenen des Kunduz-Bombardements vor dem Bonner Landgericht.

[37] Beckmann, Klaus (2015): Heldenspektakel. Abschied von der Gesellschaft. if. Zeitschrift für Innere Führung, 2, S. 11.

[38] „Wir leben in einer zutiefst pazifistischen Gesellschaft mit einer Grundskepsis gegenüber allem Militärischen." Der ehemalige Bundesminister der Verteidigung Thomas de Maizière in: Lohse, Eckart & Wehner, Markus (2013): „Giert nicht nach Anerkennung!" Thomas de Maizière über das Ansehen der Truppe, Liebe in der Ehe und Langeweile im Job. Frankfurter Allgemeine Sonntagszeitung, 24. Februar 2013, S. 3.

[39] „Wir brauchen den archaischen Kämpfer und den, der den High-Tech-Krieg führen kann." Zitat des damaligen Generalmajors Hans-Otto Budde in: Winkel, Wolfgang (2004): Bundeswehr braucht archaische Kämpfer. Welt am Sonntag, 29. Februar 2004.

[40] Vgl. Naumann, Klaus: Sehnsucht nach dem Kämpfer-Typ, Frankfurter Rundschau, 06. März 2015.

suche werde nun von der Autorenschaft verschmäht, ohne ein überzeugendes Gegenmodell anzubieten.[41]

Martin Böcker stellt hier – wie jeder andere Autor – seine subjektive Meinung und nicht die der gesamten Autorenschaft des Sammelbandes dar. Schon im Titel seines Beitrages macht er deutlich, dass es sich hierbei um seine persönliche Sichtweise handelt. Man wird ihm zudem kaum vorwerfen können, dass er sich in seinem Beitrag unreflektiert äußert. Das verdeutlicht schon ein Blick auf seine Vita: Er ist einer der wenigen Offiziere des Bandes, die bereits auf eine beachtenswerte Publikationserfahrung zurückblicken können. Böcker hat u.a. in den Buchbänden »Soldatentum«, »Die Reform der Bundeswehr« und »Bürger. Krieg. Bürgerkrieg« publiziert und war 2011 umstrittener Chefredakteur der Studierendenzeitschrift »Campus« an der Universität der Bundeswehr München.

Seine Kritik an Wiesendahls Modell zielt vor allem auf die moralische Dichotomisierung der Denkschulen und die damit verbundene Pathologisierung Spartas ab, weil dadurch eine ergebnisoffene Debatte verhindert würde. Zudem stellt er einige Widersprüche in der Überhöhung Athens heraus, u.a. weil sie elitäre Soldaten erfordere, die letztlich vom Gemeinwesen getrennt wären.[42]

Jedem Wissenschaftler würde eine solche Kritik zugebilligt; einem jungen Offizier jedoch scheinbar nicht ohne tiefgehende Skepsis. Insgesamt kann sich des Eindrucks nicht erwehrt werden, dass einige vorgeblich inhaltliche Empörung über den Sammelband in Wirklichkeit auf die Initiative der Autorenschaft zielt und aus einer generellen Unbehaglichkeit mit freien Meinungsäußerungen junger Militärs resultiert, denen keine Diskussion auf Augenhöhe zugebilligt wird. Dabei können solche Äußerungen als Beleg für in die Demokratie eingebettete Streitkräfte verstanden werden. Fortschritt lebt vom be-

---

[41] Kritik am Aufsatz von Martin Böcker u.a. in: Meißner, Burkhard (2015): Athen und Sparta. Kritik spiegelt Krisenerfahrungen. if. Zeitschrift für Innere Führung, 2, S. 9 ; Beckmann, Klaus (2015): Heldenspektakel. Abschied von der Gesellschaft. if. Zeitschrift für Innere Führung, 2, S. 13.

[42] Vgl. Böcker, Martin (2014): Elmar Wiesendahls Athen und Sparta. Eine Kritik mit persönlichen Anmerkungen, in: M. Bohnert & L.J. Reitstetter (Hrsg.): Armee im Aufbruch. Zur Gedankenwelt junger Offiziere in den Kampftruppen der Bundeswehr. Miles: Berlin, S. 231ff. ; Böcker, Martin (2015): Selbstverständlich Soldat. Junge Freiheit, S. 3f. Im Internet: http://www.jf-archiv.de/archiv15/201514032758.htm [letzter Abruf am 20. Juli 2015]

gründeten Widerspruch und es gibt zahlreiche Initiativen, die vermuten und hoffen lassen, dass die »schweigende Armee« inzwischen der Vergangenheit angehört.

Bereicherung der Autorenschaft

Insbesondere in sozialen Netzwerken wird der Autorenschaft vorgeworfen, sich durch den Verkauf des Sammelbandes finanziell zu bereichern. Durch die weitgehende Anonymität in diesen Medien können solche Kommentare leichtfertig getätigt werden und sollen daher nicht überbewertet werden. Um die im gesamten Projekt angestrebte Transparenz zu gewährleisten, soll an dieser Stelle nichtsdestotrotz kurz darauf eingegangen werden.

Das Projekt »Armee im Aufbruch« ist in keiner Form finanziell ausgerichtet oder durch die Autorinnen und Autoren mit dem Ziel eines finanziellen Gewinns aus den Verkaufserlösen des Buches betrieben worden. Das wurde schon bei der Initiierung des Projektes klar kommuniziert. Keiner der Teilnehmer kann daher aus monetären Gründen einen Beitrag verfasst haben. Im Gegenteil: Insgesamt sind etwa *1.500* Euro aus privaten Mitteln in das Vorhaben eingebracht worden, bevor das erste Buch gedruckt wurde und in den Verkauf gelangt ist. Keiner der Autorinnen und Autoren hat für seine Beteiligung am Projekt oder nach der Veröffentlichung des Bandes eine wie auch immer geartete finanzielle Zuwendung erhalten.

Die Autorenschaft ist darin übereingekommen, dass jegliche Erlöse aus dem Buchverkauf genutzt werden, um die finanziellen Vorleistungen auszugleichen und erneut in Werbemaßnahmen oder andere Ideen zum Projekt zu investieren. Sollte es darüber hinausgehende Einnahmen geben, wird über deren Verwendung gemeinschaftlich beraten. Denkbar sind Spenden, etwa an den Bund Deutscher Veteranen, das Soldatenhilfswerk oder sicherheitspolitische Blogger.

Fazit

Der kürzlich pensionierte Inspekteur des Heeres, Generalleutnant Bruno Kasdorf, hat die Besonderheit des Projektes »Armee im Aufbruch« sehr treffend zusammengefasst: „Für die Sicherheit unseres Landes und den Schutz unserer Bürger aktiv einzutreten, ist ein ehrenvoller Dienst an unserer Gesellschaft – die Diskussion darüber wollen wir nicht nur anderen überlassen. Die jungen Autorinnen und Autoren leisten hierzu einen bemerkenswerten und mutigen Beitrag." [43] Die mit dem Sammelband verbundenen Hoffnungen der jungen Offiziere und Offizieranwärter bringt zudem Carlo Masala, Professor an der Universität der Bundeswehr München, auf den Punkt: „Es wäre zu wünschen, dass der immer wieder geforderte Dialog zwischen Armee und Gesellschaft durch dieses Buch weitergetrieben wird und die Gesellschaft nunmehr den Gesprächsfaden aufnimmt." [44] Dass eine umfassende Diskussion um das Selbstverständnis und die Führungskultur der Bundeswehr bislang ausgeblieben ist, obwohl sich die Rahmenbedingungen des militärischen Dienens gravierend verändert haben, ist ein schweres Versäumnis: Die Eingliederung der Nationalen Volksarmee, die Aussetzung der Wehrpflicht, Standortschließungen, Reformen und Umstrukturierungen, die Truppenreduzierung, die Öffnung aller Karrierewege für Frauen und vor allem die intensiven Auslandseinsätze haben das Gesicht unserer Streitkräfte in den letzten fünfundzwanzig Jahren maßgeblich verändert. Die Auslandsmissionen der Bundeswehr haben zudem – offenbar weitgehend unbemerkt – bereits 350.000 Veteranen in die deutsche Gesellschaft gespült. [45] Angesichts dieser Veränderungen lässt sich die Notwendigkeit einer umfassenden Debatte über den inneren Zustand der Bundeswehr kaum mehr bestreiten. Dass Soldatinnen und Soldaten dabei selbst eine gewichtige Stimme haben, sollte selbstverständlich sein.

---

[43] Stellungnahme von Generalleutnant Bruno Kasdorf zu »Armee im Aufbruch«. Sie findet sich neben weiteren Stellungnahmen auf den ersten Seiten des Sammelbandes und auch unter: http://www.armee-im-aufbruch.de/stimmen/ [letzter Abruf am 20. Juli 2015]

[44] Auszug aus der Stellungnahme von Prof. Dr. Carlo Masala zu »Armee im Aufbruch«. Sie findet sich im vollen Wortlaut neben weiteren Stellungnahmen auf den ersten Seiten des Sammelbandes und auch unter: http://www.armee-im-aufbruch.de/stimmen/ [letzter Abruf am 20. Juli 2015]

[45] Ausführlich zum Thema der Neuen Veteranen: M. Bohnert & B. Schreiber (Hrsg.)(2016): Die unsichtbaren Veteranen. Kriegsheimkehrer in der deutschen Gesellschaft (in Erstellung). Im Internet: http://www.facebook.com/DerUnsichtbareVeteran [letzter Abruf am 20. Juli 2015]

Die Zeichen der Zeit wurden inzwischen durch einige zentrale Institutionen unserer Streitkräfte erkannt: Am ersten »Tag der Bundeswehr« im Juni 2015 haben Autorinnen und Autoren des Sammelbandes am Ausbildungskommando in Leipzig eine Lesung gehalten und sich den Fragen des interessierten Publikums gestellt. Wenige Tage später diskutierten sie an der Helmut-Schmidt-Universität/Universität der Bundeswehr Hamburg mit Wissenschaftlern über die Bedeutung des Studiums für die professionelle Identität von Offizieren. Die *if. Zeitschrift für Innere Führung* nimmt »Armee im Aufbruch« zum Anlass, in engem Schulterschluss mit dem Zentrum Innere Führung in Koblenz in ihren zukünftigen Ausgaben Artikel und eine Kolumne rund um die Führungsphilosophie der Bundeswehr zu veröffentlichen.[46] An der Führungsakademie der Bundeswehr in Hamburg machen sich die Teilnehmer des »Lehrganges Generalstabs-/Admiralstabsdienst National 2013« im Rahmen des mehrwöchigen Strategic Analysis-Seminars derzeit Gedanken zu einer möglichen Neudefinition des Verhältnisses von Bundeswehr und Gesellschaft und bei einem Workshop am Zentrum für Militärgeschichte und Sozialwissenschaften der Bundeswehr im September 2015 kommen Autorinnen und Autoren mit hohen Militärs und Wissenschaftlern zusammen, um Impulse für die Weiterentwicklung der *Inneren Führung* und die Personalstrategie unserer Streitkräfte zu geben. Der aktuelle »Weißbuchprozess 2016« bietet für einen solchen Diskurs ganz sicher ebenfalls eine geeignete Gelegenheit.

Ausblick

„16 jungen Offizieren und Studierenden der Hamburger Bundeswehr-Universität ist es gelungen, eine erneute bundesweite Debatte über die gesellschaftliche Akzeptanz von Soldaten und die Innere Führung zu entfachen.“[47]

Auch wenn die erste Resonanz und die Diskussionen um den Sammelband durchaus zufriedenstellend sind, ist derzeit noch nicht einschätzbar, in wie weit er auch weiterhin zu einer konstruktiven Debatte beitragen kann und welche langfristige Wirkung er entfalten wird. Das wird sich erst in den kommenden Monaten herausstellen und ist neben der Frage, ob die Autorinnen und Autoren ihre Leserschaft nachhaltig herausfordern konnten, auch von dem generel-

---

[46] Vgl. Marberg, Jan (2015): Armee auf Sinnsuche. Die Innere Führung muss wieder gestärkt werden. if. Zeitschrift für Innere Führung, 3, S. 4.

[47] Hasse, Edgar S. (2015): Junge Offiziere aus Hamburg fordern neue Leitbilder. Hamburger Abendblatt, 03. Juni 2015.

len Interesse der Öffentlichkeit an Streitkräften und sicherheitspolitischen Themen abhängig.[48]

Bislang wird leider noch immer mehr über die jungen Autorinnen und Autoren, als mit ihnen gesprochen. Dabei betonen die jungen Offiziere immer wieder, dass sie mit ihrem Sammelband ein Gesprächsangebot vorgelegt haben und in einen offenen Dialog mit interessierten Kreisen treten möchten. Wie bereits erwähnt, stehen dafür ausreichende und für jedermann zugängliche Plattformen und Kontaktmöglichkeiten zur Verfügung, die zukünftig hoffentlich noch stärker genutzt werden.[49]

---

[48] Einen Hinweis darauf, dass der Sammelband Teil eines umfassenden Diskurses werden kann, liefert das Essay von Klaus Naumann, Historiker am Hamburger Institut für Sozialforschung und Mitglied im »Beirat Innere Führung«: Naumann, Klaus: Sehnsucht nach dem Kämpfer-Typ, Frankfurter Rundschau, 06. März 2015. Im Internet: http://www.fr-online.de/kultur/bundeswehr-sehnsucht-nach-dem-kaempfer-typ,1472786,30054520.html [letzter Abruf am 20. Juli 2015]

[49] Die Autorenschaft ist bspw. über die Mailadresse kontakt@armee-im-aufbruch.de erreichbar.

III Zur Diskussion gestellt

Reinhold Janke
Feindbilder

Feindbilder – eine kaleidoskopische Betrachtung

Wir werden heute mit einem Übermaß an ostentativen und latenten, brachialen und subtilen Feindbildern konfrontiert. Sie sind allgegenwärtig in der Politik, in der Gesellschaft, in der Wirtschaft, in den Medien, in Religionen, in Ideologien und in vielen anderen Bereichen. Das Pflegen von Feindbildern ist jedoch nicht nur die antiquierte Angelegenheit „kalter Krieger" oder die fatale Angewohnheit unverbesserlicher Bellizisten. Selbst in der Wissenschaft, die für sich Kriterien wie Rationalität und Objektivität beansprucht, finden sich Feindbilder, die von dogmatischen Denkschulen und konkurrierenden Forschungskartellen gepflegt werden. „Viel' Feind – viel Ehr'!", dieser Ausspruch des Landsknechtsführers Georg von Frundsberg ist bis heute ein beliebtes Motto. „Und willst du nicht mein Bruder sein, so schlag' ich dir den Schädel ein!", lautet ein anderer umstandsloser Reim aus dem Revolutionsjahr 1848. Der Spruch ist einer ähnlichen Phrase der französischen Revolution entlehnt. Offensichtlich scheint es doch so etwas wie eine anthropologische Disposition und Konstante zu geben, die dafür sorgen, dass sich Menschen beständig auf Kosten anderer abgrenzen, definieren und bestätigen müssen. Neben vielen anderen bedrückenden Krisen, Konflikten und Kriegen steht derzeit und wohl auch noch bis auf weiteres der Islam als feindbildprägendes Phänomen im Mittelpunkt des Geschehens und der Betrachtung. Darum liegt hierauf auch ein erkennbarer Schwerpunkt meiner Darstellung.

Wie sich in einem Kaleidoskop die Glasstücke durch wiederholtes Drehen immer neue Anordnungen und Farbmuster herausbilden, so liefern wechselnde Kontexte unterschiedliche Perspektiven auf ein Phänomen, das so alt ist wie die Menschheit. Vom Sammeln und Jagen leben Menschen seit zwei Millionen Jahren. Die dafür notwendigen Jagdwaffen konnten auch gegen das „Wild Mensch" eingesetzt werden, sobald dieser als Beutekonkurrent auftrat. Spuren von Schussverletzungen und Projektilen in Tierknochen lassen sich bereits in archäologischen Funden wie etwa in einem 30.000 Jahre alten Höhlenbärwirbel nachweisen. Die Feindschaft unter den Menschen stellt in den Mythen, Annalen und Historien der Menschheit seit jeher ein zentrales Leitmotiv dar, das offenbar wirkmächtiger und nachhaltiger ist als die Sehnsucht nach dem ewigen Frieden. Das Bedürfnis, das Eigene zu überhöhen und das

288

Fremde zu dämonisieren, manifestiert sich in vielfältigen Ausdrucksformen und Bildern – auf Waffen und Feldzeichen, aber auch im Geist und in der Seele. Feindbilder sind daher bis heute ein wesentlicher Teil unserer Kultur und Geschichte.

Der Dichter Wilhelm Lehmann lässt in dem Roman ,Weingott' seinen Protagonisten die resignativen Verse deklamieren: „Die Menschen sind fremd zueinander, / Und deine hasst meine Glut, / Sie wanken unsicher zusammen, / Ich sehe, wie es tut."[1] Im Folgenden soll anhand verschiedener Kontexte aufgezeigt werden, „wie es tut".

Feindbilder im literarischen Kontext

In seiner Komödie ,Kameraden' inszeniert August Strindberg mit einer signifikanten Feindrhetorik den Kampf der Geschlechter am Beispiel eines Malerehepaares. Dessen Ehe scheitert vordergründig daran, dass der Mann den Erfolg seiner von ihm künstlerisch unterschätzten Frau nicht verwindet. Tatsächlich zerbricht sie aber daran, dass selbst der freisinnigste Bohemien keine Emanzipation erträgt. Der Maler Axel spricht den Konflikt vor seiner selbstbewussten Frau Bertha offen an: „Ich weiß nicht, wie es kommt, aber es ist mir, als seien wir jetzt Feinde geworden. Der Kampf um die Stellung ist zwischen uns gekommen, darum können wir nie wieder Freunde sein." (Erster Akt, elfte Szene)[2] Die von Axel beschworene Kameradschaft als austariertes Verhältnis Gleichgestellter ist kein funktionsfähiges Modell für seine Ehe, schon gar nicht für die Fragilität einer auf Konkurrenz angelegten Künstlerverbindung. Denn gerade in dieser scheinbar libertären Atmosphäre schlagen rasch alte Herrschaftsansprüche und Unterwerfungsmechanismen durch. Koexistenz oder Kompensation kraft künstlerischer Souveränität können ohne Anerkennung oder Geschäftserfolg nicht gelingen. Axels Analyse, in der er seiner Frau die Befähigung zur – männlich geprägten – Kameradschaft abspricht, weil sich die Frauen angeblich der Früchte eines jahrhundertelangen männlichen Ringens um die Kunst ohne echte eigene Anstrengung bemächtigt hätten, ist ebenso fragwürdig wie unversöhnlich: „Ein Kamerad ist ein mehr oder minder loyaler Konkurrent, wir aber sind Feinde." (Erster Akt, elfte Sze-

---

[1] Wilhelm Lehmann: Gesammelte Werke in acht Bänden. Band 2, Romane I. Hrsg. von Jochen Meyer. Klett-Cotta-Verlag Stuttgart 1984, S. 388.

[2] August Strindberg: Kameraden. Komödie in vier Akten. In: Derselbe: Dramen. Lingen Verlag Köln. O.J., S. 79.

ne)[3] Das uralte Feindbild ‚Mann – Frau', verdichtet sich an anderer Stelle im illusionslosen interfemininen Dialog:

„*Abel:* (…) Einen Freund als Feind gehen lassen, das ist gefährlich. (…) *Bertha:* (…) Werden niemals Mann und Weib als Kameraden zusammenleben können, ohne dass Feuer ausbricht? *Abel:* Nein, weißt du, solange es zwei Geschlechter gibt, wird es immer brennen! *Bertha:* Ja, aber das soll abgeschafft werden! *Abel:* Ja – es soll! – Versuch's!" (Zweiter Akt, neunte Szene)[4]

Der befreundete Leutnant Carl Starck führt mit seiner Frau hingegen ein offensichtlich harmonisches Eheleben, da es unangefochten auf traditionelle Rollenbilder setzt. Gegenüber Axel erläutert Carl sein erfrischend einfaches Erfolgsrezept, das heutzutage nicht nur Feministinnen auf den Plan riefe:

„*Carl:* Wie ich es getan habe? Ich nahm sofort meine Stellung als Oberhaupt der Familie ein; zu welcher Stellung ich mich berufen fühlte, sowohl aufgrund meines überlegenen Verstandes wie meiner natürlichen Anlage. *Axel:* Und was sagte deine Frau dazu? *Carl:* Weißt du, danach vergaß ich zu fragen! Aber nach ihrem Aussehen zu urteilen, fand sie sich ganz an ihrem Platz. Sie müssen nur wirkliche Männer haben, dann werden auch Frauen umgängliche Leute! *Axel:* Aber die Macht sollte doch wenigstens geteilt werden. *Carl:* Macht kann nicht geteilt werden! Entweder gehorchen oder befehlen. Entweder du oder ich! Ich zog das Ich dem Du vor, und so musste sie sich fügen." (Vierter Akt, siebte Szene)[5].

Die mit maskulin-militärischer Dominanz konsolidierte Ehe des Leutnants Carl Starck bewährt sich als einziger, geradezu tröstlicher Stabilitätsanker inmitten der Turbulenzen und aufbrechenden Konflikte, in die Strindbergs übrige Figuren gegen Ende des Stücks hilflos und heillos hineintaumeln:

„*Carl:* (…) Ich weiß nicht, aber es liegt etwas Feindliches in der Luft. *Frau Starck:* Ach, du siehst immer Feinde, lieber Carl. *Carl:* Nein, ich sehe sie nicht, aber ich fühle sie! *Frau Starck:* Dann komm' zu deiner Frau, sie wird dich verteidigen. *Carl:* Ach, du bist immer so nett zu mir. *Frau Starck:* Warum sollte ich es nicht sein, wo du es so gut mit mir meinst!" (Vierter Akt, zwölfte Szene)[6]

---

[3] Ebenda, S. 80.

[4] Ebenda, S.: 92.

[5] Ebenda, S. 106f.

[6] Ebenda, S. 113.

Carls Instinkt für feindliches Terrain und seine Professionalität in der Feindlagebeurteilung verbinden sich idealtypisch mit der Loyalität und Verteidigungsbereitschaft seiner Frau. Er kann seiner traditionellen, prädominanten Rolle als Militär gerecht werden, weil seine Frau die ihr ebenfalls zugewiesene traditionelle Rolle als folgsames Eheweib nicht nur akzeptiert, sondern in Carls Sinne so aktiviert hat, dass sie ihm Vertrauen und Rückhalt gewährt, wenn er sich exponiert. Mit dieser Rollenverteilung bilden sie das bürgerlich saturierte, aber dadurch auch krisenresistente Paradepaar in der Komödie – die unerschütterliche ,Kleine Kampfgemeinschaft' inmitten des Getümmels verunsicherter oder gescheiterter Rollenträger. Leutnant Carl Starck und seine brave Frau brauchen gar keine Feindbilder, denn sie haben sich selbst als sicheren Besitz und sind sich ihres einander gewährten Persönlichkeitswertes vollkommen bewusst. Ihre qua Geschlechterdifferenz potentiell angelegte Feindschaft wird durch die bewährten Strukturen der Tradition und des gesellschaftlichen Komments nicht virulent. Doch diese Ausgleichsmomente greifen bei Axel und Bertha fatalerweise nicht.

Strindbergs Gesellschaftskritik inszeniert einen zivilisatorisch eingehegten Geschlechterkampf, wie er in Kleists ,Penthesilea' noch in archaischer Wucht und verstörender Unerbittlichkeit auftritt. Der brillante Kulturkritiker George Steiner charakterisiert Kleists Trauerspiel von 1808, ein frühes Meisterwerk der Feindbildpsychologie im antik-romantischen Doppelgewand, denn so:

„Zwischen den beiden Liebenden steht der Krieg; und Kleist nutzt die Nähe der grenzenlosen Lust und des grenzenlosen Hasses in der Seele glänzend aus. Er wusste bereits vor Strindberg, dass geschlechtliche Leidenschaft und bewaffneter Kampf verwandte Tonarten der Begegnung sind. Das Stück ist aufgebaut wie ein Schwerttanz."[7]

Feindbilder im kategorialen Kontext

Was können wir aus diesem literaturhistorischen Einstieg ableiten und lernen?

---

[7] George Steiner: Der Tod der Tragödie. Ein kritischer Essay. (Originaltitel: Death of Tragedy. New York 1961). Aus dem Amerikanischen übertragen von Jutta und Theodor Knust. Suhrkamp Verlag Frankfurt am Main 1981, S. 182.

1. Feindbilder haben universellen Charakter. Sie beschränken sich keineswegs auf ideologische, militärische oder andere brachial ausgetragene Konflikte und Krisenszenarien.

2. Feindbilder sind so alt wie die Menschheit. Sie sind in uns angelegt und können jederzeit erzeugt, abgerufen und eingesetzt werden, um Menschen gegeneinander aufzubringen.

3. Feindbilder sind auch ein Spiegel unserer selbst. Wir hassen im Bild des Feindes die Dinge, die wir insgeheim an unserem eigenen Wesen fürchten, ablehnen oder hassen.

4. Feindbilder entwickeln sich somit im Grenzbereich und am Berührungspunkt divergierender Emotionen, Auffassungen und Interessen. Ihre Intensität erwächst aus der Dialektik von Distanz und Nähe.

5. Feindbilder sollen helfen, Ich-Schwächen auszugleichen. Die Überhöhung des unsicher empfundenen Eigenen korrespondiert mit der Herabsetzung des Anderen oder Fremden.

6. Feindbilder dienen dazu, unsere Ängste zu artikulieren und dadurch zu beherrschen. Wer seinen Dämon und dessen Ort zu kennen glaubt, gewinnt ein Stück verlorener Macht zurück.

7. Feindbilder entstehen aber auch aus ,guten Gründen'. Sie können legitime Artikulationen und Reaktionen von Opfern auf die unerträglichen Provokationen und Gewaltakte von Tätern sein.

8. Feindbilder sind in ihrer Stereotypologie formal und inhaltlich austauschbar. Feinde stehen sich in einer symbiotischen Beziehung gegenüber. Sie sind in einer negativen Gemeinschaft aneinander gekettet.

9. Feindbilder funktionieren nach oft irrealen Schwarz-Weiß-Mustern. Sie arbeiten mit Denkformen wie Dualismus, Dichotomie, Manichäismus, Pauschalierung und Polarisierung.

10. Feindbilder werden offenbar immer wieder gebraucht. Sie sind sehr anpassungsfähig und jederzeit revitalisierbar. Sie sind wie Schläfer, die auf einen Weckruf warten.

11. Feindbilder können zurückgedrängt und (fast) völlig abgebaut werden. Die dafür notwendigen Versöhnungsprozesse sind indes langwierig und erfordern daher Klugheit, Geduld, Kraft und Mut.

12. Feindbilder sind dort unnötig, wo die eigene Position gefestigt ist: durch Tradition, Reflexion, Vertrauen oder Wehrhaftigkeit mit einer daraus gewonnenen Selbstsicherheit.

Dieser Katalog an Charakteristika, Kriterien und Funktionen erhebt keinen Anspruch auf Vollzähligkeit und Vollständigkeit. Er soll als Ausgangspunkt und grobe Orientierung auf dem weiteren Weg durch das schwierige Terrain der Feindbildtheorien und Feindbildphänomene dienen.

Feindbilder im etymologischen Kontext

Mithilfe der Etymologie ist nun zu klären, wo der Begriff ‚Feind‘ herkommt und was er begriffsgeschichtlich bedeutet und beinhaltet. Wie wichtig die Etymologie für das Verständnis scheinbar selbstverständlicher Begriffe sein kann, exemplifiziert das Wort ‚Duell‘ als lateinisches Lehnwort für den deutschen Begriff ‚Zweikampf‘. Wer glaubt, dass sich in dem lateinischen Wort ‚**du**ellum‘ das Zahlwort ‚**du**o‘ für ‚zwei‘ verbirgt, der irrt. Denn ‚Zweikampf‘ ist nur die im 17. Jahrhundert volksetymologisch hergeleitete, aber sprachlich inkorrekte Übersetzung der altlateinischen Originalform ‚duellum‘, die uns aus dem klassischen Latein in der Form ‚bellum‘ als Bezeichnung für den Krieg geläufiger ist. Auch im ‚Glossarium latino-germanicum mediae et infimae aetatis‘ von Lorenz Diefenbach finden sich für die mittellateinischen Begriffe ‚duellare‘, ‚duellator‘ und ‚duellum‘ nur Begriffe wie ‚kemphen, strijden, chempher, strider, champh und strijd‘, also ohne Spezifizierung auf eine exklusive Auseinandersetzung zweier Kontrahenten. Die gedankliche Verbindung von Zweikampf und Krieg mag auch Clausewitz' bekannter Definition geschuldet sein: „Der Krieg ist nichts als ein erweiterter Zweikampf."[8] Doch ‚duellum‘ ist etymologisch mit dem griechischen Adjektiv δηιος (däios, von δαιω/daio = ich brenne) verwandt. Es bedeutet soviel wie ‚brennend, verzehrend, verderblich, vernichtend, feindlich‘. In der substantivierten Form hat es die konkrete Bedeutung ‚Feind‘. Das Duell bezeichnet also ursprünglich keinen Zweikampf einzelner Kontrahenten, sondern einen richtigen Krieg. Bei dem spätantiken Rhetor Arnobius (in seinem siebenbändigen apologetischen Werk ‚Adversus nationes‘ 1,16) hat denn auch der damals wohl bereits als sprachlicher Archaismus empfundene Begriff ‚duellis‘ die Bedeutung von ‚Kriegführender‘ oder schlicht ‚Feind‘. Doch was bedeutet nun der Begriff ‚Feind‘ im Deutschen?

---

[8] Carl von Clausewitz: Vom Kriege. Vollständige Ausgabe im Urtext, drei Teile in einem Band. Neunzehnte Auflage – Jubiläumsausgabe, mit erneut erweiterter historisch-kritischer Würdigung von Dr. phil. Werner Hahlweg,. Ferdinand Dümmlers Verlag. Bonn 1980, S. 191 (Erstes Buch, erstes Kapitel: Was ist der Krieg?)

Das deutsche Wort ‚Feind‘ geht auf ein gemeingermanisches Substantiv zurück, das sich von der indoeuropäischen Wortwurzel ‚pe(i)‘ ableitet. Diese erschlossene Form hat die Bedeutung ‚wehtun, beschädigen‘. Das althochdeutsche Substantiv ‚fiand‘ ist ein erstarrtes Partizip des Verbs ‚fien‘, das ‚hassen‘ bedeutet. Der Feind ist also derjenige, der hasst. Im Mittelhochdeutschen finden sich die Formen ‚viant‘ und ‚vint‘. Verwandte Formen wie gotisch ‚fijands‘, altisländisch ‚fjan‘ oder schwedisch ‚fiende‘ belegen die gemeingermanische Herkunft und Verbreitung. Die altenglische Form ‚fion‘ hat in dem eher poetisch verwendeten Wort ‚foe‘ für ‚Feind‘ überdauert. Ein bekannter Zweizeiler der amerikanischen Dichterin Edna St. Vincent Millay lautet: „My candle burns at both ends; / It will not last the night; / But ah, my foes, and oh, my friends – / It gives a lovely light.“[9] Der Begriff ‚foe‘ steht insbesondere für den persönlichen Feind, den Intimfeind, während das offensichtlich von lateinisch ‚inimicus‘ entlehnte Wort ‚enemy‘ den Feind im Allgemeinen bezeichnet.

Der Feind als derjenige also, der uns hasst und in der Lage ist, uns richtig wehzutun, bildet je nach Gegenstand, Gegebenheit oder Gegenüber ein beachtliches Spektrum an Spezifikationen und entsprechenden Komposita-Bildungen wie Erzfeind, Erbfeind, Intimfeind, Todfeind, Staatsfeind, Verfassungsfeind, Rassenfeind, Klassenfeind oder Glaubensfeind. Einige dieser Begriffe verbinden sich mit einer fatalen Weltanschauung oder katastrophalen Geschichte und werden daher oft nur noch mit imaginären Anführungsstrichen zitiert. Daneben finden sich zahlreiche Bezeichnungen, die den Begriff ‚Feind‘ als Synonym begleiten oder ersetzen: Gegner, Gegenspieler, Opponent, Widersacher, Widerpart, Kontrahent, Konkurrent, Rivale, Nebenbuhler, Antagonist, Antipode, Aggressor oder Herausforderer. Der Teufel, der Antichrist, ist der „alte Feind“ der Christenheit, der als sprichwörtlicher ‚Widersacher‘ (lateinisch: adversarius; griechisch: αντιδικος/antidikos = eigentlich der Gerichtsgegner!) im Neuen Testament nichts unversucht lässt, um jede Nachlässigkeit oder Sorglosigkeit der Glaubensgemeinschaft für sein Vernichtungswerk auszunutzen (vgl. insbesondere 1. Petrusbrief 5, 8). Aber auch der Fremde oder ‚Fremdling‘ wurde in der Geschichte ungeachtet der Tradition eines heiligen Gastrechts und der Tugend der Gastfreundschaft immer wieder als eine Manifestation des Feindes wahrgenommen. So haben das deutsche Wort ‚Gast‘ und das lateinische Wort ‚hostis‘ (= Feind) dieselbe sprachliche Wurzel. Denn auch

---

[9] Edna Saint Vincent Millay: First Fig. In: A Few Figs from Thistles. Poems and Sonnets. Harper & Brothers. New York and London 1922, S. 9.

dem Gast haftet das Stigma des Fremden an. Der häufig pejorativ verwendete Begriff ‚Gastarbeiter‘ zeigt dies in aller Deutlichkeit. Wir sprechen auch von Fremdenfeindlichkeit oder Xenophobie. (von griechisch: ξενος/xenos = Fremder; φοβος/phobos= Furcht).

Feindbilder im definitorischen Kontext

Erwartungsgemäß finden sich in der Fachliteratur und in Wörterbüchern zahlreiche Definitionen für den Begriff ‚Feindbild‘, die sich teilweise unterscheiden oder gar widersprechen. Das in der Bundeswehr häufig verwendete ‚Wörterbuch zur Sicherheitspolitik‘ liefert als Definition:

„Sozialpsychologischer Begriff von zentraler Bedeutung, der mit dem gesamten komplexen psychologischen Spektrum von Inhumanität und Vernichtung verbunden ist und der aufgrund ideologischer und dogmatischer Dimension totalitärer Prägung stets in Kollision mit der Interpretation von Wirklichkeit bei den Betroffenen gerät. In totalitären Systemen sind Feindbilder das Produkt systematischer Propaganda, die mit semantischen, graphischen oder visuellen Mitteln über ihre Medien den jeweiligen politisch-ideologischen Gegner dämonisiert, um in der Regel die eigene Herrschaft zu stabilisieren und ihr eine scheinbare Legitimität zu geben.“[10]

Diese Definition hatte in einer älteren Auflage des Wörterbuchs – noch deutlich unter dem Eindruck des gerade beendeten Kalten Krieges, der durch Blockbildung, atomare Bedrohung, Wettrüsten, Stellvertreterkriege und eine jahrzehntelange ideologische Auseinandersetzung zwischen den Blöcken und im freien Westen auch in einer gespaltenen Öffentlichkeit geprägt war, folgenden, noch im Nachhinein apologetisch gefärbten Zusatz:

„Unter dem Eindruck einer imminenten Bedrohung durch die in Ost- und Mitteleuropa stationierten Streitkräfte der Warschauer Vertragsorganisation (WVO), wurde auch der Bundeswehr (BW) bis in die letzten Jahre hinein ein Feindbild vor allem durch die Friedensbewegung unterstellt. In Wirklichkeit handelte es sich bei der Ausbildung der Soldaten der Bundeswehr um ein klares Bild einer möglichen Bedrohung, die sich durch die nunmehr belegbaren Erkenntnisse der operativen Absichten der WVO (Vordringen bis zum Atlan-

---

[10] Ernst-Christoph Meier / Klaus-Michael Nelte / Walter Huhn: Wörterbuch zur Sicherheitspolitik. Deutschland in einem veränderten internationalen Umfeld. 7. vollständig überarbeitete Auflage. Verlag E.S. Mittler & Sohn. Hamburg, Berlin; Bonn 2008, S. 144.

tik unter Nutzung von Nuklearwaffeneinsatz auf dem Boden der Bundesrepublik Deutschland) als berechtigt erwiesen hat."[11]

Feindbilder im ideologischen Kontext

In der Tat hatte sich vor allem die deutsche Friedensbewegung ein selbstgerechtes Feindbild in Gestalt der Bundeswehr zurechtgelegt, das durch kontrafaktische Wahrnehmung, ideologische Verbohrtheit, verbale Militanz und einen über die Bündnispolitik der NATO damit eng verbundenen Antiamerikanismus geprägt war, der regelmäßig wie ein Pawlowscher Reflex ansprang, sobald das eigene Bündnis unter Führung der USA die notwendigen Schritte einleitete, um sowjetische Provokationen oder Aggressionen durch gezielte Abschreckung einzudämmen und um den Frieden in Freiheit zu sichern. Mit der Formel ‚Lieber rot als tot' hat sich der armselige Friedens- und Freiheitsbegriff der Pazifisten und Linken selbst demaskiert, die für die angebliche Freiheit anderer Völker ständig auf die Straße gingen, doch die Menschenwürde derer mit Füssen traten, die bereit waren, für das Recht und die Freiheit des eigenen Volkes einzutreten. Als der NATO-Ministerrat mit dem sogenannten Nachrüstungsdoppelbeschluss vom 12. Dezember 1979 über die Modernisierung nuklearer Mittelstreckenraketen (Pershing II und Marschflugkörper ‚Cruise Missiles') der Sowjetunion ein Abrüstungsangebot mit dem Ziel unterbreitete, die neustationierten SS-20 Raketen, die bis Spanien reichten, wieder zu verschrotten, kam es in Deutschland zu Massendemonstrationen gegen die eigene Regierung und das eigene Bündnis. Auf dem Höhepunkt dieser Hysterie, die von einer geradezu pathologischen Verdrehung der Tatsachen durch eine Volksfront von Pazifisten, Kommunisten, Linken, Grünen, Studenten, Intellektuellen, Künstlern, Feministinnen, Gewerkschaftlern, Kirchenkreisen und Medien geprägt war, wurde am 16. November 1980 der sogenannte ‚Krefelder Appell' vorgestellt, der trotz der bereits stationierten sowjetischen SS-20-Raketen einen westlichen Verzicht auf ein atomares Patt und damit den einseitigen Ausstieg aus dem Wettrüsten forderte. Der Appell wurde bis 1983 von vier Millionen Bundesbürgern unterzeichnet. Seine Initiatoren wurden von deren Gegnern als „nützliche Idioten" des Ostblocks beschimpft, nachdem bekannt geworden war, dass Moskau und Ostberlin diese Initiative mitfinan-

---

[11] Ortwin Buchbender / Hartmut Bühl / Harald Kujat: Wörterbuch zur Sicherheitspolitik. 3. vollständig überarbeitete Auflage unter Mitwirkung von Karl H. Schreiner. Verlag E.S. Mittler & Sohn. Herford 1992, S. 54.

zierten. Zudem verweigerte die Krefelder Initiative die sonst in linken Kreisen so vielbeschworene Solidarität mit den zwischenzeitlich vom SED-Regime verhafteten Pazifisten in der DDR und unterstützte auch nicht die mit dem sogenannten ‚KSZE-Prozess' einsetzenden Menschenrechtsdemonstrationen und Freiheitsforderungen der Bürger in den sozialistischen Diktaturen des Ostblocks. Die bis dahin regierende sozialliberale Koalition in Bonn scheiterte im September 1982 schließlich daran, dass die in der Nachrüstungsfrage völlig zerstrittene SPD dem eigenen Bundeskanzler Helmut Schmidt in den Rücken fiel, indem sie seinen geradlinigen Kurs in der Nachrüstungsdebatte mehrheitlich torpedierte.

Wir lernen daraus, dass nicht jeder, der das Wort ‚Frieden' beständig und lauthals im Munde führt, tatsächlich einen Frieden will, der diesen Namen auch verdient. Das gilt für Pazifisten gleichermaßen wie für Diktatoren. Beide Charaktere bilden eine pathologische, dialektisch verklammerte Symbiose aus Ängstlichkeit und Aggressivität, Kleinmütigkeit und Kaltblütigkeit, Feigheit und Tollkühnheit, Inkonsequenz und Willkür, Ratlosigkeit und Skrupellosigkeit. Hilflosigkeit und Machtgier. Sie sind die beiden Extremausschläge derselben Oszillation, die zwei Seiten einer Medaille. Gemeinsam ist ihnen jedoch die aus unterschiedlichen Zerrbildern des Menschen herrührende Verblendung und Verantwortungslosigkeit, bei den einen mit der Neigung zum Unterlassen, bei den anderen mit der Vehemenz der Tat. Die Geschichte und die aktuelle Tagespolitik lehren eindringlich, dass Friedenssehnsucht um jeden Preis und Beschwichtigungspolitik (‚appeasement policy') Diktatoren eher dazu ermuntern als davon abhalten, sich zu holen, was ihnen keinen glaubwürdigen Widerstand entgegensetzt. In dem Zusatz zum Essay ‚Gegen Bescheidwissen" haben Max Horkheimer und Theodor Wiesengrund Adorno verdeutlicht, dass es mit totalitären Charakteren keine zivilisierte Kommunikation geben kann. Sie verstehen am Ende nur eine Sprache – die Sprache der Gewalt:

„Dem Faschisten lässt sich nicht gut zureden. Wenn der andere das Wort ergreift, empfindet er es als unverschämte Unterbrechung. Er ist der Vernunft unzugänglich, weil er sie bloß im Nachgeben der anderen erblickt."[12]

Wohlfeiler Friedensrhetorik mangels robuster Handlungsalternative hat aber bereits Wilhelm Busch in seinem bekannten Gedicht ‚Bewaffneter Friede' eine Absage erteilt. Der wehrhafte Igel ist der wahre „Friedensheld", weil er

---

[12] Max Horkheimer / Theodor Wiesengrund Adorno: Dialektik der Aufklärung. Philosophische Fragmente. Fischer Verlag. Frankfurt am Main 1971, S. 188.

den verlogenen Friedensphrasen des Fuchses seinen wehrhaften Realismus und seine unerschütterliche Verteidigungsbereitschaft entgegensetzt. Helmut Schmidt hat 1982 nichts anderes getan. Die eigene Partei hat ihn dafür abgestraft; vor der Geschichte hat er Recht behalten.

Feindbilder im empirischen Kontext (mit einem Exkurs zum ‚Feindbild Islam')

Feindbilder entstehen nicht einfach aus dem Nichts und sie bleiben auch nicht im luftleeren Raum. Vielmehr gibt es konkrete Gründe, Anlässe, Provokationen, Erfahrungen, Missverständnisse und Vorurteile, die Feindbilder hervorbringen und funktionstüchtig machen können. Sie sind Botschaften mit Absender, Empfänger, Inhalt und Intention. Sie entstehen in uns und richten sich gegen andere, wirken dadurch aber auch wieder auf uns zurück. Feindbilder kommen meist als Propaganda und Parole daher. Von dem Immunbiologen und Medizinprofessor Gerhard Uhlenbruck stammt der schöne Aphorismus: „Was für das Militär die Paraden, sind für die Friedensbewegung die Parolen."[13] Ein weiterer Aphorismus Uhlenbrucks lautet: „Feindbilder sind Negative von uns selbst." Dies ist eine wichtige Erkenntnis, der jedoch nicht generalisierbar ist. Denn manche Feindbilder entstehen aus moralischer Sicht vollkommen berechtigt, weil sie auf tatsächlichen existentiellen Feinderfahrungen beruhen. Den Opfern und traumatisierten Überlebenden des Genozids der Jungtürken an den Armeniern, deren Martyrium sich dieses Jahr zum hundertsten Mal jährt, den Millionen Opfern des Holocausts, des Völkermordes der Hutu an den Tutsi in Ruanda oder des Massakers serbischer Soldateska an Tausenden von Bosniern in Srebrenica – von den heutigen Opfern des Islamischen Staates ganz zu schweigen – wäre es schwerlich anzulasten, dass sie ihre jeweiligen Täter, ja selbst deren Nachkommen als Feinde wahrnahmen und bis heute als solche betrachten. Ich hatte mehrfach Gelegenheit, mit den sogenannten ‚Müttern von Srebrenica' zu sprechen. Deren Leid erklärt und rechtfertigt meines Erachtens jedes Feindbild, zumal sich manche Täter vor Ort bis heute ungestraft mit ihren bestialischen Verbrechen brüsten dürfen. Selbst die bestgemeinten Versöhnungskonzepte der Psychotherapie und Friedensethik stoßen hier zwangsläufig an die Grenzen ihrer Kunst und Gutmenschlichkeit.

---

[13] Gerhard Uhlenbruck: Kaffeesätze, Gedankensprünge in den Sand des Getriebes. Spiridon Verlag Erkrath 1987.

Das gilt es schlichtweg zu akzeptieren; alles andere wäre Arroganz und Vermessenheit!

Diese Feststellung gilt auch für die aktuellen Ereignisse und Erscheinungsformen des vieltausendfachen Mordes und Terrors im islamisch dominierten Herrschaftsbereich. Die Gräueltaten, die durch Al Quaida, die Taliban, den Islamischen Staat, Boko Haram und durch die Hamas im Nahen Osten, in Syrien, im Irak, in Nigeria, im Sudan, in Afghanistan und überall auf dieser Welt verübt wurden und künftig noch begangen werden, rechtfertigen durchaus ein reales und konkretes „Feindbild Islam", dem solange keine böswillige Verallgemeinerung zu unterstellen ist, wie es der immer noch allzu schweigsamen Mehrheit der unbeteiligten Muslime und ihrer geistlichen Oberhäupter nicht ernsthaft und aufrichtig angelegen erscheint, sich von diesem Terror im Namen ihrer Schrift, ihrer Religion, ihres Propheten und ihres Gottes wirklich konsequent und glaubwürdig zu distanzieren. Doch diese, von einigen rühmlichen Ausnahmen abgesehen, im Weltislam unverändert dominierende Distanzlosigkeit hat ihre guten Gründe, die vor allem in dem immanenten Gewaltpotential dieser Religion zu finden sind. Wer dort erst einmal die Axt an die Wurzel legte, müsste wohl am Ende den ganzen Baum fällen. Jeder unvoreingenommene Leser des Korans wird darin, insbesondere in den später verfassten, medinischen Suren, die im islamischen Verständnis auch den höheren Geltungsanspruch erheben, eine fatale Fülle von Feindseligkeiten bis zum göttlich legitimierten Aufruf zum Massenmord an ‚Ungläubigen' vorfinden. Die durch Islamapologeten und ihre Nachbeter heuchlerisch dagegengesetzten, meist älteren mekkanischen, somit im eigenen Schriftverständnis deutlich schwächer bewerteten und angesehenen Friedensbelege können den tendenziell gewalttätigen Gesamtcharakter dieses extrem ambivalenten Textes nicht glaubwürdig entkräften. Denn die medinische Militanz dominiert insgeheim stets die mekkanische Milde! Wer dennoch dumm genug ist, diesem vordergründigen „Mekka-Pazifismus" aufzusitzen, dem ist leider nicht zu helfen. Die Methode, ‚Ungläubige' durch Strategien wie Lüge, Heuchelei, Täuschung, leere Versprechungen, pseudowissenschaftliche Winkelzüge, philologische Spitzfindigkeiten, Halbwahrheiten und andere Formen der Manipulation und intellektuellen Einschläferung zu beeinflussen, hat im Islam eine lange, wirkungsvolle Tradition. In der osmanischen Diplomatie der Hohen Pforte gab es dafür den schönen Begriff ‚müdara' (= ‚Katzenfreundlichkeit'). Der Orientalist und Historiker Josef Matuz konstatiert in diesem Kontext, der uns auch heute noch manchmal sehr vertraut erscheint, „dass die Pforte – meistens, um den Rücken für Operationen an anderen Fronten freizuhalten – befristete Friedensverträge mit verschiedenen europäischen Staaten abschloss. Sie war dabei von vornherein entschlossen, die betreffenden Abkommen bei der ersten Gelegenheit zu brechen. Diese Praxis den Feinden gegenüber – auf dem Grundsatz der müdara (Heuchelei, eigentlich: ‚Katzenfreundlichkeit') basierend – stellte im islamischen Recht einen moralisch überaus positiven Wert dar."[14] Ein schönes Beispiel für diese osmanische Diplomatie liefert eine Episode aus dem Krimkrieg (1853 – 1856), als die Osmanen ein Verbot ihres Sklavenhandels mit Schwarzafrikanern zum „Einlullen" der europäischen Staaten in Aussicht stellen:

„Cevdet Pasha wrote that by that time orders from the grand vizier prohibiting the black slave trade had been sent to governors in order to feign friendship (müdara) to European states."[15]

Auch auf dem Gefechtsfeld der theologischen und religiösen Auseinandersetzung gibt es zahlreiche weitere Begriffe, die derartige Phänomene, exegetischen Kniffe, Exkulpationshilfen und andere affine Methoden beschreiben und kennzeichnen (taqiyya, kitman, muruna, tawriya, naskh, darura, iham, taysir, hudna).

Damit wird keineswegs negiert, dass es viele Millionen wirklich friedliebender und menschlich hochanständiger Muslime gibt. Sie dürfen weder kriminalisiert noch ausgegrenzt werden. Denn diese Muslime leben im Frieden trotz der verstörenden Ambiguität und violenten Virulenz ihrer kodifizierten Glaubensgrundlage, die sich bis heute aus bekannten Gründen einer objektiven und angstfreien wissenschaftlichen Exegese verschließt. Auch das in diesem Kontext oft bemühte Alte Testament als exkulpierender Vergleichstext bietet bei weitem nicht die Frequenz und Rigorosität von Mordaufrufen und Gewaltverherrlichung wie der Koran. Eine wahre Religion der Barmherzigkeit und des Friedens sähe in Theorie und Praxis gewiss anders aus. Man lese hierzu nur die teilweise erschütternden Zeugnisse seiner verfemten und mit Morddrohungen terrorisierten Kritiker wie Salman Rushdie, Ayaan Hirsi Ali, Hamed Abdel-Samad sowie vieler anderer Opfer und Märtyrer, die tapfer genug waren, die Wahrheit auszusprechen.

---

[14] Josef Matuz: Das Osmanische Reich. Grundlinien seiner Geschichte. Primus Verlag. Darmstadt 2012, S. 84f.

[15] Siehe Fußnote 65: Cevdet Pasha, Tezakir, 1-12, p. 102. In: Candam Badem: The Ottoman Crimean War (1853-1856). Nachdruck. Leiden 2010, S. 6.

Eine Aufklärung, die ein bellizistisch geprägtes Christentum (‚ecclesia militans') früherer Epochen ideologisch und machtpolitisch abzurüsten vermochte, wird für den Islam und seine militante Unterwerfungsideologie heute zwar oft und gerne empfohlen und gefordert. Doch dass ein solcher Transformations- und Reformprozess, der auch im Christentum über Jahrhunderte fortdauernd mit Krisen, Katastrophen, Schismen und Rückschlägen verbunden war, in absehbarer Zeit für einen alles andere als monolithisch aufgestellten Weltislam gelingen könnte, bleibt eher unwahrscheinlich. Denn auch die vielbeschworene Umma als universelle muslimische Glaubens- und Solidargemeinschaft erweist sich als Fata Morgana, die sich bei jedem innerislamischen Konflikt als erste in Luft auflöst. Eine Weltreligion, die mit ihren fanatisierten Anhängern unablässig Feindbilder nach innen und außen generiert, darf sich nicht darüber beklagen, dass sie selbst als hässliches Feindbild wahrgenommen und bekämpft wird. Mit dem Krebsgeschwür des Islamismus, das seine Metastasen Frauenfeindlichkeit, Fanatismus, Salafismus, Wahabismus, Dschihadismus und Terrorismus in die Welt streut, ist sich der real existierende Islam heute selbst sein schlimmster Feind geworden. Eine Umma, die weder willens noch fähig ist, sich von diesem Irrsinn mit aller Deutlichkeit, Trennschärfe und Konsequenz zu distanzieren, wird zu Recht entweder als verlogen oder als inexistent betrachtet.

Auf die Allgemeine Erklärung der Menschenrechte vom 10. Dezember 1948 reagierte das islamische Lager erst am 5. August 1990 mit der sogenannten ‚Kairoer Erklärung der Menschenrechte im Islam', die von der 19. Außenministerkonferenz der Organisation für islamische Zusammenarbeit (OIC) verabschiedet wurde – ein Zerrbild dessen, was Menschenrechte nach unseren Standards auszeichnet. In der Präambel wird zur Rolle der Umma in einem bis zum Realitätsverlust gesteigerten Selbstbewusstsein, doch gleichwohl in bester Feindbildmanier ausgeführt:

„Die Mitglieder der Organisation der Islamischen Konferenz betonen die kulturelle und historische Rolle der islamischen Umma, die von Gott als die beste Nation geschaffen wurde und die der Menschheit eine universale und wohlausgewogenen Zivilisation gebracht hat, in der zwischen dem Leben hier auf Erden und dem Jenseits Harmonie besteht und in der Wissen mit Glauben einhergeht; und sie betonen die Rolle, die diese Umma bei der Führung der durch Konkurrenzstreben und Ideologien verwirrten Menschheit und bei der

Lösung der ständigen Probleme dieser materialistischen Zivilisation übernehmen sollte; (…) die Umma trägt die Verantwortung für die Gemeinschaft."[16]

Bundeskanzlerin Angela Merkel hat in ihrer Regierungserklärung vom 15. Januar 2015 anlässlich des Terrorangriffs auf die Redaktion des französischen Satiremagazins ‚Charlie Hebdo' auch an die Adresse der Umma klargestellt:

„Sie fragen, wie man dem wieder und wieder gehörten Satz noch folgen kann, dass Mörder, die sich für ihre Taten auf den Islam berufen, nichts mit dem Islam zu tun haben sollen. Ich sage ausdrücklich: Das sind berechtigte Fragen. Ich halte eine Klärung dieser Fragen durch die Geistlichkeit des Islam für wichtig, und ich halte sie für dringlich. Ihr kann nicht länger ausgewichen werden. (…) Wir alle haben Fremdbilder im Kopf. Niemand von uns ist ohne Fremdbilder. Sie bestehen aus Erfahrungen, Gehörtem, aus ungeprüften eigenen Vorstellungen, auch aus Ängsten. Sie sind teils richtig und teils falsch. Bei manchen werden Fremdbilder zu Feindbildern. Das lässt sich durch Aufklärung und Kennenlernen verhindern."[17]

Wie nicht anders zu erwarten, steht eine ehrliche Beantwortung dieser Frage durch die führende Geistlichkeit des Weltislams bis heute aus. Stattdessen haben wir zwischenzeitlich andere schreckliche Antworten erhalten, die Fremdbilder fast zwangsläufig zu Feindbildern mutieren lassen. Es ist aber auf der anderen Seite ebenso erschreckend und manchmal schier unfassbar, dass gerade die sogenannten Christen in Europa die systematische Unterdrückung, brutale Verfolgung und grausame Ermordung ihrer Glaubensgeschwister auf der ganzen Welt, insbesondere aber im islamischen Machtbereich[18] fast völlig ignorieren oder die bloße Idee einer bewussten Berücksichtigung millionenfach verfolgter Christen im Asylverfahren als „rassistisch" diskriminieren. Diese pseudohumanitäre Paranoia und Perversion im Denken vornehmlich linksliberaler Provenienz wird viel zu wenig analysiert und angeprangert. Dass die persönliche Positionierung dieses Exkurses selbst einen Feindbildvorwurf impliziert, versteht sich von selbst, ist aber nicht vermeidbar.

---

[16] Vgl. hierzu Sibylle Tönnies: Die Menschenrechtsidee. Ein abendländisches Exportgut. VS Verlag für Sozialwissenschaften. Wiesbaden 2011, S. 111.

[17] Tagesaktuelles Plenarprotokoll 18079 des Deutschen Bundestages. Berlin vom 15. Januar 2015.

[18] Vgl. z.B.: Christen in großer Bedrängnis. Diskriminierung und Unterdrückung. Dokumentation 2013. Hrsg. von KIRCHE IN NOT. München 2013.

Doch was müsste geschehen, um das große Feindbild Islam abzubauen und jenseits militärischer Lösungsversuche die islamistische Bedrohung und damit letztlich auch die Selbstzerstörung des gesamten islamischen Kulturraumes zu vermeiden? Auch wenn einige Vorschläge realitätsfremd und utopisch klingen mögen, seien folgende Punkte genannt:

- Aktive und möglichst geschlossene Intervention der Organisation für Islamische Zusammenarbeit (OIC) und anderer politischer, diplomatischer, geistlicher und gesellschaftlicher Gremien, Kreise und Kräfte, um dem Begriff der Umma als universelles islamisches Gebilde zur Geltung zu verhelfen.
- Glaubwürdige Distanzierung der Mehrheit der Muslime von allen historischen und aktuellen Verbrechen und Verbrechern im Namen der Religion
- Schonungslose Aufklärung über die totalitären Traditionen, Strukturen und Ziele des real existierenden Islams als Anstoß zu echten Reformen.
- Offener, ehrlicher, tabufreier interreligiöser Dialog (ohne Taqiyya!) mit Ausdehnung auf Internetforen als Gegengewicht zum Internet-Islamismus.
- Abschaffung sinnloser Islamkonferenzen, die keine wirkliche Basis vertreten
- Etablierung einer historisch-kritischen Koran-Exegese auf dem Standard der modernen Bibelwissenschaft mit Einrichtung entsprechender Lehrstühle
- Definitiver Verzicht des Islams auf Weltbeglückung und Weltherrschaft
- Uneingeschränkte Anerkennung der Allgemeinen Menschenrechte und Entwicklung eines ‚evolutionären Humanismus'
- Stärkung der Rolle der Frauen im Islam durch einen islam(kritisch)en Feminismus und sexuelle Aufklärung (mit Verbot der Frauenbeschneidung)
- Systematische Aufklärungskampagnen und Bildungsinitiativen
- Abschaffung und Verbot der heute noch bestehenden Sklaverei im Islam

Feinbilder im interaktiven Kontext

In seinen ‚Betrachtungen eines Unpolitischen' (1918) konstatiert Thomas Mann: „Wo überhaupt keine Gemeinsamkeit der Gedanken besteht, da kann es keine Feindschaft geben, es herrscht dort gleichgültige Fremdheit. Nur wo gleich gedacht, aber verschieden empfunden wird, dort ist Feindschaft, dort wächst Hass.“[19] Feindschaft setzt also eine auf gemeinsamem Zeichenvorrat sowie eine auf – wenn auch feindseliger – Kommunikationsbasis beruhende Interaktion voraus, nicht erst in einer heißen Phase physischer Auseinandersetzung oder im Gefecht, sondern bereits lange vorher, im persönlichen Streit und Gezänk, im weltanschaulichen Kampf, im Wettrüsten und im ‚Kalten Krieg‘. Diese negativ besetzte Gemeinsamkeit mag auf dem Höhepunkt der Auseinandersetzung auf den wechselseitigen Impetus reduziert sein, sich gleichsam an die Gurgel zu springen – gleichwohl bleibt ein Mindestmaß an Kommunikation und Gemeinsamkeit erhalten. Sonst gäbe es keine jahrelangen Zaunkriege zwischen verfeindeten Nachbarn, keine emotionalen Auseinandersetzungen vor Gericht, keine Propagandaaktivitäten an der Front, keine Parlamentäre im Niemandsland zwischen den verfeindeten Linien oder andere Formen des Austausches zwischen den verfeindeten Seiten und Parteien.

Insofern wiederholt Günther Wagenlehner lediglich eine völlig unzutreffende Behauptung, wenn er in der Einführung zu dem von ihm herausgegebenen Buch ‚Feindbild. Geschichte – Dokumentation – Problematik‘ den Schweizer Kurt Spillmann mit dessen sieben typischen Merkmalen eines Feindbildsyndroms anführt. Denn neben den von Spillmann genannten Merkmalen Misstrauen, Schuldzuschiebung (sic!), negative Antizipation, Identifikation mit dem Bösen, Nullsummendenken und De-Individualisierung wird als Merkmal auch Empathieverweigerung mit der Ausführung zitiert:

„Mit unserem Feind verbindet uns keine Gemeinsamkeit; es gibt keine Information, die uns von unserer Feind-Auffassung abbringen könnte; den Feinden gegenüber sind menschliche Gefühle und ethische Kriterien gefährlich und fehl am Platz.“[20]

Spillmanns These einer verabsolutierten Empathieverweigerung gegenüber oder zwischen Feinden wird durch die Historie und Empirie entschieden widerlegt. Denn selbst und gerade die krudeste und bis zum Hass gesteigerte Antipathie setzt zunächst die Fähigkeit und Bereitschaft zur Empathie voraus. Wer nicht in der Lage oder willens ist, sich in seinen Feind hineinzudenken, ja

---

[19] Thomas Mann: Betrachtungen eines Unpolitischen. (Stockholmer Gesamtausgabe 15). Frankfurt am Main 1956, S. 39.

[20] Günther Wagenlehner: Feindbild. Einführung. In: Feindbild. Geschichte – Dokumentation – Problematik. Hrsg. von Günther Wagenlehner. Report Verlag. Frankfurt am Main 1989, S. 7.

hineinzufühlen, hat schon verloren. Bereits früher wurde der Feind geradezu „studiert", um ihn zu verstehen, ihn berechenbar zu machen. Die moderne Kriminalistik bedient sich sogenannter Profiler, um Tatmuster, Tatmotive, Täterpersönlichkeiten und deren Absichten analysieren zu können. All dies setzt Empathie voraus, also ein Einfühlungsvermögen, um den anderen in seiner Absicht und Handlungsweise verstehen zu lernen, selbst wenn man ihn dafür verurteilt, verachtet oder sogar hasst. Natürlich ist hierfür eine angemessene Distanzierung die professionellere Haltung. Letztlich geht es dabei sogar um eine Dialektik von Distanz und Nähe. Die Kunst der Kriegsführung steht und fällt mit dieser Eigenschaft, die gerade in der Komplexität und asymmetrischen Ausrichtung aktueller Konflikte unverzichtbar ist. Schon Sunzi hat erkannt:

„Wenn du den Feind und dich selbst kennst, brauchst du den Ausgang von hundert Schlachten nicht zu fürchten. Wenn du dich selbst kennst, doch nicht den Feind, wirst du für jeden Sieg, den du erringst, eine Niederlage erleiden. Wenn du weder den Feind noch dich selbst kennst, wirst du in jeder Schlacht unterliegen."[21]

Dass sich bei Clausewitz ähnliche Gedanken finden, versteht sich von selbst. Feindschaft bedeutet weder permanente Frontstellung noch absolute Unversöhnlichkeit. Menschen, Staaten und Epochen sind wandlungs- und entwicklungsfähig. Diese Fähigkeit ist ein Faktum der Geschichte. So wie Freundschaften und Feindschaften entstehen, können sie auch wieder vergehen. Freunde können zu Feinden werden und umgekehrt. Anderenfalls gäbe es auch keine Verständigung und Aussöhnung, wie sie etwa zwischen den früheren „Erbfeinden" Deutschland und Frankreich erfolgen konnte. Auch Spillmanns Behauptung, „den Feinden gegenüber (seien) menschliche Gefühle und ethische Kriterien gefährlich und fehl am Platz", ist in dieser apodiktischen Zuspitzung falsch oder dient einer unzulässigen Ideologisierung der Thematik. Das humanitäre Völkerrecht, das Rote Kreuz, das Phänomen der Fraternisierung von feindlichen Frontkämpfern, das sogenannte „Stockholm-Syndrom" und unzählige Einzelbeispiele von Mitmenschlichkeit und edelster Gesinnung inmitten größter Feindseligkeiten widerlegen Spillmanns und Wagenlehners These.

---

[21] Sunzi: Die Kunst des Krieges. Hrsg. und mit einem Vorwort von James Clavell. Aus dem Amerikanischen von Jürgen Langowsky. Droemer Knaur Verlag. München 1988, S. 39.

Feindbilder im funktionalen Kontext

Die Komplexität von Feindbildern beinhaltet aber noch eine weitere wichtige Erkenntnis. Von dem ungarischen Soziologen und Schriftsteller György Konrad stammt die Beobachtung: „Wenn es keinen großen Feind gibt, wird es viele kleine geben; das Feindbild bricht in Stücke. Wer gelernt hat, Angst zu haben, der reproduziert den Feind: Er braucht ihn."[22] Die Fragmentierung großer Feindbilder in kleinere Gebinde verweist auf eine Funktion, die Soldaten aus ihrer Taktikausbildung durchaus vertraut ist: dort nennt man es ‚Portionieren des Feindes'. Wem es gelingt, seinen übermächtig auftretenden Feind räumlich und zeitlich aufzutrennen, hat eine bessere Chance, ihn zu vernichten. Wo umgekehrt das große Feindbild fehlt, muss oft ein Mosaik aus einzelnen Feindbildchen, Klischees, Stereotypen und böswilligen Unterstellungen herhalten, um ein vermeintliches Bedrohungsszenario propagieren zu können. Die Art und Weise, wie in der vornehmlich linken Medienlandschaft diese Meinungsmanipulation erfolgreich funktioniert, lässt sich in der Geschichte der Bundeswehr an vielen Beispielen verfolgen. Auch die Funktion der dabei bewusst und beständig geschürten Angst als Katalysator zur Reproduzierung des Feindbildes, wie György Konrad richtig folgert, ist ein Basismodul des linken Manipulations- und Lernprozesses. Ohne ihr konstitutives Element der im Ausland sprichwörtlichen ‚German Angst' wäre die deutsche Friedensbewegung nicht denkbar. Vor allem deutsche Pazifisten hängen an ihrer Angst (als Ausdruck ihrer mit postheroischen Phrasen verbrämten Feigheit) wie Junkies an der Nadel! Das war in der Geschichte des Pazifismus allerdings nicht immer so.

Lew Kopelew hat im Zweiten Weltkrieg, anders als sein Landsmann Ilja Ehrenburg, nicht Hass, Mord und Vernichtung gepredigt, sondern aus seinen Erfahrungen als ‚Instrukteur für Aufklärungsarbeit im Feindesheer' gelernt. Beim Einmarsch der Roten Armee in Ostpreußen im Januar 1945 wurde er Augenzeuge der Kriegsverbrechen und Gräueltaten seiner Landsleute gegen die deutsche Zivilbevölkerung. Kopelew hat in seiner langjährigen Beschäftigung mit diesen Erfahrungen wichtige Lehren zur Feindbildtheorie gezogen. Er hat vor allem herausgearbeitet, dass zunächst positive und realitätsnahe Fremdbilder durch negative Ereignisse zwar überlagert und verdrängt werden können. Zerrbilder hingegen, die durch Ressentiments, Angst, Hass, Minder-

---

[22] György Konrad: Internet-Quelle: zitatelebenalle.com/Feindschaft/4884/ (Aufruf am 30.08.2015)

wertigkeitskomplexe und böse Erinnerungen entstehen, können jederzeit auch als Feindbilder in Funktion gesetzt werden. Kopelews Begriffstrias ‚Fremdbild', ‚Zerrbild' und ‚Feindbild' ist daher in der Feindbildforschung geradezu stilbildend geworden.[23]

Die Konstruktion und Funktionalisierung von Feindbildern in den Medien, insbesondere in der Boulevardpresse, ist Tagesgeschäft. Claudia Felber hat dazu eine erhellende Studienarbeit verfasst.[24] In Krisen- und Kriegszeiten übernehmen dieselben Medien häufig ausgesprochen bereitwillig propagandistische Aufgaben, um die eigene Bevölkerung auf einen Feind einzuschwören. Der von der PEGIDA-Bewegung neuerdings wieder aufgegriffene Begriff ‚Lügenpresse' stammt nicht, wie uns beleidigte Pressevertreter weismachen wollen, aus dem Wortschatz des Nationalsozialismus, sondern bezeichnete ursprünglich die Propagandapresse der deutschen Kriegsgegner im Ersten Weltkrieg, insbesondere der angloamerikanischen Seite, die die deutsche Propaganda an Lüge, Infamie und Hetze oft weit übertraf.

Feindbilder im propagandistischen Kontext

Ernst Toller beschreibt die feuilletonistische Feindbildgestaltung der deutschen Kriegspropaganda in seinem 1933 erschienenen biographischen Buch ‚Eine Jugend in Deutschland':

„In den Feuilletons der Zeitungen sind die Franzosen eine degenerierte Rasse, die Engländer feige Krämerseelen, die Russen Schweine; die Sucht, den Gegner herabzusetzen, zu beschimpfen und zu besudeln, ist so widerwärtig, dass ich in einem Aufsatz, den ich dem ‚Kunstwart' schicke, mich gegen diese Haltung, die uns selbst herabsetzt, wehre, der Redakteur schickt das Manuskript mit vielen gewundenen Phrasen zurück, man müsse auf die Volksstimmung Rücksicht nehmen. Dabei ist diese Volksstimmung in der Heimat gezüchtet, die Frontsoldaten ‚spucken darauf'."[25]

---

[23] Vgl. insbesondere Karin Liebhart / Elisabeth Menasse / Heinz Steinert (Hrsg.): Fremdbilder – Feindbilder – Zerrbilder. Zur Wahrnehmung und diskursiven Konstruktion des Fremden Klagenfurt: Drava 2002.

[24] Claudia Felber: Feindbildkonstruktion in den Medien. Studienarbeit. GRIN-Verlag. Norderstedt 2006.

[25] Ernst Toller: Eine Jugend in Deutschland. (Originalausgabe im Querido Verlag Amsterdam 1933) Rowohlt Taschenbuch Verlag, Reinbek bei Hamburg 1993, S. 50.

Toller beschreibt hier fünf wichtige Aspekte: 1. Es sind die Intellektuellen und Journalisten an der ‚Heimatfront‘, die als ungefährdete Schreibtischtäter den Krieg mit der scharfen Feder führen. 2. Deren Rassismus wird von den Frontsoldaten verachtet, weil sie auch dem Gegner als Mitmenschen begegnen, nicht als Untermensch oder Tier. 3. Kriegspropaganda wird von der Truppe durchschaut, denn sie allein kennt das tatsächliche Geschehen aus unmittelbarem Erleben. Für die Volksstimmung scheint die Propaganda indes unerlässlich zu sein. 4. Diese menschenverachtende Propaganda führt zur kulturellen Selbstherabsetzung und schadet sich damit selbst mehr als dem Feind. 5. Die Presse macht sich zum Handlanger dieser Manipulation und Volksverdummung. Der Begriff ‚Lügenpresse‘ entstand damals zur Charakterisierung der feindlichen Kriegspropaganda, die den deutschen Auswüchsen in nichts nachstand, sondern sie an Infamie und Menschenverachtung oft bei weitem übertraf, insbesondere in Hinblick darauf, dass die französische und angloamerikanische Propaganda und Heimatpresse die deutschen Soldaten mit besonderer Vorliebe als entmenschte Barbaren und blutrünstige Bestien darstellte. So verwundert es nicht, wie Robert von Ranke-Graves in seiner 1929 erschienenen Autobiographie ‚Goodbye to All That‘ (1930 unter dem deutschen Titel ‚Strich drunter!‘) den britischen Frontsoldaten charakterisiert, der Patriotismus, Religion und Zivilisten, doch unter diesen besonders die Journalisten ebenso sehr verachtete, wie er seinen Regimentsstolz als einzige Quelle der soldatischen Moral hochhielt:

„Patriotismus war in den Gräben ein zu abwegiges Gefühl und wurde sogleich als nur Zivilisten und Gefangenen angemessen abgelehnt. Einem Neuling, der von Patriotismus redete, wurde nahegelegt, sich das abzugewöhnen. (...) Der Frontsoldat, der an diesem sorgfältig abgestuften Kastensystem der Ehre festhielt, dachte nicht daran, dass die ihm gegenüberliegenden Deutschen genau dasselbe System aufgebaut haben könnten. Für ihn war Deutschland eine Nation in Waffen, ein einiges Volk, beseelt von eben der Art Patriotismus, die er selbst verachtete. Er schenkte den meisten Zeitungsmeldungen über Verhältnisse und Stimmungen in Deutschland Glauben, obwohl er nichts oder wenig von dem glaubte, was die englischen Zeitungen über ähnliche Verhältnisse und Stimmungen in England schrieben. Als Soldaten jedoch hat er die Deutschen nie unterschätzt. Herabsetzung von Fritzens Mut und Kriegstüchtigkeit in den Zeitungen stießen bei allen erfahrenen Frontsoldaten auf Verärgerung."[26]

Die besondere Achtung und Wertschätzung der Frontsoldaten untereinander und über die feindlichen Linien hinweg erwuchs aus dem Wissen um das gemeinsame, nach einer kurzen Kriegsbegeisterung rasch als sinnlos empfundene Leiden und Sterben, das man sich nicht freiwillig, sondern im Auftrag der jeweiligen Vorgesetzten und Regierungen gegenseitig bereitete. Diese geheime Bruderschaft der Schützengräben wurde in der Kriegslyrik des Ersten Weltkriegs (noch ganz anders als später im Zweiten Weltkrieg), beispielsweise in den Gedichten des Arbeiterdichters Heinrich Lersch auch mit religiöser Inbrunst und humanitärem Pathos beschworen. Der verlogene Papierpatriotismus der Presse und das mit der allgemeinen Kriegsmüdigkeit zunehmende Lamento in der Etappe und in der Heimat widerten die Frontkämpfer an, weil doch nur sie es waren, die wirklich litten und jeden Augenblick mit dem Tod rechnen mussten. Dadurch verschoben sich auch die alten Feindbilder, fort von der Front, verstärkt nach hinten und in die Heimat. Dieser Gesinnungswandel einer mit ,dulce et decorum'-Phrasen verhetzten und verheizten Schützengrabengeneration wurde damit auch zum mentalen Wegbereiter des Zusammenbruchs und der späteren ,Dolchstoßlegende'.

Feindbilder im staatsphilosophischen und politischen Kontext

In zwei Belegen findet sich bei Carl Schmitt die Feststellung: „Der Feind ist unsere eigne Frage als Gestalt."[27] Die zentrale Rolle der Gestalt des Feindes im Denken Carl Schmitts bedarf hier keiner näheren Erklärung; sie ist gemeinhin bekannt. Es lohnt jedoch, sein Verständnis des Feindes als staatsphilosophische Schlüsselfigur und politischen Unterscheidungsbegriff an dieser Stelle ausführlicher zu zitieren:

---

[26] Robert von Ranke-Graves: Strich drunter. Roman. (Originaltitel ,Goodbye to All That'. Verlag Jonathan Cape. London 1929) Aus dem Englischen von Gottfried Treviranus. Durchgesehen und überarbeitet von Birgit Otte. Rowohlt Taschenbuch Verlag. Reinbek bei Hamburg 1990, S. 225f.

[27] Carl Schmitt: Ex Capitivitate Salus. Erinnerungen der Zeit 1945/47. Köln 1950, S. 90. Sowie in: Theorie des Partisanen. Zwischenbemerkung zum Begriff des Politischen. Berlin 1963, S. 87.

„Die eigentliche politische Unterscheidung ist die Unterscheidung von Freund und Feind. Sie gibt menschlichen Handlungen ihren politischen Sinn; auf sie führen schließlich alle politischen Handlungen und Motive zurück. Sie ermöglicht infolgedessen auch eine Begriffsbestimmung im Sinne eines kennzeichnenden Merkmals, eines Kriteriums. Insofern sie nicht aus anderen Merkmalen ableitbar ist, entspricht sie für das Politische den relativ selbständigen Merkmalen anderer Gegensätze: Gut und Böse im Moralischen, Schön und Hässlich im Ästhetischen, Nützlich und Schädlich im Ökonomischen (...) Die Unterscheidung von Freund und Feind bezeichnet die äußerste Intensität einer Verbindung und Trennung. Sie kann theoretisch und praktisch bestehen, ohne dass gleichzeitig alle jene moralischen, ästhetischen, ökonomischen oder sonstigen Unterscheidungen zur Anwendung kommen müssten. Der politische Feind braucht nicht moralisch böse, er braucht nicht ästhetisch hässlich zu sein; er muss nicht als wirtschaftlicher Konkurrent auftreten, und es kann vielleicht sogar vorteilhaft und rentabel scheinen, mit ihm Geschäfte zu machen. Er bleibt aber ein *Anderer*, ein *Fremder*."[28]

Dieser Feindbegriff benötigt zur politischen Legitimation weder Moral noch Ästhetik, weder einen ökonomischen Utilitarismus noch irgendeine andere traditionelle Kategorie. Allein durch sein Vorhanden- und Anderssein bietet der Feind eine unverzichtbare Projektionsfläche für die Begründung der eigenen Existenz und Position. Carl Schmitt führt dazu an anderer Stelle weiter aus:

„Zum Begriff des Feindes gehört die im Bereich des Realen liegende Eventualität eines bewaffneten Kampfes, das bedeutet hier eines Krieges. Der Krieg folgt aus der Feindschaft, denn diese ist seinsmäßige Negierung eines anderen Seins. Krieg ist nur die äußerste Realisierung der Feindschaft. Denn erst im Krieg zeigt sich die äußerste Gruppierung nach Freund und Feind. Von dieser äußersten Möglichkeit her gewinnt das Leben der Menschen seine spezifisch politische Spannung. Die Höhepunkte der großen Politik sind zugleich die Augenblicke, in denen der Feind in konkreter Deutlichkeit als Feind erblickt wird. Ein Krieg hat seinen Sinn nicht darin, dass er für Ideale oder Rechtsnormen, sondern darin, dass er gegen einen wirklichen Feind geführt wird."[29]

---

[28] Carl Schmitt: Der Begriff des Politischen. 1927. 3. Auflage Hamburg 1933, S. 7.

[29] Carl Schmitt: Der Begriff des Politischen. 1927. 3. Auflage Hamburg 1933, S. 33.

An dieser Stelle lässt Carl Schmitt die Katze richtig aus dem Sack! Der Feind gibt nach seiner Bestimmung Anlass und Gelegenheit zum Krieg und liefert die Begründung für diese äußerste Aufwallung des Individuums wie des Staates. Die Negierung und kalkulierte Annihilation des Anderen und Fremden in der Gestalt des Feindes liefert Schmitt erst die notwendige politische Spannung. Sein Feind ist argloser Statist in einem amoralischen Gruselstück, das als großes Staatstheater daherkommt. Schmitt nobilitiert diesen Feind lediglich zum Kristallisations- und Negationspunkt von Politik, Staat und Gesellschaft, um ihn anschließend der Vernichtung anheimfallen zu lassen – wie ein geschmücktes Opfertier! Der Krieg ist nicht politisch im Sinne Clausewitzscher Ratio als Fortsetzung der Politik mit anderen Mitteln. Seine Sinngebung erfolgt auch nicht durch Benennung bestimmter Kriegsziele, sondern vornehmlich darin, dass er den Dualismus des eigenen Seins und des negierten anderen Seins als existentielle Situation erst inszeniert. In diesem Szenar zelebriert ein kranker Geist im philosophischen Tarnanzug eine Gewaltorgie des Nihilismus!

Wenn heute wieder einige junge Bundeswehroffiziere Carl Schmitt rezipieren, um sein Denksystem als Steinbruch für eigene Ideen auszubeuten, ist das zunächst einmal erstaunlich, aber durchaus legitim. Man freut sich, denn die Jugend liest wieder anspruchsvolle Texte und Autoren wie Ernst Jünger und Carl Schmitt haben zur Entwicklung eines eigenen Sprachstils noch keinem geschadet. Wenn aber Carl Schmitt wieder als der Hohepriester der Konservativen Revolution Gehör findet, um das eigene, noch unterentwickelte soldatische Selbstverständnis mit katechontischen Feindbildern zu unterfüttern[30], dann ist erhöhte Aufmerksamkeit gefragt. Eine intensive Auseinandersetzung mit den beiden Buchtiteln ‚Soldatentum‘[31] und ‚Armee im Aufbruch‘[32] ist an dieser Stelle leider nicht möglich. Um das meist noch etwas ungeklärte Verhältnis der Autoren dieser beiden Sammelbände zu ihrem Beruf, zur erlebten Führungskultur, zum eigenen Selbstverständnis und der damit verbunde-

---

[30] Vgl. Carl Schmitts Begriff des Katechons in ‚Der Nomos der Erde‘ (1950) und die davon abgehenden Rezeptionslinien: nach hinten über den mittelalterlichen Interpretationsstrang und die Patristik bis zum Ausgangspunkt des zweiten Thessalonicherbriefes (2,6) sowie nach vorne über die nachgewachsenen Carl-Schmitt-Adepten Jochen Bohn, Martin Böcker et alii!

[31] Martin Böcker / Larsen Kempf / Felix Springer (Hrsg.): Soldatentum. Auf der Suche nach Identität und Berufung der Bundeswehr heute. Olzog Verlag München 2013.

[32] Marcel Bohnert / Lukas J. Reitstetter (Hrsg.): Armee im Aufbruch. Zur Gedankenwelt junger Offiziere in den Kampftruppen der Bundeswehr. Carola Hartmann Miles Verlag. Berlin 2014.

nen, aber im Einzelfall erkennbar verschmähten Rolle als Staatsbürger in Uniform näher zu untersuchen, bedarf es einer gesonderten Befassung. Wer Feuerholz sucht, um ein Leuchtfeuer zu entfachen, sollte darauf achten, welches Material er dafür einsammelt.

Franz Blei hat 1940 im holländischen Exil seine Enttäuschung über das sacrificium intellectus seines ehemaligen Brieffreundes Carl Schmitt in Sätze gefasst, die zwischen Melancholie und Sarkasmus nach einer nur schwer gelingenden Erklärung suchen. Seine scharfsinnige Skizze einer gescheiterten Geistesgröße, die in der Bewährung menschlich wie moralisch versagt hat, endet mit einem fast eschatologischen Bild: „Schmitt trägt nasses Holz zum mählich verglimmenden Feuer, und es macht nur Rauch, nicht Flamme."[33]

Schlussbetrachtung

Das Kaleidoskop wurde in den vorangehenden Kapiteln nach vielen Seiten gedreht und gewendet, um dem Phänomen Feindbild in der Betrachtung und Verortung näher zu kommen. Ob dies halbwegs gelungen ist, entscheidet alleine der Leser. Es wäre zu dieser Thematik noch sehr viel mehr zu sagen. Denn ein Kaleidoskop liefert endlos viele Variationen und die Geduld des Betrachters ist bei aller Neugier demgegenüber endlich. Die menschliche Phantasie wiederum ist unendlich, auch oder gerade wenn sie von Angst, Aggression, Hass und anderen negativen Emotionen angesteckt und angetrieben wird. Die unüberschaubare Anzahl an Feindbildern und Schimpfnamen auf der ganzen Welt belegt dies eindrucksvoll. Der russisch-jüdische Philologe und Psychologe Abraham Aaron Roback (1890 -1965) hat 1944 das Buch ‚A dictionary of international slurs (ethnophaulisms): with a supplementary essay on aspects of ethnic prejudice'[34] verfasst, in dem er die Abwertung und Verunglimpfung von Ethnien, Völkern und Nationen untersucht hat. Der Begriff ‚Ethnophaulismus' (von griechisch: εθνος=Volk und φαυλος=minderwertig) beschreibt die sprachliche Abwertung einer geringgeschätzten Ethnie. Sogenannte „derogato-

---

[33] Franz Blei (1940): Carl Schmitt. Zuerst erschienen in: Zeitgenössische Bildnisse. Allert de Lange. Amsterdam.
Wieder abgedruckt in: Der Pfahl. Jahrbuch aus dem Niemandsland zwischen Kunst und Wissenschaft II. Matthes & Seitz Verlag. München 1988, S. 293-298.
[34] Abraham Aaron Roback: A Dictionary of International Slurs (Ethnophaulisms): with a Supplementary Essay on Aspects of Ethnic Prejudice': Sci-art publishers, Cambridge Massachusetts 1944.

ry ethnic labels" (DEL) und „ethnic slurs" als pejorative und zuweilen rassistische Namensgebungen sollen die vermeintlich negativen und hässlichen Eigenschaften, Charakterzüge und (Un)taten anderer Ethnien und deren Individuen zum Ausdruck bringen. In der amerikanischen Linguistik gibt es dafür sogar einen ‚Maledictology' bezeichneten Forschungszweig mit einem von 1977 bis 2005 bestehenden Publikationsorgan namens ‚Maledicta. The International Journal of Verbal Aggression'.

Die Deutschen sind aufgrund ihrer Geschichte dafür ein dankbares Objekt des Spotts, der Häme und der Anklage. Die ‚DELs' und ‚slurs' für uns sind in Teilen wohlbekannt. Die Franzosen kennen uns auch als ‚Boche', die Belgier als ‚Prüüs', die Niederländer als ‚Mof', die Dänen als ‚Sakse', die Italiener als ‚Crucco', die Schweizer als ‚Gummihals', die Österreicher als ‚Piefke' und im slawischen Sprachraum heißen wir auch einmal ‚Svaba' oder ‚Hanys'. Bei vielen heißen wir auch nur ‚Fritz' und als die Gletscherleiche vom Similaun für Aufsehen sorgte, nannten die Angloamerikaner unseren ‚Ötzi' humorvoll ‚Frozen Fritz'. Doch gerade im angloamerikanischen Sprachraum finden sich leider auch viele stark diskriminierende Bezeichnungen unter den ‚slurs' für uns Deutschen: Adolf, Blockhead, Germ, Herm, Hans Bitterman, Heinie, Hitler, Nazi, Hun, Jerry, Jew Burner, Jew Killer, Kartoffel, Kraut und Shit Eater.

Wie viel – sicher auch berechtigte – Verachtung und welcher Hass auf alles Deutsche muss einmal dagewesen sein, um auf einige dieser Namen zu kommen. Die Deutschen als großes Feindbild, als Täter und als Opfer zugleich: das sollte künftig am besten Geschichte bleiben.

IV Rezensionen

Wolf Graf von Baudissin, Grundwert: Frieden in Politik - Strategie - Führung von Streitkräften, herausgegeben und eingeleitet von Claus von Rosen, Berlin (Miles-Verlag) 2014.

D.-Holger Müller

Wolf Graf von Baudissin hat gleich in dreifacher Hinsicht eine bemerkenswerte Lebensleistung hinterlassen: General der Bundeswehr in einflussreichen nationalen und internationalen Verwendungen, erfolgreicher akademischer Lehrer und Gründungsdirektor des renommierten Instituts für Friedensforschung und Sicherheitspolitik an der Universität Hamburg (IFSH). In allen diesen drei Feldern – wie überhaupt in seinem gesamten Denken und Wirken – war dabei stets die Suche nach dem „Geistig-Sittlichen" das bestimmende Element, also das Bemühen um eine christlich orientierte Verantwortungsethik[1]. Diese Grundhaltung schimmert bereits in seiner Denkschrift „Ost oder West – Gedanken zur deutsch-europäischen Schicksalsfrage" von 1946/47 deutlich durch, setzt sich fort in zahlreichen Aufsätzen zu den Themen Sicherheit-Konfliktlösung-Entspannungspolitik und findet ganz besonders ihren Widerhall in der Konzeption <Innere Führung>.

Der Leiter des Baudissin-Dokumentationszentrums an der Führungsakademie der Bundeswehr in Hamburg, Oberstleutnant a.D. Prof. Dr. Freiherr von Rosen, hat sich in dankenswerter Weise der Aufgabe gestellt, aus dem umfangreichen Nachlass Baudissins einen Sammelband zusammenzustellen. Herausgekommen ist dabei ein 630 Seiten umfassendes Werk, welches die wichtigsten Schriften, Briefe und Redetexte des Offiziers und Friedensforschers Wolf Graf von Baudissin aus dem Zeitraum 1947 bis 1990 enthält. Das Buch fasst das Material aus zwei früheren Sammelbänden (1969 + 1982) zusammen und erweitert die Sammlung um fünf weitere auf jetzt 60 Dokumente. Ein Lebenslauf auf Basis neuester Forschungsergebnisse, eine umfangreiche Bibliographie (681 Titel) sowie ein äußerst ausführliches Sachregister runden diese Darstellung ab und machen es zu einem wertvollen Nachschlagewerk.

Rosen führt in einer sehr lesenswerten Einleitung in die Gedankenwelt Baudissins ein, weist dabei einerseits auf die Vielfalt, Komplexität und Hetero-

---

[1] Angelika Dörfler-Dierken weist in einem Aufsatz auf den „lutherischen" Charakter dieser Ethik hin; siehe hierzu Schlaffer, Rudolf J. und Schmidt, Wolfgang (Hrsg.), Wolf Graf von Baudissin 1907-1993, München 2007, S. 55 ff.

genität von dessen Darlegungen hin und gibt andererseits dem Leser doch Orientierung, indem er Baudissins Verständnis von und Wirken für Frieden als auf drei grundsätzlichen konzeptionellen Leitlinien ruhend beschreibt. Mit Hilfe dieser sorgfältigen Analyse, die auf profunder Kenntnis der Person und des Werkes Baudissins fußt, gelingt Rosen in überzeugender Manier der Nachweis dafür, dass Baudissin mit mehr als nur mit <Innere Führung> in Verbindung zu bringen ist.

In einem ersten Abschnitt legt Rosen die Überlegungen Baudissins zu einer Friedens- und Sicherheitspolitik in der Nachkriegs-Ära dar. Ausgehend von dessen Denkschrift „Ost oder West" aus dem Jahre 1946/47 zeigt er auf, wie Baudissin schon sehr früh – unter häufiger Bezugnahme auf den Schweizer Theologen Emil Brunner – die Grundgedanken einer „*Völkerordnung*" entwirft, die auf kriegerische Mittel zur Durchsetzung von Machtegoismen verzichtet (weil „...*jeder weitere modern-totale Weltkrieg – andere gibt es nicht mehr – bestimmt die abendländische Zivilisation, wenn nicht die Menschheit überhaupt vor die Existenzfrage stellt, ...*"). Diese Grundüberzeugung prägt sein gesamtes Wirken, äußert sich z.B. in der Begrifflichkeit von der „*Aufhebung der Vergeltungskette*", schlägt sich in einem Institutionen-orientierten Verständnis von Friedenssicherung nieder und lässt ihn in den 60er Jahren den Terminus „*Kooperative Rüstungssteuerung*" einführen.

Ergänzt wird diese grundsätzlich auf Deeskalation setzende Sichtweise durch einen anthropologischen Ansatz. Für Baudissin ist die Voraussetzung für „*Frieden auf Erden*" der Frieden eines jeden Individuums mit sich selbst. Demzufolge betont er die Notwendigkeit einer Erziehung zu Frieden und Toleranz.

Als bemerkenswert muss man es wohl bezeichnen, wenn Baudissin bereits 1947 in geradezu prophetischer Weise einem notwendigen „*europäischen Zusammenschluss*" in Form einer „*Föderation*" das Wort redet und dem hinzusetzt: „*Und es ist vielleicht unser deutsches Schicksal, unsere äußere Einheit und Großmachtstellung auf dem Altar dieser europäischen Einigung zu opfern.*"

In einem zweiten Abschnitt geht Rosen auf das politisch-militärische Strategieverständnis von Baudissin ein. Zunächst räumt er mit dem Vorurteil auf, dieser habe sich erst sehr spät diesem Feld zugewandt, indem er an Hand von Dokumenten der 50er und 60er Jahre nachweist, dass Baudissin sich vielmehr schon früh mit strategischen Fragen auseinandergesetzt hat. Ausgangspunkt von dessen diesbezüglichen Überlegungen ist das Szenarium des Atomkrieges sowie – etwas überraschend – das Bild von einem „*permanenten Bürgerkrieg*", wobei er letzteren versteht als „*Allgemeine Friedlosigkeit ..., die auf allen*

Lebensgebieten ausgetragen wird." Baudissin postuliert, dass es kein politisches Ziel gebe, welches mit kriegerischen Mitteln angestrebt werden darf, und folgert daraus, ganz im Sinne Clausewitz', dass Frieden das Ziel und Abschreckung nur das Mittel hierfür ist.

In seiner Zeit als DCOS Ops im HQ AFCENT und später bei SHAPE obliegt ihm die intensive Befassung mit der Strategie der Abschreckung. Er steht dem Konzept der <Massive Retaliation> sehr skeptisch gegenüber und verurteilt insbesondere den Gedanken eines <role back>. Im Folgekonzept <Flexible Response> – an deren Entwicklung er mitwirkt – sieht Baudissin dagegen *„die erste in sich logische Abschreckungsstrategie des Nuklearzeitalters"* und hält sich besonders zugute, *„…, die Übernahme des ‚massive retaliation'-Satzes: ‚if deterrence fails' in das SHAPE-Konzept der ‚flexible response' verhindert zu haben."*

Aus Rosens Darlegungen wird deutlich, wie konsequent Baudissins Strategiekalkül auf Kriegsverhinderung ausgerichtet ist und wie sehr er in der Abschreckung vor allem eine Vorsorge gegen politische Fehlkalkulation sieht. Dabei entgeht Baudissin jedoch nicht, dass das Funktionieren dieser Balance ganz wesentlich auf höchste Rationalität der Verantwortlichen angewiesen ist.

In einem dritten Abschnitt schließlich widmet Rosen sich dem allgemein bekannten <Markenzeichen> von Baudissin, dem Leitbild vom Staatsbürger in Uniform im Rahmen der Konzeption Innere Führung für die neue Bundeswehr. Er weist eingangs darauf hin, dass Baudissin wesentliche Elemente dieser Konzeption bereits in die Himmeroder Denkschrift von 1950 eingebracht hat, und zeigt die drei Grundpfeiler dieser fundamentalen Neubesinnung, geboren aus der *„Gnade des Nullpunktes"*, auf: Ethik – Erziehung – Tradition. Um das geistig-sittliche Feld von Baudissins Denkmodell abzustecken, listet Rosen sodann eine umfangreiche Aufzählung von <Begriffsclustern> auf, die teilweise zwar durchaus gängigen militärischen Vorstellungen entsprechen, andererseits jedoch deutlich mit traditionellen Mustern brechen. Dies gilt insbesondere für die Betonung des Primats des Individuums.

Baudissin verwendet den Begriff „Staatsbürger" bewusst im Sinne von „citoyen" und spricht offiziell vom *„Staatsbürger in und ohne Uniform"* sowie von demselben *„Menschen in zwei Aggregatzuständen"*. Ziel dieses Bildes ist es, Zivilist und Soldat als Partner zu verstehen, welche derselben Bedrohung unterliegen und die das gleiche Interesse, nämlich Friede, eint. Es ist dieses Motiv von der Integration des Soldaten in die Gesellschaft, welches seinen konstituierenden Wert für die Streitkräfte der Bundeswehr bis heute behalten hat.

Neben dieser staatsbürgerlichen Komponente sieht Baudissin die unbedingte Notwendigkeit, das Prinzip von Befehl und Gehorsam in einem System sittlicher Bindung verankert zu wissen. Den daraus erwachsenden Anforderungen kann nur derjenige gerecht werden, der am politischen, geistigen, kulturellen und sozialen Leben des Volkes teilnimmt, um so die sittlichen Normen der Gesellschaft aufzunehmen und zu verinnerlichen. Dies gilt gleichermaßen für den Befehlenden wie für den Gehorchenden, denn beide unterliegen der Pflicht zu staatsbürgerlicher Mitverantwortung. Aus diesem Anspruch leitet Baudissin die Forderung nach steter Information und Staatsbürgerlicher Unterrichtung ab.

Rosens kenntnisreiche Einführung erleichtert den Zugang zu dieser umfangreichen Dokumentation, in welcher der interessierte Leser die ganze Bandbreite der Baudissinschen Denkansätze und Überzeugungen vorfindet. Das Werk ist bestens geeignet, heutigen Führungskräften nicht nur eine geschichtliche Entwicklung zu vermitteln, sondern Bedenkenswertes auch für die Jetztzeit zu entdecken.

Um diese Entdeckungsfreude zu stimulieren, soll beispielhaft auf einen Beitrag Baudissins aus dem Jahre 1990[2] eingegangen werden. Unter der Überschrift „Zu sicherheitspolitischen Fragen" fasst er mehrere frühere Ausführungen zusammen und entwickelt sein umfassendes Verständnis von Sicherheitspolitik im Atomzeitalter, von der er verlangt: diese „*muss von der Einsicht ausgehen, dass es nicht, wie in früheren Zeiten um Sicherheit voreinander, sondern um Sicherheit miteinander geht.*" Und er schließt daraus: „*Es fordert von allen bestimmenden Kräften Empathie, das heißt die Bereitschaft, die Bedrohtheitsgefühle und -ängste der anderen Seite zu verstehen und, soweit es die eigene Sicherheit irgend erträgt, zu berücksichtigen.*" Diesem Gedanken folgend dringt Baudissin auf die Einsicht, „*dass die innere Stabilität der anderen Seite von existentieller Bedeutung für unsere eigene Sicherheit ist; denn nur auf stabile Systeme ist Verlass; ... .*" Eine auf diesem Grundverständnis basierende Entspannungspolitik muss nach seiner Auffassung einerseits von einem Verzicht auf Feindbilder geprägt sein und andererseits ein hohes Maß an Transparenz von politischen Zielsetzungen, strategischen Überlegungen und militärischen Potentialen aufweisen. Diese geistige Einstellung muss nach Baudissins Auffassung ihre praktische Ergänzung in der politischen Methode <kooperative Rüstungssteuerung> finden.

---

[2] Im besprochenen Werk S. 533 ff.

Aus all diesen Erwägungen leitet Baudissin indes keineswegs ab, dass daraus das Paradies auf Erden mit nur noch konfliktlosen Zeiten erwächst. Er konstatiert vielmehr, *„Konflikte gehören zur menschlichen Existenz – und zwar auf allen Ebenen unseres Lebens"* und legt daher den Schwerpunkt auf <Konfliktfähigkeit>. Und er resümiert: *„Detente bringt kein Himmelreich, …, sondern strapaziert uns vermutlich, sogar ärger als es die Konfrontation tat. Wir werden – international gesehen – baldmöglichst Strukturen zum Krisenmanagement, zur Konfliktregelung, ja hoffentlich sogar zur Schiedsgerichtsbarkeit entwerfen müssen."*

American Sniper. Die Geschichte des Scharfschützen Chris Kyle, München 2015

Uwe Hartmann

American Sniper ist ein zwiespältiges Buch. Es ist ehrlich und verstellt, offen und geschlossen, gedankenreich und oberflächlich. Sein Autor Chris Kyle, hochdekorierter Scharfschütze mit der höchsten Zahl an tödlichen Treffern in der amerikanischen Kriegsgeschichte, hat sich damit einen geistigen Schutzpanzer erstellt, wie ihn Soldaten nach einem Kriegseinsatz oftmals anlegen, weil sie sonst mit ihren Erlebnissen nicht mehr zurecht kämen. So schreibt er am Ende seines Buches, Soldaten und insbesondere die Elitetruppe der Navy-SEALs, denen er vom ersten Tag seines Militärdienstes angehörte, hätten die dunklen Seiten menschlicher Existenz gesehen.

Zunächst beschreibt Kyle die harte Ausbildung der Seals. Diese ist nicht nur Grundlage für das Kämpfen können, sondern auch für die unbedingte Einsatz- und Kriegsbereitschaft. "Wir wollten ins Kriegsgetümmel", erinnert sich Kyle, als die Kriege in Afghanistan und Irak begannen. Gewalttätige Initiationsriten und bedingungslose Unterordnung des Einzelnen während der Ausbildung waren dafür die Grundlage.

Im Mittelpunkt des Buches stehen Kyles Erfahrungen im Krieg. Neben seinen Bemerkungen zu den verschiedenen Waffen und ihrer unterschiedlichen Nützlichkeit geht der Autor auch auf das Verhalten der gegnerischen Kämpfer ein. Er fordert, den Gegner genau zu studieren, um nicht von ihm überrascht zu werden. Denn Heimtücke sei wesentliches Merkmal des gegnerischen Verhaltens gewesen. Dazu gehörten das Anlegen von Polizeiuniformen genauso wie das Nutzen von Kindern als Schutzschilde. Deutlich wird hier, dass auf der taktischen Ebene erfahrene Scharfschützen enorme Kampfkraftverstärker sind und in hohem Maße zum Schutz vor allem der patrouillierenden Infanterie beitragen.

Die vielen Seiten mit detaillierten Darstellungen über die Ausbildung, die Waffen und letztlich auch über die privaten Angelegenheiten beschreiben Kyles Vorbereitung auf das Töten. Wie er damit umgeht und wie er das Töten legitimiert, das lässt einen Leser, der sich die Brille der Inneren Führung aufgesetzt hat, am Ende ratlos zurück.

So fehlt die politische Einordnung dessen, was die US-amerikanischen Streitkräfte im Irak getan haben. Kyle schreibt lapidar, er sei kein Freund der

Politik. Das ist eine absolut ehrliche Selbstcharakterisierung. Sinn und Zweck des militärischen Einsatzes sind ihm völlig fremd; er fragt nicht einmal danach. Es geht ausschließlich um ihn, seine Kameraden und den Schutz der Truppe, der er als Scharfschütze zugeordnet ist. Es ist die kleine Welt der kleinen Kampfgemeinschaft, in der es um das Überleben und Töten geht, nicht um Politik, nicht um Strategie, nicht um Zweck und Sinn. So wundert es auch nicht, dass weder die US-amerikanische Besatzungspolitik noch die irakische Innenpolitik und, was noch mehr überrascht, auch nicht die 2007 eingeführte Strategie der *Counter Insurgency* (COIN) von General Petraeus Erwähnung finden. Gleichwohl benötigt auch Chris Kyle so etwas wie einen Politikersatz. Er fühlt sich mit religiöser Tiefe als "Teil von etwas Großem". Pathetischer Patriotismus ersetzt bei ihm politische Klugheit und verhindert jedes kritische Hinterfragen von Kriegszielen und dessen, was er da eigentlich tut. Er scheint sogar daran zu glauben, dass es Massenvernichtungswaffen im Irak tatsächlich gibt - tief verbuddelt im Wüstensand, wie Kampfflugzeuge, die er selbst gefunden hat.

Mancher Leser wird darüber hinwegschauen. Kyle hat seine Arbeit professionell gemacht. Er hat seine Aufträge beispielhaft erfüllt, mit außergewöhnlichem Mut lebensgefährliche Situationen gemeistert und sich mehr Risiken ausgesetzt, als selbst durchsetzungsfähige Vorgesetzte es erwartet hätten. Er rettete vielen US-amerikanischen Soldaten das Leben, indem er deren Gegner erschoss. Hierin sah er seine Mission. So ist es nicht verwunderlich, dass er vor allem darunter litt, nicht noch mehr Gegner getötet und damit noch mehr Kameraden gerettet zu haben. Daran seien vor allem die Vorgesetzten Schuld gewesen. An ihnen lässt er kein gutes Haar. Er stellt sie als Feiglinge oder sesselpupsende Weicheier dar. Politiker und Vorgesetzte hatten keinen Mehrwert für ihn; sie behinderten nur die bestmögliche Erfüllung seiner Mission für Kameraden und Vaterland. Die Welt der SEALs ist klein; sie sind taktisch hochprofessionell und effektiv, aber operativ und strategisch bindungslos.

Bindungslos ist Kyle auch als Privatperson. Er versteht sich nicht als Teil der US-amerikanischen Gesellschaft. Selbst der Mikrokosmos der Familie bleibt ihm fremd und ist eher Ballast für seine Mission. Dass er nach einem Einsatz nicht beschimpft werden will, ist legitim. Auch in Deutschland sorgen sich Soldaten darüber, auch diejenigen, die noch nicht im Einsatz waren und diesen gedanklich vorwegnehmen, wie manche Beiträge im Buch "Armee im Aufbruch" unterstreichen. Dass Kyle das Interesse der US-amerikanischen Gesellschaft an den Soldaten als gering bewertet, mag manchen Leser überraschen. Er nimmt hin, dass die auf den ersten Blick anerkennende Rhetorik des *You did a great job* mit dem anschließenden Schulterklopfen letztendlich doch nur auf einem schlechten Gewissen der Amerikaner beruht. So ist es denn auch nicht verwunderlich, dass Kyle eine radikale Abgrenzung von der zivilen Welt fordert, die man mit folgenden Worten zusammenfassen könnte: Lasst uns in Ruhe unseren Job machen! Wir haben Anerkennung unter unseresgleichen; wir sind sich selbst genug; das reicht!

Das Fehlen jedweder Reflexion wird auch in Kyles Aussagen über den Gegner deutlich. Warum dieser kämpft, ist ihm völlig egal. Wie er kämpft und wie er am besten getötet werden kann, darauf kommt es ihm an. An die vorgegebenen *Rules of Engagement* (RoE) hält er sich strikt, obwohl er kritisiert, dass sie die Heimtücke des Gegners nicht berücksichtigten. Die Abschreckung des Straf- und Disziplinarrechts der US-amerikanischen Streitkräfte funktionierte also: Kyle wollte nicht ins Gefängnis.

Schaurig werden seine Schilderungen dann, wenn er das Töten als "Spass" beschreibt. Es ist schon ein Unterschied, ob man sich als Glückspilz sieht, weil man die Gegner wie Motten das Licht anzieht und deshalb viele töten kann, oder ob man zumindest die Last des Tötens herausstellt. So ist es denn auch kein Wunder, dass Kyle von Anfang an die Gegner als Schurken, religiöse Fanatiker oder Wilde, die alle den Tod verdienten, abwertet. Auf der anderen Seite erwächst in ihm eine religiöse Selbsterhöhung als Befreier und toleranter Christ. Die Abqualifizierung des Gegners in Verbindung mit der ideologischen Selbstrechtfertigung als Scharfschütze sind der kommunikationsstrategische GAU dieses Buches. Es könnte dazu beitragen, den Hass auf die Weltmacht USA und den Westen ganz allgemein in der muslimischen Welt und darüber hinaus weiter zu schüren. Chris Kyle ist ein strategischer Feldwebel, ob er will oder nicht, ob er sich im Einsatz befindet oder nicht, auch über seinen Tod hinaus. Der von Clint Eastwood gedrehte Film setzt hier glücklicherweise deutlich andere Akzente.

Selbstkritisch muss ein Verfechter der Grundsätze der Inneren Führung sich fragen, ob Scharfschützen der Bundeswehr ähnlich handelten. Chris Kyle hat seinen Auftrag erfüllt. Er hat dabei großen Mut gezeigt. Tapfere Auftragserfüllung darf man auch von Soldaten der Bundeswehr erwarten. Dafür werden sie ausgebildet; dies fordert ihr Eid. Hilft die Innere Führung den Soldaten dabei, während und nach einem Einsatz besser mit dem, was der Auftrag erforderte, umzugehen? Ja, weil die Innere Führung über die Kleine Kampfgemeinschaft und deren durch Initiation geformten Zusammenhalt hinausgeht;

weil sie zur Reflexion und zur Suche nach Alternativen auffordert; weil sie einen vertrauensvollen Umgang mit Vorgesetzten verlangt; weil sie eine Heimat gibt, auch wenn die Rückkehr in das zivile Umfeld schwer fällt; weil sie Sinn und Zweck des Tuns in den Vordergrund rückt, Halt und Orientierung bietet und so verhindert, im Gegner nur den tötenswerten Feind zu sehen. Auch dürfte die Innere Führung dazu beitragen, dass eine persönliche Auswertung von Erfahrungen nicht zu einer einfachen, gleichwohl alles legitimierenden Schlussfolgerung führt: dass man als Soldat mit mehr Gewalt schneller und nachhaltiger politische Ziele erreichen könne und hinterher als Veteran weniger Schuldgefühle habe.

Chris Kyle mag manchen als idealtypische Verkörperung von militärischer Professionalität dienen. Er ist es nicht. Sein Buch ist Beleg dafür, dass militärische Professionalität ohne Sinn und Verstand für Strategie und Politik mit einer ethischen Rationalisierung einhergeht, die Gewalt als einzig legitimes Heilmittel religiös überhöht. Innere Führung sollte dazu beitragen, dass die Generation Einsatz Chris Kyles Selbstverständnis nicht zum Vorbild nimmt.

Autoren

Bohn, Jochen, Dr. rer. pol. habil., Oberstleutnant d.R., Privatdozent für Politische Philosophie und Sozialethik an der Fakultät für Staats- und Sozialwissenschaften der Universität der Bundeswehr München.

Bohnert, Marcel, Major, Dipl.-Päd., Teilnehmer des zweijährigen »Lehrganges Generalstabs-/Admiralstabsdienst National (LGAN 2015)« an der Führungsakademie der Bundeswehr in Hamburg; vormals u.a. Leiter einer Studentenfachbereichsgruppe der HSU/UniBwH und Chef einer Kampfeinheit in Kunduz, Afghanistan.

Buchner, Peter, Fregattenkapitän, Dozent Politische Bildung am Zentrum Innere Führung, Koblenz.

Dörfler-Dierken, Angelika, Prof. Dr. theol., ist Wissenschaftliche Direktorin und Projektleiterin für Innere Führung – Ethik – Militärseelsorge am ZMSBw Potsdam.

Hamann, Rudolf, Prof. Dr., Ltd. Wiss. Dir. a.D., Dozent an der Führungsakademie der Bundeswehr.

Hartmann, Uwe, Dr. phil, Oberst i.G., Referatsleiter im Kommando Heer.

Heinrich, Philipp, studiert Verwaltungs- und Politikwissenschaft in Konstanz. Er war im Frühjahr 2015 als Praktikant am ZMSBw Potsdam tätig.

Hoffmann, Hendrik, Major i.G., BMVg.

Janke, Reinhold, Oberst i.G., Zentrum Innere Führung.

Kollmer, Dieter H., Dr. phil., Oberstleutnant, ist Historiker-Stabsoffizier am Zentrum für Militärgeschichte und Sozialwissenschaften der Bundeswehr (vormals MGFA) in Potsdam. Er leitet dort das Forschungsprojekt „Geschichte der Bundeswehr".

Müller, D.-Holger, Dr. rer. pol., Oberst a.D.

Naumann, Klaus, Dr. phil., Militärhistoriker, seit 1992 am Hamburger Institut für Sozialforschung. Mitglied des 14. Beirats Innere Führung des Bundesministerium der Verteidigung.

Pieper, Frank, Oberst i.G., Gruppenleiter im Amt für Heeresentwicklung.

Rattat, Erik, Oberstleutnant i.G., Referent im Kommando Heer.

Reeb, Hans-Joachim, Dr. phil., Oberstleutnant a.D., Lehrbeauftragter an der Helmut-Schmidt-Universität/Universität der Bundeswehr Hamburg.

Rosen, Claus von, Prof. Dr., Oberstleutnant a.D., Leiter des Baudissin Dokumentation Zentrum bei der Führungsakademie der Bundeswehr, Lehrbeauftragter für Wehr-Pädagogik am Estonian National Defence College in Tartu.

Schubert, Hartwig von, Dr., ist Evangelischer Militärdekan an der Führungsakademie der Bundeswehr Hamburg mit den Schwerpunkten Politische und Militärische Ethik.

Theiler, Olaf, Dr., ist Historiker und Politikwissenschaftler. Er studierte an der Freien- und Humboldt-Universität in Berlin. Seit 1998 arbeitet er in verschiedenen, auch internationalen Verwendungen für die Bundeswehr.

Weißhaupt, Axel, Major, Leiter der Standardisierungsstelle im Kommando Heer.

Personenregister

Sachregister

327

Carola Hartmann Miles-Verlag

Politik, Gesellschaft, Militär

Uwe Hartmann, *Innere Führung. Erfolge und Defizite der Führungsphilosophie für die Bundeswehr,* Berlin 2007.

Hans Joachim Reeb, *Sicherheitskultur als kommunikative und pädagogische Herausforderung – Der Umgang in Politik, Medien und Gesellschaft,* Berlin 2011.

Hans-Christian Beck, Christian Singer (Hrsg.), *Entscheiden – Führen – Verantworten. Soldatsein im 21. Jahrhundert,* Berlin 2011.

Eberhard Birk, Winfried Heinemann, Sven Lange (Hrsg.), *Tradition für die Bundeswehr. Neue Aspekte einer alten Debatte,* Berlin 2012.

Angelika Dörfler-Dierken, *Führung in der Bundeswehr,* Berlin 2013.

Cornelia Fedtke, Kai-Uwe Hellmann, Jan Hörmann, *Migration und Militär. Zur Integration deutscher Soldaten mit Migrationshintergrund in der Bundeswehr,* Berlin 2013.

Wolf Graf von Baudissin, *Grundwert Frieden in Politik – Strategie – Führung von Streitkräften,* hrsg. von Claus von Rosen, Berlin 2014.

Wolf Graf von Baudissin, *Der Widerstand. „… um nie wieder in die ausweglose Lage zu geraten…",* hrsg. von Claus von Rosen, Berlin 2014.

Marcel Bohnert, Lukas J. Reitstetter (Hrsg.), *Armee im Aufbruch. Zur Gedankenwelt junger Offiziere in den Kampftruppen der Bundeswehr,* Berlin 2014.

Arjan Kozica, Kai Prüter, Hannes Wendroth (Hrsg.), *Unternehmen Bundeswehr? Theorie und Praxis (militärischer) Führung,* Berlin 2014.

Angelika Dörfler-Dierken, Robert Kramer, *Innere Führung in Zahlen. Streitkräftebefragung 2013,* Berlin 2014.

Eberhard Birk, Heiner Möllers (Hrsg.), *Luftwaffe und Luftkrieg,* Berlin 2015.

Phil C. Langer, Gerhard Kümmel (Hrsg.), *„Wir sind Bundeswehr." Wie viel Vielfalt benötigen/vertragen die Streitkräfte?,* Berlin 2015.

Jahrbuch Innere Führung

Uwe Hartmann, Claus von Rosen, Christian Walther (Hrsg.), *Jahrbuch Innere Führung 2009. Die Rückkehr des Soldatischen,* Eschede 2009.

Helmut R. Hammerich, Uwe Hartmann, Claus von Rosen (Hrsg.), *Jahrbuch Innere Führung 2010. Die Grenzen des Militärischen*, Berlin 2010.

Uwe Hartmann, Claus von Rosen, Christian Walther (Hrsg.), *Jahrbuch Innere Führung 2011. Ethik als geistige Rüstung für Soldaten*, Berlin 2011.

Uwe Hartmann, Claus von Rosen, Christian Walther (Hrsg.), *Jahrbuch Innere Führung 2012. Der Soldatenberuf zwischen gesellschaftlicher Integration und suis generis-Ansprüchen*, Berlin 2012.

Uwe Hartmann, Claus von Rosen (Hrsg.), *Jahrbuch Innere Führung 2013. Wissenschaften und ihre Relevanz für die Bundeswehr als Armee im Einsatz*, Berlin 2013.

Uwe Hartmann, Claus von Rosen (Hrsg.), *Jahrbuch Innere Führung 2014. Drohnen, Roboter und Cyborgs – Der Soldat im Angesicht neuer Militärtechnologien*, Berlin 2014.

Einsatzerfahrungen

Kay Kuhlen, *Um des lieben Friedens willen. Als Peacekeeper im Kosovo*, Eschede 2009.

Sascha Brinkmann, Joachim Hoppe (Hrsg.), *Generation Einsatz, Fallschirmjäger berichten ihre Erfahrungen aus Afghanistan*, Berlin 2010.

Artur Schwitalla, *Afghanistan, jetzt weiß ich erst… Gedanken aus meiner Zeit als Kommandeur des Provincial Reconstruction Team FEYZABAD*, Berlin 2010.

Uwe Hartmann, *War without Fighting? The Reintegration of Former Combatants in Afghanistan seen through the Lens of Strategic Thought*, Berlin 2014.

Rainer Buske, *KUNDUZ. Ein Erlebnisbericht über einen militärischen Einsatz der Bundeswehr in AFGHANISTAN im Jahre 2008*, Berlin 2015.

Standpunkte und Orientierungen

Daniel Giese, *Militärische Führung im Internetzeitalter – Die Bedeutung von Strategischer Kommunikation und Social Media für Entscheidungsprozesse, Organisationsstrukturen und Führerausbildung in der Bundeswehr*, Berlin 2014.

Dirk Freudenberg, *Auftragstaktik und Innere Führung. Feststellungen und Anmerkungen zur Frage nach Bedeutung und Verhältnis des inneren Gefüges und der Auftragstaktik unter den Bedingungen des Einsatzes der Deutschen Bundeswehr*, Berlin 2014.

Uwe Hartmann (Hrsg.), *Lernen von Afghanistan. Innovative Mittel und Wege für Auslandseinsätze*, Berlin 2015.

Fouzieh Melanie Alamir, *Vernetzte Sicherheit – Quo Vadis?*, Berlin 2015.

Hartmut von Schubert, *Integrative Militärethik. Ethische Urteilsbildung in der militärischen Führung*, Berlin 2015.

Uwe Hartmann, *Hybrider Krieg als neue Bedrohung von Freiheit und Frieden. Zur Relevanz der Inneren Führung in Politik, Gesellschaft und Streitkräften*, Berlin 2015.

Klaus Beckmann, *Treue.Bürgermut.Ungehorsam. Anstöße zur Führungskultur und zum beruflichen Selbstverständnis in der Bundeswehr*, Berlin 2015.

Erinnerungen

Blue Braun, *Erinnerungen an die Marine 1956–1996*, Berlin 2012.

Harald Volkmar Schlieder, *Kommando zurück!*, Berlin 2012.

Reinhart Lunderstädt, *Aus dem Leben eines Hochschullehrers. Persönlicher Bericht*, Berlin 2012.

Wulf Beeck, *Mit Überschall durch den Kalten Krieg. Mein Leben für die Marine*, Berlin 2013.

Jan Becker, *Aufgewühltes Wasser*, 3 Bde., Berlin 2014.

Klaus Grot, *So war's, damals. Dienstchronik eines Pionieroffiziers im Kalten Krieg 1954–1991*, Berlin 2014.

Gustav Lünenborg, *Bürger und Soldat. Innere Führung hautnah 1956–1993, 1993–2015*, Berlin 2015.

Monterey Studies

Donald Abenheim, *Soldier and Politics Transformed*, Berlin 2007.

Michael G. Lux, *Innere Führung – A Superior Concept of Leadership?*, Berlin 2009.

Ingo Wittmann, *Auftragstaktik*, Berlin 2012.

Michael Hanisch, *On German Foreign und Security Policy. Determinants of German Military Engagement in Africa since 2011*, Berlin 2015.

www.miles-verlag.jimdo.com